Hamburger Rechtsstudien

herausgegeben von Mitgliedern der Rechtswissenschaftlichen Fakultät der Universität Hamburg

Heft 46

Die Zurechnung

Ein Zentralproblem des Strafrechts

von

Dr. jur. WERNER HARDWIG
Privatdozent

Hamburg
Cram, de Gruyter & Co.
1957

Als Habilitationsschrift auf Empfehlung der Rechtswissenschaftlichen Fakultät
der Universität Hamburg gedruckt
mit Unterstützung der Deutschen Forschungsgemeinschaft

Satz und Druck: Saladruck, Berlin N 65.

Vorwort

Die vorliegende Arbeit ist eine Habilitationsschrift, die in den Jahren 1950/52 geschrieben worden ist. Es war nicht die Absicht, sie zum Druck auf den neuesten Stand zu bringen. Weder die Forschung noch der Forscher stehen still. So haben sich in der Zwischenzeit manche Aspekte verschoben. Trotzdem bietet die Arbeit so, wie ich sie sehe, immer noch Anregung für Betrachtungen und Auseinandersetzungen. Dies gilt vor allem für das Problem der Kausalität und sein Verhältnis zur allgemeinen Zurechnungslehre. Es scheint mir doch eine Andeutung darüber angezeigt, in welchen Punkten hauptsächlich sich meine Ansichten weiter entwickelt haben. Dies ist vor allem der Fall in der Lehre vom Tatbestand, in der Erkenntnis der Mehrschichtigkeit des Unrechts, in einer schärferen Trennung von Unrecht und Schuld trotz Aufrechterhaltung des komplexen Bezugs zwischen beiden und in der Irrtumslehre. Deshalb bedeuten die Ausführungen der Arbeit mehr einen Ausgangspunkt als einen Abschluß. Es kam darauf an, gewisse Gedankengänge entschieden aufzulockern, um neuen Denkmöglichkeiten Platz zu schaffen. Neben der Bildung eines Systems ist diese Aufgabe der kritischen Besinnung immer wieder neu zu leisten und der Neigung, in einem System zu erstarren, entgegenzuarbeiten. Auch dies gilt nicht nur für den Einzelforscher, sondern für die Forschung überhaupt. Deshalb glaube ich, daß solche Arbeiten wie die hier vorliegende nicht nur einen Anspruch auf ein rein persönliches Interesse erheben, sondern auch der Gesamtentwicklung dienen können.

Hamburg, den 1. September 1957

Inhaltsübersicht

Vorwort

Einleitung

Hauptteil

I. Geschichtliche Übersicht

1. Aristoteles 11
2. Die Zurechnungslehre des Mittelalters 20
3. Die Zurechnung in der germanischen Rechtsauffassung 32
4. Die Zurechnungslehre Pufendorfs 35
5. Feuerbach und seine Zeit 46
6. Hegel und seine Anhänger 53
7. Die Bedingungs- und Äquivalenztheorie 67
8. Das klassische Schema: Handlung, Rechtswidrigkeit, Schuld, und seine Bedeutung für die Systematik des Strafrechts 75
9. Die finale Handlungslehre 81
10. Der Streit um das Kausaldogma 90

II. Dogmatischer Teil

1. Die Gruppierung der Delikte 111
2. Die Zurechnung der schlichten Tätigkeitsdelikte 114
3. Die Zurechnung der schlichten Unterlassungsdelikte 134
4. Die Zurechnung der willentlichen und nichtwillentlichen Erfolgsdelikte, die in einem Tun bestehen 137
5. Die Zurechnung der willentlichen und nichtwillentlichen Erfolgsdelikte, die in einem Unterlassen bestehen 154
6. Zusammenfassung, Entfaltung und dogmatische Bedeutung der Zurechnungslehre 164

III. Systematischer Teil

1. Die allgemeine Zurechnungslehre als Keim des strafrechtlichen Systems 175
2. Der Einfluß der allgemeinen Zurechnungslehre auf die Lehre vom Tatbestand 181

Schlußbetrachtung 239

Einleitung

Unter einem Verbrechen im formellen Sinn[1] verstehen wir ein rechtswidriges, schuldhaftes Verhalten, dessen Rechtsfolge kriminelle Strafe ist. Diese Rechtsfolge muß vom Gesetzgeber, wer er auch sei, festgesetzt werden. Sie kann nicht derart festgesetzt werden, daß der Gesetzgeber ganz allgemein bestimmt, daß rechtswidriges, schuldhaftes Verhalten zu bestrafen sei; denn nicht jedes rechtswidrige, schuldhafte Verhalten soll bestraft werden, sondern nur solches, das uns im allgemeinen auch als strafwürdig erscheint. Wann und wie ein rechtswidriges und schuldhaftes Verhalten zu bestrafen sei, glauben wir nicht dem Ermessen des Richters überlassen zu dürfen[2]. Damit soll nicht gesagt sein, daß ein Recht in dieser Weise nicht gebildet sein könnte. Es wäre durchaus denkbar, die Entscheidung, wann und wie zu strafen sei, einer autoritären Stelle, sei sie der weise König, der seinem Volk als Erzieher gegenübersteht, sei sie der Richter als Mann des Vertrauens des weisen Königs, gleichsam als sein Erziehungsgehilfe, zu übertragen[3]. In der Tat haben wir noch heute derartige Strafgewalten des freien oder pflichtgemäßen Ermessens, z. B. das Züchtigungsrecht der Eltern, die Schulzucht, Disziplinarverhältnisse. Aber gerade auf dem Gebiet des allgemeinen Kriminalrechts scheint uns ein so weites Ermessen fehl am Platze. Es entspricht nicht unseren Vorstellungen von der Funktion des Rechts. Wir gehen daher prinzipiell davon aus, daß nur dann und nur so bestraft werden darf, wann und wie der Gesetzgeber es gestattet. Damit erwächst für den Gesetzgeber die Aufgabe, die Fälle, in denen er bestrafen lassen will, kundzutun. Das könnte theoretisch auf mehrfache Weise geschehen. Es könnten z. B. allgemeine Prinzipien entwickelt werden, unter

[1] Einen materiellen Verbrechensbegriff gibt es nicht, wohl aber einen materialen Gehalt des Verbrechens. Die Begriffe Sozialschädlichkeit und Gemeinschaftswidrigkeit sind weder materielle Verbrechensbegriffe noch „die" materielle Rechtswidrigkeit, sondern der materiale Gehalt an Verbrechen und Rechtswidrigkeit. Hierüber nähere Ausführungen in meiner Dissertation: „Über den materialen Gehalt des Verbrechens, Hamburg 1949."

[2] Diese Auffassung ist nicht erst mit dem Liberalismus entstanden, sondern liegt allen formulierten Strafgesetzen unausgesprochen zugrunde. Aber der Gedanke der Rechtssicherheit ist in besonderem Maße Frucht des Liberalismus. Vgl. Herbert Krüger: Rechtsgedanke und Rechtstechnik im liberalen Strafrecht, in ZStW Bd. 54 S. 591 ff. und Bd. 55 S. 77 ff.

[3] Das autoritäre Strafrecht finden wir besonders ausgeprägt in Platos Staat entwickelt, vgl. Staat, 425 A ff.

welchen Umständen ein rechtswidriges, schuldhaftes Verhalten Strafe verdienen soll, sowie weitere Prinzipien dafür, in welcher Weise im Einzelfall die Strafe zu bestimmen sei[4]. Aber gerade dieser Weg ist nur schwer gangbar, wenn man die Tendenzen im Auge hat, welche zur näheren Bestimmung drängen: die Beschränkung des freien Ermessens und Rechtssicherheit darüber, welche Strafe etwa im Einzelfall verhängt werden darf und welche nicht. So bleiben für die nähere Bestimmung des strafwürdigen Verhaltens eigentlich nur zwei Wege übrig. Der eine Weg würde sich eine Eigentümlichkeit der Sprache zunutze machen, indem die Sprache alsbald die vorkommenden Fälle zu typisieren beginnt. Man muß bedenken, daß dem allgemeinen Empfinden, wann ein rechtswidrig-schuldhaftes Verhalten strafwürdig sei, konkrete soziale Erlebnisse zugrundeliegen. Aus diesen konkreten Erlebnissen bilden sich Typenerlebnisse, die schließlich in einem Typenbegriff festgehalten werden. Solche Typenerlebnisse und Typenbildungen gehören nicht nur der grauen Vorzeit an, sondern sind heute noch gut zu beobachten, wie z. B. der Begriff des Verbrechens gegen die Menschlichkeit. Weitere solcher Typen sind z. B. der Mörder, der Dieb, der Brandstifter, der Betrüger usw. Diese Typen sind gleichsam Idealbilder oder Leitbilder, an die sich der Richter halten kann[5]. Aber auch diese Leitbilder erscheinen unserem Rechtsempfinden noch nicht hinreichend präzisiert und gewährleisten noch nicht jene Rechtssicherheit, die uns als erstrebenswert vorschwebt. So bleibt denn nichts anderes übrig, als eine genauere Tatbeschreibung vom Gesetzgeber zu verlangen, die eine größere Präzision in der Feststellung der Einzelfälle, eine Art[6] logisches Verfahren (Subsumtion) ermöglicht. Diese Tatbeschreibungen müssen so beschaffen sein, daß möglichst alle Verhaltensweisen, die uns als strafwürdig erscheinen, von ihnen erfaßt werden. Eine Tatbeschreibung, die diese Aufgabe erfüllen soll, wird sich sowohl der systematisierenden als auch der abstrahierenden Methode bedienen. Abstrahierend wird die Methode deshalb sein müssen, weil nur die abstrakte Fassung die Unterordnung einer möglichst großen Zahl von Fällen unter einen Tatbestand gestattet. Systematisierend muß die Methode sein, weil nur so das gesamte Gebiet des Strafwürdigen in abstrakten Tatbeständen erfaßt werden kann.

Die Tatbeschreibung selbst setzt sich aus bestimmten abstrakten Begriffen, die wir Tatbestandsmerkmale nennen, zusammen. Auch

---

[4] Ein Strafrecht also, das nicht aus Tatbeständen, sondern aus Generalklauseln und Richtlinien bestände. Ein autoritäres Strafrecht wird häufig die Neigung hierzu haben. Der Ausdruck „autoritär" wird hier nicht im ausschließlich negativen Sinn gebraucht, sondern als Ausdruck einer bestimmten Strukturform der sozialen Gruppen, die ich in meiner Dissertation als autoritäre Gemeinschaft (im Gegensatz zur genossenschaftlichen Gemeinschaft) bezeichnet habe.

[5] Dieser Art war das mittelalterliche Strafrechtsdenken. Vgl. Eberhard Schmidt, Die Maximilianischen Halsgerichtsordnungen, Einleitung S. 44.

[6] Dieses logische Verfahren hat aber sehr erhebliche Eigenarten gegenüber dem, was man sonst unter begrifflicher Subsumtion versteht. Es ist nicht nur Logik, sondern mehr noch Teleologik und Sinnerforschung im weitesten Sinn.

die Tatbestandsmerkmale müssen zueinander in einem bestimmten Verhältnis stehen derart, daß sie in ihrem Zusammenhang ein scharf umrissenes Delikt, gewissermaßen ein Delikt mit einer ihm eigentümlichen Physiognomie ergeben. Fehlt es daran, dann verlaufen die Grenzen des Delikts im Unbestimmten, wodurch Überschneidungen und andere unerfreuliche Unklarheiten bei der Anwendung der Tatbestände entstehen können, die mit der Forderung der Rechtssicherheit in Widerspruch stehen können.

Unter Tatbestand im weitesten Sinn sind sämtliche Momente und Merkmale zu verstehen, die Voraussetzung für ein Strafurteil sind. Da Verbrechen im formellen Sinn ein rechtswidriges und schuldhaftes Verhalten ist, dessen Rechtsfolge Strafe ist, so muß der Tatbestand im weitesten Sinn nicht nur die Rechtswidrigkeit und die Schuld enthalten, die beide ja Voraussetzung der Strafbarkeit sind, sondern noch alle weiteren Bedingungen der Strafbarkeit einschließlich der prozessualen. Ein Teil dieser Voraussetzungen gehört allerdings nicht zur eigentlichen Tatbeschreibung. Es gibt Voraussetzungen der Strafbarkeit, die nicht unmittelbar in der Verhaltensweise des Täters begründet sind oder wenigstens zu ihr nicht in unmittelbarer Beziehung stehen. Dazu gehören außer den prozessualen Voraussetzungen auch manche sogenannten „objektiven Bedingungen der Strafbarkeit[7]". Von diesen letzteren sind wieder zwei Gruppen zu unterscheiden. Die eine Gruppe sind die Verfolgbarkeitsbedingungen wie Antrag oder Ehescheidung bei Ehebruch, deren Bedeutung ziemlich zweideutig ist, die andere Gruppe sind in Wahrheit Tatbestandsmerkmale im engeren Sinn, die zu Unrecht objektive Bedingungen der Strafbarkeit genannt werden, und zwar nur deshalb, weil sich der Vorsatz auf sie nicht beziehen soll.

Zum Tatbestand im technischen Sinn rechnet man aber nicht die Rechtswidrigkeit und die Schuld, obwohl auch hier der Sprachgebrauch schwankend ist. Man muß sich aber von vornherein darüber klar sein, daß diese Redeweise nur ein Wortgebrauch ist, dem tiefere sachliche Bedeutung nicht beigemessen werden darf. Daß Rechtswidrigkeit und Schuld Strafvoraussetzungen sind, kann ohnehin nicht geleugnet werden. Ob Rechtswidrigkeit und Schuld „Merkmale" der Tat sind, wäre nur eine Frage der Definition. Sicherlich sind diese Merkmale abweichender Natur im Hinblick auf die Merkmale der objektiven Tatbeschreibung. Auch das Wort „objektiv" steht hierbei schon in einem gewissen Zwielicht. Ist z. B. die Beschreibung besonderer subjektiver Verhaltensweisen und Einstellungen wie Habsucht, niedrige Beweggründe usw. „objektive" Tatbeschreibung? Immerhin sind im allgemeinen die „klassischen" objektiven Merkmale der Tatbestände wie beim Diebstahl die Begriffe „Sache", „Fremdheit", „Wegnahme" scharf umrissene abstrakte Begriffe. Dagegen werden Rechtswidrigkeit und Schuld erst auf Grund

[7] Dieser Begriff ist sehr unpräzise, weil er ganz verschiedenes umfaßt. Vgl. dazu Edmund Mezger, Lehrbuch, S. 177 ff.

von Urteilen über ein sehr komplexes Bezugssystem erkannt. Ob dieser Unterschied es rechtfertigt, Rechtswidrigkeit und Schuld nicht zu den Tatbestandsmerkmalen zu rechnen, ist allerdings ein Problem für sich.

Ist ein Tatbestand einschließlich der Rechtswidrigkeit und der Schuld erfüllt, dann — so können wir sagen — wird die bestimmte Verhaltensweise dem Täter als die seine zugerechnet. Und zwar wird sie ihm zugerechnet als rechtswidrige und schuldhafte. Man könnte daher die Meinung vertreten, daß ein besonderes Problem der Zurechnung gar nicht auftaucht[8]; denn die Zurechnung ergibt sich scheinbar von selbst aus der Feststellung der Tatbestandsmäßigkeit in diesem umfassenderen Sinn. Sieht man moderne Lehrbücher auf den Begriff der Zurechnung hin durch, dann wird man auch dementsprechend feststellen, daß dieser Begriff in unserer Systematik nur eine ganz untergeordnete Rolle spielt. Er wird eigentlich nur im Zusammenhang mit dem Begriff der Zurechnungsfähigkeit gebraucht. Diese ist die Zusammenfassung der generellen Voraussetzungen, die vorliegen müssen, wenn jemand ein Verhalten zur Schuld angerechnet werden soll. Einen weiteren Gebrauch pflegt die moderne Systematik vom Begriff der Zurechnung nicht zu machen[9]. Es erhebt sich die Frage, ob dieser eingeschränkte Gebrauch des Begriffes der Zurechnung zur Erfassung der Rechtsproblematik ausreicht, ob es nicht zweckmäßiger wäre, den Begriff der Zurechnung in einem wesentlich erweiterten Umfang anzuwenden. Nicht zu allen Zeiten ist der allgemeine Begriff der Zurechnung so sehr in den Hintergrund getreten. Um nur ein Beispiel zu nennen: Hälschner bringt in seinem Werk „Das gemeine Deutsche Strafrecht" unter dem Gesichtspunkt der Zurechnung Materien, die weit über den Begriff der Zurechnungsfähigkeit hinausgehen[10].

Die Anwendbarkeit des Begriffes der Zurechnung wird sich dann als zweckmäßig erweisen, wenn durch diesen Begriff Zusammenhänge erfaßt werden, die sich ohne ihn nicht in gleich erschöpfender Weise erfassen lassen. Wenn der Gesetzgeber die einzelnen Tatbestände genau umschreibt, dann könnte man der Meinung sein, daß die Aufstellung eines besonderen Begriffes der Zurechnung unnötig ist; denn

---

[8] Diese Meinung hat in der Tat Feuerbach vertreten, Revision II. S. 12ff.

[9] Als ein Beispiel von vielen sei das Lehrbuch von Mezger genannt.

[10] Hugo Hälschner, Das gemeine Deutsche Strafrecht, 1. Bd. S. 227ff., so auch Carl Georg v. Wächter, Deutsches Strafrecht, Vorlesungen, S. 129ff., August Geyer, Grundriß zu Vorlesungen über gemeines deutsches Strafrecht, 1. Hlfte S. 99ff. Zurechenbarkeit und als Verursacher in Betracht kommen sind hier identische Begriffe, S. 119. Bei Hugo Meyer, Lehrbuch des Deutschen Strafrechts, S. 182ff., ist von Zurechnung keine Rede mehr; desgleichen nicht mehr bei Franz v. Liszt, Das deutsche Reichsstrafrecht, S. 70ff. Etwa mit Einführung des Reichsstrafgesetzbuches verschwindet der allgemeine Begriff der Zurechnung. An seine Stelle tritt die Kausalität. Man könnte auch sagen: Mit den Hegelianern verschwindet auch das Zurechnungsproblem als allgemeines Problem. Die Beschäftigung mit dem Begriff der Zurechnung als allgemeinen Systembegriff verlagert sich seitdem in die Rechtsgeschichte.

dann brauchen wir ja nur die einzelnen ausgesprochenen Begriffsmerkmale feststellen; mit ihrer Feststellung wären die Voraussetzungen für die Straffolge gegeben, so daß der allgemeine Gesichtspunkt der Zurechnung keine Stelle für eine besondere Erörterung finden würde. Aber so verhält es sich nicht. Einmal interessiert die Rechtswissenschaft nicht nur die Frage, wie das Recht ist, sondern auch, warum es so ist, vielleicht auch, wie es sein sollte. Für die Beantwortung dieser Fragen aber müssen wir von allgemeinen Prinzipien ausgehen, zu denen gerade auch der zusammenfassende Begriff der Zurechnung gehören könnte. Zweitens ist auch die genaueste Tatbeschreibung nie so genau, daß nicht doch noch Lücken bleiben, die durch allgemeinere, vom Gesetzgeber unausgesprochene, aber vielleicht mitgemeinte Prinzipien zu schließen sind. Und zu diesen könnten auch die unter dem Gesichtspunkt der Zurechnung zusammengefaßten Prinzipien gehören. So erscheint eine genauere Erörterung des Begriffes der Zurechnung doch nicht nutzlos.

Wir stellen uns daher die Aufgabe, den Begriff der Zurechnung auf seine dogmatische Bedeutung und auf seine systematische Eignung für das Strafrecht zu untersuchen. Hierbei soll die geschichtliche Entwicklung des Zurechnungsproblems nur soweit gegeben werden, als es für eine grobe Übersicht und zur Sammlung von Material möglicher Gedankengänge erforderlich erscheint. Diese Übersicht wird uns auch zeigen, wie es gekommen ist, daß in der modernen Dogmatik der Begriff der Zurechnung so sehr in den Hintergrund getreten ist. Mit dem Begriff der Zurechnungsfähigkeit dagegen werden wir es nicht zu tun haben.

Bevor wir in die Darstellung der historischen Entwicklung in den angedeuteten Grenzen eintreten, wollen wir uns noch einige Klarheit über den Begriff der Zurechnung verschaffen.

Dieser Begriff taucht nicht nur im Strafrecht auf. Um die Gebiete zu begrenzen, in denen der Begriff der Zurechnung überhaupt sinnvoll angewandt werden kann, seien einige Beispiele erläutert. Wenn der Blitz in ein Haus fährt und es in Brand setzt, dann sprechen wir davon, daß der Blitz den Brand verursacht hat, aber es würde nicht sehr sinnvoll sein zu sagen, der Brand sei dem Blitz zuzurechnen. Hieraus können wir schon den ersten, für uns nicht unwichtigen Satz entnehmen: Verursachung und Zurechnung sind nicht miteinander identisch. Aber auch dann, wenn ein Hund einen Menschen gebissen hat, pflegen wir im allgemeinen nicht die Redewendung zu gebrauchen, daß der Biß dem Hunde zuzurechnen sei. Vielmehr ist der Begriff der Zurechnung so, wie wir ihn zu verwenden pflegen, allein der Sphäre des Menschen vorbehalten. Das ist insofern bemerkenswert, als ein anderer Begriff, der — wie sich zeigen wird — mit dem der Zurechnung in engerer Verbindung steht, nämlich der des Verhaltens, sich nicht auf die menschliche Sphäre beschränkt. Man könnte nämlich auf den Gedanken kommen, den Begriff der Zurechnung überall da für anwendbar zu erklären, wo der des Verhaltens anwendbar sei. Aber das trifft nicht zu. Der Begriff des Verhaltens setzt weiter nichts voraus, als daß ein lebendes Wesen einer konkreten Situation gegenübersteht[11]. Daraus folgt, daß der Begriff der Zurechnung noch andere Voraussetzungen zu seiner Anwendbarkeit erfordert. Wir begeben uns also in die spezifisch menschliche Sphäre. Ein politisches Geschehen kann einem Politiker zugerechnet werden oder nicht. Die Frage, ob etwas zugerechnet werden kann oder nicht, ergibt den Begriff der Zurechenbarkeit. Ebenso kann eine technische Erfindung jemand zugerechnet werden, ebenso ein ethisches oder ein rechtliches Verhalten. Wenn irgendeine Aufgabe gestellt und erfüllt oder nicht erfüllt wird, so kann die Erfüllung oder Nichterfüllung jemand zugerechnet werden. In allen diesen Fällen ist die Anwendung des Begriffes Zurechnung sinnvoll. Es wäre zu fragen, welche Momente bei diesen Fällen den Begriff der Zurechnung sinnvoll machen. Zunächst ist ersichtlich, daß die Anwendung dieses Begriffes sich auf die menschliche Sphäre beschränkt. Man könnte versucht sein, zu fragen, ob dieser Begriff nicht auch auf die göttliche Sphäre zutreffen könnte. Kann man z. B. sinnvoller Weise Gott etwas zurechnen oder nicht? An sich wäre gegen einen solchen Wortgebrauch nur wenig einzuwenden. Nun enthält die Zurechnung allerdings regelmäßig ein Lob oder einen Tadel oder wenn nicht dieses, so doch wenigstens eine Anerkennung oder Nichtanerkennung. Regelmäßig denken wir uns bei dem Wort Zurechnen wenigstens die Möglichkeit der Verfehlung einer Aufgabe. Man wird fühlen, daß der Begriff der Zurechnung in diesem Sinn unseren Vorstellungen von der Allmacht Gottes nicht ganz angemessen ist. So bleibt für die Anwendung dieses Begriffes wirklich allein die menschliche Sphäre übrig. In dieser Sphäre müssen daher auch die Momente liegen, die diesen Begriff sinnvoll erscheinen lassen. Diese Momente können nicht nur Lob und Tadel oder Anerkennung und Nichtanerkennung sein; denn schließlich sind diese Momente auch auf der Ebene des Tieres bedeutungsvoll. Es müssen daher noch andere Momente hinzukommen. Das Moment, welches hinzukommen muß, läßt sich leicht erraten, wenn auch vielleicht nicht ebenso leicht begründen. Das Geschehnis muß wenigstens potentiell von der Vernunft des Menschen abhängen. Es muß der Vernunft oder Unvernunft eines potentiell vernünftigen Wesens entspringen. In der Tat steht der Begriff des Zurechnens wenigstens im Strafrecht in engstem Zusammenhang mit dem des Verhaltens, aber nicht eines Verhaltens schlechthin, sondern eines menschlichen Verhaltens, weil dem Menschen als potentiell vernünftigen Wesen (und damit auch potentiell unvernünftigen Wesen) das Moment der Vernunft potentiell zukommt. Der Begriff der Zurechenbarkeit setzt einen Bewertungsmaßstab voraus, der auf Normen der Vernunft

---

[11] Man spricht allerdings auch in den physikalischen Wissenschaften vom „Verhalten“ z. B. der Elemente, wenn ihnen andere Elemente zugeführt werden. Aber hier ist der Begriff des Verhaltens nicht mehr in seinem eigentlichen Sinn angewandt.

basiert. Diese Normen müssen nicht gerade ethische oder rechtliche sein, sie können auch solche der Zweckmäßigkeit sein. Es handelt sich daher immer um ein Verhalten gegenüber einer Situation, das nach Normen der Vernunft beurteilt werden kann, wobei das Urteil über das Verhalten ein Werturteil im Sinne der Anerkennung oder Nichtanerkennung (Mißbilligung) darstellt. Zurechenbarkeit bedeutet also die Möglichkeit eines Zurechnungsurteils. Zurechnung selbst bedeutet die Feststellung einer positiven Beziehung, eines Zusammenhanges, zwischen einem Geschehnis und einem Menschen im Sinne der Anerkennung oder Mißbilligung unter Bewertung des Verhaltens der Person gemäß einem Normenkomplex der Vernunft.

Diese Begriffsbestimmung wird jedoch durch zwei Gesichtspunkte in Frage gestellt. Auch beim Geisteskranken nehmen wir eine Zurechnung zur Rechtswidrigkeit vor. Nun könnte man sagen: Beim Geisteskranken ermangelt es der Vernunft, er hat nicht einmal potentiell Vernunft. Sagen wir dies aber, dann müßte der Geisteskranke aus der Reihe der rechtlichen Beurteilungsmöglichkeiten ausscheiden. Er könnte nur noch als kausale Kraft oder als Tier behandelt werden. Sein eigenes Verhalten wird rechtlich gesehen irrelevant. Man begreift die Scheu des Menschen ebenso wie die des Rechts, eine so weitgehende These aufzustellen. Was die Naturwissenschaft oder die Medizin dazu sagen oder nicht sagen, erscheint uns vom rechtlichen Standpunkt ebenso wie vom ethischen nicht unbedingt beachtenswert. Wir wollen den Geisteskranken behandelt wissen wie einen Menschen, d. h. wie ein Wesen, das potentiell vernünftig ist. Dieses ist für uns eine Entscheidung, bei der wir nicht gewillt sind, eine naturwissenschaftlich widersprechende Aussage zuzulassen, und zwar ohne Rücksicht auf ihre Richtigkeit. Das Recht behandelt den Geisteskranken als potentiell vernünftiges Wesen, eben als Menschen. Man kann daher diesen Gesichtspunkt nicht dazu benutzen, um unsere Begriffsbestimmung der Zurechnung in Frage zu stellen.

Der andere Gesichtspunkt betrifft mehr das Zivilrecht. Hier wäre es denkbar, jemand einen Nutzen oder Schaden anzurechnen, ohne daß eine menschliche Verhaltensweise vorliegt. Um nur ein Beispiel zu nennen: Ein Unwetter stürzt einen Baum in einen fremden Garten, der dort Schaden stiftet. Es wäre denkbar, dieses Ereignis dem Eigentümer des Baumes „zuzurechnen". Schon die Anführungsstriche zeigen an, daß wir es hier in Wahrheit mit einem anderen Begriff zu tun haben. Bei der Zurechnung eines Geschehnisses nach der Zurechnungslehre handelt es sich immer um die Zurechnung eines Verhaltens. Der Begriff des Verhaltens vermittelt erst zwischen Geschehnis und Person. In dem angeführten Fall dagegen handelt es sich um Prinzipien, wer den Schaden eines Ereignisses zu tragen hat. Nicht das Ereignis wird einer Person zugerechnet, sondern ein Schaden wird ihr angerechnet. Die Fragestellung ist daher eine ganz verschiedene. Die Frage der Schadenshaftung muß nicht notwendig Gegenstand der Zurechnungslehre sein. Also auch dieser Gesichtspunkt bedeutet keinen ernstlichen Einwand gegen unsere Begriffsbestimmung der Zurechnung.

Die Frage der Zurechnung erfordert immer ein bestimmtes Bezugssystem, aus welchem heraus die Zurechnung erfolgt. Da freilich der Begriff der Zurechnung ein allgemeiner ist, der über die einzelnen Bezugssysteme hinausgeht, so muß auch diesen Bezugssystemen etwas Gemeinsames zugrundeliegen. Dieses Allgemeine besteht, wie wir gesehen haben, darin, daß alle Bezugssysteme Vernunftordnungen sind. Übrigens ist für den allgemeinen Begriff der Zurechnung nicht das Gegebensein eines Pflichtenkreises als Voraussetzung erforderlich. Das gilt insbesondere für die bloß technischen Bezugssysteme, die auf den Normkomplex der Zweckmäßigkeit abgestellt sind. So kann eine Erfindung oder ein technischer Mißerfolg, so können auch politische Erfolge oder Mißerfolge einem Menschen ohne Rücksicht auf irgendwelche Pflichten zugerechnet werden.

Als Bezugssysteme kommen in Betracht: Rein technische Bezugssysteme, also technische Erfolge und Mißerfolge nicht nur auf dem engeren Gebiet der Technik, sondern auf allen Gebieten, wo es sich um den reinen Gesichtspunkt der Zweckmäßigkeit handelt, ferner das Bezugssystem der ethischen und der rechtlichen Normen. Auch das Strafrecht bezieht sich auf den Normenkomplex des Rechts.

Bei der Zurechnung geht es um folgende vier Fragen:

1. Welches Geschehen ist zurechenbar? Gibt es ein Geschehen, welches — im Strafrecht — schon seiner Natur nach nicht zugerechnet werden kann? Welches sind die Voraussetzungen, unter denen die Frage gestellt werden kann, ob ein Geschehen — strafrechtlich — zurechenbar ist?
2. Warum wird jemand etwas zugerechnet? Welches ist der Gegenstand des Zurechnungsurteils?
3. Gibt es im Strafrecht nur ein Bezugssystem der Zurechnung oder mehrere? Insbesondere gibt es eine Zurechnung zur Rechtswidrigkeit und eine Zurechnung zur Schuld? Stehen beide Systeme in einem inneren Zusammenhang?
4. In welcher Weise kann ein Geschehen einem Rechtssubjekt zugerechnet werden? Oder in welchem Verhältnis steht das Geschehen zum Rechtssubjekt? Ist das Rechtssubjekt als Täter, Mittäter, mittelbarer Täter, Anstifter oder Gehilfe beteiligt?

Überschaut man diese vier Fragengruppen, dann sollte man denken, daß die Lehre von der Zurechnung einen wesentlichen Bestandteil der Strafrechtswissenschaft ausmacht. Und man wird erstaunt sein festzustellen, daß dieser Begriff in der modernen Strafrechtswissenschaft eine so geringe Rolle spielt. Deshalb scheint es uns eine dankbare Aufgabe zu sein nachzuprüfen, ob die stiefmütterliche Behandlung des allgemeinen Zurechnungsbegriffes in der Strafrechtswissenschaft gerechtfertigt ist, ob nicht eine grundlegende Erfassung dieses Begriffes eine größere Klarheit der wesentlichen Zusammenhänge mit sich bringt, als sie bisher möglich war. Wir wollen uns bemühen, die Prinzipien einer allgemeinen Zurechnungslehre zu entwickeln und die dogmatischen und systematischen Konsequenzen aus ihr zu ziehen.

In drei Teilen soll diese Aufgabe durchgeführt werden. Im ersten Teil soll eine geschichtliche Übersicht über die Entwicklung der Probleme gegeben werden, die mit der allgemeinen Zurechnungslehre im Zusammenhang stehen. Hierbei kommt es uns am wenigsten auf Vollständigkeit an, sondern vielmehr auf die Verfolgung gewisser Gedanken, die sich vornehmlich auf den Handlungsbegriff und die Kausaltheorie beziehen. Die Begriffe Handlung und Kausalität haben, wie wir meinen, die allgemeine Zurechnungslehre in unheilvoller Weise beeinflußt. Die ungenügende Erkenntnis der Bedeutung der Zurechnung hat sich weiter auf die Erfassung der inneren Zusammenhänge des Tatbestandes und auf das System der Tatbestandslehre ungünstig ausgewirkt. Die geschichtliche Übersicht ist deshalb auch nicht etwa als eine geschlossene Darstellung eines Problemkreises, sondern nur als eine Einführung in die Problematik der allgemeinen Zurechnungslehre zu betrachten. An den geschichtlichen Teil schließt sich ein dogmatischer Teil, in dem unter Auseinandersetzung mit dem Kausaldogma die Prinzipien der allgemeinen Zurechnungslehre entwickelt werden. Im systematischen Teil werden alsdann die Auswirkungen der allgemeinen Zurechnungslehre auf die Systematik der Tatbestandslehre untersucht. Mit dem Begriff der Zurechnungsfähigkeit im Sinne der Schuldlehre dagegen werden unsere Ausführungen nichts zu tun haben.

Hauptteil

I. GESCHICHTLICHE ÜBERSICHT ÜBER DIE ENTWICKLUNG

1. Aristoteles

Der erste, der grundsätzlich die Frage nach den Gründen gestellt hat, warum ein Geschehen jemand zuzurechnen sei oder nicht, ist Aristoteles gewesen. Er hat diese Frage nicht vom Recht, sondern von der Ethik her aufgerollt[12]. Und dieser Ausgangspunkt ist auf die Zurechnungslehre bis in die neueste Zeit nicht ohne Einfluß geblieben.

Nach Aristoteles ist das Endziel alles menschlichen Lebens die Eudaimonie, die Glückseligkeit. Sie ist der beständige Zustand der Vollkommenheit, die nichts mehr über sich hinaus begehrt[13]. Diese Vollkommenheit oder Harmonie bezieht sich auf ein in sich abgeschlossenes Leben, nicht nur des einzelnen, sondern einer Gesamtheit. Aber diese Gesamtheit ist nicht etwa die Menschheit, sondern die Polis, der in sich selbst abgeschlossene und autark gedachte griechische Stadtstaat, der nicht mehr über seine Grenzen hinausbegehrt. Die Glückseligkeit dieses Ganzen ist höherer Art als die eines einzelnen[14].

Das spezifisch Menschliche dieser Glückseligkeit besteht in dem wirkend-tätigen Leben gemäß der Vernunft; denn das eigentümliche Werk und die eigentümliche Verrichtung des Menschen ist die vernünftige Tätigkeit seiner Seele. Da es also auf die tätige Verwirklichung des Vernunftgemäßen ankommt, ist das menschliche Gut eine

---

[12] Vgl. Richard Loening, Die Zurechnungslehre des Aristoteles, Vorrede S. XIII ff.

Tritt man von der Ethik her an die Zurechnungslehre heran, dann werden die Probleme der Unterlassung und der Fahrlässigkeit mehr in den Hintergrund treten, zumal bei Aristoteles der Pflichtgedanke noch keine entscheidende Rolle spielt.

[13] Aristoteles, Nikomachische Ethik I 2, 1095 a 14—28, I 5 u. 6, X 10. An die Ethik schließt Aristoteles unmittelbar die Lehre vom Staat an, wie sich aus dem Schluß der Nik. Eth. ergibt. Vgl. dazu auch Loening a. a. O. S. 7.

[14] Nik. Eth. I 1, 1094 b 7—10 (Bei angeführtem Wortlaut ist immer die Übersetzung Rolfes zugrundegelegt): „Man darf freilich schon sehr zufrieden sein, wenn man auch nur einem Menschen zum wahren Wohl verhilft, aber schöner und göttlicher ist es doch, wenn dies bei einem Volke oder einem Staate geschieht. Darauf also zielt die gegenwärtige Disziplin ab.“ (Scil. die Ethik, die hiermit als Teil der Staatslehre aufgefaßt wird.)

der Tugend oder Tüchtigkeit der Seele entsprechende Tätigkeit und das höchste Gut eine der besten und vollkommensten Tugend entsprechende Tätigkeit[15].

Es gibt zwei Arten von Tugenden, die Verstandestugenden, die durch Belehrung entstehen und wachsen, und die sittlichen Tugenden, die durch Gewöhnung entstehen und im Menschen einen Habitus, eine Haltung, erzeugen, die ihn zum Lobenswerten tüchtig macht. Weil diese sittlichen Tugenden in der Gewöhnung bestehen, werden sie durch Tätigkeit erlangt. Gute Tätigkeiten erzeugen einen tugendhaften Menschen, schlechte Tätigkeiten einen schlechten. Diese sittlichen Tugenden werden uns nicht von Natur zuteil, sondern durch Gewöhnung. Sie können durch gute Tätigkeit verbessert, durch schlechte verschlechtert werden[16].

Die Tugend ist die rechte Mitte zwischen Mangel und Überfluß. Eine Handlung wird aber nicht deswegen gut genannt, weil sie zufällig und rein tatsächlich die Mitte trifft, sondern weil sie von einem Menschen ausgeht, der der Tugendhafte selbst ist. Hierzu muß er bestimmte Bedingungen erfüllen. Der Handelnde muß die Handlung willentlich mit einem auf das Sittliche gerichteten Vorsatz fest und ohne Schwanken ausgeführt haben. Das bloße Wissen der Tugend hat nur geringe Bedeutung, dagegen eine große alles, was durch fortgesetzte Übung der Gerechtigkeit und Mäßigkeit erworben wird. Deshalb beruht die Tugend nicht auf der einmaligen sittlichen Handlung, sondern in der festen Haltung, dem Habitus, der auf das Gute gerichtet ist. Die Tugend ist der Habitus des Wählens, der die nach uns bemessene Mitte hält und durch die Vernunft bestimmt wird[17].

Das Prinzip des Habitus liegt im Innern des Menschen. Lob und Tadel verdienen nur solche Handlungen, die aus dem Innersten des Menschen fließen, die auf seinen Willen zurückzuführen sind, während unfreiwillige Handlungen, deren Prinzip außerhalb des Menschen liegen, Verzeihung, zuweilen Mitleid verdienen, jedenfalls dem Menschen selbst weder als Lob noch als Tadel angerechnet werden können[18]. Das ist der Ausgangspunkt der Zurechnungslehre des Aristoteles.

Diese beiden Gesichtspunkte sind wesentlich: Der eine ist der Beurteilungsmaßstab für die menschlichen Handlungen. Diese sind nicht deswegen gut oder böse, weil sie ihrem objektiven Gehalt nach — gewollt oder zufällig — die rechte Mitte treffen, sondern weil sie aus einem Habitus, einem habituellen Willen fließen, der als tüchtig oder tugendhaft zu bezeichnen ist. Der andere Gesichtspunkt bezieht sich auf die Geeignetheit der Handlung, einen guten oder bösen Habitus hervorzubringen. Jede Handlung ist eine Einübungshandlung[19] in bezug auf den guten oder bösen Habitus, der nichts anderes ist

[15] Nik. Eth. I 6.
[16] Ebenda I 13, 1102 b 13—1103 b 25.
[17] Ebenda II 5,6; II 9; II 3, 1105 b 2—18.
[18] Ebenda III 1,2.
[19] Ebenda II 1,2; III 7, 1114 a 3—10.

als das Ergebnis unzähliger solcher Einübungshandlungen. Gut ist eine Handlung, die die gute Gewöhnung hervorbringt oder stärkt, böse, die die böse Gewöhnung hervorbringt oder stärkt oder die bereits entstandene gute Gewöhnung wieder schwächt. Zurechenbar ist also eine Handlung, die in irgendeiner Weise auf den sittlichen Habitus zurückwirkt[20].

Dieser Ansatzpunkt ist für die Zurechnungslehre bis in die Gegenwart hinein von größter Bedeutung geworden. Indem Aristoteles vom tätigen Verhalten ausgeht, liegt der Schwerpunkt ganz in einem aktuellen Willen und im Handlungsbegriff. Schon deshalb muß die Unterlassung bei ihm stärker zurücktreten, aber auch deshalb, weil es an dem Grundgedanken einer sittlichen Pflicht fehlt[21]. Niemand hat die Pflicht gut zu sein. Der gute Mensch ist besser als der böse Mensch. Jeder hat ein natürliches Interesse daran, gut zu sein. Wer es nicht ist, der ist verächtlich, er ist kein edler Mensch, er wird anders klassifiziert. Diese Grundauffassung hat ihre guten und schlechten Seiten. Die gute besteht darin, daß der aristotelischen Ethik jeder sittliche Fanatismus fern ist; die schlechte darin, daß der schwache Mensch nicht durch einen Pflichtgedanken getrieben wird, seine Schwäche zu überwinden. Der Ausgangspunkt eines praktisch-tätigen Verhaltens macht andererseits die Zurechnungslehre des Aristoteles geeignet, auf das Recht übertragen zu werden[22]. Das tätige Verhalten, soweit es sich nicht auf die Person des Handelnden selbst bezieht, ist Wirkung in die soziale Außenwelt, der Wille ist verursachender Wille. Dagegen tritt das Moment einer rein inneren Schuld, einer bloßen Gedankenschuld, wie sie etwa für das alte Testament und ebenso für das Christentum so bezeichnend ist, ganz zurück.

Man wird annehmen dürfen, daß Aristoteles sich den Willen des Menschen als frei gedacht hat[23]. Der Mensch ist für seinen Habitus verantwortlich[24]. Er hat die Möglichkeit, der Vernunft gemäß tätig zu werden oder nicht. Jedoch muß die Willensfreiheit richtig verstanden werden. Aristoteles macht einen Unterschied zwischen Freiwilligkeit und freier Wahl einer Entscheidung. Freiwilligkeit bedeutet nur Spontaneität, d. h. eine Bewegung, deren Prinzip im Bewegenden selbst liegt. In diesem Sinne freiwillig sind auch die Bewegungen der Tiere und Kinder, ferner die aus Zorn oder sonstigen Affekten hervorgerufenen Bewegungen, bei denen allerdings das bewegende Prinzip teils innerhalb, teils außerhalb des Bewegenden liegt, die aber

---

[20] Ebenda III 1, 1109 b 30—35.

[21] Vgl. Loening, a. a. O. S. 42.

[22] Daselbst Vorrede XIII: „Allein diese zunächst vom ethischen Standpunkt aufgestellte Lehre war eben doch derart, daß sie späterhin auf die Rechtslehre den maßgebendsten Einfluß geübt hat."

[23] Die Polemik Loenings gegen diese Auffassung, a. a. O. S. 273 ff trifft sicherlich nicht den Standpunkt des Aristoteles. Es ist richtig, daß Aristoteles noch nicht den Begriff der Willensfreiheit entwickelt hat; aber seine Ansicht hierüber tritt doch deutlich genug hervor. Es kann ernstlich nicht bestritten werden, daß er von der Annahme der Willensfreiheit ausgegangen ist.

[24] Nik. Eth. III 7; III 1, 1109 b 30—35.

eben insoweit freiwillig sind, als das Prinzip der Bewegung in ihnen ist. Deshalb ist eine Handlung auch dann noch freiwillig, wenn sie z. B. aus Zwang und ungern, aber doch aus eigenem Entschluß erfolgte[25].

Hinter der bloßen Spontaneität steht noch eine höhere Art der Freiheit, die für den Menschen bezeichnend ist. Der Mensch hat nämlich die Fähigkeit, das Für und Wider zu überlegen[26]. Hier fehlt nun wieder der Pflichtgedanke, daß der Mensch auch die Pflicht haben kann, solche Überlegungen anzustellen. Die Überlegung bezieht sich auf das, was der Mensch selbst tun kann. Und was er tut, ist immer Mittel zu einem Zweck. Die Überlegung geht daher immer auf eine vernünftige Auswahl der Mittel. Die Willenswahl ist ein überlegtes Begehren von etwas, was in unserer Macht steht, nämlich unseres eigenen Verhaltens[27]. In den freigewählten und freiwilligen Handlungen bestehen alle Tugendakte[28]. In Hinsicht auf ihre sittliche Qualität steht sowohl die Tugend als auch das Laster in unserer Macht[29]. Hieraus folgt, daß der Mensch für seine freiwilligen Handlungen verantwortlich ist, und zwar auch dann, wenn er im Augenblick der Handlung selbst nicht die Möglichkeit der freien Wahl (d. h. der vernünftigen Überlegung) gehabt haben sollte; denn gerade ob er die Fähigkeit zur vernünftigen Überlegung hat oder nicht hat, ist von seinem Habitus abhängig[30]. Und dieser Habitus ist sein eigenes Werk. Er kann sich nicht darauf berufen, daß ihn bei der Tat der Zorn übermannt hat; denn er hätte es durch gute Einübungshandlungen in der Hand gehabt, ein solcher zu sein, der sich nicht durch Zorn oder sonst durch Affekte übermannen ließ.

Hieraus ergeben sich die Prinzipien der Zurechnungslehre des Aristoteles. Es muß sich um Handlungen handeln, die bei uns selbst, in unserer Macht stehen. In unserer Macht stehen alle Handlungen, die in dem erläuterten Sinn freiwillig sind, deren Prinzip in uns selbst liegt. Solche Handlungen dagegen, deren Prinzip ganz außerhalb des Handelnden liegen, die also unfreiwillig sind, werden ihm nicht zugerechnet.

Man darf an diese Auffassung des Aristoteles nicht Maßstäbe moderner Kausalitätstheorien legen. Mag es Aristoteles auch nicht mit völliger Klarheit ausgesprochen haben, so ist doch unverkennbar,

---

[25] Ebenda III 1. Aus Zwang begangene Handlungen können freiwillig und unfreiwillig sein. Unfreiwillig sind sie dann, wenn der Zwang unwiderstehlich ist; dann nämlich liegt das Prinzip außerhalb des Handelnden.

[26] Nik. Eth. III 4,5.

[27] Ebenda III 5.

[28] Ebenda III 7, 1113 b 3—7.

[29] III 7, 1113 b 6—1114 a 3.

[30] Ebenda III 7, 1113 b 30—1114 a 8: „Aber vielleicht ist er nun einmal so, daß er keine Sorgfalt anwendet... Aber daß man ein solcher geworden ist, ist man selber schuld, der eine dadurch, daß er fortgesetzt Unrecht begeht, der andere dadurch, daß er in Trinkgelagen und ähnlichen Dingen seine Zeit hinbringt. Denn die Akte, die man in einer bestimmten Richtung ausübt, machen einen zu einem solchen wie man ist."

daß er vom Axiom der Willensfreiheit ausgeht in dem Sinne, daß es letzten Endes beim Menschen steht, das Gute oder Böse auf Grund seiner vernünftigen Natur frei zu wählen. Deshalb steht für ihn auch das menschliche Begehren nicht unter der kausalen Notwendigkeit, sondern unter dem Prinzip der Willensfreiheit. Dieses Prinzip scheint ihm so festzustehen, daß er es nicht näher untersucht. Dem Willensschwachen hält er entgegen, daß die Willensschwäche nur das Ergebnis falscher Einübungshandlungen ist, für die er verantwortlich ist. Was daher auch immer aus dem Begehren folgt, liegt beim Menschen selbst. Er kann sich nicht darauf berufen, daß er nicht anders handeln konnte.

Zu den zurechenbaren Verhaltensweisen gehört nicht nur das positive Tun, sondern auch das Unterlassen[31], aber nur insoweit, als es auf einem Willensakt beruht; denn auch im Unterlassen kann sich der Wille betätigen.

Bei dieser Darstellung der Zurechnungslehre taucht die Kausalität als Problem nicht eigentlich auf. Zwar wird das positive Tun als Willensäußerung auch immer eine Kausalität enthalten. Aber diese Kausalität ist nicht der eigentliche Zurechnungsgegenstand. Zuzurechnen ist vielmehr der aktuelle Wille, die Betätigung des Willens, die eine Einübungshandlung für gute oder schlechte Gewohnheiten des Habitus darstellt.

Gehen wir nun den Prinzipien der Zurechnungslehre des Aristoteles im einzelnen nach, so finden wir, daß die Kausalität nur als Grenzfunktion eine Rolle spielt. Worüber der Mensch eine kausale Herrschaft nicht hat, das fällt nicht mehr in seine Entscheidungsfreiheit, kann daher auch vernünftigerweise weder gewollt noch nicht gewollt werden. Für das, was über diese kausale Herrschaftsmöglichkeit hinausgeht, kann der Mensch daher auch nicht verantwortlich gemacht werden. Es kann ihm weder zum Lob noch zum Tadel zugerechnet werden. Das gilt für das positive Tun ebenso wie für das Unterlassen. Das Unterlassen dessen, was ohnehin unmöglich ist, vermag den sittlichen Habitus nicht zu verändern[32].

Die Natur der Verhaltensweisen, die ein Unterlassen darstellen, ist von Aristoteles nicht näher untersucht worden. Fest steht ledig-

---

[31] Wenn Aristoteles im allgemeinen als Leitbild das Handeln vor Augen hat, so ist es doch hinreichend zum Ausdruck gekommen, daß er als Gegenstand der Ethik auch das Nichthandeln, das Unterlassen, angesehen hat. Wenn Loening a. a. O. S. 245 ff. ihm Kausalvorstellungen unterlegt hat und die Meinung vertritt, daß Aristoteles das Nichthandeln nicht für irgendetwas kausal angesehen habe, dann bringt er damit moderne Gedankengänge in die Lehre des Aristoteles hinein. Das Kausalitätsproblem in unserem Sinn ist bei Aristoteles noch nicht entwickelt. Man kann ihn daher nicht als Vertreter irgendwelcher Meinungen hierüber anführen. Ob Aristoteles im Unterlassen nur willentliches oder auch nichtwillentliches Verhalten verstanden hat, ist nicht ganz klar und ergibt sich auch nicht eindeutig aus dem Satz (Nik. Eth. III 7, 1113 b 7,8): „Wo das Tun in unserer Gewalt ist, da ist es auch das Unterlassen." In unserer Gewalt — „bei uns steht" — heißt, allein von unserem Willen abhängig; aber damit ist nicht gesagt, daß das Unterlassen immer in einem Willensakt bestehen müßte.

[32] Nik. Eth. III 5; 7, 1114 a 23—29.

lich, daß der Philosoph nicht nur positives Tun, sondern auch Unterlassungen für zurechenbar hält. Eine Unterlassung ist dann tugendhaft, wenn sie den sittlichen Habitus verbessert. Hier ist besonders an das Maßhalten gedacht[33]. Für das Recht ist jedoch hinsichtlich der Unterlassung der Begriff der Rechtspflicht von entscheidender Bedeutung. Da bei Aristoteles der Begriff der Pflicht fehlt, muß es bei ihm auch noch an der grundlegenden Erkenntnis des Wesens der Unterlassung für die rechtliche Beurteilung fehlen. Typisch sind die Beispiele, an denen Aristoteles die Unterlassung erläutert: Unterlassung körperlicher Übungen, Nichtbefolgung ärztlicher Vorschriften, Nichtenthaltung von übermäßiger sinnlicher Lust.

Ähnliches gilt für die Beurteilung des fahrlässigen Verhaltens. Auch in diesem steckt immer eine Unterlassung, nämlich die Unterlassung einer gebotenen Aufmerksamkeit und Sorgfalt. Auch hier wirkt sich der Mangel des Pflichtgedankens aus. Aber auch noch ein anderer Umstand verhindert eine klare Erkenntnis. Nach Aristoteles sind nur freiwillige Handlungen zurechenbar. Freiwillig ist jedes Verhalten, dessen Prinzip im Handelnden selbst liegt, und zwar ganz oder wenigstens teilweise. Geschieht eine Handlung aus Unwissenheit, dann ist sie nicht unter allen Umständen unfreiwillig. Das Unfreiwillige läßt sich daran erkennen, daß es uns schmerzlich ist, das Freiwillige daran, daß es uns Lust bereitet. Wer etwas aus Unwissenheit getan hat, aber darüber kein Mißfallen, keinen Schmerz und keine Reue empfindet, hat nicht unfreiwillig gehandelt, wenn auch nicht gerade freiwillig in dem, was er nicht wußte. Unfreiwillig dagegen hat der gehandelt, der über sein Verhalten — sei es auch erst nachträglich — Betrübnis empfindet[34]. Hier mischen sich ganz verschiedene Gedankenreihen, die aber nicht zueinander passen. Zunächst einmal ist der Grund der Betrübnis verkannt und in sein Gegenteil verkehrt. Die echte Reue ist im Gegenteil ein Anzeichen für das eigene Urteil, daß man anders hätte handeln können und sollen. Hätte man nicht anders handeln können, dann mag das Gefühl, das ein Unfall zur Folge hat, Bedauern darüber sein, daß man ungewollt Ursache für das Mißgeschick eines andern geworden ist. Die Betrübnis über die Folgen eines Geschehnisses sagt daher eindeutig nichts über die Freiwilligkeit oder Unfreiwilligkeit eines Verhaltens aus. Außerdem kommt es hier nicht auf das eigene Urteil des Sichverhaltenden an. Ob jemand sich fahrlässig verhalten hat, kann nicht von der größeren oder geringeren Empfindlichkeit des eigenen Gefühls abhängig sein. Die Betrübnis ist daher überhaupt kein brauchbares Kriterium dafür, ob jemand fahrlässig gehandelt hat oder nicht.

Aber schon der Ausgangspunkt ist hier verfehlt. Der Satz, daß nur freiwillige Handlungen, also mindestens auf einem aktuellen Willen beruhende Verhaltensweisen zurechenbar seien, kann für die

---

[33] Beispiele solcher Unterlassungen Nik. Eth. III 7, 1114 a 24,25.
[34] Nik. Eth. III 2, 1110 b 18—23.

Fälle der unbewußten Fahrlässigkeit nicht zutreffen[35]. Die Herbeiführung des Geschehnisses, für das jemand verantwortlich gemacht werden soll, geschieht hier ja unbewußt, also auch ungewollt. Von Freiwilligkeit gerade im Hinblick auf den unbewußt herbeigeführten Erfolg kann nicht die Rede sein. Solange man das Prinzip der Zurechnung in der Freiwilligkeit des Verhaltens erblickt, müssen die unbewußt fahrlässigen Verhaltensweisen notwendig in der Luft schweben. Diesen Widerspruch zu überwinden ist Aristoteles nicht gelungen. Wir werden sehen, daß dieser Widerspruch nicht nur die Zurechnungslehre, sondern die ganze Strafrechtsdogmatik und die Lehre vom strafrechtlichen System bis in die neueste Zeit erheblich belastet hat.

Um nun überhaupt einen Ort für die fahrlässigen Verhaltensweisen zu finden, hat Aristoteles das Unrechttun in drei verschiedene Verhaltensweisen eingeteilt. Er unterscheidet Unrecht, ungerechte Handlung und mitfolgend ungerechte Handlung[36]. Unter Unrecht versteht er etwas, was wir etwa objektive Rechtswidrigkeit nennen würden. Was Unrecht ist, ergibt sich aus dem natürlichen oder gesetzten Recht. Ungerecht ist eine Handlung, wenn man freiwillig Unrecht tut. Hierbei ist zwischen überlegter, d. h. auf freier Wahl des Willens beruhender und unüberlegter, d. h. auf Leidenschaft beruhender ungerechter Handlung zu unterscheiden. Wer mit Überlegung ungerecht handelt, ist ein ungerechter und böser Mensch. Wer

[35] Hier macht Aristoteles Unterscheidungen, die nicht den Kern der Sache treffen. Er unterscheidet zwischen freiwillig, unfreiwillig und nicht freiwillig. Nicht freiwillig soll nicht gleichbedeutend mit unfreiwillig sein, Nik. Eth. III 2, 1110 b 18—23. Er sieht ein, daß man bei Handlungen, die aus Unwissenheit geschehen, nicht von Freiwilligkeit sprechen kann. Da aber Unfreiwilligkeit die Zurechnung ausschließt, Unwissenheit aber nicht immer die Verantwortlichkeit ausschließt, so kommt er zu dem Ergebnis, daß Handlungen aus Unwissenheit weder frei- noch unfreiwillig, sondern ein drittes, nämlich nicht freiwillig seien. Wie alle Negationen ist auch diese zu unbestimmt und gibt nicht das positive Prinzip wieder. Auch trifft jetzt nicht mehr das ursprünglich angenommene Prinzip zu, daß nur freiwillige Handlungen zurechenbar seien. Aristoteles kommt zu dem Ergebnis, daß zwar nicht die Handlung, wohl aber die Unwissenheit frei gewollt sei, aber nur dann, wenn sie vermeidbar war, Nik. Eth. III 7, 1114 a 1—3. Gegen diese Redewendungen sind große Bedenken zu erheben. Es mag im Einzelfall eine freiwillige Unwissenheit geben, auch will Aristoteles in diesem Zusammenhang nicht auf einen aktuellen Willensentschluß hindeuten; da er aber noch nicht den Pflichtgedanken herangezogen hat, konnte er dem gegebenen Sachverhältnis noch keinen adäquaten Ausdruck verleihen.

[36] Nik. Eth. V 10, 1135 a 8—1136 a 9. Diese wichtige Stelle bedeutet auch heute noch ein schwerwiegendes Problem. Es ist die Frage, ob es Rechtswidrigkeit in einem streng objektiven Sinn überhaupt geben kann, ob also z. B. die Todesverursachung auch dann als rechtswidrig bezeichnet werden darf, wenn sie zufällig (ohne kausale Beherrschbarkeit des Geschehens) eingetreten ist. Aristoteles bejaht diese Frage ebenso wie unsere herrschende Lehre: „Da es mit Recht und Unrecht so bestellt ist, so wird eine ungerechte oder eine gerechte Handlung nur dann begangen, wenn man freiwillig recht oder unrecht tut. Geschieht es unfreiwillig, so kommt nur zufällig oder mitfolgend eine ungerechte (will heißen: rechtswidrige) oder gerechte (will heißen: rechtmäßige) Handlung zustande, indem man nämlich tut, was mitfolgend recht oder unrecht ist."

ohne Überlegung aus bloßem Affekt ungerecht handelt, ist deshalb noch kein böser Mensch[37]. Diese Unterscheidung ist auch im Sinne des Aristoteles anzweifelbar. Wer aus Affekt ungerecht handelt, müßte auch nach Aristoteles ein ungerechter Mensch sein; denn das Handeln im Affekt deutet darauf hin, daß der Handelnde nicht Maß gehalten hat. Er hat aber nicht Maß gehalten, weil er die Kräfte des Maßhaltens nicht geübt hatte und deshalb keinen tüchtigen Habitus hat. Fehlt es ihm aber daran, dann ist er nicht tugendhaft. Seine Handlung entspringt seiner Untugend, die auf seinem untugendhaften Sinn, eben dem schlechten Habitus beruht. Aber der Mensch und vielleicht gerade auch der Grieche ist geneigt, das Handeln im Affekt mit menschlichem Verständnis zu beurteilen. Tut man dagegen unfreiwillig Unrecht, so kommt nur eine zufällig oder mitfolgend ungerechte Handlung zustande.

An dieser Betrachtungsweise wird auffallen, daß Aristoteles eigentlich von seiner Ausgangsstellung abgerückt ist. Aristoteles ging aus von der Beziehung des menschlichen Verhaltens zum sittlichen Habitus. Zwar besteht auch für das fahrlässige Verhalten eine solche Beziehung, die aber Aristoteles noch nicht mangels eines Pflichtgedankens sehen konnte. So verläßt Aristoteles bei der Betrachtung des fahrlässigen Verhaltens die ethische Grundlage und geht auf die Ebene des Rechts über[38]. Im ethischen Bereich wird eben das Wesen der Fahrlässigkeit nicht sichtbar, wenn man vom Pflichtgedanken absieht. Das Recht dagegen hat seine Folgen aus fahrlässigem Verhalten in mehr oder weniger großem Umfang seit jeher gezogen. Mögen die Prinzipien für die Verantwortlichkeit eines solchen Verhaltens noch so lange unklar bleiben, das Recht erklärt ohne Rücksicht darauf den Täter auch bei fahrlässigem Verhalten für strafbar oder haftbar. Wenn der Pflichtgedanke noch nicht erkannt ist, dann müssen die Prinzipien der Fahrlässigkeit auch dem Rechtsdenken unbekannt bleiben, mag auch die Bestrafung fahrlässigen Verhaltens unbewußt auf dem Pflichtgedanken beruhen. Aber auch die Beziehung auf den Habitus bleibt beim Mangel des Pflichtgedankens unerkannt. Es fehlt daher an der theoretischen Erkenntnis des Wesens der Fahrlässigkeit überhaupt. Es bleibt daher Aristoteles nichts anderes übrig, als an das gegebene Recht anzuknüpfen.

Bei dem fahrlässigen Delikt muß aber noch ein anderes unklar bleiben, solange der Pflichtgedanke noch nicht erfaßt ist. Bei der gewollten Unterlassung kann die theoretische Untersuchung immer noch an ein Positivum anknüpfen, an einen aktuellen Willensakt. Dieser fällt aber gerade bei der unbewußten Fahrlässigkeit fort. Das einzige, woran Aristoteles unter diesen Umständen sich halten kann, ist ein positives Tun. Er sieht daher in dem fahrlässigen Verhalten lediglich ein verursachendes Herbeiführen eines schädlichen Erfolges und nennt das auf diese Weise verursachte Unrecht „mitfolgend".

---

[37] Nik. Eth. V 10, 1135 b 19—26. Vgl. auch Anm. 30.

[38] Nik. Eth. III 7, 1113 b 21—1114 a 3.

Beim verursachenden fahrlässigen Verhalten kann man notfalls davon sprechen, daß das Prinzip im Handelnden selbst liege. Das Handeln, welches mitfolgend Unrecht herbeiführt, steht beim Handelnden selbst, insofern er es verursacht. Aber dieses Verursachen enthält gar nicht den Kern der Fahrlässigkeit, weil es eben nicht auf den freien Willen des Handelnden zurückführbar ist. Der Grund der Fahrlässigkeit liegt nicht im gewollten, sondern gerade im ungewollten Verhalten.

Dagegen hat Aristoteles ein anderes Prinzip der Fahrlässigkeit wohl schon erkannt. Die bloße Verursachung kann auch zufällig sein. Sie ist dann nicht als zufällig anzusehen, wenn das Ereignis für den Handelnden voraussehbar war. Ist es nicht voraussehbar, dann scheidet jede Zurechnung ohne Rücksicht auf die Verursachung aus[39]. Damit wird die Zurechenbarkeit durch die Voraussehbarkeit bestimmt, wenn auch noch nicht vollständig. Was auch hier noch fehlt, ist der Pflichtgedanke.

Ganz in der Luft schweben müssen bei Aristoteles die fahrlässigen Unterlassungen. Er erwähnt sie auch nicht. Seine Beispiele behandeln immer nur ein positives Tun. Die Frage der Kausalität wird bei Aristoteles nicht genauer behandelt. Jedoch findet sich bei der Unterlassung bei ihm eine Kausalitätsbetrachtung, die, wie Loening mit Recht ausführt[40], bis auf den heutigen Tag eine verhängnisvolle Rolle gespielt hat. Hier soll diese Betrachtung nur als Beleg dafür angeführt werden, wie ein Fehler im Beginn der wissenschaftlichen Betätigung sich durch die Jahrtausende schleppen kann. Aristoteles stellt die Behauptung auf, der Steuermann eines Schiffes sei auch dann die positive Ursache für den Untergang eines Schiffes, wenn das Schiff wegen seiner Abwesenheit gescheitert sei[41]. Diese Meinung soll hier nicht näher kritisiert werden, weil die Ursächlichkeit von Unterlassungen an anderer Stelle behandelt werden wird. Es ist aber darauf hinzuweisen, daß diese Meinung bis zum heutigen Tage noch nicht in der Strafrechtsdogmatik überwunden ist.

---

[39] Nik. Eth. III 7, 1114a 1—3; V 10, 1135b 11—19. Die Übersetzung Rolfes ist hier ungenau und gibt den Sinn nicht wieder. Er übersetzt: „Ist die Schädigung ohne welche Absicht herbeigeführt worden, so liegt ein Unglück vor, ist sie aber nicht ganz unabsichtlich, aber doch nicht aus böser Absicht geschehen, so ist es eine Verfehlung.“ Loening a. a. O. S. 230ff. will übersetzen: „Ist der Schaden wider Erwarten eingetreten, dann liegt ein unglücklicher Zufall vor; ist der Schaden aber nicht wider Erwarten eingetreten, aber ohne böse Absicht (Vorsatz), dann ist es eine Verfehlung.“ Am besten wird der Ausdruck „paralógos“ vielleicht mit „wider alle Vernunft“ wiedergegeben. Er bedeutet das, was wir heute als Unvoraussehbarkeit bezeichnen würden. Aber allein die Voraussehbarkeit bestimmt noch nicht die Fahrlässigkeit. Erst die pflichtwidrige Nichtvoraussicht eines voraussehbaren Geschehnisses ist Fahrlässigkeit. Vgl. hierzu auch Maschke, „Die Willenslehre im griechischen Recht“ S. 156ff.

[40] Vgl. Loening a. a. O. S. 252, 253: „Sehr viele vergebliche Mühe und Arbeit, eine große umfassende Literatur wäre mutmaßlich erspart worden, wenn nicht auch Aristoteles einmal eine schwache Stunde gehabt und den abwesenden Steuermann für die Ursache des Schiffsunterganges ausgegeben hätte.“

[41] Aristoteles Physik II, 3, Metaphysik IV, 2, 1013b 11.

Mit dieser kurzen Darstellung der Zurechnungslehre des Aristoteles können wir uns begnügen; denn unsere Aufmerksamkeit wird immer wieder auf die hier angeschnittenen Probleme gerichtet sein.

2. Die Zurechnungslehre des Mittelalters

Der griechische Standpunkt, wie er vor allem aus der Lehre des Aristoteles erkennbar ist, ist der eine Stamm unseres abendländischen Rechtsdenkens. Das Fehlen des Pflichtgedankens haben wir als das Hauptmerkmal dieses Standpunktes kennengelernt. Es ist der Standpunkt des gänzlich unfanatischen edlen Mannes, dem das sittliche Verhalten eine zu große Selbstverständlichkeit ist, als daß er noch des Ansporns besonderer Pflichten bedürfte. Sittlichkeit ist gleichsam der natürliche Kern des edlen Menschen, während der Unmäßige, der Willensschwache verächtlich ist, aber nicht ohne gewisses tolerantes Verständnis beurteilt wird.

Wir kommen nun auf den anderen Stamm unseres Denkens zu sprechen, bei dem im Gegenteil der Pflichtgedanke an erster Stelle steht. Das Christentum kann man als die gereifte Frucht des alttestamentarischen religiösen Fühlens betrachten. Das alte Testament aber enthält in außerordentlich gesteigerter Form den Pflichtgedanken. Das Verhältnis des Volkes Israel zu seinem Gott war ganz anders geartet als das der Griechen zu ihren Göttern. Die Griechen betrachten ihre Götter als ihnen verwandte, wenn auch weit überlegene Geister, deren Willen zuwiderzuhandeln vielleicht kein Verbrechen, aber höchst unklug ist[42]. Der Gott des Volkes Israel, erwachsen aus einem Stammesgott, war dagegen gedacht als der väterliche Herrscher seines Volkes, dessen herrscherlicher Wille wie der des Vaters unbedingt zu respektieren war. Dieser Gott verlangte von seinem Volk unbedingten Gehorsam. Dafür schützte er es auch vor Gefahren. Aber furchtbar war sein Zorn beim Ungehorsam seines

[42] Der Fromme hatte heilige Scheu vor den Göttern. Der Grieche hatte nicht eigentlich den Gedanken einer Pflicht (Der Fromme soll Scheu vor den Göttern haben), sondern den Gedanken einer natürlichen Ordnung der Welt. Es entspricht der natürlichen Ordnung der Welt, daß der Mensch Scheu hat vor den Göttern. Selbst wo der Grieche von der Pflicht, von einem Geschuldeten spricht, meint er nicht eine Willensbeziehung zwischen dem Menschen und einem Gott, sondern er hat nur die Vorstellung einer natürlichen Richtigkeit. Der Frevler ist nicht Sünder, sondern er handelt in Hybris und wird wegen seiner Maßlosigkeit von den Göttern zerschmettert. Das ist die natürliche Einrichtung der Welt und nicht Folge einer Pflichtverletzung, einer Auflehnung gegen den Willen der Götter. Auch das Gericht der Unterwelt bedeutet nicht die Aburteilung sündigen Erdenlebens, nicht einmal die Wiederherstellung des Maßes, als vielmehr das Maß selbst. In diesem Sinne viele griechische Sagen, Tantalos, Niobe, Phaeton und viele andere mehr. Die Überschreitung des Maßes war Unklugheit. Aber der Grieche zollte ihr schaudernde Bewunderung. Die griechische Auffassung und die des alten Testaments stehen sich hier diametral gegenüber. Es ist bemerkenswert, wie beide Auffassungen uns heute trotz ihrer Gegensätzlichkeit innerlich berühren, ein Zeichen für die weitgespannte Polarität der Kultur des Abendlandes.

Volkes; dann ließ er es seinen Zorn fühlen und versagte ihm seinen Schutz. Dieser Gott will das beste seines Volkes, er verspricht ihm Wohlstand und Herrschaft über diese Welt, aber unter der Bedingung des vollkommenen Gehorsams. Die nationale Geschichte dieses Volkes ist in einzigartiger Weise geschildert als Folge des Verhältnisses des Volkes zu seinem Gott. Alles Unglück des einzelnen wie des Volkes rührt vom Ungehorsam gegenüber Gott, alles Glück von der Erfüllung der göttlichen Gebote her. Freilich muß diese Rechnung nicht aufgehen, wie die Gestalt des Hiob zeigt. Auch dem Unschuldigen kann Gott Leid schicken. Er ist allmächtig und sein Ratschluß ist unerforschlich. Seine Wege sind nicht die unseren. Wie sein Zorn die Welt erschütternd ist, so kann auch seine Barmherzigkeit grenzenlos sein. Immer aber ist sein Wille auf das Gute gerichtet.

Dieser Gott ist allmächtig und allwissend. Allwissenheit und Allmächtigkeit erzeugen eine absolute Abhängigkeit der Geschöpfe von ihrem Schöpfer. Es gibt keinen Ort dieser Welt, wo Gott seinen Geschöpfen nicht begegnete: „Wo soll ich hingehen vor deinem Geist, und wo soll ich hin fliehen vor deinem Angesicht? Führe ich gen Himmel, so bist du da. Bettete ich mir in die Hölle, siehe, so bist du auch da.“ Auch mit seinen Gedanken kann sich niemand vor diesem Gott verbergen: „Herr, du erforschest mich und kennest mich. Ich sitze oder stehe auf, so weißt du es; du verstehst meine Gedanken von ferne[43].“ Beim Griechen ist das Verhältnis der Menschen zueinander so, wie es in der Polis gegeben ist, das Primäre. Im alten Testament wie auch im Christentum dagegen ist das Verhältnis des Menschen zum Weltengott das Primäre. Dieses Abhängigkeitsverhältnis wird noch gewaltig gesteigert durch die grundsätzliche Sündhaftigkeit des Menschen: „Wer kann merken, wie oft er fehlet? Verzeihe mir die verborgenen Fehle[44]!“ Mit dieser Grundanschauung, wie sie auch das Christentum übernommen hat, wird die Ethik bis in den innersten Kern der Persönlichkeit hinein vertieft. Sünde ist schon der böse Gedanke, wie das Christus in aller Schärfe und in Verurteilung der pharisäerhaften Selbstgenügsamkeit der formalen Gesetzestreue zum Ausdruck gebracht hat. „Ihr habt gehört, daß zu den Alten gesagt ist: Du sollst nicht ehebrechen. Ich aber sage euch: Wer ein Weib ansieht, ihrer zu begehren, der hat schon mit ihr die Ehe gebrochen in seinem Herzen[45].“

Mit der Vorstellung einer Gedankenschuld entfernt sich die Ethik vom Recht. Das Recht hat es nur mit dem Verhalten der Rechtsunterworfenen zueinander zu tun, das sich irgendwie geäußert hat. Mag hier auch die Gesinnung nicht ohne Bedeutung sein, so treten doch die Rechtsfolgen erst mit der Gesinnungs*äußerung* ein. Das Verhältnis des Menschen zu Gott dagegen wird unmittelbar durch sein inneres Sein, durch bloße Gedanken bestimmt. Ja, der

[43] Psalm 139.
[44] Psalm 19.
[45] Matth. 5 Vers 27, 28.

Mensch braucht sich nicht einmal seiner Sünde bewußt zu sein. Auch unbewußt kann sein Innerstes Gott entgegengerichtet sein[46]. Und es ist die ständige Pflicht des Menschen, danach zu trachten, den göttlichen Willen zu erkennen[47]. Gott tritt dem Menschen als Fordernder gegenüber. Er will seinen Willen ihm gegenüber durchsetzen. Sein Wille allein — wie er auch sei — ist absolut gut. Aber der Wille des Menschen ist durch den Sündenfall verderbt. Der Mensch kann nur im Gehorsam zu Gott relativ gut sein. Das persönliche Verhältnis zwischen Gott und Mensch ist so beschaffen, daß der Mensch als das Geschöpf, das selbst seinen Sündenfall verschuldet hat und darum unvollkommen ist, Gott gehorsam zu sein verpflichtet ist. Wir finden hier daher eine intensive Ausprägung des Pflichtgedankens.

Dem Willen Gottes zuwiderhandeln kann man dadurch, daß man seine Gebote positiv verletzt, aber auch dadurch, daß man sie nicht erfüllt. Durch den Gedanken der Liebe hat das Christentum den Pflichtgedanken noch weiter vertieft. Weil die Menschen alle Gottes Kinder sind, sind sie zur gegenseitigen Hilfe verpflichtet.

Als die Kultur des Griechentums im Hellenismus sich zur Weltkultur erweiterte, nahm sie auch Elemente der semitisch-asiatischen Völker in sich auf. So finden wir schon in der Lehre der Stoa den Pflichtgedanken ausgesprochen[48]. Aber erst in der christlichen Entwicklung des Abendlandes gelangte der Pflichtgedanke immer mehr zur vollen Entfaltung.

Man kann die Entwicklung der ethischen und rechtlichen Prinzipien in der Geschichte des Abendlandes in zwei große Perioden gliedern. In der ersten Periode finden Ethik und Recht ihre innerliche Einheit im religiösen Gefühl. Die Theologie ist die einheitliche Grundwissenschaft, welche Philosophie — und damit Ethik — und Recht zugleich in sich enthält. In der zweiten Periode dagegen trennen sich Religion, Philosophie und Recht. Es handelt sich hierbei um einen weit vorgetriebenen Differenzierungsprozeß, der sich schließlich zur großen Gefahr der abendländischen Kultur ausgewirkt hat und anscheinend (oder vielleicht) in der heutigen Weltsituation wieder in einen Prozeß der Synthesis übergeht.

Der Grundbegriff, von dem die christliche Lehre des Mittelalters ausgeht, ist die Sünde[49]. Auch das Verbrechen ist Sünde, Verfehlung gegen den Willen Gottes[50]. Freilich ist das Verbrechen zugleich noch

---

[46] 3. Mose 5 Vers 17; Psalm 19 Vers 13, 130 Vers 3.

[47] 5. Mose Kap. 4 Vers 1, 2, 5, 6, 9, 10, 29, Kap. 5 Vers 29, Kap. 6 Vers 1—9, Kap. 10 Vers 12, 13; Josua 1 Vers 7, 8; Jeremia 29 Vers 13, 14.

[48] Vgl. dazu Max Pohlenz, Stoa und die Stoiker. Einführung S. XIV—XVI.
Dieser Pflichtgedanke entsprach auch mehr den römischen Vorstellungen, die aber weniger philosophisch als praktisch-politisch fundiert waren. Die philosophische Betrachtung der Pflicht bei den Römern war erst eine Folge des Eindringens griechischer Philosophie, insbesondere der Lehre der Stoa. Hier war vor allem Panaitios von großem Einfluß, der über Cicero sich bis ins Christentum erstreckt hat. Vgl. Pohlenz a. a. O. Einführung S. XXVI, XXVIII und S. 217 ff.

[49] Vgl. Stephan Kuttner, Kanonische Schuldlehre, S. 2—4.

[50] Ebenda S. 3.

etwas anderes[51]. Es ist der Angriff auf die Werthierarchie der christlichen Gemeinschaft[52]. Aber dieser Angriff wird immer auf den innersten Kern der Persönlichkeit zurückbezogen. Obwohl die Sünde der Urgrund des Verbrechens ist, wird doch alsbald auch die rechtliche Erscheinungsform der Sünde der theologischen Betrachtung unterzogen. Das ist nicht verwunderlich, wenn man bedenkt, daß die Kirche eine festgefügte Rechtsgemeinschaft der Gläubigen darstellt und daß diese Rechtsgemeinschaft einer praktischen Anwendung des Sündenbegriffes im Rahmen der Herrschaft der katholischen Kirche bedarf. So wird der Begriff des peccatum criminale entwickelt[53]. Es enthält in sich zugleich das kirchliche wie das weltliche Verbrechen. An sich ist auch jedes weltliche Verbrechen Sünde. Eine Trennung dieser beiden Begriffe kann nur praktische Bedeutung etwa bei der Abgrenzung kirchlicher und weltlicher Gerichtsbarkeit haben[54].

In unserem Zusammenhang brauchen wir uns nicht näher mit der Entwicklung des Verbrechensbegriffes, mit der Bewertung der Verbrechen und der Schuldlehre auseinanderzusetzen. Die Schuldlehre ist gewissermaßen die Entsprechung des Pflichtgedankens in der subjektiven Sphäre. Sie ist durch die mittelalterliche Theologie sehr verfeinert worden. Uns interessiert hier nur das Problem der Zurechnung.

Wie schon Aristoteles ging auch die mittelalterliche Lehre von der Willensfreiheit des Menschen aus. Die Stufen der Willensbildung wurden einer genaueren Analyse unterzogen. Da das peccatum criminale eine Beziehung zur Außenwelt hat, treten alsbald die Probleme der Zurechnung in Erscheinung: Was die Voraussetzungen aller Zurechnung seien, wieweit der Wille, wieweit die Handlung Gegenstand der Zurechnung und woraus von beiden der Wertmaßstab für die Zurechnung zu entnehmen sei[55]. Die letzte der drei Fragen scheidet für unsere Betrachtungen aus.

Eine Lehre, die vom Sündenbewußtsein ausgeht, wird die innere Einstellung des Menschen zu den Geboten Gottes auch in der Zurechnungslehre zum Ausgangspunkt nehmen. Das bedeutet einmal, daß der Wille die Grundlage der Zurechnungslehre bilden wird, wogegen die Frage der Kausalität dieses Willens als Verursachung eines Ergebnisses an Bedeutung zurücktreten wird[56]. Das zeigt sich denn auch sogleich in der Lehre von der Teilnahme. Zur Annahme einer Teilnahme genügt der bloße consensus, die Äußerung der Zustimmung zu fremder Tat[57]. Es zeigt sich auch bei der Versuchslehre.

---

[51] Ebenda, S. 4, 5.

[52] Ebenda, S. 5, 19—22.

[53] Ebenda, S. 5, 7 f., 13 f., 18, 19.

[54] Die Einteilung in delicta mere ecclesiastica, delicta mixti fori und rein weltliche Delikte ist im Grunde nur eine Kompetenzverteilung, wie sie sich im Zuge der geschichtlichen Entwicklung ergeben hat. Zu dieser Einteilung vgl. Eichmann, Kirchenrecht, S. 462, Phillips, Lehrbuch des Kirchenrechts, S. 199.

[55] Kuttner a. a. O. S. 40.

[56] Ebenda, S. 40—43, 189.

[57] Ebenda, S. 41 f., 51 ff.

Wenn es beim peccatum criminale nicht auf den Erfolg, sondern auf die Willensäußerung ankommt, dann müssen die Grenzen des Versuchs bei den formulierten Delikten, die einen Erfolg voraussetzen, bis in den äußersten Bereich der Vorbereitungshandlung vorgeschoben sein. Für den Versuch genügt es, wenn sich der verbrecherische Wille irgendwie manifestiert hat[58].

Bei den Unterlassungen gelangt die mittelalterliche Lehre insoweit über Aristoteles hinaus, als sie den Pflichtbegriff zur Verfügung hat. „Wer gebotenes Tun unterläßt, steht dem gleich, der Verbotenes tut; aber nur sofern er zu handeln imstande und verpflichtet ist, und sofern eine Unterlassung einen Willensakt darstellt[59].“ Schon damals war der Umfang der Rechtspflicht zweifelhaft[60]. Das Problem des Kausalzusammenhanges zwischen Unterlassung und Erfolg tauchte gar nicht auf[61]. Jedoch wäre es ein Irrtum anzunehmen, daß die Kausalität für die Unterlassung überhaupt keine Rolle gespielt hätte. Ebenso wie Aristoteles erkannte die mittelalterliche Lehre, daß wenigstens die Möglichkeit des Handelns gegeben sein müsse[62]. Die Bedeutung dieser Erkenntnis wird sich erst im weiteren Verlauf unserer Untersuchungen zeigen.

Bereitet die Kausalität bei den willentlichen Erfolgsdelikten, die durch positives Tun begangen werden, keine Schwierigkeiten, so daß man in diesen Fällen dem Kausalzusammenhang keine besondere Beachtung zu schenken brauchte, und ist die Zurückführung auf einen positiven Willen bei den willentlichen Begehungsweisen, mögen sie in einem Tun oder Unterlassen bestehen, ohne Problem, so ändert sich das Bild bei den nichtwillentlichen Erfolgsdelikten. Worauf soll hier die Zurechnung beruhen? Bestehen sie in einem positiven Tun, dann bleibt zwar die Kausalität als Anknüpfungspunkt übrig; aber die Rückführung auf einen aktuellen Willen ist unmöglich. Bestehen sie aber in einem Unterlassen, dann lassen sie sich weder auf einen aktuellen Willen noch auf einen Kausalzusammenhang zurückführen. Übergänge bilden die Fälle des dolus eventualis, die Irrtumsfälle, ferner die Fälle der culpa praecedens.

Beim dolus eventualis ist der Wille nicht auf den Erfolg gerichtet. Der Erfolg ist nicht gewollt, er kann sogar unerwünscht sein. Weshalb kann solch ein ungewollter und vielleicht sogar unerwünschter Erfolg dem Täter zugerechnet werden? Hat er ihn positiv verursacht, dann könnte die Zurechnung wenigstens auf die Verursachung gestützt werden. Ob eine solche bloße Kausalität zur Begründung der Zurechnung ausreicht, werden wir später sehen. Freilich, beim dolus eventualis kann ein überhaupt gegebener Wille nicht in Abrede ge-

[58] Ebenda, S. 52.
[59] Ebenda, S. 43.
[60] Ebenda, S. 60.
[61] Ebenda, S. 46 f.
[62] Ebenda, S. 43. Hier sehen wir auch bereits den Schritt über Aristoteles hinaus, insofern die Unterlassung nur dann von Bedeutung ist, wenn eine Pflicht zum Handeln bestand.

stellt werden. Der Täter hat wenigstens sein positives Tun gewollt, mag dieses auch nicht gerade auf den eingetretenen verpönten Erfolg gerichtet gewesen sein. Beim dolus eventualis kannte der Täter die Möglichkeit des Erfolges. Er ließ sich durch diese Kenntnis nur nicht von seiner Tat abhalten. Freilich ist hiermit noch nicht die Abgrenzung zwischen dolus eventualis und bewußter Fahrlässigkeit gesichert. Aber es ist doch ein Zurechnungsgrund gegeben, der es gestattet, bis auf den Willen zurückzugehen. In der mittelalterlichen Schuldlehre finden wir weder eine klare Erfassung des dolus eventualis noch der bewußten Fahrlässigkeit[63]. Der Grund dieser Unklarheit muß wohl im Begriff des versari in re illicita erblickt werden[64]. Wenn jemand etwas Unerlaubtes tut, dann haftet er auch für die daraus entstehenden schwereren Folgen, mochte er sie vorausgesehen haben oder nicht. Bei diesem Standpunkt muß der eigentliche Haftungsgrund unklar bleiben. Andererseits paßte der Begriff des versari in re illicita auf alle möglichen Fälle, die nach unsern heutigen Schuldvorstellungen sehr verschieden liegen können. Dieser Begriff hinderte daher die Erfassung der Unterschiede dieser Fälle und damit zugleich auch die Erkenntnis des Zurechnungsgehalts dieser Fälle. Den Zurechnungsgrund sah man zu allgemein in einem Willen, der generell auf ein Unerlaubtes gerichtet war, und sprach insofern auch von einem dolus indirectus[65]. Ein Bedürfnis nach Klärung der unterschiedlichen Fälle trat nicht auf, weil sie praktisch befriedigend, wenn auch theoretisch unklar, mit dem Begriff des versari in re illicita gelöst werden konnten. Wir müssen uns darüber klar sein, daß viele dieser Fälle heute mit der Rechtsfigur des dolus eventualis gelöst werden könnten.

Das versari in re illicita läßt sich auch als culpa praecedens begreifen[66]. Freilich ist gerade diese culpa praecedens in vielen Fällen der zufälligen Erfolgsverursachung fragwürdig, weil sie eben mit diesem Erfolg nicht in Verbindung gebracht werden kann. Aber diese Auffassung ist gerade für ein religiöses Denken verständlich. Begibt sich etwa ein Geistlicher auf unerlaubtes Gebiet, dann können ihm da unangenehme Dinge passieren, die er nicht vorausgesehen hat. Diese Zufälle, die ihm da zustoßen können, wird ein religiöses Denken leicht als eine Strafe Gottes deuten. Der Umkehrschluß ist dann leicht gezogen, daß der Geistliche, wenn sich diese Zufälle als sonst strafwürdige Verletzungen darstellen, dafür auch verantwortlich zu machen sei.

Die culpa praecedens dient auch in andern Fällen dazu, die Zurechnung eines Geschehens auf den Willen zurückzuführen, so bei Geisteskrankheiten, bei Trunkenheit, beim Irrtum, beim Nötigungs-

---

[63] Kuttner a. a. O. S. 81, 118.

[64] Dieses versari in re illicita ist auch die Grundlage unserer sogenannten durch den Erfolg qualifizierten Delikte und bereitet auch dort Schwierigkeiten. Man kann den Gedanken des versari in re illicita nicht völlig verwerfen. Es fragt sich nur, welche Prinzipien ihm zugrundezulegen sind. Vgl. auch Kuttner a. a. O. S. 223 ff.

[65] Kuttner a. a. O. S. 211 ff.

[66] Ebenda, S. 207 f., 225.

notstand und bei Notwehr. Diese Bedeutung der culpa praecedens hatte schon Aristoteles erkannt. So will Aristoteles den Täter nicht entschuldigen, wenn die Unkenntnis usw. verschuldet war oder wenn er sich, wie bei der actio libera in causa, selbst schuldhaft in den Zustand der Unzurechnungsfähigkeit versetzt hatte[67]. Diese culpa praecedens ist aber bei Aristoteles ebenso wie bei der mittelalterlichen Rechtslehre ziemlich problematisch. Sie war hier vor allem deswegen zu erwähnen, weil noch bis in die neuere Zeit hinein der Versuch gemacht wurde, die culpa praecedens zur Begründung der Fahrlässigkeitsschuld und zur Rückführung dieser Schuld auf einen aktuellen Willen heranzuziehen.

Ähnliches gilt für Unwissenheit und Irrtum. Wer etwas nicht weiß oder sich irrt, will gerade das nicht, was er unwissentlich oder irrtümlich tut. Es liegt hinsichtlich dessen, was er tut, in Wahrheit ein Nichtwollen vor. Trotzdem fand man doch schon immer Fälle, in denen man trotz Unwissenheit oder Irrtums jemand verantwortlich machen wollte. Da alle Schuld Willensschuld war und nur in einem aktuellen Willensakt gesehen wurde, so wäre bei Unwissenheit und Irrtum nichts geblieben, woran man die Schuld hätte anknüpfen können. Da aber bei Irrtum und Unwissenheit in der Regel (nicht in den Fällen der Unterlassung) irgendetwas willentlich getan wurde, mochte sich der Wille auch nicht gerade auf das Unerlaubte beziehen, so nahm man eben diesen Willen zum Anknüpfungspunkt. Daß hierbei eine klare Begründung der Zurechnung nicht gefunden werden konnte, bedarf keiner näheren Erläuterung[68]. Die Möglichkeit jedoch, die im Begriff der ignorantia vincibilis gelegen hätte, um eine Zurechnung zu begründen, wurde nicht ausgenutzt[69].

Wenn hier auch die Frage des Irrtums behandelt worden ist, dann könnte man meinen, diese Frage gehöre nicht in unseren Problemkreis, weil Irrtum eine Frage der Schuld sei, also nicht die Zurechnung berühre. Aber gerade das ist zweifelhaft und wird besonders untersucht werden müssen.

Wenn auch das Problem der Kausalität für die Rechtslehre des Mittelalters von untergeordneter Bedeutung war[70], so mußte dieses Problem doch bei der fahrlässigen Herbeiführung eines Erfolges eine Rolle spielen und wurde deshalb auch besonders an dieser Stelle erörtert. Man gelangte hier zu einer inhaltlichen Unterscheidung der Ursächlichkeit nach causa propinqua und causa remota. Die letztere rechnete man zum casus und nicht zum Verschulden. So sah man den Fall, daß jemand durch einen Schlag den Sturz eines Menschen und erst der Sturz den Tod herbeigeführt hatte, als causa remota an, ebenso die Fälle, daß ein Verschulden Dritter, z. B. des Arztes, dazwischentrat[71]. Eine klare Begründung der Zurechenbarkeit war auf

[67] Loening a. a. O. S. 224 ff., 232 ff.
[68] Kuttner a. a. O. S. 134 f.
[69] Ebenda, S. 151.
[70] Ebenda, S. 189.
[71] Ebenda, S. 192, 197.

diesem Wege nicht möglich. Daß man bei der Beurteilung der causa auch noch gewisse Schuldvermutungen, z. B. Länge der Zeit zwischen Verhalten und eingetretenem Erfolg, einschaltete[72], hatte nur mehr praktische Bedeutung als Beweiserleichterung. Die Unterscheidung zwischen causa propinqua und causa remota[73] kann man zwar als Ausdruck des Gefühls, daß man gewisse Ursachen nicht zur Grundlage der Verantwortlichkeit machen könne, aber nicht als ausreichende theoretische Grundlage für die Ablehnung der Zurechnung betrachten. Immerhin war es bei diesen verursachenden Verhaltensweisen möglich, an eine positive Verursachung und an einen positiven Willen, wenn auch theoretisch fragwürdig, anzuknüpfen.

Diese Möglichkeit aber fehlte ganz bei den ungewollten fahrlässigen Verhaltensweisen, die in einem Unterlassen bestehen. Es fehlt auch an Beispielen für diese Fälle. Man wird dieses Problem kaum gesehen haben[74].

Die Fahrlässigkeit selbst sah man als Schuldform an und erblickte die Schuld in der mangelnden Sorgfalt, in der negligentia. Diese faßte man im wesentlichen objektiv als Vernachlässigung von Pflichten, ohne viel nach dem individuellen Können zu fragen[75].

In umfassenderer Weise als die kanonische Rechtslehre hat der große christliche Denker Thomas von Aquino die Zurechnungslehre gegründet. Er hat hierbei auf Aristoteles zurückgegriffen, ihn aber selbständig im christlichen Sinn weiterentwickelt. In ihm hat die Zurechnungslehre wohl den bisher unübertroffenen Höhepunkt ihrer Darstellung gefunden. Die heutige Strafrechtswissenschaft ist nicht nur nicht über seine Erkenntnisse hinweggekommen, sondern ist sogar weit hinter ihnen zurückgeblieben.

Ebenso wie Aristoteles geht auch Thomas von Aquino vom Prinzip der Willensfreiheit aus. Alles Weltgeschehen ist auf einen Endzweck hingeordnet, auf ein höchstes Gut, welches Gott ist. Das gilt nicht nur für menschliche Verhaltensweisen, sondern für alles Geschehen überhaupt. Jedoch ist die Art der Determination auf den Endzweck verschieden für die unvernünftige Natur und für die Welt der Vernunft. Die Kräfte der unvernünftigen Natur sind von außen her auf ein Ziel gerichtet, in ähnlicher Weise, wie der auf ein Ziel hingerichtete, fliegende Pfeil von außen her bestimmt ist. Bei den blinden Kräften der Natur fehlt es nicht an einem Ziel; deshalb ist die ganze Welt teleologisch eingerichtet. Aber dem bloß kausal sich Bewegenden fehlt es am Bewußtsein des Ziels. Eine Mittelstellung nehmen die Tiere ein. Sie haben zwar ein Bewußtsein des Ziels, aber

---

[72] Ebenda, S. 199.

[73] Ebenda, S. 196 ff.

[74] Man kannte zwar den Begriff der negligentia, und dieser umfaßte auch ungewollte Unterlassungen. Eine eigentliche theoretische Begründung dieser Unterlassungen wurde aber nicht gegeben und hätte bei der gegebenen Zurechnungslehre, die vom aktuellen Willen ausging, auch nicht gegeben werden können. Vgl. Kuttner a. a. O. S. 213 ff., 223 ff.

[75] Kuttner a. a. O. S. 216 ff.

sie können sich nicht von sich aus auf dieses Ziel hinrichten; sie haben nicht die Fähigkeit des finalen Denkens und Wollens. Der Mensch dagegen hat nicht nur das Bewußtsein von Zielen, sondern er überschaut auch die Einzelziele in ihrer Hinrichtung auf einen Endzweck. Er hat auch die Fähigkeit, sich auf das Endziel in seinen Einzelzielen hinzuordnen oder nicht hinzuordnen[76]. Mit diesen Fähigkeiten wird der Mensch im Gegensatz zum Tier Herr seiner Handlungen. Nicht bei allen Bewegungen freilich ist der Mensch Herr seiner Handlungen. Es ist daher zu unterscheiden zwischen den menschlichen Handlungen im eigentlichen Sinn (actus humani) und den Handlungen des Menschen, in denen er mit den übrigen Lebewesen übereinstimmt (actus hominis). Herr ist der Mensch über seine Handlungen durch Vernunft und Willen. Alle eigentliche menschliche Tätigkeit ist eines Zieles wegen da[77].

Den Begriff des voluntarium, willentlich, gebraucht Thomas in einem mehrfachen Sinn. Willentlich handeln auch die Tiere, insoweit sie wissen, was sie wollen. Dies ist aber noch nicht der vollkommene Wille. Dieser ist erst dann gegeben, wenn die vollkommene Zweckerkenntnis gegeben ist. Vollkommen ist die Zweckerkenntnis dann, wenn nicht bloß der Gegenstand des Handelns wahrgenommen wird, sondern wenn auch der Begriff des Zweckes und der Mittel erkannt wird, kurz, wenn die Fähigkeit eines finalen Verhaltens gegeben ist[78]. Voraussetzung dieses eigentlichen Wollens ist, daß Gott dem Menschen die Fähigkeit verliehen hat, das Endziel zu erkennen und seinen Willen darauf hinzurichten[79]. Willentlich tätig sein bedeutet, daß das Prinzip im sich Bewegenden und nicht außerhalb liegt. In diesem Sinne sind auch die Tiere willentlich tätig. Dieses Prinzip braucht nicht überhaupt das erste Prinzip der Bewegung überhaupt zu sein. Es ist nur das erste in seiner Gattung. Die Gattung des Wollens ist das Sichselbstbewegen des sich Bewegenden. Daß dieses Sichselbstbewegen wieder von außen in Bewegung gesetzt wird, schließt die Willentlichkeit nicht aus. Deshalb ist das Prinzip der Bewegung auch in den Tieren[80]. Beim Willentlichen ist zweierlei zu unterscheiden, das innere Wollen selbst und das äußere willentliche Bewirken. Das innere Wollen kann durch keine äußere Gewalt aufgehoben werden, wohl aber das äußere willentliche Bewirken[81]. Furcht macht eine Tätigkeit nicht nichtwillentlich. Die Tätigkeit ist vielmehr gewollt, um das Gefürchtete zu vermeiden. Nur dann, wenn man das aus Furcht Gewollte vergleicht mit dem, was außerhalb der Furcht gewollt ist, kann man das aus Furcht Gewollte als nichtwillentlich be-

---

[76] Thomas von Aquino, Summa Theologica, Prima secundae 1,2; 10,2; 10,3; 10,4.

[77] Summa prim. sec. (alle weiteren Angaben beziehen sich auf diesen Teil) 1,1.

[78] Ebenda, 6,1; 6,7 zu 3.

[79] Ebenda, 9,6.

[80] Ebenda, 6,2.

[81] Ebenda, 6,4; 6,5.

zeichnen[82]. Auch der Trieb schließt die Willentlichkeit nicht aus; denn der Trieb ist das Prinzip, das im sich Bewegenden wirksam ist und nicht außerhalb von ihm. Das gilt aber auch für die Fähigkeit des vollkommenen Wollens. Dieses wäre nur dann ausgeschlossen, wenn der Trieb die Erkenntnisfähigkeit ausschließen würde. Das ist aber nicht der Fall. Trotz des Triebes bleibt die Erkenntnisfähigkeit und damit — wie wir hinzufügen müssen — auch die Möglichkeit der Wahlfreiheit erhalten. Man muß in diesem Fall sagen, daß der Wille sich treiben läßt, obwohl er widerstehen könnte[83]. Dagegen kann das Erleiden manchmal das Willentliche ausschließen, wenn das Erleiden selbst nicht willentlich war und so groß wird, daß der Gebrauch der Vernunft aufgehoben wird[84]. Nichtwissen erzeugt nicht unter allen Umständen Nichtwillentliches. So kann das Nichtwissen selbst willentlich sein, wenn jemand nicht wissen will, um für seine Sünde eine Entschuldigung zu haben oder um sich durch das Wissen nicht von der Sünde abhalten zu lassen (ignorantia affectata)[85].

Es ist nun von großer Bedeutung, daß Thomas von Willentlichem auch dann spricht, wenn jemand etwas nicht weiß, was er zu wissen vermag und verpflichtet ist. Damit hat Thomas von Aquino die Möglichkeit, die Vernachlässigung als willentliches Böses anzusehen[86]. Willentliches kann es daher für Thomas auch dann geben, wenn es an einem inneren Wollen fehlt. Danach gibt es folgende Möglichkeiten des Willentlichen. Es ist gegeben: 1. wenn etwas innerlich gewollt und äußerlich bewirkt ist, 2. wenn etwas innerlich gewollt, aber äußerlich nicht bewirkt ist — das liegt vor, wenn jemand etwas nicht tun will —, 3. wenn innerlich etwas nicht gewollt ist, aber äußerlich bewirkt ist, soweit man zu wissen fähig und verpflichtet war, 4. wenn weder innerlich etwas gewollt, noch äußerlich bewirkt worden ist, soweit man zu wissen und zu bewirken fähig und verpflichtet war[87].

Wenn man auch gegen den Begriff des Willentlichen, wie ihn Thomas von Aquino in diesem Zusammenhang anwendet, Einwendungen erheben kann, so läßt sich doch gegenüber Aristoteles ein deutlicher Fortschritt nicht verkennen. Es ist Thomas gelungen, ein vollkommenes System sämtlicher zurechenbarer Verhaltensweisen zu geben. Weder die gewollte Unterlassung noch die nichtgewollte (fahrlässige) Unterlassung noch die nichtgewollte Verursachung fallen aus seinem System heraus. Und auch die Bedeutung des Pflichtbegriffes ist vollständig erkannt. Das Verhalten ist zu beurteilen nach dem „Gesetz"[88]. In der Sünde liegt zweierlei: Sie ist einmal menschliche Verhaltensweise — wie wir uns mit unseren Worten aus-

---

[82] Ebenda, 6,6.
[83] Ebenda, 6,7; 10,3.
[84] Ebenda, 77,7.
[85] Ebenda, 6,8.
[86] Ebenda, 6,8.
[87] Ebenda, 6,3; 6,8; 71,5 zu 2; 71,6.
[88] Ebenda, 71,6.

drücken können — und sie ist zweitens zu beziehen auf das Gesetz der Vernunft bzw. auf das göttliche Gesetz. Man kann wohl ohne Übertreibung sagen, daß bis zum heutigen Tage eine solch klare Einsicht in das gegebene Sachverhältnis kaum wieder erreicht, geschweige denn übertroffen ist. Für die Strafrechtswissenschaft wäre die Verwertung dieser Erkenntnise der Scholastik nur von Vorteil gewesen. Die einzige Unvollkommenheit besteht in dem Gebrauch des Begriffes „willentlich". Immerhin ist bei Thomas die Bedeutung dieses Begriffes klar erkennbar. Es handelt sich nicht um eine Umdeutung eines nichtwillentlichen Verhaltens in ein willentliches, ein Fehler, der gerade auch in der modernen Theorie üblich geworden ist, sondern um eine Umformung des Begriffes „willentlich", die zwar nicht der Wortbedeutung entspricht, aber einen dem Sachverhältnis entsprechenden Sinn ergibt. „Willentlich" bedeutet und kann nur nach dem Wortsinn bedeuten, daß ein aktueller Willensakt gegeben ist. Es ist nun schwierig, wenn nicht unmöglich, einen Ausdruck zu finden, der Willentliches und Nichtwillentliches (als Potenz des Willentlichen) umfaßt. Diese Umfassung läßt sich in der Tat nur durch eine Umschreibung wiedergeben. „Willentlich" im Sinne des Aquinaten bedeutet eine Art Kategorie, unter der mögliche menschliche Verhaltensweisen zu betrachten sind, es bedeutet einmal den aktuellen Willensakt und zweitens den möglichen Willensakt in Hinsicht auf ein vom „Gesetz" gefordertes Verhalten[89]. Dieser entweder aktuelle oder mögliche Willensakt ist nach Thomas von Aquino nicht allein als finale Richtung auf einen Zweck, sondern zugleich auch als aktuelle oder potentielle Wertverwirklichung in Hinsicht auf den Endzweck zu verstehen[90]. Fassen wir alle diese Momente zusammen, dann können wir sagen: Willentlich im Sinne des Aquinaten ist die Feststellung und Bewertung eines menschlichen Verhaltens unter dem Gesichtspunkt der Fähigkeit des Menschen, seine Bewegungen (Bewegung = äußeres Verwirklichen und = seelische Bewegung oder = Wollen) auf ein vorgestelltes oder vorstellbares und als Gut oder Böse bewertetes oder bewertbares Ziel hinzuordnen, und im Hinblick auf ein verpflichtendes Gesetz.

Das Gute im sittlichen Sinn ist die Hinordnung eines menschlichen Verhaltens (sowohl des inneren Wollens als auch des äußeren Verwirklichens dieses Wollens) auf den Endzweck, das höchste Gut, welches Gott ist. Diese Hinordnung auf Gott ist nicht ein Gott-gleich-sein-wollen, sondern die Übereinstimmung des menschlichen Willens mit dem göttlichen, das Sichhingeben dem Willen Gottes[91]. Eine menschliche Handlung ist gut, wenn sie mit der obersten Richtschnur übereinstimmt, und böse, wenn sie mit dieser Richtschnur

---

[89] Vgl. Joseph Bernhart, Thomas von Aquino, Summe der Theologie, Bd. 2, Einführung S. LXI; M. Wittmann, Stellung und Bedeutung des Voluntarium in der Ethik des hl. Thomas v, Aquin, Festgabe für Baeumker.

[90] Summa, 9,6.

[91] Ebenda, 19,9.

nicht übereinstimmt[92]. Weil allerdings der Mensch nicht Gott gleich ist, so kann er nicht immer das göttliche Gesetz erkennen. In der Vernunft hat Gott dem Menschen sein Gesetz in die Seele gelegt. Infolge der Erbsünde freilich ist die Vernunft dem Irrtum unterworfen. Das ändert aber nichts an der Tatsache, daß die Vernunft (das Gewissen) neben der Offenbarung für den Menschen Richtschnur bleibt. Gut ist der Wille nur in Übereinstimmung mit dem Gewissen, selbst wenn dieses irren sollte[93]. Insoweit ist das sittlich Gute, könnte man sagen, formal bestimmt. Dieses formal Gute braucht deshalb nicht das absolut Gute zu sein. Nicht jedes Verhalten ist dem Menschen als gut oder böse anzurechnen. Anrechnen heißt, daß ein Verhalten dem sich Verhaltenden zum Lobe oder zur Schuld gereicht. Nur das, was in der Macht des Menschen steht, kann ihm angerechnet werden. Die rein natürlichen Bewegungen stehen nicht in der Macht des Menschen. Mögen sie auch ein Fehler sein, so kann er dem Menschen doch nicht zur Schuld gereichen. Die willentlichen Verhaltensweisen (im oben ausgeführten Sinn) dagegen stehen in der Macht des Menschen. Ein Fehler in ihnen fällt dem Menschen zur Last[94]. Von Verdienst im positiven oder negativen Sinn kann man nur sprechen im Hinblick auf eine Vergeltung. Vergeltung nach der Gerechtigkeit findet statt, wenn jemand zum Vorteil oder Nachteil eines anderen handelt. Daß die gute Handlung für den Handelnden gut, die böse für ihn böse ist, fällt nicht unter den Begriff von Verdienst im positiven oder negativen Sinn. Vielmehr deutet der Begriff Verdienst immer auf eine gerechte Vergeltung im Zusammenhang einer Gesellschaft. Von Verdienst oder Mißverdienst kann man in verschiedener Hinsicht reden. Wer einem anderen zum Vorteil oder Nachteil handelt, verdient diesem anderen gegenüber eine Entgeltung, insofern er dem einzelnen nützt oder schadet. Der andere ist aber zugleich Teil der Gesellschaft. Wer einem Mitglied der Gesellschaft nützt oder schadet, der nützt oder schadet auch der Gesellschaft. Er erwirbt sich daher auch ihr gegenüber Verdienst oder Mißverdienst. Wer aber sich selbst schadet oder nützt, der schadet oder nützt gleichfalls der Gesellschaft, weil auch er Teil der Gesellschaft ist[95]. Gegenüber Gott gibt es kein Verdienst oder Mißverdienst in dem Sinne, daß man Gott schaden oder nützen könnte. Indem Gott aber die ganze Gemeinschaft regiert und es deshalb in seinen Bereich fällt, Gerechtigkeit zu üben, gibt es auch Gott gegenüber Verdienst oder Mißverdienst. In Ausübung seines gerechten Amtes teilt uns Gott das Verdiente zu, rechnet er unser Verhalten uns zu als Verdienst oder Mißverdienst[96].

Mit diesen Ausführungen hat Thomas von Aquino sehr genau den Sinnzusammenhang aufgedeckt, innerhalb dessen es sinnvoll ist,

---

[92] Ebenda, 21,1.
[93] Ebenda, 19,3—6.
[94] Ebenda, 21,2.
[95] Ebenda, 21,3.
[96] Ebenda, 21,4.

von Zurechnung zu sprechen. Es mag sein, daß es noch einen allgemeinsten Begriff der Zurechnung gibt, der mit gerechter Vergeltung im eigentlichen Sinn nichts zu tun hat. Nehmen wir an, daß auf der Welt ein einziger Mensch allein und ohne ein göttliches Wesen existierte, so könnte auch dieser Mensch sich veranlaßt sehen, sich selbst gewisse Folgen seines Verhaltens zuzuschreiben oder nicht zuzuschreiben. Aber die volle Beziehungsfülle erhält der Begriff der Zurechnung doch erst in Hinsicht auf die Folgen eines Verhaltens innerhalb einer Gemeinschaft. Weil der einzelne für den Harmoniezustand des Ganzen mitverantwortlich ist, weil er selbst unter dem Gesetz der Harmonie steht und um der Harmonie willen die Folgen der Harmonieverletzung erleiden muß, deshalb hat der Begriff der Zurechnung nur in diesem Zusammenhang seinen vollen Sinn.

Hiermit wollen wir unsere Betrachtung der Lehre des Aquinaten abschließen. Wir erkennen, daß die Beurteilung der mittelalterlichen Zurechnungslehre unvollständig sein muß, wenn man sich nur auf die kanonische Lehre beschränken würde. Die kirchliche Rechtslehre hat die Gedankengänge des Aquinaten nicht voll auswerten können. Obwohl nach seiner Lehre die Aufstellung eines vollständigen und vollständig begründeten Systems der möglichen Verhaltensweisen möglich gewesen wäre, ist dies nicht geschehen. So mußte es besonders an der Einordnung der fahrlässigen Unterlassungsdelikte in ein wohl begründetes Gesamtsystem fehlen. Man konnte den sehr hemmenden Begriff des versari in re illicita nicht auf seine Wurzeln zurückführen. Und schließlich konnte die Struktur der Verhaltensweisen nicht genügend aufgehellt werden, weil das Moment der Willentlichkeit nicht hinreichend klar durchschaut wurde. Aber es gibt doch zu denken, daß die Lehre des Aquinaten bis zum heutigen Tage für die strafrechtliche Zurechnungslehre nicht genügend ausgewertet worden ist. Viele überflüssige Umwege hätte man sich ersparen können, wenn man auf seine Lehre zurückgegriffen hätte. Vor allem aber hätte man den unheilvollen Einfluß des Kausaldogmas mit dieser Hilfe abwenden können. Freilich hat auch Thomas von Aquino noch keine eigentliche Kausalitätslehre entwickelt. Für ihn bestand dazu auch kein Anlaß. Aber auch bei seiner Unterscheidung des inneren Wollens und des äußeren Bewirkens hätte man sich guten Rat holen können. Seit etwa dem 15. Jahrhundert, besonders aber in der Zeit des naturrechtlichen Denkens und der Aufklärung wurde die Denkleistung der Scholastik weit über Gebühr unterschätzt. Heute aber können wir doch in vielem wieder an die Leistungen der scholastischen Denker anknüpfen.

3. Die Zurechnung in der germanischen Rechtsauffassung

Antike und Christentum sind nicht die einzigen Grundlagen der abendländischen Kultur. Die dritte ist das Gedankengut, das die Völkerstämme des Nordens einbrachten. Für das Strafrecht kann man dieses Gedankengut für unsere Zwecke einigermaßen brauchbar unter dem Begriff des Erfolgsstrafrechts zusammenfassen[97].

Ging die Kirche, wie es natürlich ist, von der inneren Einstellung des Täters aus, so war für die germanische Rechtsauffassung Ausgangspunkt die äußere Wirkung der Tat. Diese Auffassung beruht auf zwei Gründen. Einmal befand sich das germanische Recht noch auf der Entwicklungsstufe des Racherechts[98]. Rechtsverletzungen zu ahnden war im allgemeinen dem Verletzten selbst überlassen. Er betrachtete sich als Angegriffenen und schlug zurück, unbekümmert um die Frage, was sich der Verletzer bei seiner Tat gedacht hatte. Zweitens war es damals in der Regel schwierig oder gar unmöglich, die innere Einstellung des Täters zu ergründen. Der Verletzte hatte gar nicht die Möglichkeit, diese zu prüfen. Seine Reaktion knüpfte deshalb einfach an dem äußeren Tatbestand an. Damit ergibt sich von selbst, daß Grund der Zurechnung nicht so sehr der Wille des Täters, sondern mehr die äußere Verursachung sein mußte. Von einer wissenschaftlichen Verarbeitung dieses Begriffes in jener Zeit kann selbstverständlich keine Rede sein.

Das Schlagwort Erfolgsstrafrecht kann wohl nicht bedeuten, daß das germanische Recht Ähnliches wie Schuld nicht gekannt habe. So gab es auch im germanischen Recht Situationen, wo sich Einschränkungen des Kausalprinzips erforderlich erwiesen, wie z. B. in den Fällen des Ungefährwerks. Nur wurden diese Fälle nicht etwa nach der wirklichen inneren Einstellung des Täters abgegrenzt, sondern nach typischen Erscheinungsformen, die gesetzlich oder gewohnheitsrechtlich geregelt waren und die Haftung ausschlossen[99]. Umgekehrt war auch der böse Wille nicht völlig belanglos, wurde aber ebenfalls nur aus seinen typischen Erscheinungsformen erschlossen[100].

Ein weiterer Grund für die geringe Entwicklung von Unterscheidungen bestand auch darin, daß man nicht streng die strafrechtlichen von den privatrechtlichen Folgen der Tat unterschied. Das Wergeld bedeutete nicht nur eine strafrechtliche Folge, sondern zugleich auch Ersatzleistung für den einer Sippe entstandenen Verlust eines Mannes[101]. Die privatrechtliche Ersatzpflicht kann aber noch auf anderen Grundgedanken beruhen als die strafrechtliche Zurechnung eines Geschehnisses, sei es auf dem Gedanken der Gefährdungshaftung, sei es auf dem Gedanken eines sonst angemessenen Ausgleichs. Bei der ungeschiedenen Verquickung solcher Vorstellungen

---

97 Vgl. Eberhard Schmidt, Einführung in die Geschichte der deutschen Strafrechtspflege, § 16.

98 Ebenda, §§ 5, 6.

99 Ebenda, §§ 17—20.

100 Ebenda, §§ 17, 21.

101 Wilhelm Eduard Wilda, Das Strafrecht der Germanen, S. 314, Karl v. Amira, Grundriß des germanischen Rechts, S. 243, derselbe, Das altnorwegische Vollstreckungsverfahren, S. 52 ff. Auf die Frage, ob in der Buße überhaupt eine Strafe zu erblicken ist, vgl. Viktor Achter, Geburt der Strafe, S. 10 ff., braucht in diesem Zusammenhang nicht eingegangen zu werden.

kann man nicht erwarten, im germanischen Recht für die Lehre der Zurechnung bedeutsame Ansatzpunkte zu finden.

Bei dem Aufeinandertreffen kirchlicher und volkstümlicher Anschauungen aber ergab sich eine weitgespannte Polarität, die schließlich gerade auch innerhalb der Kirche und innerhalb der wissenschaftlichen Betätigung zu genaueren Differenzierungen zwang. Einerseits konnte die Kirche die Anschauungen des Volkes nicht ignorieren, andererseits konnte sie die Prinzipien des Volksrechts nicht vorbehaltlos übernehmen[102]. Das Schuldprinzip der Kirche und das Verursachungsprinzip des Volkes konnte nur in einem gegenseitigen Differenzierungsprozeß einander angepaßt werden, was in der wissenschaftlichen Behandlung von casus und culpa geschah. Deshalb mußten in der Folgezeit Verursachungsprinzip und Schuldprinzip immer wieder miteinander in Einklang gebracht werden.

Trat im germanischen Recht das Schuldprinzip in den Hintergrund, dann mußte das für verschiedene Materien des Strafrechts seine Bedeutung haben. Das gilt besonders für Versuch und Teilnahme. Genügte dem kanonischen Recht schon der bloße consensus, um Teilnahme zu begründen, so lag für das germanische Recht die bloß psychische Haltung im nicht mehr Wahrnehmbaren und Bedeutungslosen. War für das kanonische Recht der Versuch schon mit der ersten Willensäußerung begründet, so kannte das germanische Recht kaum den Begriff des Versuches. Der Versuch als Versuch jedenfalls ist nicht strafbar. Soweit aber im Versuch bereits ein unmittelbarer Angriff zu sehen ist, wird er als besondere, in sich vollendete Tat, z. B. als handhafte Tat oder überhaupt als delictum sui generis angesehen. Hier steht also der Gefährdungsgedanke im Vordergrund[103]. Man sieht, wie bereits in den Urbestandteilen des abendländischen Rechts gewisse Polaritäten der Anschauung festgelegt sind, die sich später als verschiedene wissenschaftliche Theorien niederschlagen, an denen noch heute gearbeitet wird.

Diese Prinzipien sind offenbar Ausfluß verschiedenartiger Grundstrukturen des sozialen Denkens, die, einmal begriffen, viel Klarheit in die wissenschaftliche Behandlung bringen können. Um es hier nur anzudeuten: Dem Gemeinschaftsstrafrecht der Kirche steht das Gesellschaftsstrafrecht des germanischen Rechtsdenkens im großen ganzen gegenüber. Da sich im heutigen Staat diese verschiedenartigen soziologischen Grundstrukturen polar gegenüberstehen, so beruht eine große Anzahl von „Theorien" auf solchen Strukturgegensätzen, ohne daß diese den Vertretern der Theorien zum Bewußtsein kommen müßten.

Mit dieser Andeutung wollen wir unsere Betrachtungen über die mittelalterliche Rechtsentwicklung abschließen und sogleich mit einem größeren Sprung auf die Entwicklung seit Pufendorf und damit auf die Grundlagen der modernen Zurechnungslehre zu sprechen kommen.

---

[102] Kuttner a. a. O. S. 58 f., 103 ff.

[103] Eb. Schmidt a. a. O. § 21.

4. Die Zurechnungslehre Pufendorfs

Pufendorf hat erstmalig die Zurechnungslehre als Grundlage einer „Universaljurisprudenz“ in seinen „Elementorum Jurisprudentiae Universalis Libri Duo“ entwickelt und später in seinem Hauptwerk „De Jure Naturae et Gentium Libri Octo“ fortgeführt. Mit dem Begriff der Imputatio hat er der modernen Rechtswissenschaft und insbesondere auch der Strafrechtswissenschaft einen Zentralbegriff von größter Fruchtbarkeit dargeboten[104], der geeignet war, einen höchst wichtigen Problemkreis unter einem bestimmten Gesichtspunkt einer in sich geschlossenen Betrachtung und Untersuchung zu unterziehen. Mit dem Begriff der Zurechnung war der Strafrechtswissenschaft die Möglichkeit des Ausbaus eines allgemeinen Teils des Strafrechts eröffnet, in dem die einzelnen Begriffe in einen inneren Zusammenhang gebracht werden konnten.

Pufendorf war sich der Bedeutung des Begriffes der imputatio wohl bewußt. Sogleich sein Jugendwerk beginnt mit der Erörterung dieses Begriffes[105]. Er hat die Probleme der Zurechnung in einer durchaus originalen Beleuchtung gesehen, die sich ihm aus seiner Lehre von den entia moralia ergab. Diese Lehre soll daher kurz dargestellt werden[106].

Pufendorf unterscheidet das natürliche Sein vom „moralischen“ Sein. Alle natürlichen Dinge, zu denen nicht nur die Dinge der unbelebten Natur, sondern auch die der belebten Natur einschließlich der psychischen Kräfte des Menschen gehören, haben eine bestimmte Beschaffenheit, bestimmte Eigenschaften und Kräfte, die sie von Gott durch „creatio“ erhalten haben. Aus der natürlichen Einrichtung der Natur fließen die unendlichen Arten von Bewegungen, die den kausalen Naturprozeß ausmachen, von dem auch die lebenden Wesen einschließlich des Menschen ein Teil sind. Abgesehen vom Menschen werden alle Dinge dieser Welt, mögen sie belebt oder unbelebt sein, durch die ihnen ein für allemal verliehene Natur in Bewegung gesetzt, ohne daß sie die Fähigkeit hätten, von sich aus das Geschehen zu lenken. Allein dem Menschen ist das Licht der Vernunft gegeben, durch das er sich vom Tier unterscheidet. Mit Hilfe dieser Fähigkeit vermag der Mensch die Dinge zu begreifen, untereinander zu vergleichen, ihr gegenseitiges Verhältnis zu beurteilen und vom Bekannteren aufs Unbekanntere zu schließen. Einzig der Mensch ist nicht gezwungen, seine Bewegungen in immer derselben Weise zu

---

104 Loening a. a. O., Vorwort S. X f.

105 Samuel Pufendorf, Elementorum jurisprudentiae universalis libri duo.

106 Vgl. zu dieser Lehre Ottokar Tesar, Die symptomatische Bedeutung des verbrecherischen Verhaltens, Abhdlgen d. krim. Sem. Berlin, n. F. Bd. 5 Heft 3 S. 72 ff., Hans Welzel, Die kulturphilosophischen Grundlagen der Naturrechtslehre Pufendorfs, Vierteljahresschrift f. Literaturwissenschaft usw. Bd. IX S. 585 ff. derselbe, Die Naturrechtslehre Pufendorfs, Teildruck seiner Dissertation unter dem Sondertitel: Die Socialitas als oberstes Prinzip der Naturrechtslehre Pufendorfs, S. 1—17; Erik Wolf, Große Rechtsdenker der deutschen Geistesgeschichte, S. 282 ff., insbes. S. 310, 312 ff.; Eberhard Schmidt a. a. O. §§ 146, 156, 157, 158.

machen, sondern er kann sie nach freier Entschließung betätigen oder zurückhalten und sie nach seinen Vorstellungen regeln[107].

Aber auch die menschliche Freiheit muß unter einem Gesetz stehen. Es muß Gesichtspunkte geben, nach denen der Mensch sein willentliches Verhalten richten kann. Zu diesem Zweck ist den natürlichen Dingen und Bewegungen eine Art Attribut beigelegt („superimpositum"), wodurch eine gewisse Harmonie und gegenseitige Anpassung in den menschlichen Handlungen erzielt wird. Diese Attribute heißen entia moralia, moralische Wesenheiten[108].

Die entia moralia existieren nicht durch sich selbst, sind keine Substanzen, sondern gewisse Modi, die den Dingen durch vernünftige Wesen „beigelegt" werden[109]. Sie geben der menschlichen Freiheit ihr Maß und dem menschlichen Leben eine gewisse Ordnung. Die Substanzen und ihre Bewegungen sind die Materie der entia moralia. Diese hängen den Substanzen an und erfüllen sie mit Sinnhaftigkeit[110].

Der erste Urheber der entia moralia ist Gott. Nach seinem Willen sollen die Menschen ihr Leben selbst regeln, sich selbst ihre Welt und ihren Sinn aufbauen, was ohne entia moralia nicht geschehen könnte. Aber auch die Menschen selbst vermögen kraft der ihnen verliehenen Vernunft von sich aus den Dingen entia moralia beizulegen und ihrem Leben Sinn und Ordnung zu geben. Wie das Ziel der entia physica, der natürlichen Seinsdinge, die Vollkommenheit der natürlichen Welt, so ist das Ziel der entia moralia die Vollkommenheit des menschlichen Lebens[111].

Das natürliche Sein ist durch Schöpfung, das moralische durch Beilegung (impositio) entstanden. Die moralischen Wesenheiten gehen also nicht aus den inneren Prinzipien der Substanz der Dinge hervor, sondern sind den bereits existierenden und physisch vollendeten Dingen und ihrer natürlichen Beschaffenheit durch die Bestimmung vernünftiger Wesen hinzugefügt und erlangen allein durch diese Bestimmung Existenz. Entstehung und Aufhebung der entia moralia sind daher von der physischen Umwandlung der Dinge unabhängig. Die entia moralia, die Gott den Dingen beigelegt hat, kann auch er nur wieder aufheben, während der Mensch die „Moralität" der Dinge, die er ihnen selbst beigelegt hat, auch selbst wieder aufheben kann[112].

Die Wirkkraft der entia moralia besteht nicht in der physischen Wirkkraft (d. h. einer materiellen Kausalität), sondern darin, daß sie sich an die vernunftmäßige Freiheit des Menschen wenden (psychische

---

[107] Samuel Pufendorf, De Jure Naturae et Gentium Libri Octo, lib. I cap. 1 §§ 2, 3, 4.

[108] Pufendorf a. a. O. lib. I cap. 1 § 3.

[109] Welzel übersetzt impositio anschaulich mit Beilegung, Vierteljahresschrift Bd. IX S. 595.

[110] Pufendorf a. a. O. lib. I cap. 1 §§ 3, 4, 5, 6.

[111] Ebenda, § 3.

[112] Ebenda, §§ 4, 23.

Kausalität), der durch die entia moralia in die Lage versetzt wird, seine Handlungen nach vernünftigen Erwägungen zu lenken und auf andere vernünftige Wesen in einer eigenartigen Weise einzuwirken (d. h. sie anders als kausal zu determinieren)[113].

Gott wollte die Freiheit des Menschen, ohne sich dadurch seiner Macht über sie zu begeben. So vermag er auch den Widerstrebenden mit der Androhung eines Übels nach seinem Willen zu lenken. In derselben Weise können auch die Menschen andere beeinflussen, sich ihnen anzupassen. In den entia moralia sind daher Normen enthalten, nach denen die Menschen ihr Leben einrichten können, Gesetze, die teils von Gott, teils von den Menschen selbst stammen[114].

Die entia moralia können, wenn sie auch keine Substanzen sind, doch nach Analogie der Substanzen betrachtet werden. Wie die materiellen Substanzen zu ihrer Existenz einen Raum voraussetzen, so haben auch die entia moralia eine Art Raum, den man als Status bezeichnen kann. Wie der Raum den körperlichen Dingen, so weist der Status den entia moralia ihren Platz an, durch den sie örtlich und zeitlich bestimmt sind. Die Substanzen dieses „Raumes" sind gleichsam die moralischen Personen. Vom Raum unterscheidet sich freilich der Status dadurch, daß wir uns den Raum auch unabhängig von körperlichen Dingen denken können, während der Status die Natur eines Modus hat, dessen Existenz ohne moralische Personen sinnlos erscheint[115].

Der Status des Menschen kann als natürlicher und als ein hinzutretender (adventitius) betrachtet werden. Natürlich ist der Status nicht etwa deshalb, weil er ohne alle impositio aus dem natürlichen Sein flöße, sondern weil er sich allein aus der göttlichen Beilegung und abgesehen von menschlichen Beilegungen ergibt, den Menschen also ohne sein Zutun von seiner Entstehung an begleitet[116].

Man kann entweder den Status des Menschen für sich, d. h. auf den einzelnen bezogen, oder in bezug auf andere Menschen betrachten. Den ersten kann man als „Humanität", als einen Zustand bezeichnen, durch den sich der Mensch nach dem Willen des Schöpfers vor allen andern Geschöpfen als vernunftbegabtes Wesen auszeichnet. Aus diesem Zustand fließen die ursprünglichen Pflichten des Menschen, Gott als Schöpfer anzuerkennen, ihn zu verehren und seine Werke zu bewundern[117]. Im Verhältnis der Menschen untereinander besteht der natürliche Zustand in ihrer ursprünglichen und allgemeinen Verwandtschaft und Ähnlichkeit ihrer Natur, noch vor allen menschlichen Einrichtungen. Und dieser Zustand, der schon gewisse Pflichten in sich birgt, ist der Grund dafür, weshalb die These des Hobbes vom bellum omnium contra omnes nicht richtig sein

---

[113] Ebenda, § 2, cap. 4 § 1.
[114] Ebenda, lib. I cap. 1 § 4.
[115] Ebenda, §§ 6, 7.
[116] Ebenda, § 7.
[117] Ebenda.

kann. Vielmehr steht kraft der göttlichen Beilegung schon der vorstellbare Urzustand der Menschen im Gegensatz zu den Tieren unter moralischen Gesetzen[118]. Hinzutretend ist aber der Zustand, der auf besonderen menschlichen Einrichtungen beruht[119].

Die moralischen Personen können Individuen oder als personae compositae durch ein moralisches Band in einem System verbundene sein[120].

Unabhängig von allem göttlichen und menschlichen Gesetz, d. h. vor aller impositio, sind die menschlichen Bewegungen indifferent[121].

Die menschliche Vernunft, die auf natürliche Weise richtig ist, hat die Fähigkeit, die Objekte gleichsam wie in einem Spiegel aufzufangen und dem Willen vorzusetzen, ihm das Passende und das Unpassende, das Gute und das Schlechte der Objekte zu enthüllen, sowie die Gründe für ihre Güte oder Schlechtigkeit zu erwägen, zu vergleichen und danach zu beurteilen, was, wie und wann zu handeln ist, und den Willen zugleich über die Auswahl der passendsten Mittel zu beraten. Die Vernunft ist in die Kenntnis der Gesetze Gottes eingeweiht; sie ist der Mitwisser Gottes hinsichtlich dessen, was zu tun und zu lassen ist. Das Urteil der Vernunft, es mag der Handlung vorausgehen oder nachfolgen, ist das Gewissen[122].

Gott gab dem Menschen den freien Willen, der durch Gesetze gelenkt wird. Sie sind gleichsam das Steuer seiner Handlungen, damit er ohne physische Notwendigkeit nach vorgestellten Objekten und nach Erkenntnis ihrer Prinzipien sein Verhalten selbst bestimmen könne[123]. Die Idee des Willens schließt zwei Fähigkeiten in sich ein, die Spontaneität, d. h. die Fähigkeit, sich selbst als Ursache zu setzen, und die Freiheit, zwischen mehreren Möglichkeiten zu wählen und zu entscheiden. Die Indifferenz des Willens besteht darin, daß der Wille nicht an eine gewisse, feste und unausweichliche Art des Handelns gebunden ist. Die Freiheit des Willens kann auch nicht durch äußere Mittel inwendig ausgerottet werden. „Idque eo firmius est tenendum, quod ista (scil. indifferentia) sublata actionum humanarum moralitas funditus simul tollatur." Mit Aufhebung der Willensfreiheit wäre zugleich die moralische Qualität der menschlichen Handlungen aufgehoben. Daran ist unverbrüchlich festzuhalten[124].

Diese Lehre Pufendorfs von den entia moralia, die auch die Grundlage für seine Zurechnungslehre ist, bedarf einer kurzen Erläuterung. Aus dem Gebrauch des Begriffes entia moralia ergibt sich, daß Pufendorf mit dem Begriff des Moralischen einen weiteren Sinn verband[125]. Gemeint ist offenbar die geistige Natur des Menschen

---

118 Ebenda, §§ 7, 9.
119 Ebenda, § 7.
120 Ebenda, § 12.
121 Ebenda, lib. I cap. 2 § 6.
122 Ebenda, lib. I cap. 3 § 4.
123 Ebenda, lib. I cap. 4 § 1.
124 Ebenda, § 3.
125 Das ergibt sich aus den Zusammenhängen, in denen der Begriff angewandtwird.

schlechthin, von der freilich das Moralische einen wesentlichen Teil darstellt. Entia moralia sind alle Beilegungen, die dem Wesen der Vernunft überhaupt zuzuschreiben sind. In den meisten Fällen könnte man daher entia moralia ganz passend mit geistigen Bedeutungen übersetzen. Das ens morale ist das sinnhafte Sein. Aus dem Sinn fließen die Wertvorstellungen. Welzel hat in dieser Lehre Pufendorfs nicht mit Unrecht die moderne Begründung der Kulturwissenschaften erblickt[126]. Das erscheint um so gerechtfertigter, als wir bei Pufendorf bereits einen klaren Einblick in die verschiedene Gesetzlichkeit der materiellen (kausalen) und der geistigen Determination finden. Mit aller nur zu wünschenden Klarheit unterscheidet Pufendorf ganz im modernen Sinn wie etwa Nicolai Hartmann zwei „Schichten", eine materielle und eine geistige. Die materielle wird gebildet durch die physisch-psychische Natur abgesehen von der impositio, die geistige durch das Reich der Bedeutungen und Werte. Die physische Natur ist für sich vollkommen. Das kann nichts anderes bedeuten als ihre vollkommene kausale Determination. Hier entsprechen sich actio und effectus notwendig und gesetzmäßig[127]. Die Vollkommenheit der geistigen Welt dagegen besteht in der eigentümlichen Beziehung zwischen Gesetz und Freiheit derart, daß das Gesetz Richtlinien gibt, die Vernunft diese erkennt, der Wille aber in seiner Entscheidung frei ist, darüber hinaus aber auch von sich aus originär Sinnhaftes (entia moralia) entstehen lassen kann.

Allerdings ist in dieser Auffassung ein innerer Widerspruch enthalten, der Pufendorf verborgen geblieben ist. Wenn die psychischen Fähigkeiten mit zur natürlichen Welt gehören, dann müßte auch der Wille dazu gehören und damit auch der lückenlosen kausalen Determination unterworfen sein, was Pufendorf ja gerade nicht annehmen will[128]. Vielmehr sind für ihn entia moralia, Vernunft und Willensfreiheit korrespondierende Begriffe.

Abgesehen von diesem inneren Widerspruch hatte Pufendorf über die Determinationsvorgänge folgende Vorstellungen. Die Natur ist beherrscht vom Gesetz der Kausalität. Insofern der Mensch ein Teil der Natur ist, hat er die Fähigkeit, unmittelbar in den Kausalprozeß einzugreifen, d. h. als materielle causa efficiens wirksam zu werden. Er kann sowohl causa causata als auch originäre Ursache sein. Als causa causata ist sein Verhältnis zur Welt kein anderes wie das der Materie überhaupt. Seine Bewegungen sind nur Ereignis des materiellen Geschehens. Seine Bewegungen können aber auch einen

[126] Hans Welzel, Vierteljahresschrift S. 585 ff.

[127] Pufendorf a. a. O. lib. I cap. 1 § 3.

[128] Diesen Widerspruch auszuräumen, ist bis auf den heutigen Tag nicht gelungen. Kant blieb an diesem Widerspruch zwischen der intelligiblen Welt und der Welt der Erscheinungen hängen, und auch die Schichtenlehre Nicolai Hartmanns hat diesen Widerspruch nicht weiter aufhellen können; denn die Formulierung, daß der geistigen Schicht eine materielle Kraft nicht zukommt, sie diese Kraft vielmehr aus der materiellen Schicht nimmt, ist ein Bild, welches das Wesentliche verdeckt und nicht enthüllt. Vgl. Nicolai Hartmann, Aufbau der realen Welt, S. 195—200, 518 ff., 522 ff., 559 ff.

Sinn haben und damit dem Reich des Geistes angehören. An der Materie der Bewegungen wird dadurch nichts geändert. Sie bleiben Ursachen für Veränderungen in der Außenwelt, nur daß diese jetzt sinnbezogen sind. Indem diese Bewegungen auf die materielle Welt auftreffen, ergibt sich ihre Wirkung wie beim sonstigen Kausalverlauf aus der gesetzmäßigen Verknüpfung von Ursache und Wirkung, nur daß die Wirkung für das bewirkende Subjekt eine Bedeutung hat. Die bewirkende Kraft kann sich aber auch auf ein anderes vernünftiges Wesen richten. Dieses wird dann zunächst rein kausal in Bewegung versetzt oder berührt. Aber diese Bewegung ist nun nicht mehr allein von der materiellen und kausal notwendigen Verknüpfung von Ursache und Wirkung abhängig. Vielmehr tritt nunmehr auch beim Empfänger die geistige Welt in Funktion, d. h. der Verursachung wird eine Bedeutung beigelegt. Erst nach dieser Bedeutung richtet sich, beherrscht vom Gesetz der Freiheit, die Wirkung. Auch hier ist der Mensch, von dem die Bewegung ausgeht, causa efficiens, aber nicht im Sinn einer materiellen, sondern einer geistigen Kausalität. Bei dieser besonderen Einrichtung der geistigen Welt kann es vorkommen, daß jemand zwar gar nichts bewirken will, daß aber trotzdem sein Verhalten Folgen haben kann, mag es in einem Tun oder Unterlassen bestehen; denn damit etwas in der geistigen Welt positiv gegeben erscheint, genügt es, wenn es in der Vorstellung enthalten ist. In diesem Fall könnte also ein Verhalten selbst dann Folgen haben, wenn es weder im materiellen noch im psychischen Sinn causa efficiens ist[129].

In den ersten Paragraphen des 5. Kapitels seines Werkes „De jure naturae et gentium“ stellt Pufendorf die Grundsätze für seine Zurechnungslehre auf. Nur willentliche Handlungen können zugerechnet werden. Damit gerät Pufendorf in dieselben Schwierigkeiten wie bereits Aristoteles. Freiwillige Handlungen sind diejenigen, die vom Willen des Menschen als einer freien Ursache abhängen derart, daß sie ohne Willensbestimmung nicht geschehen sein würden. Hierbei ist unter Willensbestimmung der Abschluß einer vorausgegangenen Überlegung zu verstehen. Bei diesen Handlungen ist die Frage, ob sie geschehen oder nicht geschehen sollen, in die Entscheidung des Menschen gestellt. Diese willkürlichen Handlungen sind im Hinblick auf die Fähigkeit des Willens, sich nach zwei Seiten hin zu wenden, und nicht im Hinblick auf ihren physikalischen Ursprung zu betrachten[130].

Die willkürliche Handlung hat eine materiale und eine formale Seite. Das materiale Moment besteht in der Bewegung physischer Kraft, überhaupt in der Fähigkeit der Selbstbewegung (potentia loco

---

[129] Pufendorf a. a. O. lib. I cap. 5 § 4. Im Sinne Pufendorfs ist das gut verständlich; denn auch ein Nichttun kann eine positive Bedeutung haben, z. B. Nichtgrüßen die positive Bedeutung der Mißachtung. Aus dieser positiven Bedeutung können sich wieder reale Beeinflussungen des Geschehens ergeben.

[130] Pufendorf a. a. O. lib. I cap. 5 § 1.

motiva), in den sinnlichen Antrieben, inneren und äußeren Empfindungen, ja sogar in den Verstandesfunktionen, soweit sie nicht auf die entia moralia bezogen sind. Das formale Moment besteht in der Abhängigkeit der Bewegung von einem bestimmten Willen, der von einer freien, sich selbst bestimmenden Ursache ausgeht. Das formale Moment ist nichts anderes als die Zurechenbarkeit[131].

Obwohl Pufendorf vom Naturrecht ausgeht, versteht er den Begriff der Zurechnung in einem Sinn, der über das Gebiet des Rechts hinausgeht, also im gleichen Sinn wie Aristoteles. Zurechenbar sind alle Handlungen unter einem besonderen Gesichtspunkt, für Pufendorf vor allem unter dem Gesichtspunkt der sittlichen Wertung.

Zurechnen bedeutet nach Pufendorf, die Wirkung einer freiwilligen Handlung als zum Handelnden gehörend erkennen[132]. Dieser Ausgangspunkt der Lehre Pufendorfs ist zunächst einer genaueren Betrachtung zu unterziehen. Unter menschlicher Handlung versteht er eine aus dem freien Willen des Menschen fließende Handlung. Das hat die Bedeutung, daß nicht ohne weiteres jede kausale Bewegung zugerechnet wird. Nach der Lehre von den entia moralia ist der Mensch zugleich Naturding und Kulturperson. Soweit bei ihm bloße Bewegungen in Betracht kommen, die rein kausal zu erklären sind und nicht das Moment der Freiheit an sich tragen, kommt eine Zurechnung nicht in Frage. Nicht die Kausalität als solche, sondern der ein kausales Tun tragende Wille ist der Grund dafür, kausale Geschehnisse dem Handelnden zuzurechnen, wobei der Wille des Handelnden grundsätzlich als frei angesehen wird. Würde man diese Einsicht negativ etwa dahin formulieren: nicht jedes kausale Verhalten eines Menschen ist Grundlage eines positiven Zurechnungsurteils, so würde dies auch heute noch einen großen theoretischen Fortschritt bedeuten. Positiv ausgedrückt freilich hat der Satz Pufendorfs, daß nur freiwillige Handlungen Gegenstand der Zurechnung sein könnten, seine Bedenklichkeiten, wie sie ja auch schon bei Aristoteles bestanden. Insofern bedeutet die Zurechnungslehre Pufendorfs gegenüber der des Aristoteles keinen Fortschritt. Es sind drei Begriffe, die Pufendorf nicht anders wie Aristoteles zur Grundlage der Zurechnungslehre macht: der Begriff der Handlung, des freien Willens und der Wirkung. Wie nun, wenn weder im wahren Sinn eine Handlung, noch ein freier Wille (noch überhaupt ein aktueller Wille), noch eine Wirkung gegeben ist? Ob dieses denkbar ist, werden wir später zu untersuchen haben. Gesetzt den Fall aber, es wäre denkbar, dann ist nicht ersichtlich, woran die Zurechnungslehre in diesen Fällen anknüpfen soll.

Pufendorf hat auch Unterlassungen für zurechenbar erklärt. Die grundlegende Stelle hierüber in „De jure naturae et gentium" Lib. I cap. V § 4 lautet: Est autem et hoc observandum, quod formale actionis moralis, i. e. imputativitas, habeat rationem formae positivae,

---

[131] Ebenda, §§ 2, 3.
[132] Ebenda, § 3.

ex qua radicaliter affectiones, proprietates et consecutiva ejusdem resultant. Adeoque moralis actio ens positivum (saltem in genere moralium, si non semper in genere naturalium) dici potest, sive materiale ejus sit motus physicus, sive motus physici privatio. Ut enim aliquid in genere morum sit ens positivum, sufficit, si adesse aliquid intelligatur, ex quo verae affectiones ejusdem generis emanant: cum, ut non entis nullae sunt affectiones; ita illud, cui certae ac positivae competunt affectiones, non ens simpliciter dici haut quidquam possit."

Das, was der Zurechnung unterliegt, hat immer das Wesen der Positivität. Pufendorf fühlt sich nun verpflichtet, diese Positivität auch bei Unterlassungen nachzuweisen. Man kann den Satz, daß die Zurechenbarkeit immer eine Positivität voraussetze, als logisch einwandfrei anerkennen. Ein nullum kann nicht zugerechnet werden. Das ist unbestreitbar. Es fragt sich nur, worin die Positivität erblickt wird. Hier bewährt sich zunächst die Lehre von den entia moralia. Wenigstens im Bereich der Bedeutungen, wie man in diesem Zusammenhang „in genere moralium" sinngemäß übersetzen könnte, wenn auch nicht immer im Bereich der Natur kann eine actio moralis eine Positivität genannt werden, mag ihr materiales Moment eine physische Bewegung oder das Fehlen einer solchen sein. Damit etwas im Bereich der Bedeutungen (Wertungen) ein ens positivum sei, genügt es, wenn es sich einsehen läßt, daß etwas da sei, voraus wahre Beeinflussungen derselben Gattung (d. h. im geistigen Bereich) hervorgehen; denn wie die affectiones nicht Wirkungen eines Nichts sind, so kann das, dem gewisse positive Wirkungen entspringen, keineswegs einfach ein Nichts genannt werden. Diesen Ausführungen Pufendorfs wohnt eine unbestreitbare Richtigkeit inne. Es lassen sich in der Tat Unterlassungen denken, die geistig gesehen eine positive Bedeutung haben und sowohl psychische als auch durch sie vermittelt physische Wirkungen haben können. Man denke etwa an folgenden Fall: A grüßt den B nicht, B ist hierüber empört und gibt dem A eine Ohrfeige. Ein Nichttun äußert hier unbestreitbar eine positive psychische Wirkung und durch sie vermittelt auch eine physische Wirkung. Das bloße physische Nichtstun kann für sich genommen weder eine physische noch eine psychische Wirkung haben. Aber im geistigen Bereich kann das Nichttun eine Bedeutung haben. Gewolltes Nichtgrüßen kann eine Kundgebung der Mißachtung sein. Freilich ist es beim Unterlassen immer die Frage, ob der Unterlassende seinem Nichttun eine Bedeutung geben wollte oder nicht. Es kann durchaus sein, daß seine Vorstellung und die des anderen hierüber verschieden sind. Aber diese Möglichkeit der Mißverständnisse spielt hier keine grundsätzliche Rolle. Fest steht, daß der Täter seinem Unterlassen eine Bedeutung beilegen kann, daß der Verletzte diese Bedeutung erkennen und durch sie verletzt sein kann. Die Lehre von den entia moralia gibt die Möglichkeit, die psychische Kausalität gut zu erkennen. Diese Fälle gestatten es auch, sinnvoll von einer actio zu sprechen, indem jetzt der Begriff der actio mehr vergeistigt wird. Die actio ist dann freilich nicht das Nichttun, sondern die im Nichttun liegende positive Kundgebung. Hier enthält also in der Tat die Bedeutung des Verhaltens die Positivität trotz Fehlens einer physischen Bewegung. Diese Erkenntnis ist für die Behandlung der Fälle des Unterlassens wichtig, wie später noch zu erörtern sein wird. Der Fehler Pufendorfs besteht nicht darin, daß er diese Fälle falsch beurteilt hätte, sondern darin, daß er seine Ausführungen auf alle Fälle der Unterlassungen verallgemeinernd ausdehnt.

An einer anderen Stelle[133] versucht Pufendorf die Positivität der Unterlassungen noch anders zu begründen. Er führt aus, daß die Unterlassungen insofern entia moralia genannt werden könnten, als man sie als Aufgabe oder Einschränkung natürlich gegebener Möglichkeiten zum Handeln verstehen könnte. Es entspräche der Vernunft, nicht nur das jemand zuzurechnen, was er tut, obwohl er es auch ebensogut hätte unterlassen können, sondern auch das, was er unterlassen hat, obwohl er es bequem hätte tun können. Das Bemühen Pufendorfs geht hier ersichtlich dahin, eine Unterlassung umzudeuten in eine Handlung. Diese Handlung sieht er in der Aufgabe einer an sich möglichen Handlung. Gegen diese Erklärung sind grundsätzliche Bedenken zu erheben. Sie hängen mit dem Begriff der Handlung zusammen und werden später ausführlicher zu behandeln sein. Hier mag nur soviel bemerkt werden, daß die Aufgabe einer Handlung zwar ein Willensakt ist, dieser Willensakt sich aber nicht als Handlung, sondern eben als Nichthandlung darstellt.

Schließlich wird die Behandlung der Unterlassungen bei Pufendorf noch unklarer gemacht durch den verschwommenen Gebrauch des Begriffes des effectus. Unter effectus versteht Pufendorf nämlich nicht nur den Erfolg der Handlung als ihre Wirkung in der Außenwelt, sondern auch die Handlung selbst als Wirkung des Willens und sogar die Tatsache der Zurechnung selbst und deren Folgen, die Strafe[134]. Dieser Gebrauch des Begriffes effectus wird ermöglicht durch die Lehre von den entia moralia. Wenn eine Handlung einen Tatbestand erfüllt und damit ein Gesetz verletzt, dann hat die Zurechnung die „Wirkung", daß der Täter bestraft wird. Damit entfällt die Problematik der Unterlassungsdelikte hinsichtlich der Frage der

---

133 Ebenda, cap. 9 § 4.

134 Schon in cap. 5 § 3 ist nicht recht ersichtlich, was Pufendorf unter effectus verstehen will, die Handlung selbst oder den Erfolg der Handlung oder gar, was auch nicht ausgeschlossen ist, die Rechtsverletzung. Das zeigt sich auch an der Wendung, wie sie Pufendorf der Sache in cap. 9 § 1 gibt. Danach wird eine Handlung dann zugerechnet, wenn das Gesetz jemand als Urheber der Handlung gekennzeichnet hat und gemäß dem Gesetz ihn die Rechtsfolgen treffen sollen. So richtig dies für die Zurechnung wäre, so bleibt doch die Zweideutigkeit bestehen. Man braucht statt Handlung nur Rechtswidrigkeit oder Urheber des Bösen zu setzen, um zu erkennen, wie weit der Begriff des effectus ist. Noch deutlicher cap. 9 § 3: Wer eine verbotene Handlung getan hat und als deren Urheber erkannt wird, den treffen die Rechtsfolgen des Gesetzes.

Verursachung. Wird diese „Wirkung“ einer Tat der Kausalität gleichgesetzt, dann begründet die Zurechnung die Kausalität und nicht umgekehrt[135]. Aber es ist ersichtlich, daß diese „Kausalität“ jedenfalls mit einer naturwissenschaftlichen Kausalität. d. h. mit der Kausalität im eigentlichen Sinn nichts mehr zu tun hat. Alle diese Unklarheiten haben die Strafrechtslehre bis auf den heutigen Tag an entscheidenden Punkten schwer belastet.

Um das Ergebnis sicherzustellen, wollen wir wegen der Wichtigkeit der Sache noch einmal kurz zurückschauen. Richtig ist der Satz, daß nur Positivitäten zugerechnet werden können. Richtig ist weiter, daß es Unterlassungen gibt, die solche Bedeutungen enthalten können, daß es gerechtfertigt erscheint, sie genau wie ein positives Tun zu behandeln, also von einer actio voluntaria und von effectus zu sprechen[136]. Aber es ist die Frage, ob alle Unterlassungen in diesem Sinn aufzufassen sind oder ob es andere Fälle gibt, wo man weder von einer actio noch von einem effectus dieser actio im eigentlichen Sinne reden kann. Wenn es also solche Fälle gibt, dann sind diese mit der Zurechnungslehre Pufendorfs, deren Grundlage ja die Begriffe Handlung, freier Wille und Wirkung sind, nicht mehr in ein System zu bringen. Wenn es Fälle der Unterlassung gibt, bei denen es sinnwidrig wird, von einer Handlung, von einem freien Willen, geschweige denn überhaupt von einem aktuellen Willen zu sprechen, dann würde es an einem Gegenstand fehlen, an den die Zurechnungslehre anknüpfen könnte. Das bedeutet, daß in Wahrheit nichtkausale willentliche und erst recht unbewußte Unterlassungen, aber auch positives fahrlässiges Tun keine systemgerechte Erklärung finden können. Das wird dann auch offenbar bei der Behandlung der Fahrlässigkeitsdelikte. Ebenso wie Aristoteles beruft sich Pufendorf hier auf die Lehren der jurisconsulti[137], ohne daß von einer theoretisch einwandfreien Verknüpfung mit den sonst von ihm entwickelten Grundsätzen die Rede sein kann.

Den Grund und die Grundlage, causa et fundamentum, aller Zurechnung erblickt Pufendorf darin, daß es in der Macht eines Menschen stehe, ob etwas geschehe oder nicht geschehe[138]. Aus mehreren Gründen ist dieses Prinzip mehrdeutig. Zunächst einmal kann diese

---

[135] Ottokar Tesar, Die symptomatische Bedeutung des verbrecherischen Verhaltens, S. 77: „Nicht aus der Kausalität der Unterlassung wird ihre Zurechenbarkeit, sondern aus der Zurechenbarkeit ihre Kausalität gefolgert.“ Vgl. auch Tesar, Die Überwindung des Naturrechts in der Dogmatik des Strafrechts, S. 78 f., 83—90.

[136] Das gilt insbesondere für die Fälle, bei denen Kundgebungen auch durch ein Nichttun geäußert werden können. Dagegen scheiden die Fälle aus, in denen jemand einer Erfolgsabwendungspflicht nicht genügt hat.

[137] Pufendorf lib. I cap. 7 § 16 und Aristoteles, Nik. Ethik 5, 10; 3, 7. Vgl. auch Loening a. a. O. S. 222 f.

[138] Pufendorf a. a. O. lib. I cap. 5 §§ 5 ff. Dieses Moment „in der Macht jemandes stehen“, d. h. die Tatherrschaft oder die kausale Beherrschbarkeit, wird auch für die Unterlassungen betont. Diese Erkenntnis stammt schon, wie wir gesehen haben, von Aristoteles.

Macht auf die subjektiven und objektiven Voraussetzungen des Verhaltens selbst bezogen sein. Es kann gemeint sein, daß es in der Macht des Menschen stehe, ob seine Handlung selbst geschieht oder nicht geschieht. Es kann aber auch die kausale Herrschaft über das äußere Geschehen gemeint sein. Da Pufendorf nicht zwischen objektiver und subjektiver Zurechnung unterscheidet, müssen diese beiden Bedeutungen des Satzes ineinander überlaufen. Damit wird auch der Sinn des Begriffes „Geschehen" zweideutig. Mit ihm kann die actio, aber auch deren effectus gemeint sein. Bezogen auf den Willen ist freilich auch die actio zugleich effectus. Effectus ist aber auch der von der Handlung selbst getrennt zu denkende „Erfolg" der Handlung. Alle diese Bedeutungen fließen bei Pufendorf ineinander über. Das hindert jedoch nicht, daß Pufendorf den Begriff der kausalen Herrschaft über das äußere Geschehen klar erfaßt hat. Gerade dieser Begriff ermöglicht es aber, bei den Verursachungen innerlich begründete Unterscheidungen zu machen, eine Erkenntnis, die später — nicht zum Vorteil der Strafrechtswissenschaft — im wesentlichen wieder verloren gegangen ist. Erst bei der Einführung des Begriffes der kausalen Herrschaft wird ersichtlich, daß das tatsächliche Verursachen als solches gar nicht der eigentliche und wahre Grund der — äußeren — Zurechnung sein kann.

Auf die weiteren Einzelheiten der Zurechnungslehre Pufendorfs brauchen wir nicht näher einzugehen, da wir bereits genügend Material für unsere späteren Untersuchungen gewonnen haben. Nur einige Ausführungen Pufendorfs über die Unterlassungen sind noch von Interesse. Für zurechenbare Unterlassungen nennt er folgende Voraussetzungen: Es müssen Möglichkeit und Gelegenheit zum Handeln gegeben sein. Die Gelegenheit setzt viererlei voraus: 1. Der Gegenstand der Handlung muß zur Hand sein; 2. der Ort des Handelns muß passend (commodus) sein, so daß man an der Tat nicht gehindert ist und nach der Tat kein Übel zu erwarten hat; 3. die Zeit muß passend sein; man darf durch die Handlung nicht von notwendigeren Geschäften abgehalten werden, sie muß auch geeignet sein für andere, die bei der Handlung helfen wollen; 4. es müssen die Kräfte zum Handeln zu Gebote stehen[139].

Man sieht, daß hier durchaus Gesichtspunkte der kausalen Beherrschbarkeit und normative Gesichtspunkte wie Abwägung von Nachteilen und Zumutbarkeit ohne nähere Unterscheidung angeführt werden. Vor allem vermißt man an dieser Stelle die Erörterung der Bedeutung der Rechtspflicht. Hierbei ist zu berücksichtigen, daß im Gegensatz zu Aristoteles bei Pufendorf der Pflichtgedanke schon viel klarer herausgearbeitet ist und auch bei den Fahrlässigkeitsdelikten angewandt wird, so z. B. wo es sich um die Verpflichtung handelt, Künftiges vorauszusehen.

---

[139] Pufendorf a. a. O. lib. I cap. 5 § 5.

5. Feuerbach und seine Zeit

Erst zur Zeit Feuerbachs bekam die Lehre von der Zurechnung einen neuen sehr lebhaften Antrieb, vor allem angeregt durch die Lehren Kants über die praktische Vernunft, den kategorischen Imperativ und die Idee der Freiheit. Im Jahre 1799 erschienen sowohl der erste Teil der „Revision der Grundsätze und Grundbegriffe des positiven peinlichen Rechts" von Feuerbach, als auch das Werk seines Freundes und wissenschaftlichen Gegners Grolmann „Über die Begründung des Strafrechts und der Strafgesetzgebung nebst einer Entwicklung der Lehre von dem Maasstabe der Strafe und der juridischen Imputation".

So viel in jener Zeit und in den anschließenden Jahren auch über die Zurechnungslehre geschrieben wurde, das Problem wurde weder in seiner Reinheit klar erfaßt noch entsprechend der Qualität des Geschriebenen gefördert. Das lag an der besonderen Situation jener Zeit. Man erkennt dies deutlich beim Werk Feuerbachs. Nach der Lehre von der Gewaltenteilung kam es darauf an, dem Gesetz unbedingte Verbindlichkeit und Geltung zu verschaffen, um die Willkür des Richters einzuschränken und seine strenge Abhängigkeit vom Gesetz sicherzustellen[140]. Der Gesetzesbegriff selbst war zu präzisieren. Dieses Problem der Gesetzlichkeit hatte im Strafrecht seine besondere Bedeutung. Der Zustand der Gesetze entsprach nicht mehr den modernen Bedürfnissen. Übermäßig grausame Strafgesetze mußten die Neigung begünstigen, die Konsequenzen dieser Gesetze im Namen der Humanität abzubiegen. Die Folge dieser Tendenz der Aufklärungszeit widersprach aber dem strengen Prinzip der Gesetzmäßigkeit der Rechtsprechung, das vom Liberalismus vertreten wurde. Einen Ausweg aus diesem Dilemma gab es nur durch die dann später tatsächlich auch einsetzenden Kodifikationen[141]. Und es ist nicht zuletzt das Verdienst des Werkes Feuerbachs, durch das strenge Festhalten am Prinzip der Gesetzmäßigkeit der richterlichen Tätigkeit mit bewirkt zu haben, daß es zu den Kodifikationen kam.

Das Problem der Gesetzmäßigkeit der Rechtsanwendung wirkt sich auch bei der Strafzumessung im konkreten Fall aus, wenn eine bestimmte Strafe nicht zur Verfügung steht[142]. Jene Zeit betrachtete es daher im Strafrecht als eine wesentliche Aufgabe, Prinzipien für die Strafbemessung in diesen Fällen zu entwickeln, wobei Feuerbach noch darüber hinaus bemüht war nachzuweisen, daß diese Prinzipien den Strafgesetzen immanent seien, weil nur auf diesem Wege die strenge Abhängigkeit des Richters vom Gesetz zu erweisen war[143].

---

[140] Feuerbach, Revision I S. 109ff., 132ff., II S. 14ff.

[141] Mit dem Bayerischen Strafgesetzbuch von 1813, dem Werk Feuerbachs, beginnt in den deutschen Ländern eine Kodifikationsbewegung, die erst im Reichsstrafgesetzbuch ihren Abschluß findet.

[142] Das war für Feuerbach eines der Hauptprobleme: Wie kann eine poena extraordinaria dennoch eine gesetzmäßige Strafe sein? Vgl. Feuerbach, Revision I S. 159—164, 191—200, 234—237, 243f.

[143] Revision I S. 184f., 209f.

Feuerbach unterschied zwei Gruppen von Prinzipien, einmal die Gründe für die Strafbarkeit überhaupt und zweitens die Gründe für die Größe der Strafbarkeit[144]. Es lag nun in den Zeitumständen begründet, daß man sowohl die erste, als auch die zweite Gruppe als den Inhalt der Imputationslehre ansah. Bei der zweiten Gruppe sprach Grolmann z. B. von dem Maßstab der Imputation[145]. Damit war aber die eigentliche Zurechnungslehre grundlegend verkannt. Alle jene Ausführungen, die man zum Maßstab der Zurechnung machte, konnten kaum einen eigentlichen Beitrag zur Zurechnungslehre bringen, geschweige sie fördern. Allerdings war in diese Ausführungen wieder eingeschlossen das Problem der Willensfreiheit. Es fragte sich, ob man die Willensfreiheit zur Grundlage der Zurechnungslehre machen kann. Der Hauptgesichtspunkt aber blieb doch immer die Frage nach dem Maßstab der Strafen, so daß Zurechnungslehre und die Lehre vom Maßstab der Strafen immer wieder in durchaus unklarer Weise miteinander verquickt wurden. Wenn auch schon Pufendorf von einer Quantität der Zurechnung gesprochen hatte[146], so war er sich doch wenigstens darüber klar, daß unter dem Prinzip der Zurechnung ein formales Prinzip zu verstehen sei, nämlich die Frage, unter welchen Voraussetzungen jemand ein Geschehnis zuzurechnen sei als seine Handlung. Sobald man von einem Maßstab der Imputation spricht, wie es Grolmann und Feuerbach

---

[144] Ebenda, S. 209—212.

[145] Was Feuerbach im einzelnen und genau unter imputatio verstanden hat, ist kaum zu erkennen. Unter der „eigentlichen" d. h. moralischen Zurechnung versteht er das Prinzip, daß das Subjekt freie Ursache der Tat sei und daß es deshalb in Schuld oder Verdienst sei (Rev. I S. 156). Diesen Begriff der Zurechnung lehnt er für das Recht ab. Auf S. 175 f. führt er aus, daß das richterliche Urteil über die Strafbarkeit Zurechnung sei. Er scheidet sogar eine politische Imputation (das abstrakte Urteil über die Strafbarkeit einer Handlung, wie es im Gesetz verkörpert ist) von einer rechtlichen (richterlichen) Imputation (das konkrete Urteil des Richters über die Strafbarkeit einer konkreten Handlung). Dann erklärt er, den Begriff der imputatio nicht gebrauchen zu wollen wegen der Gefahr der Verwechslung mit der moralischen Imputation, stellt aber sogleich auf der nächsten Seite (177) die Frage, welches die Quelle sei, aus der wir die Gründe der rechtlichen Imputation schöpfen müssen. Er nennt also die Gründe der Strafbarkeit rechtliche Imputation (S. 184 f. in Verbindung mit S. 177). Diese sogenannte Lehre von der Imputation, die also mit dem eigentlichen Zurechnungsproblem nur sehr lose zusammenhängt, enthält Gebiete, die mit dem, was im rechten Sinn unter Zurechnungslehre zu verstehen ist, nichts zu tun haben. Das wird deutlich, wenn Feuerbach weiter ausführt, daß die Frage, wann und wer zu strafen sei, gar nicht in die Rechtswissenschaft, sondern in die Gesetzgebung gehöre (Rev. II S. 11—15). Danach würde nach Feuerbach in die rechtliche Zurechnungslehre nur die Frage gehören, welches die Gründe für die Strafgröße seien, eine Frage, die wieder nichts mit der Zurechnungslehre zu tun hat. Nicht besser steht es bei Karl Grolmann, Über die Begründung des Strafrechts und der Strafgesetzgebung nebst einer Entwicklung der Lehre von dem Maasstabe der Strafen und der juridischen Imputation. Nach ihm wird die juridische Imputation aus dem Urteil begründet, welches aus der bösen Tat die Gefährlichkeit eines Menschen für die Zukunft erklärt. Nach dem Grad der Gefährlichkeit sollen sich die Grade der juridischen Imputation bestimmen (a. a. O S. 89 f.). Auch diese „Imputationslehre" hat mit einer Zurechnungslehre, wie sie richtig anzusetzen ist, keine Berührung.

[146] Pufendorf a. a. O. lib. I cap. 5 § 3, cap. VIII § 1.

taten, muß sich der Begriff der Imputation ins Wesenlose verflüchtigen. Man erkennt aber daraus, daß der Kern des Problems, um das man damals rang, in Wahrheit gar nicht die Lehre von der Zurechnung war. Gestreift wurde sie jedoch bei den Erörterungen über die Willensfreiheit.

Das, was Pufendorf unter einer zurechenbaren Handlung verstand, war die auf den freien Willen zurückzuführende Handlung. Gegenstand der Zurechnung war bei Pufendorf letzten Endes der freie Wille, der sich gegen das Gute entschieden hatte. Gerade diese Lehre aber griff Feuerbach an. Er ging hierbei von der Lehre Kants aus. Die Freiheit ist nur eine transzendentale Idee. In der Welt der Erscheinungen ist der Wille dem Kausalgesetz ebenso unterworfen wie alle Erscheinungen überhaupt. Nur der Idee nach ist der Wille frei[147]. Wenn dem so ist, wenn es das Recht mit der Wirklichkeit als der Welt der Erscheinungen zu tun hat, dann kann gerade das niemals bewiesen werden, was man beweisen müßte, wenn man die Zurechnung wirklich auf den freien Willen gründete. Überdies steht ja fest, daß der Verbrecher nicht nach dem kategorischen Imperativ gehandelt hat. Frei handelt aber nur der Mensch, der dem Sittengesetz gemäß handelt. Der Verbrecher, der sich von seinen Trieben hat leiten lassen, hat eben gerade nicht frei gehandelt. Die Folge wäre, daß ihm die Tat nicht zugerechnet werden könnte, wenn Gegenstand der Zurechnung der freie Wille wäre. Es müssen also andere Gründe für die Zurechenbarkeit der Handlung gesucht werden. Feuerbach entwickelt diese Gründe aus dem Zweck der Strafe[148].

Weil die Straftat auf dem Anreiz der Lust auf das Begehrungsvermögen beruht, kommt es darauf an, daß diesem Anreiz ein Gegenreiz gegenübergestellt wird, der stark genug ist, das Lustgefühl, das zum Verbrechen antreibt, in ein Unlustgefühl zu verwandeln, indem die Aussicht auf das Strafübel dem Verbrecher die Lust zum Verbrechen benimmt[149]. Man muß ein niederes und ein oberes Begehrungsvermögen unterscheiden. Beim niederen Begehrungsvermögen setzt sich der Antrieb der Lust unmittelbar in ein Verhalten um, die Lust zu befriedigen. Beim oberen Begehrungsvermögen dagegen vermag der Mensch im Gegensatz zum Tier zwischen den unmittelbaren Antrieb der Lust und sein Verhalten Überlegungen einzuschalten, bei denen er gegenwärtige und zukünftige Lustempfindungen gegeneinander abzuwägen vermag. Ist nun mit einer gegenwärtigen Lust notwendig eine zukünftige größere Unlust verbunden, so wird der Mensch sich in der Regel von der gegenwärtigen Lust abhalten lassen[150]. Die juridische Imputation besteht daher bloß in der Beziehung eines rechtswidrigen Faktums auf das höhere Begehrungsvermögen des Subjekts. Sie enthält weiter nichts als das Urteil,

---

[147] Feuerbach, Revision I S. 33 f., 43 f., 319—325.
[148] Ebenda, I S. 39—46, II S. 39—47.
[149] Ebenda, I S. 42 ff.
[150] Ebenda, II S. 146—155.

daß die Person durch ihren Willen (Begehrungsvermögen) Ursache des rechtswidrigen Faktums sei und daß die psychologischen Voraussetzungen vorhanden waren, unter welchen die mögliche Abschrekkung durch das Strafgesetz begründet war. Dieser Wille, der eben nur das obere Begehrungsvermögen ist, ist nicht frei[151].

Mag in dieser Betrachtungsweise Feuerbachs auch eine gewisse Wahrheit und ein berechtigter Kern stecken, so läßt sich doch nicht verkennen, daß die Begriffe der Schuld und der Zurechnungsfähigkeit durch eine solche Lehre ihrer eigentlichen Substanz entkleidet werden. Die Zurechnungsfähigkeit wird degradiert zur bloßen Strafwirksamkeitsvoraussetzung, die mit einer substantiellen Schuld in keinen Zusammenhang mehr gebracht werden kann[152].

Sehen wir aber vom Freiheitsproblem ab, so ist der Grund für die Zurechnung die Tatsache, daß jemand die Ursache eines rechtswidrigen Faktums bei normalem oberen Begehrungsvermögen gewesen ist. Übrigens ist hier der Begriff der Ursache ebenso unklar wie bei Pufendorf. Indem Feuerbach von wirkender Ursache spricht, ist man geneigt, sie auf das äußere Geschehen zu beziehen. Spricht er aber davon, daß jemand die Ursache einer Rechtsverletzung sei, so wird hier das Verhältnis von Kausalität umgekehrt, indem jemand die Ursache einer Rechtsverletzung dann ist, wenn sie ihm zuzurechnen ist. Aber man sieht auch schon, daß mit der Auffassung einer wirkenden Ursache den späteren naturalistischen Anschauungen der Weg gebahnt wird, wenn die Handlung lediglich auf das Verursachen hin angesehen wird. Sehen wir von dieser Entwicklungsmöglichkeit und von der speziellen Freiheitslehre Feuerbachs aber ab, dann sind die Grundlagen seiner Zurechnungslehre keine wesentlich anderen als die Pufendorfs: ein — wenn auch nicht gerade freier — Wille, eine verursachende Handlung und ein effectus, wobei dieser letztere Begriff dieselben Unklarheiten zeigt wie bei Pufendorf.

Aber es ist noch ein anderer Grund vorhanden, der bei Feuerbach die rechte Entfaltung einer Zurechnungslehre verhinderte. Feuerbach erkannte an, daß es Gründe der Strafbarkeit überhaupt gibt. Aber er ist der Meinung, daß es nicht Sache einer positiven Rechtswissenschaft sei, diese Gründe zu entwickeln[153]. Hier waltete ein Mißverständnis ob, indem Feuerbach die Gründe der Strafbarkeit überhaupt mit den Prinzipien der Zurechnung gleichsetzte. Wann ein Unrecht strafwürdig ist, ist keine Frage der Zurechnung. Feuerbach ging von der Ansicht aus, daß es Sache des Gesetzgebers sei, zu bestimmen, wann ein Unrecht zu bestrafen sei. Der Richter sei an den gesetzlichen Tatbestand gebunden. Im Fall der Zauberei z. B. sei an sich auch der Richter an die Bestimmung des Gesetzgebers gebunden. Wenn er sie nicht anwende, dann höchstens aus dem Grunde, weil

[151] Ebenda, II S. 181 ff., 125 ff., 43 ff., 66 ff.

[152] Vgl. Max Grünhut, Anselm v. Feuerbach und das Problem der strafrechtlichen Zurechnung, Hamb. Schriften z. ges. Str. W. Heft 3 S. 110 ff.

[153] Feuerbach, Revision II S. 11—16.

sich ein solcher Tatbestand praktisch nicht erweisen lasse. Im übrigen ergebe aber schon der Tatbestand, welche Taten zu bestrafen seien und welche nicht, so daß es besonderer Prinzipien der objektiven Zurechnung nicht bedürfe. Mit dieser Begründung kann aber eine allgemeine Zurechnungslehre nicht abgelehnt werden. Einmal hat die Strafrechtswissenschaft sich auch mit solchen Problemen zu befassen, die zu einer Kritik der Strafgesetzgebung führen können. Und zweitens erschöpft der positive Tatbestand durchaus nicht die Probleme, die mit dem Begriff der Zurechnung umrissen werden. Aber es wird verständlich sein, daß eine solche Auffassung der Zurechnungslehre nicht gerade förderlich sein wird.

Die Unzulänglichkeit der Zurechnungslehre Feuerbachs ebenso wie der Pufendorfs und Aristoteles' zeigt sich wieder am deutlichsten bei den Fahrlässigkeitsdelikten. Unter Ablehnung der Lehre, daß culpa ein Verstandesfehler sei, führt Feuerbach die moralische ebenso wie die rechtliche Fahrlässigkeitsschuld auf ein aktuell pflichtwidriges Begehren zurück. Da nun freilich unleugbar im Augenblick des fahrlässigen Verhaltens ein Wille oder wenigstens ein schuldhafter Wille nicht vorzuliegen pflegt, muß die Schuld in einem actus voluntatis remotus, also in einem vorangehenden aktuellen bösen Willen zu suchen sein. Feuerbach bildet hier folgende „Schlußkette": Wenn man sich die culpa als strafbar denkt, so doch wohl deswegen, weil man von einer Vorsichtspflicht ausgeht. Es hätte nun doch wohl nicht fern gelegen, die Fahrlässigkeitsschuld eben in der Vernachlässigung der Sorgfaltspflicht zu erblicken, in der ungenügenden Willensanspannung, obwohl man zu ihr verpflichtet und in der Lage war. Diesen relativ einfachen Weg geht Feuerbach aber nicht; denn er will ja mehr sehen als einen mangelnden, zwar möglichen, aber pflichtwidrig nicht vorhandenen Willen, er will vielmehr einen aktuellen Willen sehen; denn nur dessen Vorliegen scheint ihm zur Begründung der Zurechnung auszureichen, wie wir gesehen hatten. Er fragt daher: Wie wird diese Vorsichtspflicht verletzt? Doch nicht wieder durch ein Versehen und so fort bis in die Unendlichkeit. Vielmehr muß die Verletzung der Verbindlichkeit Übertretung sein, „also" (!) in dem rechtswidrigen Vorsatz, nämlich in einer mit dem Bewußtsein der Gesetzwidrigkeit geschehenen Bestimmung des Begehrens (!) enthalten sein. Rechtswidriger Vorsatz ist „also" ebenfalls die Bedingung der Strafbarkeit der culpa wie beim dolus. Wesentliches Merkmal der culpa ist daher, daß der Täter den gesetzwidrigen Erfolg als möglich oder wahrscheinlich habe voraussehen müssen; denn der Verbrecher muß die Handlung, durch welche er die culpa begeht, unter das Gesetz, das gegen die Nachlässigkeit gerichtet ist, subsumiert haben[154]. Hiermit hat Feuerbach den bei der unbewußten Fahrlässigkeit vorliegenden Nichtwillen in einen aktuellen Willen und die culpa in dolus umgedeutet. Das kann nur das Ergebnis einer unrichtigen Zurechnungslehre sein. Alle diese Umdeutungen und Ver-

[154] Ebenda, II S. 52—66. Vgl. dazu auch Grünhut a. a. O. S. 201 f.

fälschungen der sachlichen Situation sind die Folge der Tatsache, daß in dem theoretischen Gesamtbilde noch wesentliche Züge ganz fehlen. So groß die Anregungen auch sein mögen, die von Feuerbach ausgingen, so dürfen sie doch im Hinblick auf die Zurechnungslehre nicht überschätzt werden. Feuerbachs Lehre hat die später sich entwickelnden Kausalitätslehren ermöglicht. Diese waren aber durchaus kein eindeutiger Fortschritt der Strafrechtswissenschaft, sondern eher ein Rückschritt, wenn man an die Entwicklungsmöglichkeiten denkt, die Pufendorfs Lehre geboten hätte.

Unter Anknüpfung an Feuerbach oder in Gegnerschaft zu ihm wurde im Anschluß an die Revision der Grundbegriffe sehr viel über die Lehre der Imputation geschrieben[155], ohne daß es gelang, das Problem auf die rechte Ebene zu schieben. Es lohnt sich daher kaum, sich jedenfalls von der Zurechnungslehre her mit den vielen einzelnen Aufsätzen, Abhandlungen und Schriften über die Lehre von der Imputation zu befassen; denn unsere grundsätzliche Erkenntnis dieses Problems wird durch die Darstellung der damals vertretenen Ansichten kaum gefördert.

Nur eine recht gute Abhandlung sei erwähnt, in der doch einige Gedanken entwickelt worden sind, die man sonst in der zeitgenössischen Literatur über dieses Thema nicht so leicht finden wird. Der Vicedirektor von Weber behandelt hier in einem längeren Aufsatz „Von der Freiheit des Willens und von der davon abhängenden Zurechnung der Handlungen, besonders der verbrecherischen“[156] zunächst das Problem des freien Willens. Er geht nicht in den philosophischen Streit darüber ein, sondern von der vulgären Ansicht aus, der Mensch sei frei. Das Recht geht über das „Ich“ in der Ursachenerforschung nicht hinaus, sondern sieht das Ich als verantwortlich an. Auch das Anwachsenlassen der Begierden ist Schuld des Menschen. Hiermit ist der Begriff der Lebensführungsschuld angedeutet, wie wir ihn auch bei Aristoteles gefunden haben. Die Freiheit des Willens ist keine unbeschränkte, sie wohnt auch nicht allen Menschen in gleichem Maße inne, sondern mit der Freiheit des Willens ist nur soviel gesagt, daß in jedem normalen Geist die Fähigkeit der freien Selbstbestimmung als ursprüngliche Anlage vorhanden ist, die in den einzelnen Kulturstufen wie in den einzelnen Menschen verschieden

---

[155] Außer den Werken Feuerbachs und Grolmanns sei noch auf folgende Abhandlungen hingewiesen: Ernst Ferdinand Klein, Von der Zurechnung der Verbrechen zur Strafe, nach dem gesunden Menschenverstande, in Arch. d. Crim. R. Bd. IV (c) S. 7ff.; derselbe. Über die Befugnis und Fähigkeit des Kriminalrichters, den moralischen Werth oder Unwerth einer Handlung zu erforschen, Arch. d. Crim. R. Bd. V (c) S. 107ff.; Christian Gottlieb Konopak, Über Hrn. Feuerbachs Begründung eines Strafrechts für den Staat, Arch. d. Crim. R. Bd. V (c) S. 140ff.; Weber, Nähere Entwicklung meiner Ansichten über die Zurechnung der Verbrechen und den obersten Grundsatz und Maßstab peinlicher Strafen, Arch. d. Crim. R. Bd. VII S. 223ff.; v. Weber, Von der Freiheit des Willens und von der davon abhängigen Zurechnung der Handlungen, besonders der verbrecherischen, N. Arch. d. Crim. R. Bd. 10 S. 430ff.

[156] V. Weber, N. Arch. d. Crim. R. Bd. 10 S. 430ff.

weit entwickelt wird. Wir sehen hier, daß v. Weber die Freiheit des Willens als bloße Potenz nimmt. Die höchste Stufe der Willensfreiheit ist das Vermögen, etwas bloß aus dem Grunde tun zu können, weil es die Vernunft fordert. Danach kann die Willensfreiheit im einzelnen Menschen ihre Grade haben. Sie wird immer wieder bedrängt und beeinträchtigt durch Triebe und Begierden, durch äußere Beeinflussungen, aber sie muß bei jedem normalen Menschen als Potenz gesehen werden, und wird auch so gefühlt. In dieser Anschauung ist vieles vorweggenommen, was Hegel später philosophisch vertieft, aber für das Recht kaum klarer ausgesprochen hat. Was v. Weber hier dargestellt hat, ist nichts anderes als die „natürliche" Anschauung, die Engisch treffend als den Ausgangspunkt und Anknüpfungspunkt des Rechts ansieht[157]. Da es nun verschiedene Stufen der Willensfreiheit gibt, so stellt v. Weber die Frage, welche Willensfreiheit die Basis der strafrechtlichen Zurechnung sei. Ist es die bloße Willkür oder die sittliche Freiheit? Die Willkür besteht darin, zwischen dem Guten und dem Bösen grundsätzlich wählen zu können. Hiervon geht auch das Recht aus. Diese Freiheit hat keine Grade; denn sie ist ja im Grunde nur die vorausgesetzte (und nicht beweisbare) Potenz der sittlichen Freiheit. An dieser Stelle fehlt es den Ausführungen v. Webers, wie ja zu verstehen sein wird, an einer gewissen Klarheit. Wichtig ist aber, daß durch diese Anschauung eine Verbindung zwischen Freiheit und Unfreiheit gezogen ist, deren Fehlen sich bei Feuerbach so störend bemerkbar macht.

Nun faßt v. Weber das Problem der Zurechnung an und formuliert es fast richtig mit den Sätzen: „Diese Zurechnung selbst aber ist nichts Anderes als das Urtheil: daß ein Ereignis mit dem Willen und eine dadurch bedingte Thätigkeit des Menschen zusammenhänge. Grade der Zurechnung giebt es eben so wenig, als es Grade der inneren Willkür giebt. Und erst, wenn die Frage entschieden ist: ob einem Menschen ein Factum überhaupt zuzurechnen sey, entsteht die weitere Frage: wie viel das Quantum seiner Schuld betrage, oder wie groß bei einem Verbrechen seine Strafbarkeit sey." Mit dieser Formulierung waren zwei große Fortschritte erreicht: einmal daß die Frage der Zurechnung endlich von der Frage der Größe der Schuld gelöst wurde; zweitens daß endlich der Gedanke der Graduierung der Zurechnung fallen gelassen wurde. Die Formulierung des Problems ist nur insofern noch undeutlich, als von einer Tätigkeit die Rede ist. Dadurch wird der Eindruck erweckt, als ob nur eine Tätigkeit zugerechnet werden könne. Jedoch kann diese Stelle auch richtig so verstanden werden, daß sowohl Wille als auch Tätigkeit nur als Möglichkeiten gedacht sind. Dann würde nur noch der Bezug dieses Willens und dieser Tätigkeit auf ein Pflichtgesetz fehlen, um den Gedanken der Zurechnung vollkommen zum Ausdruck zu bringen.

---

[157] Karl Engisch, Vom Weltbild des Juristen, S. 12 ff., insbesondere S. 24 f.

Noch weitere wesentliche Erkenntnisse hat v. Weber entwickelt. So tritt er mit Recht der Anschauung Feuerbachs entgegen, ols ob es eine sittliche und eine rechtliche Zurechnung gäbe. Vielmehr sieht er beide als auf einer gemeinsamen Basis beruhend an, eben auf der inneren Willkür des Menschen, die er ja polar im Sinne von frei-unfrei (oder trotz aktueller Unfreiheit potentiell frei) gesehen hatte.

Diese polare Potentialität bringt v. Weber freilich noch nicht ganz deutlich zum Ausdruck. Das zeigt sich, wenn er bei der Fahrlässigkeitsschuld von einem „negativ bösen Willen" spricht. Ist diese Formulierung auch noch nicht ganz zufriedenstellend, so deutet sie doch wenigstens auf die richtigen Zusammenhänge hin. Die Schrift v. Webers kann als ein Übergang zu den Anschauungen Hegels betrachtet werden. Deshalb wollen wir uns jetzt auch Hegel zuwenden.

6. Hegel und seine Anhänger

Der Einfluß der naturwissenschaftlichen und naturalistischen Auffassungsweise wurde durch Hegel und seine Anhänger noch einmal aufgehalten. Das zeigt sich auch in der Zurechnungslehre. Das Vordringen einer naturalistischen Anschauung kündigt sich in der Zurechnungslehre in der zunehmenden Bedeutung des Begriffes der Kausalität an. Bei Hegel steht dieser Begriff noch durchaus im Hintergrund, dagegen der des Willens im Vordergrunde. Kant hatte den Willen wenigstens als Erscheinung als dem Gesetz der Kausalität unterworfen angesehen und die Willensfreiheit nur als unbeweisbares Axiom, als transzendentale Idee vorausgesetzt. Feuerbach hatte in Übertragung dieser Lehre auf das Strafrecht den freien Willen wenigstens für das Strafrecht eliminiert und als Grundlage einer Zurechnungslehre in Abrede gestellt. Für Hegel bestand die Alternative Determinismus — Indeterminismus in dem Sinne, daß nur diese oder jene Stellungnahme richtig sei, überhaupt nicht[157a]. Er berührt sich hier eng mit den Lehren der Romantik, die den Begriff der Polarität genauer erfaßte, als es bis dahin der Fall war. Diese Alternative Determinismus oder Indeterminismus war für Hegel von vornherein eine falsche Problemstellung. Nach ihm ist der Wille „an sich", in seiner „Allgemeinheit", die wir nicht mit unserem Begriff der Abstraktheit verwechseln dürfen, d. h. der Wille als zugleich denkende und wollende Vernunft, frei[158]. Er ist zunächst noch unbestimmt, vermag sich aber selbst zu bestimmen[159]. Den Willen vom Denken loslösen, hieße die Freiheit der Leere, die nur ein zerstörerisches Prin-

---

[157a] Georg Wilhelm Friedrich Hegel, Grundlinien des Rechts, Zusätze Nr. 12 (zu § 15), Nr. 9 (zu § 10); vgl. auch Karl Larenz, Hegels Zurechnungslehre, S. 47 f.

[158] Hegel, a. a. O. §§ 4, 5.

[159] Ebenda, § 6.

zip sein könnte, das Wüten des Willens gegen sein Allgemeines[160]. „Das Ich ist das Übergehen aus unterschiedsloser Unbestimmtheit zur Unterscheidung, Bestimmen und Setzen einer Bestimmtheit als eines Inhalts und Gegenstands[161].“ Der Geist, die Allgemeinheit, geht aus der Unendlichkeit in die Endlichkeit über. Aber im endlichen Ich bleibt die Unendlichkeit der Allgemeinheit erhalten als sein polares, nach Hegel als sein „dualistisches“ Prinzip, wie umgekehrt im Allgemeinen schon das Besondere enthalten ist[162]. Der endliche Wille steht über den Inhalten und vermag unter äußeren Bestimmungen zu wählen. Aber diese Freiheit des Willens ist doch nur Willkür. Es bleibt sich gleich, ob man hierbei sagt, die Wahl sei zufällig oder der Wille sei an die äußeren Bestimmungen gebunden. Jedenfalls ist die Willkür nicht der Wille in seiner Wahrheit, sondern der Widerspruch zur Unendlichkeit des Allgemeinen. So kann die Freiheit der Willkür allerdings Täuschung genannt werden[163]. Die Freiheit des Willens besteht nur darin, daß er denkende Vernunft ist[164]. In allen anderen Fällen ist er zufällig oder, was auf dasselbe hinausläuft, notwendig. Hier zeigt sich zugleich Ähnlichkeit und Unterschied der Lehre Hegels zu der Kants. Bei Kant stehen sich zwei Welten, die Naturwelt mit dem Prinzip der Kausalität und die geistige Welt mit dem Prinzip der Freiheit, unversöhnlich und letzten Endes unerklärlich gegenüber. Bei Hegel dagegen sind beide Welten polar zueinander[165]. Der Wille ist frei und unfrei zugleich, frei, soweit er sich auf die denkende Vernunft gründet, unfrei, soweit er der allgemeinen Vernunft widerstreitet.

Der Boden des Rechts ist das Geistige[166], das Recht selbst ist Wirklichkeit des freien Willens[167], d. h. also des vernünftigen Willens. Es ist hier nicht der Ort, die Richtigkeit dieser Behauptung zu prüfen. Nur angedeutet soll werden, daß diese Vernünftigkeit des Rechts wohl mehr der Rechtsidee als dem Recht zukommt. Die Verletzung des Rechts besteht darin, daß dem allgemeinen, an sich seienden Willen der besondere, willkürliche Wille des Verbrechers entgegengesetzt wird[168]. Jedoch ist der an sich seiende Wille nicht nur außerhalb des Verbrechers, sondern in ihm selbst als Potentialität[169], die aber doch wirksam ist. So verletzt er durch die Tat zugleich sich selbst als „Vernünftiges“. Seine Tat ist Negation des Geistes. Die Strafe ist Negation der Negation und das gute Recht des Verbrechers. Durch sie wird die Ordnung des Geistes oder vielmehr das richtige Verhältnis des Ver-

---

160 Ebenda, §§ 15, 5.
161 Ebenda, § 6.
162 Ebenda, §§ 6, 7.
163 Ebenda, §§ 14, 15 und Zusätze Nr. 12 (zu § 15).
164 Ebenda, § 21.
165 Dies ist freilich ungenau ausgedrückt, da es für Hegel eben nur eine Welt gibt, die konkrete Welt, wie sie ist.
166 Hegel a. a. O. § 4.
167 Ebenda, § 29.
168 Ebenda, § 40 c.
169 Ebenda, § 100.

brechers zur geistigen Ordnung (denn diese kann streng genommen nicht verletzt werden) wiederhergestellt. Die ihm zukommende Ehre wird dem Verbrecher nicht zuteil, „wenn aus seiner Tat selbst nicht der Begriff und der Maßstab der Strafe genommen wird; ebensowenig auch, wenn er nur als schädliches Tier betrachtet wird, das unschädlich zu machen sei, oder in den Zwecken der Abschreckung oder Besserung[170]."

So ist bei Hegel die Verbindung zwischen Recht und Moral wiederhergestellt, die Feuerbach getrennt hatte. Die Frage der Zurechnung hat dementsprechend bei Hegel einen tieferen Sinn als bei Feuerbach. Dieser beantwortete die Frage der Zurechnung nur noch danach, wie der Verbrecher faktisch auf die Strafe reagiert. Die objektive Zurechnung ist im Grunde nur noch eine Frage der äußeren Kausalität. Von einer Rechtsschuld in einem zugleich ethischen Sinn kann hier nicht mehr die Rede sein. Demgegenüber ist die Auffassung Hegels fraglos eine tiefere. Vor allem hatte Hegel jene hemmende Alternative zwischen Determinismus und Indeterminismus in wesentlicher Vertiefung zur Aufhebung gebracht. Zugleich aber hatte er auch die Schwierigkeiten überwunden, die für Pufendorf und die ihm folgende Strafrechtswissenschaft in der Rückführung der willentlichen Handlungen auf den freien Willen hatten entstehen müssen. In der Polarität von Freiheit und Unfreiheit steckt zugleich die Potentialität der Freiheit. Der Verbrecher, der aktuell unfrei handelt, hätte potentiell frei handeln können. Tut er das nicht, so verletzt er sein „Vernünftiges".

Die Zurechnung zur Schuld mußte bei Hegel darin bestehen, daß ein Verhalten, mochte es auch aktuell unfrei sein, doch auf die Freiheit als Potenz zu beziehen war. Mit Pufendorf stimmte Hegel darin überein, daß die verletzte Ordnung nicht nur außerhalb des Verbrechers, sondern in ihm selbst zu suchen sei, was Pufendorf so ausgedrückt hatte, daß der Mensch conscius legislatori, Mitwisser Gottes, sei.

Trotz dieser tiefgreifenden Grundlage gelangte Hegel in seiner Zurechnungslehre doch nicht weit über Pufendorf hinaus. In bezug auf die Außenwelt dachte sich Hegel den Willen wohl nur als aktuellen und nur als wirkenden. Jedenfalls deutet alles darauf hin, daß Hegel nur positive Willensäußerungen im Sinn hatte[171]. Von Fahrlässigkeitsdelikten spricht er gar nicht[172]. Eine Stelle bei ihm gibt freilich die Möglichkeit, auch die Haftbarkeit für Fahrlässigkeit zu begründen. Hegel hat zum erstenmal den Grundsatz der Gefährdungshaftung dahingehend ausgesprochen, daß jemand auch für einen Schaden haftbar sei, der aus seiner Willens- und Herrschaftssphäre

---

170 Ebenda, § 100.

171 Vgl. Larenz a. a. O. S. 51 ff. und Hegel a. a. O. §§ 113, 118, Zusätze Nr. 72 (zu § 114), Nr. 73 (zu § 115), Nr. 74 (zu § 117), Nr. 75 (zu § 118), Nr. 76 (zu § 119) und Nr. 77 (zu § 121).

172 Vgl. Larenz a. a. O. S. 52 Note 4, S. 55 f.

entstehe. Mit Hilfe dieses Grundsatzes könnte man auch die Verantwortlichkeit für fahrlässiges Verhalten begründen[173].

Bedeutet die Hervorkehrung des aktuellen Willens für die Zurechnungslehre keinen Fortschritt[174], so hat Hegel doch diese Lehre insofern gefördert, als er die reine Naturkausalität als Grundlage der Zurechnung nicht gelten ließ. Als Körper unter Körpern steht der Mensch in einem materiellen Zusammenhang der Welt, der gewiß von dem Prinzip der Kausalität beherrscht wird[175]. Aber dieses Prinzip ist nicht das für das Recht wesentliche. Der Mensch steht dem Kausalgeschehen als Herr gegenüber. Er vermag es zu beherrschen, aber nur bis zu einem gewissen Grade. So kann es geschehen, daß der Mensch bei seinem Eingreifen in das Geschehen auch ungewollte Veränderungen hervorbringen kann, die er vielleicht nicht einmal voraussehen konnte. Zurechenbar ist aber nur „das Seinige" des Willens, d. h. das, was in der Voraussicht des Willens gelegen ist. Der Zweck ist die „Seele der Handlung". Entscheidend ist daher nicht die bloße Kausalität, sondern die finale Richtung der Handlung[176]. Damit will Hegel allerdings nicht sagen, daß nur final gerichtete Handlungen und gewollte und gewußte Veränderungen zuzurechnen seien. „Der Stein, der aus der Hand geworfen wird, ist des Teufels. Indem ich handele, setze ich mich selbst dem Unglück aus; dieses hat also ein Recht an mich, und ist ein Dasein meines eigenen Wollens[177]." In dieser Formulierung liegen freilich mannigfache Unklarheiten. Und auch die finale Handlungslehre Hegels birgt in sich noch manche Unzulänglichkeiten wie auch noch die heutige finale Handlungslehre. Diese Unzulänglichkeiten sollen an dieser Stelle noch nicht näher berührt werden, weil sie dem Hauptthema unserer späteren Ausführungen vorbehalten bleiben sollen. Eins kann aber schon hier gesagt werden: Wie die heutige finale Handlungslehre gegenüber der kausalen Theorie einen erheblichen Fortschritt darstellt, so auch die Lehre Hegels, der jene sehr nahe steht.

Wie Feuerbach die Lehren Kants auf das Strafrecht übertragen hatte, so ging Köstlin in seinem Werk „Neue Revision der Grundbegriffe des Criminalrechts" (Tübingen 1845) von Hegel aus. Der große Fortschritt, den Hegels Lehre für die Zurechnungslehre darstellt, wird in dem Werk Köstlins deutlich sichtbar. Die polare Spannung zwischen Freiheit und Unfreiheit kommt bei ihm, wenn möglich, noch klarer zum Ausdruck. Sobald der Mensch aus dem Zustande des natürlichen Willens überhaupt herausgetreten ist, sobald er ein Geistwesen geworden ist, ist die Freiheit für ihn unaufhebbare Potenz, die sich eben aus der Eigenart des Geistes ergibt. Potentiell ist jeder zum Vernunftwesen herangereifte Mensch frei[178].

---

[173] Ebenda.
[174] Ebenda, S. 52 f.
[175] Hegel a. a. O. §§ 115, 116, 118, Zusatz Nr. 74 (zu § 117).
[176] Ebenda, § 118.
[177] Ebenda, Zusatz Nr. 76 (zu § 119).
[178] Köstlin, Neue Revision, §§ 15, 16, 22, 35.

Die Natur ist zwar auch eine Schöpfung des Willens, sie selbst aber ohne Willen. Sie ist zerstreuter und in der Zerstreuung gefangener Geist, sein nach außen gewendeter und in unendliche Vielheit zersplitterter Reichtum[179]. Aber in der Natur sucht der Wille sich selbst und findet sich im Menschen als der Krone der Schöpfung. Das Wesen des Geistes, Einheit in allem zu sein, treibt ihn in den unendlichen Fluß des Werdens, in die unendliche Zeugung von Gestalt auf Gestalt[180]. Man sieht in dieser Auffassung das Erbe der Romantik, Schellings ebenso wie Schopenhauers und Hegels. In dieser Unendlichkeit der endlichen Bestimmtheit ergreift den Geist die Sehnsucht, seine Einheit wiederzufinden. Seine Allgemeinheit sucht sich in der unendlichen Besonderheit und findet sich in der Einzelheit. Nur in dieser vermag sich Allgemeines und Besonderes zu durchdringen, in der Bestimmtheit, das Unendliche darzustellen[181]. Der reine Wille ist die Identität des Besonderen mit dem Allgemeinen. „Das Medium dieser unendlichen Durchdringung der reinen Allgemeinheit und der Besonderheit ist aber nur die Einzelheit, und deshalb ist das menschliche Ich die Erscheinung für den Lebensprozeß der sittlichen Idee. Im menschlichen Geist geht jene Selbstverwirklichung des reinen Willens vor sich. Dies ist das Jovissiegel, welches der Mensch an seiner Stirne trägt, wodurch er die Krone der Schöpfung wird. Aber freilich ruht unter diesem Jovissiegel auch das Kainsmal; nur, weil des Menschen Geist zum Tempel Gottes bestimmt ist, kann er auch das Verbrechen gebären[182].“ Das reine Wesen des Willens liegt in der reinen unendlichen Sichselbstgleichheit, seiner unendlichen Selbstaffirmation, seiner Allgemeinheit als reiner Kontinuität, und zwar in der doppelten Bedeutung, über alle Bestimmtheit unendlich hinauszugehen, sich selbst gleich sein können und in aller Bestimmtheit reine Kontinuität seiner selbst zu bleiben. Als negatives und positives Moment liegt im Willen die Möglichkeit, vom andern zu abstrahieren, das ist seine reine Freiheit, und die Möglichkeit seiner reinen Kontinuität im andern, das ist die Möglichkeit des Guten. Indem der Wille aus der unterschiedslosen Kontinuität in die Bestimmtheit übergeht, setzt er anstelle der Kontinuität die reine Diskretion. In ihr liegt wieder ein positives und ein negatives Moment, die Negation der Einheit als die Möglichkeit des Bösen, während das positive Moment aus der reinen Form des Willens den wirklichen, inhaltlich bestimmten Willen hervortreten läßt. Die Bestimmtheit des Wollens überhaupt und für sich führt zur Versenkung ins Besondere, zur Gefangenschaft im Besonderen, zur Knechtschaft und Tierheit des Willens. Das Böse, als vollendete Diskretion, ist unendliches Setzen von Bestimmtheit, die schließlich dialektisch in die Überdrüssigkeit der Besonderheit umschlagen muß, worin dann die Rückkehr zum Guten liegt. Seinem

[179] Ebenda, § 15.
[180] Ebenda.
[181] Ebenda.
[182] Ebenda.
[183] Ebenda, § 16.

ganzen Wesen nach ist der Wille Einheit beider Momente, reine Diskretion und reine Kontinuität. Sein wahres Wesen ist die Kontinuität in der Diskretion[183]. Diese Ausführungen Köstlins zeigen deutlich seine Auffassung der Polarität von frei und unfrei, gut und böse. „Auch da, wo das Ich zwischen Vernunft und Trieb steht, ist der Trieb nicht unmittelbar bestimmende Macht, wie im natürlichen Willen, sondern zu einer Denkbestimmung vermittelt, welche als solche dem Entschlusse vorschwebt. Wenn das Ich hier dem Trieb folgt, so war freilich sein Denken und Wollen ein verkehrtes und das Resultat der freien Wahl ist die Unfreiheit des Ichs. Aber das selbstbewußte Ich war doch die Möglichkeit auch des Gegenteils, es hat sich freiwillig in die Unfreiheit zurücksinken lassen[184].“ „Indem aber das Verbrechen seine Quelle in der Willkühr hat, so hat es seine Quelle in der Freiheit, wenn gleich nicht in der vollendeten Form derselben. Denn die Willkühr setzt den Akt der reinen Freiheit voraus[185].“

Das Verbrechen ist schuldvolle Handlung und setzt als solche formell die Freiheit des rechtsverletzenden Subjekts voraus. Zum Verbrechen genügt nicht die bloße Naturkausalität, sondern es erfordert die freie Kausalität. Diese entwickelt sich mit dem Begriff der Handlung zur äußeren Objektivität des endlichen Daseins, zu dem sich in ihm betätigenden Willen und zu dem objektiven substantiellen Willen[186].

Diese grundlegende Stelle müssen wir näher betrachten. Der Begriff der Handlung wirkt sich hier wieder verhängnisvoll aus. Köstlin hätte von seinem Ausgangspunkt den richtigen Ansatzpunkt finden können, wenn ihn nicht wieder — wie oft nun schon in der Strafrechtswissenschaft! — der unglückselige Begriff der Handlung daran gehindert hätte. Dieser Begriff deutet nun einmal notwendig auf eine Tätigkeit und damit auch auf einen „sich betätigenden“, d. h. aktuellen Willen hin. Daß fahrlässige Schuld auch in einer Untätigkeit bestehen kann, wird hierbei nicht mehr sichtbar, ebenso nicht, daß sich hierbei ein Wille überhaupt nicht zu betätigen braucht. Das muß sich denn auch bei der Darstellung der Fahrlässigkeitsdelikte auswirken, die dann nur noch im Setzen, in dem „Wissen und Wollen der Bedingung, aus welcher ein rechtsverletzender Erfolg sich als realmögliche Folge entwickelt“[187], gesehen werden. Immerhin vermeidet Köstlin wenigstens den Fehler Feuerbachs, der die culpa überhaupt in dolus umdeutet.

Hätte Köstlin sich nun nicht des Begriffes der Handlung, sondern des Verhaltens bedient, hätte er weiterhin den Begriff der Potentialität seinen Überlegungen zugrundegelegt, wie es ihm bei der Art seines Denkens hätte möglich sein müssen, dann hätte er zu einer sehr vollständigen Bestimmung des zurechenbaren Verhaltens ge-

---

[184] Ebenda, § 35.
[185] Ebenda, § 67.
[186] Ebenda, § 71.
[187] Ebenda, § 99.

langen können; denn bei seinen drei Momenten hat er das objektive Recht nicht vergessen. Wir können die Probe auf das Exempel machen. Zurechenbar ist ein in die äußere Objektivität des Daseins getretenes Ereignis, welches auf einen aktuellen oder potentiellen Willen bezogen ist, der seinerseits wieder zugleich mit dem Ereignis auf den objektiven substantiellen Willen (das Recht) bezogen ist.

Der Begriff der Handlung wirkt sich denn auch auf den Begriff der Zurechnung aus. Nach Köstlin heißt Zurechnung das Urteil darüber, ob und inwieweit in einer äußerlich existent gewordenen Rechtsverletzung eine schuldvolle Handlung vorliege[188]. In dieser Formulierung liegt eine weitere Unklarheit, die zu weitgehenden Verwechslungen führen kann. Gebraucht man schuldvolle Rechtsverletzung und schuldvolle Handlung gleichbedeutend, was ja der Sinn der Sache ist, dann wird ohne weiteres jede Rechtsverletzung zur Handlung erklärt. Damit gibt man aber dem Begriff der Handlung unbewußt einen weiteren Sinn, als der eigentlichen Definition entspricht[189]. Besteht also z. B. die schuldvolle Rechtsverletzung in einer Untätigkeit, so nennt man sie doch Handlung, ohne auf den vorher gegebenen Begriff der Handlung Rücksicht zu nehmen. Dadurch wird die Unrichtigkeit dieses Begriffes zum Schaden der Klarheit und der Folgerichtigkeit des Systems verschleiert.

Noch ein anderes Moment ist uns aber an jener Formulierung wichtig. Die Zurechnung wird eindeutig auf die Schuld („schuldvolle Handlung") bezogen. Nach unserem modernen Schema aber pflegen wir erst danach zu fragen, ob eine zurechenbare Handlung vorliegt, und erst danach, ob sie auch schuldhaft sei[190]. Damit ist die Frage aufgeworfen, worauf sich eigentlich die Zurechnung bezieht. Hier sei diese Frage nur festgestellt, während sie erst später zu beantworten sein wird[191]. Aus dem Begriff der Zurechnung folgert Köstlin, daß die Unterscheidung einer imputatio facti von einer imputatio juris wertlos sei, daß die rechtliche Zurechnung von der moralischen prinzipiell nicht verschieden sei und daß ferner die Begriffe Zurechnung und Handlung sich decken[192]. Was die letzte Behauptung betrifft, so brauchen wir sie keiner weiteren Kritik unterziehen, da wir schon mit dem Begriff der Handlung nicht einverstanden sind. Unter imputatio facti ist nach Köstlin zu verstehen, daß jemand nach Natur-

---

[188] Ebenda, § 72.

[189] Ebenda, 72 Anm. 1 und Begriff der Handlung § 71: Handlung ist der sich in der Außenwelt betätigende unter der Rechtsbeurteilung stehende Wille.

[190] Edmund Mezger, Strafrecht, allg. Teil (Kurzlehrbuch) S. 52, 53: „Zwischen den einzelnen Bestandteilen der Begehungstat ... muß, damit sie der Tat zugerechnet werden können, ein gegenseitiger Zusammenhang im Sinne eines Ursachen- oder Kausalzusammenhangs bestehen."

[191] Im Teil II 2—5 dieser Arbeit.

[192] Köstlin a. a. O. § 72 mit Anm. 2 und 4. Vgl. auch Anm. 5: Die strafrechtliche Zurechnung hat es nur mi tdem mündigen, geistig gesunden Menschen zu tun. Danach wird kein Unterschied der Zurechnung zur Rechtswidrigkeit und zur Schuld gemacht. So auch Karl Binding, Normen, 1. Bd. 1. Abt. § 25. Hierin liegt ein schwieriges Problem, das auch in dieser Arbeit nicht endgültig gelöst werden wird.

ursachen physischer Urheber eines gewissen rechtsverletzenden Erfolges sei. In dieser Ansicht besteht in der Tat der Fortschritt der Lehre Köstlins ebenso wie der Hegels, daß der naturalistische Ursachenbegriff für das Recht für irrelevant erklärt wird. Hierin ist ja überhaupt, abgesehen von der Fassung des Begriffes der Freiheit, der große Vorsprung der Lehre Hegels zu erblicken, der erst wieder von der finalen Handlungslehre eingeholt worden ist. Daß die rechtliche Zurechnung von der moralischen nicht wesensverschieden sei, ergibt sich aus der Auffassung Köstlins ebenso wie Hegels, daß das Recht eine bestimmte Erscheinungsform des Sittlichen sei.

Auf die weiteren Einzelheiten der Lehre Köstlins brauchen wir nicht einzugehen. Statt dessen wollen wir unsern Blick noch auf einen andern Anhänger Hegels richten, auf Hugo Hälschner. Er ist als Beispiel deswegen besonders brauchbar, weil seine zeitlich weit auseinanderliegenden Werke, das „System des Preußischen Strafrechts" von 1858 und„Das gemeine deutsche Strafrecht" von 1881, einen sehr bedeutsamen Entwicklungsabschnitt der deutschen Strafrechtswissenschaft umfassen und näher beleuchten.

Schon in dem Inhaltsverzeichnis der beiden allgemeinen Teile dieser Werke wird die Entwicklung deutlich erkennbar. Im Preußischen Strafrecht wird im zweiten Abschnitt, erstes Kapitel unter II. in den §§ 24—29 die Zurechnungsfähigkeit, unter III in den §§ 30, 31 die formelle Zurechnung und unter derselben Überschrift in den Unterabschnitten 1. der Wille, 2. die Tat aufgeführt. Vom Problem der Kausalität finden wir im Inhaltsverzeichnis selbst nichts angedeutet. Die Gliederung im Gemeinen Deutschen Strafrecht ist folgende: I. Die Zurechnungsfähigkeit, II. Die Zurechenbarkeit, 1. der Causalzusammenhang, 2. Gründe, welche die Zurechenbarkeit ausschließen, A. Irrtum usw., B. Zwang, C. Zufall, III. Die formelle Zurechnung.

Beiden Werken gemeinsam ist die große Bedeutung des Begriffes der Zurechnung, während dem Kausalzusammenhang in der Stellung im System nur ein geringerer Platz angewiesen wird. Immerhin sind in dem späteren Werk die Ausführungen über die Kausalität beträchtlich angewachsen. Inzwischen ist nämlich die Lehre vom Kausalzusammenhang zu einem Zentralproblem der Strafrechtswissenschaft geworden[193]. Mit ihr mußte sich Hälschner auseinandersetzen.

Wir gehen nun auf die Einzelheiten des älteren Werkes ein. Unter formeller Zurechnung versteht Hälschner das formelle Verhältnis zwischen Ursache und Wirkung, wobei zu bestimmen ist, ob dieses Verhältnis sich als Handlung oder als Naturkausalität darstellt[194]. Schon hieraus folgt, daß die „formelle Zurechnung" nicht schlechthin von der Kausalität abhängig ist. Es gibt Kausalitäts-

---

[193] Erwähnt seien nur die Arbeiten v. Buris, ferner die Abhandlungen von August Otto Krug über Unterlassungsverbrechen und über Causalzusammenhang im Commentar zu dem Strafgesetzbuche für das Königreich Sachsen vom 11. 8. 1855.

[194] Hugo Hälschner, System d. pr. Strafrechts, 1. Theil, § 30.

beziehungen, die formell nicht zugerechnet werden. So wird für die Zurechnung der Begriff der Handlung zum entscheidenden Kriterium. Die Handlung enthält drei wesentliche Momente: 1. eine in der Außenwelt eingetretene Veränderung, den äußeren Erfolg, 2. eine innere Willensbestimmung, 3. das Verhältnis beider, wonach sie sich als Wirkung und Ursache aufeinander beziehen. Die innere Einheit und Zusammengehörigkeit des Erfolges und der Willensbestimmung begründet für den Handelnden das Recht und die Pflicht, den Erfolg als den seinen und von ihm gesetzten sich zurechnen zu lassen. Aber die Verbindung von Erfolg und Willensbestimmung ist nicht in jeder Handlung gleichartig, so daß die Schuld eine ganz verschiedene sein kann[195]. Diese Sätze können wir zum Ausgangspunkt unserer Betrachtung machen.

Zunächst müssen wir gegenüber den Formulierungen von Webers einen Rückschritt feststellen. Das Kausalitätsverhältnis bleibt unklar. In bezug auf den Willen kann auch die Handlung als „Erfolg" des Willens angesehen werden. Jedoch hat man mehr den Eindruck, als ob Hälschner den „Außenerfolg" gemeint hat. Es ist aber gerade die Frage, ob die kausale Beziehung zwischen Wille und Außenerfolg der gesuchte Zusammenhang ist, auf dem allein (!) die Zurechnung beruht. Ferner ist sehr die Frage, ob immer eine Willensbestimmung vorliegen muß. Eine Willensbestimmung ist immer eine aktuelle Willensäußerung. Aber schon von Weber hatte gesehen, daß bei Fahrlässigkeit auch ein „negativ böser Wille" oder, wie wir sagen müssen, ein potentieller Wille in Betracht kommen kann. Man sieht, daß immer wieder eine ungelöste Problematik zutage tritt. Bei den gewollten wie ungewollten Unterlassungen muß die Kausalität, bei der Fahrlässigkeit auch die Willensbestimmung problematisch werden. Suchen wir in dem System des Preußischen Strafrechts über diese Fragen Aufklärung, so werden wir enttäuscht. Die Unterlassungen werden überhaupt nicht behandelt, die Fahrlässigkeit wird nur als „Tätigkeit", also als positives Tun erfaßt[196]. Der Fehler des Ansatzpunktes wird denn auch bei der Konstruktion der Fahrlässigkeit, des „Versehens", sogleich deutlich sichtbar. Abgesehen davon, daß es bei der unbewußt fahrlässigen Unterlassung an einer Willensbestimmung überhaupt fehlt, ist der Rekurs auf die Willensbestimmung auch dort unrichtig, wo der Erfolg fahrlässig durch positives Tun herbeigeführt worden ist. So kann z. B. der Kraftfahrer von dem Ort A nach dem Ort B haben fahren wollen. Das ist seine Willensbestimmung. Überfährt er unterwegs eine Person, so ist diese Willensbestimmung für den eingetretenen Erfolg belanglos. Auch wenn man das Fahren selbst als den Inhalt der Willensbestimmung ansehen würde, so ist doch der Erfolg unabhängig von dieser Willensbestimmung. Das Fahren ist zwar die Voraussetzung für den Erfolg. Aber die Denktätigkeit und Willenstätigkeit, die auf das Fahren

---

[195] Ebenda, § 31.
[196] Ebenda, § 37.

gerichtet ist, hat als aktuelle Tätigkeit, als Willensbestimmtheit mit dem Erfolg nichts zu tun. Es ist zwar richtig, daß die Willensbestimmtheit auch darauf hätte gerichtet sein sollen, niemand zu überfahren, oder darauf, so vorsichtig und aufmerksam zu fahren, daß niemand verletzt wurde. Aber das ist ein ganz anderer Gesichtspunkt, der mit der aktuellen Willensbestimmtheit in keinem Zusammenhang steht. Nicht aus der Tatsache der Willensbestimmtheit erwächst die Verantwortung, sondern vielmehr gerade aus der fehlenden Willensbestimmtheit, die erst durch einen weiteren Zusammenhang gefordert wird. Deshalb kann hier auch nicht von einem ursächlichen Zusammenhang zwischen Willensbestimmung und Erfolg die Rede sein. Die Lehre Hälschners kann daher die Fahrlässigkeitsdelikte nicht begründen. Wenn er von der Forderung spricht, die an die Denktätigkeit des Handelnden gestellt ist[197], dann ist diese Forderung der rettende deus ex machina, dessen wahre Bedeutung aber nicht erkannt wird.

Insofern schleppt hier auch Hälschner wieder alte Fehler weiter, mit denen die Zurechnungslehre seit jeher belastet gewesen ist. Der Vorteil seiner Zurechnungslehre zeigt sich vielmehr an derselben Stelle, an der er sich auch schon bei Hegel gezeigt hatte: bei der Ausscheidung des Zufalls aus dem Kreis der Zurechenbarkeit. Würde man Zufall definieren als schuldlose Verletzung eines Rechtsgutes, dann würde Zurechenbarkeit und Schuld in die engste Beziehung treten. Allerdings ist es noch fraglich, ob eine so enge Beziehung zwischen Schuld und Zurechenbarkeit besteht. Es wäre also zugleich die Frage, ob die Formulierung, Zufall sei die schuldlose Verletzung, richtig ist. Hälschner drückt es auch nicht so aus, sondern er sagt im Sinne Hegels, daß alles als Zufall anzusehen sei, was der Handelnde nicht als das Seinige anzuerkennen habe[198]. Beide Formulierungen brauchen nicht ganz die gleiche Bedeutung zu haben. Freilich ist mit dieser Formulierung Hälschners das Problem nicht gelöst, sondern nur verschoben, weil es ja gerade die Frage ist, was der Wille als das Seinige anzuerkennen habe und nach welchen Prinzipien diese Frage zu beantworten sei. Der Zufall ist daher noch immer nicht eindeutig definiert. Unter Zufall im weiteren Sinn rechnet Hälschner Gewalt und unverschuldeten Irrtum, nicht dagegen die Drohung, unter Zufall im engeren Sinn alle Fälle, in denen an ein gewolltes Tun sich ein Erfolg anschließt, der weder vorausgesehen wurde, noch voraussehbar war. Heute wird niemand mehr unter Gewalt einen „Zufall" erblicken. Nach der heutigen Auffassung fehlt es hier überhaupt schon an einer Handlung, also an einem Objekt der Zurechnung, wobei freilich auch die heutige Auffassung noch gewisse Unvollkommenheiten hat, die mit dem Begriff der Handlung zusammenhängen und die später zu erörtern sein werden. Ein echtes Prinzip für den Zufall gibt Hälschner aber doch: Zufall ist ein Erfolg, der weder voraus-

[197] Ebenda.
[198] Ebenda, § 43.

gesehen wurde, noch voraussehbar war, und der deshalb, wie wir hinzusetzen müssen, nicht vermieden werden konnte. Damit ist aber der Zufall noch nicht gegen andere Geschehnisse, die gleichfalls nicht zuzurechnen sind, genügend abgegrenzt. Wie dem aber auch sei, jedenfalls ist bei dieser Lehre die Kausalität noch nicht zum obersten Prinzip der „objektiven" Zurechnung aufgerückt.

Betrachten wir nun das spätere Werk Hälschners, das Gemeine Deutsche Strafrecht, auf seine Zurechnungslehre, dann fällt uns sogleich die weit ausführlichere Behandlung aller Probleme auf. Vor allem aber ist hier die Kausalität stärker in den Vordergrund getreten. Inzwischen ist die Strafrechtswissenschaft auch weiter vorangeschritten. Es braucht nur an die Namen Binding, von Buri, Merkel, von Liszt erinnert zu werden. So enthält denn auch das neue Werk umfangreiche Auseinandersetzungen mit den neuen Anschauungen. Wir konzentrieren uns hier aber auf die wenigen Punkte, die wir bisher behandelt haben. Auch in seinem späteren Werk geht Hälschner von der Willensfreiheit aus, die für das Recht ohne Rücksicht auf alle Einwände des Determinismus als Voraussetzung zu gelten habe[199]. Gewollt sind nicht nur die motorischen Innervationen, sondern auch der Erfolg, und zwar auch dann, wenn der Mensch eine Kausalkette nur in Bewegung setzt, diese sich aber alsdann ohne Zutun des Menschen dem gewollten Ziel zu fortentwickelt[200]. Hälschner behandelt dann die kausale Entwicklung von den Voraussetzungen des Entschlusses über das Wollen bis zum Handeln. Es folgt eine uns hier nicht berührende Auseinandersetzung mit dem Determinismus. Dann wird die Erklärung des Begriffes der Zurechnung gegeben. Sie ist das Urteil, daß ein bestimmtes Ereignis in kausaler Verbindung mit der Tätigkeit eines Menschen steht[201]. Diese auch anderwärts sich ständig wiederholende Formulierung brauchen wir nicht mehr zu kritisieren. Sie ist weiter nichts als der Ausfluß des Kausaldogmas. Jedoch ist die neue Formulierung schon insofern etwas vorsichtiger, als nur von der Kausalverbindung zwischen Willen und Geschehenem gesprochen wird. Es wird also der Ausdruck „Willensbestimmung" hier nicht gebraucht. Die vom Menschen in Bewegung gesetzte Kausalkette wirkt ins Endlose fort. Aber nicht alle „Erfolge" werden dem Menschen zugerechnet. Als gewollt sind nur solche Erfolge zu verzeichnen und zuzurechnen, auf die die vom Willen erregte körperliche Bewegung mit Bewußtsein ursächlich bezogen war. Wir erinnern hier nur daran, daß alle diese Ausführungen von einem aktuellen Willen, einem positiven Tun und von aktueller Kausalität ausgehen. Nicht vorausgesehene Erfolge können als gewollte auch nicht zugerechnet werden. Jedoch d e h n t das Strafgesetz die Verantwortlichkeit in vielen Fällen auch auf nicht vorhergesehene, unbewußte Erfolge

---

[199] H ä l s c h n e r, Das gemeine deutsche Strafrecht, 1. Bd. § 75.
[200] Ebenda, § 77.
[201] Ebenda, § 89.

aus[202]. Hier kündigt sich wieder jener innere Widerspruch an, der mit der Ausgangsstellung nicht zu vereinbaren ist, und zwar als eine Art Ausnahme von der Regel. Die Frage, was als gewollt zuzurechnen und was als nicht gewollt von der Zurechnung ausgeschlossen bleibt, nennt Hälschner die formelle Zurechnung[203]. Hinsichtlich des Maßes der Schuld unterscheidet er auch noch Grade der Zurechnung[204].

In dem ersten Kapitel seines Werkes behandelt Hälschner unter II. die Zurechenbarkeit. Schon darin, daß er unter 1. den Kausalzusammenhang erörtert, zeigt sich die Verschiebung der Problematik gegenüber dem früheren Werk. Dennoch bleibt der Begriff der Zurechnung immer noch der Zentralbegriff, wie sich aus dem Satz ergibt: „Die strafrechtliche Verantwortlichkeit hat die Zurechenbarkeit des Geschehenen zur Voraussetzung[205]". Aber das Verhältnis der Bedeutungen der Begriffe Kausalzusammenhang und Zurechnung wird doch nicht ganz richtig gesehen. Zwar trifft es zu — und das ist hier noch stärker zum Ausdruck gelangt als im älteren Werk —, daß das Gebiet der Kausalität weit über den Bereich der Zurechnung hinausgeht. Andererseits aber wird der Kausalzusammenhang als das einzig mögliche Bindeglied zwischen Wille und Ereignis angesehen. „Das ursächliche Verhältnis des Geschehenen zum Willen ist die Voraussetzung für die Zurechnung . . .[206]".

Was von den zahllosen Ursachen und Bedingungen, die zu einem Ereignis geführt haben, vom Recht als „Ursache" oder „Bedingung" angesehen wird, hängt vom Interesse ab, mit dem man ein Ereignis betrachtet. Dieses Interesse bringt es mit sich, daß der Rechtsanwender nur bestimmte Ursachen und Bedingungen aus dem unendlichen Netz der kausalen Verknüpfung als wesentlich auswählt. Es handelt sich um Ursachen und Bedingungen, die von einem menschlichen Willen gesetzt worden sind[207]. So richtig dieser Satz für die Positivität des menschlichen Verhaltens ist, so ist er doch wieder nicht auf die Negativität abgestimmt. Der Mensch kann nämlich nach dem Recht durchaus auch für die Ursachen und Bedingungen verantwortlich sein, die er nicht gesetzt hat. Deshalb ist auch wieder die Behauptung unvollständig, daß das kausale Geschehen für die ethische (und rechtliche) Beurteilung von Interesse sei, soweit es auf einen menschlichen Willen als „seine eigene Wirksamkeit" zurückzuführen sei[208].

In diesem Zusammenhang kommt Hälschner auf die Frage zu sprechen, inwieweit ein Unterlassen als ein Handeln und Verursachen betrachtet werden dürfe. Er unterscheidet die bloße Untätigkeit des

[202] Ebenda, § 89.
[203] Ebenda, § 126.
[204] Ebenda, § 91.
[205] Ebenda, § 104.
[206] Ebenda.
[207] Ebenda. Im übrigen betont Hälschner, daß alle Bedingungen eines Erfolges gleichen Wert haben, wenn man das Kausalitätsverhältnis als solches ansieht.
[208] Ebenda, § 105.

Willens von der Willensbestimmung, etwas nicht zu wollen. „Als Handlung kann ein solches (sc. willensbestimmtes) Unterlassen ganz gewiß (! Kausaldogma !) nur betrachtet werden, wofern das auf ein Unterlassen gerichtete Wollen etwas verursacht[209].“ „Das aber was verursacht wird, ist lediglich das Unterlassen, und dieses erfordert eine Action des Willens, ein Verursachen, weil es nur bewirkt werden kann, indem der Wille seinen Einfluß auf die motorischen Nerven ausübt und entgegenwirkend jede ohne seine Vermittelung aus der Gefühlserregung sich etwa ergebende Bewegung hemmt[210].“ Man sieht hier die Bemühungen, dem Kausaldogma gerecht zu werden. Freilich ist es dazu erforderlich, sich darüber klar zu werden, worin man die Kausalität sehen will. Der Kausalzusammenhang bezieht sich lediglich auf den Zusammenhang zwischen Verhalten und Geschehen, wobei das Geschehen nicht etwa im Verhalten selbst zu sehen ist. Unterlassen und Etwas-nicht-wollen sind hiernach identisch. Das Verhalten des Unterlassens besteht in diesem Fall in dem Etwas-nicht-wollen. Ebenso wie es nicht sinnvoll wäre zu sagen, jemand habe durch Falsch-schwören-wollen einen Meineid verursacht, gibt es keinen Sinn zu sagen, jemand habe durch ein Etwas-nicht-wollen ein Unterlassen verursacht. Das erkennt denn auch Hälschner[211]. Er sucht daher eine weitere Begründung für die Kausalität der Unterlassung. Seine Ausführungen über die Kausalität der Unterlassung gipfeln dann in dem falschen Satz, daß der Unterlassende für den Erfolg nur dadurch verantwortlich werde, daß er ein Hindernis für den Erfolg beseitige und damit sein früheres Tun in kausale, den Erfolg verursachende Wirksamkeit versetze[212]. Wir wollen uns hier die Widerlegung dieses falschen Satzes schenken und nur noch kurz die Begründung der Fahrlässigkeit behandeln.

Bei größerer Ausführlichkeit gegenüber dem älteren Werk sind auch hier die wesentlichen Grundzüge dieselben geblieben. Im Wesen der Handlung soll es liegen, daß die Tätigkeit eine vorsätzliche und ursächlich auf einen beabsichtigten Erfolg bezogene sei. Man wird, wenn erst einmal die Augen über die Unzulänglichkeit des Kausaldogmas geöffnet sind, sogleich bemerken, wie sehr hinderlich der Begriff der Handlung der strafrechtswissenschaftlichen Entwicklung geworden ist. Gewiß ist Handlung Tätigkeit, gewiß ist sie vorsätzlich und ursächlich auf einen Erfolg bezogen. Aber das wird alles anders bei der Unterlassung. Bei dieser passen schrittweise die Definitionsmerkmale nicht mehr. Unterlassen ist keine Tätigkeit. Als gewollte mag sie noch vorsätzlich sein, als unbewußte kann sie auch nicht mehr vorsätzlich sein, und schließlich steht ihre Ursächlichkeit ganz dahin. Der Fehler liegt daran, daß der Begriff der Handlung zum Zentralbegriff der Systematik gemacht wird. Selbst wenn die Bestimmung

[209] Ebenda, § 106.
[210] Ebenda.
[211] Ebenda.
[212] Ebenda, § 109.

der Handlung als Handeln und Nichthandeln begrifflich noch vertretbar wäre, was freilich nicht der Fall ist, kommt man bei dem falschen Oberbegriff von dem positiven Bild einfach nicht mehr los. Der falsche Oberbegriff rächt sich durch ständige logische Fehler. Bei einer solchen Situation ist es dann freilich nicht möglich, das fahrlässige Verhalten richtig in ein Gesamtsystem einzuordnen. So bleibt der ganze Versuch, die Verantwortlichkeit für fahrlässiges Verhalten zu begründen, auch bei Hälschner letzten Endes Stückwerk, bei dem die einzelnen Stücke nicht zueinander passen. Der Kitt, der diese Stücke zusammenhält, kommt von einer ganz anderen Seite her. Er hält die Stücke wohl zusammen, ohne daß der Systematiker sich bewußt wird, woher diese Klebekraft herrührt. Wieder ist Ausgangspunkt die Vorstellung einer Tätigkeit, bei der nichtgewollte Nebenfolgen eintreten. Daß fahrlässiges Verhalten auch in einer Nichttätigkeit bestehen kann, wird nicht in Betracht gezogen oder vielleicht auch durch Umdeutung verschleiert. Alsdann kommt in die Darstellung die Pflichtverletzung hinein, ohne daß der Grund dafür ersichtlich wird. Mit anderen Worten: Die Verantwortlichkeit für fahrlässiges Verhalten wird gesucht in einer Tätigkeit, einer Verursachung, einer Handlung, in einem Willen, obwohl sie wesentlich in ganz anderen Zusammenhängen begründet ist. Der Schein der Richtigkeit wird dadurch erzeugt, daß man mit Vorstellungen, deren systematische Bedeutung nicht erfaßt wird, eben mit der Vorstellung der Pflicht, arbeitet, die sachlich zwar zutreffen, aber systematisch nicht richtig in den Zusammenhang eingeordnet werden. So ist es ungefähr richtig, was Hälschner über die Pflicht zur Aufmerksamkeit und Sorgfalt ausführt[213]. Und doch wirkt sich auch hier immer noch die falsche Grundeinstellung aus[214]. So meint Hälschner, es bestehe die Pflicht, den ganzen Entwicklungsgang des kausalen Geschehens zu beherrschen und ihn „mit Vermeidung jeder Abweichung" zum beabsichtigten Ziele zu führen[215]. Dem Recht ist es ganz gleichgültig, ob z. B. der Kraftfahrer sein vorgestecktes Ziel, den Ort B, erreicht. Die Abweichung vom Handlungsziel ist rechtlich ganz irrelevant. Eine Pflicht, sein Handlungsziel zu erreichen, besteht rechtlich überhaupt nicht. Freilich verstecken sich in dem Begriff „Abweichung" ganz andere Gedanken, die aber in solcher Einkleidung unerkannt bleiben müssen. Gemeint ist die Abweichung von Rechtspflichten, die aber wieder mit dem Handlungsziel nichts zu tun haben.

Die unglaubliche Kraft des Kausaldogmas kommt dann wieder in dem ganz falschen Satz zum Ausdruck: „Die Zurechnung des Erfolges zur Fahrlässigkeit hat selbstverständlich (!) seine causale Verbindung mit der vorsätzlichen Tätigkeit zur Voraussetzung[216].

---

[213] Ebenda, § 137.

[214] Man nehme nur diesen Satz aus § 137: „Auch die fahrlässige Handlung erfordert in allen Fällen ein vorsätzliches Thun, das auf einen beabsichtigten Erfolg ursächlich bezogen ist."

[215] Hälschner a. a. O. § 137.

[216] Ebenda, § 138.

Hälschner kommt hier nicht einen Schritt über Hegel hinaus, der auch nur an die Nebenfolgen einer willentlichen Handlung gedacht hat, freilich mit noch unklareren Wendungen. Es ist leicht einzusehen, daß auch alle Einzelheiten, die Hälschner zur Lehre von der Fahrlässigkeit gebracht hat, uns niemals über den falschen Ansatzpunkt hinwegbringen können, den wir schon in seinem älteren Werk festgestellt hatten. Es bleibt daher nur jener schon erwähnte Fortschritt, daß wenigstens der Begriff der Zurechnung und nicht der der Kausalität zum Ansatzpunkt des systematischen Aufbaus gemacht wird.

Damit können wir Hälschner verlassen und uns dem Problem der Kausalität zuwenden, wie es insbesondere durch die Bedingungs- und Äquivalenztheorie gestaltet worden ist. Auch hier werden wir uns größter Kürze befleißigen, so daß es den Leser nicht Wunder nehmen darf, wenn er eine Reihe wichtiger Namen nicht berücksichtigt finden wird.

7. Die Bedingungs- und Äquivalenztheorie

Nach Hegel ist der Zweck und damit der Wille die Seele der Handlung. Diese Auffassung bedeutet noch nicht die Abtrennung des Kausalmoments als eines selbständigen Prinzips. Im Gegenteil war damit das kausale Moment durchaus eingeordnet in einen finalen Zusammenhang. Nicht Kausalität, sondern Finalität war das oberste Prinzip der Handlung. Immerhin wurde durch die Betonung des Willensmoments die subjektive Seite des Verbrechens stark in den Vordergrund gerückt. Von Buri war es nun, der die subjektive Seite des Verbrechens zur Kausalität in eine Beziehung brachte, die schließlich die eigentliche Lehre Hegels in ihrem Wesen gänzlich verändern sollte. Wie Berner, Köstlin und Hälschner ging auch von Buri ursprünglich von Hegel aus. Auch er stellte den subjektiven Standpunkt in den Vordergrund. Aber er verband ihn nicht mehr mit dem Handlungsbegriff, sondern mit der Schuld[217]. So ergab sich die Zerlegung der verbrecherischen Handlung in eine objektive und eine subjektive Seite. Außer der Tatbeschreibung, die jetzt gewissermaßen photographisch-objektiv aufgefaßt wurde, blieb für die Handlung nur noch der Kausalzusammenhang zwischen dem „objektiv" gesehenen, d. h. vom Willensinhalt abstrahierten Tun und dem Erfolg.

[217] M. v. Buri, Über Causalität und deren Verantwortung, S. 1, 2; zur Lehre von der Theilnahme an dem Verbrechen und der Begünstigung, S. 1 ff. Ausgangspunkt seiner Lehre ist die Überzeugung, daß alle Bedingungen für einen Erfolg gleichwertig seien und deshalb die wesentlichen Unterscheidungen der Teilnahmeformen in der subjektiven Seite, die er zur Schuld rechnet, zu suchen seien. Vgl. auch v. Buri, Beiträge zur Theorie des Strafrechts und zum Strafgesetzbuche. Gesammelte Abhandlungen, Zur Kausalitätsfrage, S. 69 ff., insbes. S. 74: „Erscheint nun aber eine getrennte Betrachtung des Kausalzusammenhanges und der Verantwortlichkeit für denselben denkbar und wissenschaftlich erforderlich, ... so muß sich dieselbe unbedingt auch im Leben durchführen lassen können."

Damit war das Wesen der Handlung aus einem finalen Verhalten umgewandelt in ein rein verursachendes Verhalten[218].

Ausgangspunkt für diese Wandlung des Gesichtspunktes war die Lehre von der Teilnahme am Verbrechen. Man hatte angenommen, daß zwischen Beihilfe und Täterschaft („Urheberschaft") ein absoluter Unterschied bestehe derart, daß schon die objektive Tätigkeit erkennen lassen müsse, ob Beihilfe oder Täterschaft gegeben sei. Diese Ansicht bekämpfte von Buri in seiner 1860 erschienenen Schrift „Zur Lehre von der Theilnahme an dem Verbrechen und der Begünstigung", indem er auf die Lehren von Berner, Köstlin und Hälschner zurückgriff. Diese hatten die Ansicht vertreten, „daß alle Kräfte, aus welchen der verbrecherische Erfolg (Rechtsverletzung) besteht, gleich wesentlich für denselben sind und keine einzelne Kraft aus dem Erfolg ausgeschieden werden kann, ohne denselben in seinem konkreten Dasein in Frage zu stellen[219]." Diesen Satz wird man als Keimzelle der Äquivalenztheorie zu betrachten haben. Er schließt in sich insbesondere die physische wie die psychische Mitwirkung. Objektiv ist jede physische oder psychische Mitwirkung geeignet, Täterschaft oder Beihilfe zu begründen[220]. Der Unterschied zwischen beiden ergibt sich erst aus dem Willen[221]. Der Täter will einen bestimmten, außerhalb des Verbrechens liegenden Zweck erreichen, während der Zweck des Gehilfen nur darin besteht, daß der Täter seinen Zweck erreiche[222]. Indem unter Mitwirken nun Mitverursachen verstanden wird und der Wille zur Schuld gerechnet wird, ist es verständlich, wenn von Buri nach dieser Veränderung des Handlungsbegriffes zu dem Ergebnis gelangt, daß im objektiven Tatbestande eine Unterscheidung der beiden Formen des Mitwirkens nicht gefunden werden könne. Unter Mitwirken ist also nach von Buri zu verstehen, daß die Tätigkeit des Täters wie des Gehilfen Bestandteil des Erfolges werde, ihn also verursacht habe[223]. In der Fortführung dieser Auffassung ist von Buri konsequent. Habe der Gehilfe den Erfolg verursachen wollen, aber tatsächlich nicht verursacht, dann kann nur versuchte Beihilfe vorliegen. Danach liegt versuchte Beihilfe auch dann vor, wenn die Tat selbst im Versuch steckengeblieben ist[224]. Ebenso wie bei der Beihilfe sieht von Buri auch bei der Begünstigung den Erfolg in der kausalen Förderung der Fortdauer der Rechtsverletzung[225].

---

[218] Damit wird das verursachende Verhalten eingestandener- und gewolltermaßen zu einem physikalischen Ereignis, das mit den Augen eines Naturwissenschaftlers zu betrachten und moralisch oder rechtlich nicht bewertet werden könne. Daß hiermit einem juristischen Verursachungsbegriff die Grundlage entzogen wird, hat jene Zeit nicht erkannt.

[219] v. Buri, Theilnahme, S. 1 f.

[220] Ebenda, S. 2.

[221] Ebenda.

[222] Ebenda, S. 4.

[223] v. Buri, Causalität, S. 66 f., 105 ff.

[224] Theilnahme, S. 64 f., 67 f.

[225] Ebenda, S. 85, 88 Ziff. 6.

In seinem grundlegenden Werk „Über Causalität und deren Verantwortung“ (1873) tritt dann das Wesen und die Bedeutung der Kausalität deutlich hervor. „Unter Causalzusammenhang wird man wohl den Proceß der Entstehung einer Erscheinung begreifen dürfen[226].“ Dieser Kausalzusammenhang wird aufgefaßt als das Zusammenspiel aller Kräfte, d. h. Naturkräfte, die das bestimmte Ereignis bewirkt haben. Ursache ist einmal die Gesamtheit aller mitwirkenden Kräfte, aber auch jede Einzelkraft, deren Fehlen den Fortfall des Ereignisses zur Folge haben würde. Als solch eine Naturkraft wird auch der menschliche Wille genommen. Er ist lediglich das agens, das die Körperkräfte in Bewegung gesetzt hat. „Ob aber dieser Wille ein bewußter — vorsätzlicher oder fahrlässiger — oder derjenige eines unzurechnungsfähigen Menschen ist, erscheint für den Causalzusammenhang gleichgültig, denn es tritt in der Verkettung von Thatsachen keine Änderung ein, mag man auch an die Stelle des bewußten Willens einen bewußtlosen setzen, oder umgekehrt.“ „Es hat der zurechnungsfähige Wille mit dem Causalzusammenhange weiter nichts zu schaffen, als daß von ihm die Frage abhängt, ob ein Mensch für denselben rechtlich in Anspruch genommen werden könne[227].“ Gegen den Rechtslehrer von Bar bemerkt von Buri, „daß man einen Causalzusammenhang — also die Verkettung von Thatsachen — nicht juristisch oder moralisch untersuchen kann[228].“ Es wäre besser gewesen, wenn man gerade diesen Satz genauer beachtet hätte. Wenn man diesen Satz so versteht, wie er zu verstehen ist, dann ergibt sich aus ihm, daß man an die Kausalitätsfeststellung auch kein Rechtswidrigkeitsurteil anknüpfen kann. Sieht man also in dem Tatbestand die Beschreibung einer Erfolgsverursachung, dann ist die Tatsache der Verursachung als solche nicht geeignet, den Schluß zu ziehen, daß die Verursachung rechtswidrig sei. Geht man aber von dem klassischen Schema Tatbestandsmäßigkeit, Rechtswidrigkeit, Schuld aus und versteht man unter Tatbestandsmäßigkeit die Beschreibung einer Erfolgsverursachung, z. B. bei den Tötungsdelikten die Verursachung des Todes, dann wird von diesem Schema gerade das geboten, was von Buri mit Recht für unmöglich erklärt hat, nämlich die juristische Beurteilung eines Kausalzusammenhanges.

Wie sich aus den Ausführungen von Buris gegen die Lehre von Bars, welche eine Unterscheidung zwischen Ursachen und Bedingungen machen wollte, ergibt, verstand von Buri unter „Ursache“ auch alle Bedingungen, obwohl sein Leitbild der Ursache doch sehr stark in der Vorstellung wirkender Kräfte befangen war. Grundsätzlich aber machte von Buri keinen Unterschied zwischen Ursache und Bedingung und sah alle Bedingungen für den Erfolg als gleichwertig an[229]. Seine Lehre hat dann das Reichsgericht als die Bedingungs-

---

226 Causalität, S. 1.
227 Ebenda, S. 1 f.
228 Ebenda, S. 2 f.
229 Ebenda, S. 3 f.

oder Äquivalenztheorie übernommen[230]. Sie ist im Strafrecht bis heute die herrschende geblieben, obwohl ihr insbesondere durch die finale Handlungslehre und durch die Aufgabe des naturalistischen Handlungsbegriffes die rechte Grundlage entzogen ist. Bezeichnend ist für die Lehre von Buris die scharfe Trennung zwischen Kausalität und Verantwortung. Die Kausalität ist entscheidend für das „objektive" Moment der Tat, während alles „Subjektive" zur Schuld, sei es zum Vorsatz, sei es zur Fahrlässigkeit, gerechnet wurde.

In der Lehre von Buris kann ein gewisser Fortschritt der theoretisch-dogmatischen Entwicklung nicht geleugnet werden. Zunächst ist endlich einmal das Wesen der Kausalität genauer erfaßt im Sinne eines naturwissenschaftlichen („naturalistischen") Begriffes. Kausalität ist materieller (trotz aller Anerkennung der psychischen Kausalität!) Wirkzusammenhang. Die psychische Kausalität ist in diesem Zusammenhang nur eine besondere Form der Übertragung von Vorstellungen auf die Naturkraft Wille[231]. Wichtig ist auch die Gleichsetzung von Ursache und Bedingung[232]. Gerade auch vom Recht aus gesehen ist diese Gleichsetzung vollkommen gerechtfertigt. Es kann keinen Unterschied machen, ob jemand einen Erfolg unmittelbar durch eine wirkende Kraft oder mittelbar durch Gestaltung einer Situation, bei der sich gegebene Kräfte in Richtung auf den Erfolg auswirken können, herbeiführt. Vor allem war jetzt prinzipiell der Begriff der Verursachung auf einen Erfolg in der Außenwelt, also auf ein Ereignis, das man sich von der Handlung selbst getrennt denken kann, eindeutig bezogen[233], wodurch jenes unklare Schillern des Begriffes vermieden wurde, welches dadurch entsteht, daß man die Verursachung einmal auf die Rechtsverletzung, einmal auf die Handlung und einmal eben auf den Erfolg im oben genannten Sinn bezog. Diese Klarheit war so faszinierend, daß die Lehre von Buris, die ja auch der allgemeinen naturwissenschaftlichen Einstellung entgegenkam, in kurzer Zeit ihren Siegeslauf vollenden konnte.

Ohne auf weitere Einzelheiten eingehen zu wollen, müssen wir andeuten, worin die Schwäche dieser Lehre lag. Sie lag nicht nur in

[230] Selbst die finale Handlungslehre hat den Kausalitätsbegriff noch nicht revidiert, obwohl sie dazu allen Anlaß gehabt hätte. Vgl. Hans Welzel, Das deutsche Strafrecht in seinen Grundzügen (1949), S. 27 f. Sogar das Kausaldogma wird von ihr vertreten: „Für einen Erfolg kann nur haftbar gemacht werden, wer ihn verursacht hat!" (Bezeichnend das Ausrufungszeichen!)

[231] v. Buri, Theilnahme, S. 28 ff.

[232] Derselbe, Causalität, S. 2 ff., Beiträge S. 73.

[233] Causalität, S. 13 ff. Diese Klarheit ist später wieder ziemlich verwischt worden. Vgl. insbesondere Mezger, Strafrecht, ein Lehrbuch (1931), S. 95, der im Erfolg sowohl das körperliche Verhalten des Handelnden selbst als auch den durch dieses Verhalten verursachten „Außenerfolg" (von Mezger selbst in Anführungsstriche gesetzt) unterscheidet. Damit verschwimmt ihm auch die Unterscheidung zwischen schlichten Tätigkeitsdelikten und Erfolgsdelikten. Er nennt diese die sogenannten Erfolgsdelikte (S. 96 f.). Ein Verschleierungswort ist auch die Formulierung: „Der Erfolg in seiner konkreten Gestalt". Auch Welzel a. a. O. S. 27 hat diese Formulierung noch nicht aufgegeben. Sie dient in der Regel dazu, eine condicio sine qua non zu erweisen, wo keine ist.

der Denaturierung des Handlungsbegriffes, sondern auch in der verstärkten Geltung des Kausaldogmas. Schon von Buri selbst war der Meinung, daß jemand nur dann für einen Erfolg verantwortlich gemacht werden kann, wenn er ihn verursacht hat, was ja ebensoviel bedeutet, als wenn man sagt, daß er eine Bedingung dafür gesetzt hat[234]. Wir haben inzwischen wohl nun die Erkenntnis gewonnen, daß der kritische Punkt für dieses Dogma bei den Unterlassungs- und Fahrlässigkeitsdelikten zu suchen ist. Wir prüfen daher nach, wie von Buri die grundsätzliche Verantwortlichkeit für Unterlassungen und fahrlässiges Verhalten begründet hat.

Von Buri geht davon aus, daß die Tätigkeit eines Handelnden zu einem ihm nicht voraussehbar gewesenen Erfolg geführt habe. Es sei die Frage, ob die zunächst schuldlose Setzung einer Bedingung nachträglich die Haftbarkeit für den vom Recht gemißbilligten Erfolg begründen könne, wenn der Handelnde nach Setzung der Bedingung, aber vor Eintritt des Erfolges diesen vorausgesehen habe[235]. Schon an dieser Fragestellung können wir wieder den unheilvollen Einfluß des Handlungsbegriffes erkennen. Gewissermaßen als „Normalfall" wird angenommen, daß der „Handelnde" durch „Tätigkeit" eine Bedingung des Erfolges „gesetzt" habe. Von Buri lehnt die Ansicht von Krug, Glaser und Merkel ab, daß in diesem Fall die Kausalität nachträglich zu einer schuldhaften werde. Er wendet sich auch gegen die Meinung Schwarzes und Schützes, daß der Grund der Haftbarkeit in dem verbrecherischen Willen liege, der sich in der pflichtwidrigen Untätigkeit dokumentiere, eine Meinung, die im übrigen, wenn auch noch unvollkommen formuliert, wesentlich zutreffender ist als die dann von v. Buri selbst entwickelte. Er rügt — und hierin macht sich der Einfluß des Kausaldogmas geltend — an dieser Ansicht, daß dieser verbrecherische Wille ohne jede Verbindung neben der durch die erste Handlung begründeten schuldlosen Kausalität stehen würde, „während er jedenfalls, um sie zu einer rechtlich zu verantwortenden gestalten zu können, deren innere Seite bilden müßte[236]." Nach einigen Einwendungen gegen die Lehre von Bars kommt von Buri zu folgendem Ergebnis: „Die Beseitigung einer dem Erfolge entgegenwirkenden causa erscheint als Mitwirksamkeit für denselben[237]." „Erkennt nun der Handelnde das Bevorstehen eines abwendbaren strafrechtlichen Erfolgs seiner straflosen — oder auch fahrlässigen — Causalität und ergeht somit die Aufforderung zur Abwendung desselben an ihn, er läßt aber den entsprechenden Willen, der zu einer adäquaten Thätigkeit führen würde, nicht in sich aufkommen, so hat er ... eine dem Erfolg entgegenwirkende causa unterdrückt. Darum muß ihm wegen seiner Mitwirksamkeit der Erfolg zugerechnet

[234] v. Buri, Causalität, S. 2: „Es hat der zurechnungsfähige Wille mit dem Causalzusammenhange weiter nichts zu schaffen, als daß von ihm die Frage abhängt, ob ein Mensch für denselben rechtlich in Anspruch genommen werden könne."

[235] v. Buri, Causalität, S. 96 ff.

[236] Ebenda, S. 96 f.

[237] Ebenda, S. 98.

werden. Und zwar als doloser, wenn anzunehmen ist, der jetzt als mit einiger Wahrscheinlichkeit bevorstehend erkannte Erfolg würde bei zweckmäßiger Thätigkeit wirklich abgewendet worden sein, und die Unterlassung stattgefunden hat, damit gerade die ursprüngliche Causalität den drohenden Verlauf nehmen solle; als fahrlässiger hingegen, wenn unter der gleichen Voraussetzung schuldvoll das wahrscheinliche Bevorstehen des Erfolgs nicht erkannt, der Nichteintritt des als wahrscheinlich bevorstehend erkannten Erfolgs unterstellt, oder culpos bei der unternommenen Abwendung zu Werke gegangen wurde[238]." „Voraussetzung für eine durch Unterlassung begründete Haftbarkeit für den Erfolg ist jedoch stets eine vorausgegangene eigene Causalität. Liegt eine solche Causalität nicht vor, so bleibt zwar immerhin die Ursächlichkeit der Unterlassung bestehen, aber sie hat dann nur eine ethische Bedeutung. Andernfalls müßte ausnahmslos jede unterlassene Abwendung eines strafrechtlichen Erfolgs für denselben haftbar machen. Die vorausgegangene Causalität verleiht also der Ursächlichkeit der Unterlassung ihren strafrechtlichen Charakter[239]."

Nach diesen Ausführungen will also von Buri die Kausalität der Unterlassung darin erblicken, daß der Täter in sich die Aufforderung zur Abwendung des Erfolges nicht aufkommen läßt. Hierin soll eine „Mitwirksamkeit" beim Erfolg liegen. Nun könnte man allenfalls daran denken, daß jemand, der seinen aktuellen Willen zur Abwendung des Erfolges unterdrückt, zum Erfolg mitwirkt. Wenn aber, wie bei der unbewußten Fahrlässigkeit, ein bewußter Wille gar nicht vorhanden ist, also von einer Unterdrückung eines Willens nicht die Rede sein kann, dann muß die Vorstellung eines „Wirkens" gänzlich wesenlos werden. Weder ist hier ein Wille unterdrückt, noch ist ein Bewußtsein des Abwendensollens, -könnens oder gar -wollens in Funktion getreten. Im Sinne einer wirkenden Kraft hat in diesem Falle aber auch alles gefehlt.

Nun könnte man dem entgegenhalten, daß zwar die Ausdrucksweise von Buris in diesem Falle zu beanstanden sei, daß er aber unter „Mitwirken" nicht nur die Tätigkeit (Funktion) von Kräften, sondern auch bloß das Setzen von Bedingungen versteht. Dann aber erhebt sich die Frage, was man unter „Setzen von Bedingungen" zu verstehen habe. Hierfür bringt von Buri einige bezeichnende Beispiele. Wer einen Gendarmen, der gegen eine strafbare Handlung einschreiten will, festhält, so daß es zum strafbaren Erfolg kommt, setzt eine Bedingung für den Erfolg. Das gleiche tut aber auch derjenige, der verhindert, daß der Gendarm zum Tatort gelangt, so daß dieser den Erfolg der strafbaren Handlung nicht abwenden kann, obwohl er ihn hätte abwenden können, wenn er sich am Tatort befunden hätte und das Bevorstehen der Tat bemerkt hätte[240]. Es ist leicht er-

---

238 Ebenda, S. 98 f.
239 Ebenda, S. 99 f.
240 Ebenda, S. 98 f.

sichtlich, daß diese Beispiele jedenfalls die unbewußt fahrlässige Unterlassung nicht decken. Bei den Beispielen liegt wenigstens eine Einwirkung auf den Kausalverlauf oder vielmehr auf den möglichen Kausalverlauf vor. Bei der unbewußt fahrlässigen Unterlassung dagegen ist überhaupt nichts „gesetzt". Möglicherweise hätte der Unterlassende bei gebührender Sorgfalt eine Bedingung für die Abwendung des Erfolges setzen können. Aber daraus folgt keineswegs der logische Schluß, daß er dann „also" eine Bedingung für den Erfolg gesetzt habe. Dasselbe gilt nicht nur für die unbewußt fahrlässige Unterlassung, sondern auch für die bewußte Unterlassung. Auch bei ihr hat der Täter nichts Positives gesetzt. Zwar liegt hier ein positiver Wille vor, aber ein Wille, der gerade etwas Positives nicht setzen will, obwohl er es könnte. Es bedeutet eine ebenso große Verkennung des Wesens des Kausalzusammenhanges wie des Wesens der Unterlassungsdelikte, wenn man das Nichtsetzen von Bedingungen für die Abwendung des Erfolges dem Setzen von Bedingungen für den Erfolg gleichsetzt. Eine solche Redeweise ist wesenlos, ein bloßes Wort ohne Inhalt, nicht nur für das naturwissenschaftliche Denken, sondern auch für das Rechtsdenken. Jedenfalls sehen wir in dieser Auffassung von Buris bereits alle wesentlichen Anschauungen der modernen Kausalitätslehre wiedergegeben. Daß von Buri die Haftbarkeit für Unterlassungen auf vorausgegangenes eigenes Tun beschränkt[241], ist hierbei von untergeordneter Bedeutung, weil er die Kausalität der Unterlassung nicht etwa auf die vorausgegangene Tätigkeit gründet.

Von Buri ist später noch öfter auf das Problem der Kausalität der Unterlassungen zurückgekommen. Er hat seine anfängliche Ansicht revidiert und erweitert, aber die Grundlage ist geblieben. In seiner Abhandlung „Über die Kausalität der Unterlassung[242]" kommt von Buri zu der Einsicht, daß sein früherer Vergleich, das Nichtwollen der Erfolgsabwendung sei die Beseitigung einer dem Erfolg entgegenwirkenden causa, nämlich die Beseitigung seines Wollens der Erfolgsabwendung, schief sei. „Der freie Wille aber umfaßt die Fähigkeit, sowohl zu wollen, als auch nicht zu wollen, und gerade darum kann er nicht als ein dem Erfolge entgegentretendes Hindernis betrachtet werden. Zur Begründung eines im Willen bestehenden Hindernisses würde sonach das Nichtwollen aus demselben auszuscheiden sein. Dann aber ergibt sich das Müssen. Nicht also das vorausgegangene Gewollthaben seiner Abwendung ist ein dem Erfolge entgegenstehendes Hindernis, sondern nur das von demselben unabhängige Müssen dieser Abwendung[243]." „Das Pflichtbewußtsein, den Erfolg abwenden zu müssen, ist also das Hindernis, welches dem Eintritt desselben entgegensteht. Die Unterdrückung desselben ... ist die Handlung, durch welche dem Pflichtbewußtsein die Wirksamkeit entzogen, dieses Hindernis also beseitigt wird, und die Kausalität

[241] Ebenda, S. 99 f.
[242] v. Buri, Beiträge, S. 209 ff.
[243] Ebenda, S. 213.

dieser Handlung besteht in der durch die Beseitigung eines Hindernisses, an welchem der Erfolg gescheitert sein würde, herbeigeführten Ermöglichung seines Eintrittes[244]." „Die vom Gesetze auferlegte, einem jeden bekannte Pflicht, daß man weder durch seine eigene Wirksamkeit noch durch die Unterlassung der unmittelbar von ihm vorgeschriebenen Thätigkeit Ursache eines strafrechtlichen Erfolgs werden soll, geht aber auch dahin, daß man in jedem Augenblick darauf zu achten und in Überlegung zu ziehen habe, ob man dieses Gebot verletze. Verletzt aber wird dasselbe, wenn man sich mit anderen Vorstellungen beschäftigt, welche die Vorstellung des Pflichtbewußtseins zurückdrängen. Die Handlung besteht hier in der Beschäftigung mit anderen Vorstellungen, und die Ursächlichkeit derselben ist das Nichterkennen des Pflichtgebots, die Möglichkeit dieses Erkennens vorausgesetzt, demgemäß die Unterlassung der zur Abwendung des Erfolges erforderlichen und ausführbaren Thätigkeit und bezw. dessen Eintritt. Darum ist denn auch hier die Strafe für fahrlässige Verursachung begründet[245]."

Diese soeben angeführten Stellen bedeuten keine wesentliche Verbesserung der früheren Ansichten von Buris; diese konnten im Gegenteil immerhin noch so aufgefaßt werden, daß auch das bloße Setzen von Bedingungen als Verursachung gelten solle. Die jetzt angeführten Stellen gehen aber so eindeutig auf die Vorstellung von unmittelbaren Kraftäußerungen zurück, daß man an ihnen deutlich erkennen kann, wie sehr sich von Buri durch die Vorstellung eines materiellen Kräftespiels leiten ließ. Von Buri sieht also das kausale Moment der Unterlassung in einer Kraftentfaltung, die darauf gerichtet ist, ein entgegenstehendes Pflichtbewußtsein, das gewissermaßen als Kraftfeld gedacht ist, zurückzudrängen. Nun kann aber mit diesem Bild nicht das bewiesen werden, was von Buri damit beweisen wollte, nämlich die Ursächlichkeit der Unterlassung für den Erfolg als äußeres Ereignis. Sofern eine Zurückdrängung des Pflichtbewußtseins überhaupt stattfindet, ist sie ein rein innerer Vorgang, der in der kausalen Weltverknüpfung sich in keiner Weise äußert. Für das äußere Geschehen ist es gänzlich belanglos, aus welchem Grunde und in welcher Motivation die Unterlassung stattfand. Der Täter, der das Pflichtbewußtsein zurückdrängte, mag deshalb das Recht verletzt haben oder, wie man sich früher unklar ausdrückte, eine Rechtsverletzung „verursacht" haben; aber das äußere Geschehen wurde dadurch nicht verändert. Gerade die naturalistische Darstellung des Kausalzusammenhanges, die ja von Buri selbst gegeben hat, hätte hier das Operieren mit Kausalitätsvorstellungen verbieten müssen. Die Begründung der unbewußt-fahrlässigen Unterlassungen vollends ist so schief, daß sie nunmehr einer besonderen Widerlegung nicht mehr bedarf.

---

244 Ebenda, S. 216.
245 Ebenda, S. 217.

Mit dem Scheitern des Kausaldogmas ist aber zugleich auch das Problem der Zurechnung ungelöst geblieben; denn wenn es nicht zutrifft, daß nur solche Geschehnisse zurechenbar sind, die von einem Menschen verursacht sind, dann muß es an den Prinzipien fehlen, die die Zurechnung auf andere Weise zu begründen vermögen.

8. Das klassische Schema: Handlung, Rechtswidrigkeit, Schuld und seine Bedeutung für die Systematik des Strafrechts

Es war das Ziel des „kurzgefaßten" Lehrbuchs Franz von Liszts[246], als erste Einführung und als Wegweiser ins Strafrecht streng wissenschaftlich mit klaren schneidigen Begriffen zu arbeiten und diese in ein geschlossenes System zu bringen[247]. Man hat dem System Franz von Liszts mit Recht immer Bewunderung gezollt, aber man wird heute ebenso mit Recht feststellen dürfen, daß es ihm nicht gelungen ist, dieses geschlossene System zu schaffen. Es ist nur ein Schein-System geworden, dessen Widersprüche zwar nur allmählich, aber unaufhaltsam sichtbar wurden.

Betrachten wir rückblickend dieses System und stellen wir uns die Frage, aus welchem Grunde es mißglücken mußte, dann können wir nicht umhin, als Hauptgrund dafür den Handlungsbegriff als Zentralbegriff verantwortlich zu machen. Daß dieser Begriff überdies auch noch naturalistisch gedeutet wurde, machte ihn nicht brauchbarer.

„Das Verbrechen ist wie das Delikt Handlung. Es ist willkürliche, d. h. bewußte und durch Vorstellungen bestimmte, körperliche Bewegung. Es ist Verwirklichung des Willens, wenn wir unter Willen nicht mehr verstehen, als jenen physischen Akt, durch welchen die motorischen Nerven unmittelbar in Erregung versetzt werden.

Wo keine Handlung in diesem Sinn vorliegt, sei es, daß körperliche Bewegung überhaupt fehlt, sei es, daß die gegebene Bewegung nicht auf den Willen zurückgeführt werden kann, dort kann auch weder von Delikt noch von Verbrechen die Rede sein (fehlende Handlung als Grund für das Nichtvorliegen eines Verbrechens[248])." Diese Definition der Handlung stimmt genau mit der Anschauung von Buris überein, der ja auch betont hatte, daß der Wille lediglich als agens, als bloße Naturkraft genommen werden müsse, die die Körperkraft in Bewegung gesetzt hat.

Wie von Liszt in dieser Definition sowohl die willentlichen als auch die nichtwillentlichen (fahrlässigen) Unterlassungsdelikte unterbringt, ist allgemein bekannt: Unterlassen ist nicht ein Nichtstun,

---

[246] Franz v. Liszt, Das Deutsche Reichsstrafrecht auf Grund des Reichsstrafgesetzbuchs und der übrigen Reichsgesetze unter Berücksichtigung der Rechtsprechung des Reichsgerichts systematisch dargestellt. Berlin und Leipzig, 1881.

[247] v. Liszt, a. a. O. Seite V.

[248] Ebenda, S. 64.

sondern ein Etwas-nicht-tun. Es ist nicht Nichthandeln, sondern Andershandeln, es ist Nichttätigkeit mit Rücksicht auf ein ganz bestimmtes erwartetes Tun. „Damit ist der Charakter der Unterlassungen als positiver Handlungen, die wie alle anderen kausal sein können, nachgewiesen[249]."

Diese bestechende Formulierung hat Wissenschaft und Praxis an die 70 Jahre zufriedengestellt und den Schein eines in sich geschlossenen Systems mit zäher Kraft aufrechterhalten. Gehen wir nun dem wirklichen Gehalt dieser Formulierung nach. Der „logische" Schluß wird vermittelt durch den Satz, das Unterlassen sei nicht ein Nichthandeln, sondern ein Andershandeln. Der Fehler liegt im Begriff Andershandeln. Gebraucht man dieses Wort in dem von v. Liszt gemeinten Zusammenhang, dann meint man damit, jemand habe anders gehandelt, als er gesollt hatte. Damit denkt man aber noch keineswegs an einen besonderen Inhalt dieses Andershandelns. Vielmehr ist der Sinn dieser Redewendung kein anderer, als wenn man sagen würde: Jemand hat nicht so gehandelt, wie er gesollt hat. Durch das Wort „Andershandeln" wird also nichts weiter zum Ausdruck gebracht als die Abweichung eines Verhaltens von der Norm. Würde man wirklich das Wort „Andershandeln" als inhaltlichen Begriff meinen, dann müßte jeweils festgestellt werden, worin das Andershandeln bestanden hat. Wer also verpflichtet war, eine bestimmte Handlung vorzunehmen, kann z. B. statt dessen eine Zigarette geraucht haben. Aber gerade diese positive Seite des Andershandelns ist rechtlich belanglos, was sich schon daraus ergibt, daß das Verhalten nicht anders zu beurteilen wäre, wenn der Täter nicht eine Zigarette geraucht hätte, sondern etwa einen Spaziergang gemacht hätte.

Wesentlich ist daher nur, daß er die geforderte Handlung nicht vorgenommen hat, naturalistisch im Sinne von Liszts ausgedrückt, daß er seinen Willen nicht dahin betätigt hat, die motorischen Nerven in der geforderten Richtung in Erregung zu versetzen. Das bedeutet aber im Sinne der für die Handlung gegebenen Definition, daß eine Nichthandlung gegeben ist. Der Begriff des Andershandelns ist nicht im geringsten geeignet, aus diesem Negativum ein Positivum zu machen[250]. Gewiß heißt Nichthandlung nicht ein Nichtstun, sondern ein Etwas-nicht-tun. Aber dieses Etwas-nicht-tun ist damit doch nichts anderes als die Nichtvornahme der vom Recht geforderten Handlung, also Nichthandlung im Sinne der hier allein wesentlichen, vom Recht geforderten Handlung. Wenn von Liszt glaubt, daß man

---

[249] Ebenda, S. 80 f.

[250] So schon Heinrich Luden, Abhandlungen aus dem gemeinen teutschen Strafrechte, 1. Bd. S. 472 ff.: „Denn während er das eine unterließ, muß er notwendig etwas anderes gethan haben" (S. 474), vgl. auch 2. Bd. S. 221: „Daraus folgt aber, daß im Falle eines Begehungsverbrechens sowohl, als eines Unterlassungsverbrechens eine andere Handlung begangen wird, als diejenige, welche nach dem Willen des Gesetzes begangen werden mußte, und daß in sofern kein Unterschied zwischen ihnen Statt finde." Gegen Luden schon mit voller Klarheit August Otto Krug, Commentar z. d. Strafgesetzbuche für das Königreich Sachsen. Vierte Abt. Abhandlungen S. 29 ff.

Andershandeln vom Nichtstun unterscheiden müsse, dann ist im Gegenteil gerade diese Unterscheidung unwesentlich; denn ob der Täter gar nichts getan oder etwas anderes getan hat, wichtig ist doch nur, daß er nicht das getan hat, was er nach der Norm gesollt hatte. Von Liszt ist hier der Doppelsinnigkeit einer vulgären Redeweise zum Opfer gefallen und hat aus seinem falsch angewandten Begriff des Andershandelns falsche Schlüsse gezogen. Man stelle sich praktisch einmal folgende Schlußkette vor: A war verpflichtet, diese oder jene Handlung vorzunehmen. Er hat diese Handlung nicht vorgenommen. „Also“ hat er eine Handlung vorgenommen. Die Nichtvornahme einer (rechtlich geforderten) Handlung ist die Vornahme einer (strafbaren) Handlung. Und nach der Definition ist überdies Handlung eine willkürliche Körperbewegung. Es ist wohl ziemlich offensichtlich, daß hier mit dem Begriff Handlung Mißbrauch getrieben worden ist.

Vielleicht hätte man alle diese Unstimmigkeiten schon viel früher bemerkt, wenn in den Ausführungen von Liszts nicht noch eine weitere Unklarheit verborgen wäre, nämlich die Gleichsetzung von strafbarer Handlung und strafbarem Delikt[251]. Damit hat nun der Begriff der Handlung zwei Definitionen, die sich durchaus nicht decken müssen. Es ist freilich nicht anzunehmen, daß von Liszt für den Begriff der Handlung zwei Definitionen aufstellen wollte. Seine logische Folge geht vielmehr dahin, daß primär die Handlung als eine willkürliche Körperbewegung zu definieren ist. Ist diese willkürliche Körperbewegung strafbar, dann ist die strafbare Handlung ein (strafbares) Delikt. Wenn aber jede strafbare Handlung ein Delikt ist, dann kann man leicht auch den „Umkehrschluß“ ziehen, daß jedes Delikt eine strafbare Handlung sei. In der Tat hat von Liszt dieses angenommen[252]. Der Umkehrschluß wäre aber erst dann gerechtfertigt, wenn beide Begriffe miteinander identisch wären. Allerdings würde dann wieder eine Tautologie vorliegen. Um die Identität beider Begriffe nachzuweisen, müßte man also nachweisen, daß jedes Delikt eine strafbare willkürliche Körperbewegung ist. Statt dessen hat man vielmehr umgekehrt aus dem Vorliegen eines Delikts den — allerdings falschen — Schluß gezogen, daß deshalb auch eine willkürliche Körperbewegung gegeben sein müsse[253]. Damit ist durch die Identifizierung der Begriffe strafbare Handlung und Delikt die große Gefahr heraufbeschworen, daß strafbare Rechtsverletzungen strafbare Handlungen genannt werden, obwohl der primäre Begriff der Handlung eben als einer willkürlichen Körperbewegung gar nicht erfüllt ist. Natürlich ist auch eine strafbare Unterlassung ein Delikt. Ist Delikt gleich strafbarer Handlung, so liegt es nahe, die strafbare

[251] Auch diese Gleichsetzung ist altes Erbgut der Wissenschaft und führt mindestens bis auf Pufendorf zurück.

[252] Freilich hat v. Liszt den Umkehrschluß nicht gezogen. Für ihn ist das Verbrechen schon seiner Definition nach Handlung (a. a. O. S. 64). Dann wird der Begriff der Handlung gebildet. Bei Fahrlässigkeit und Unterlassung tritt dann die Brüchigkeit dieses Definitionszusammenhanges deutlich zutage.

[253] So v. Liszt selbst bei der Beschreibung der Unterlassungsdelikte.

Unterlassung eben deswegen eine Handlung zu nennen. Diesen Fehler hat freilich von Liszt nicht gemacht. Er hat im Gegenteil versucht, nachzuweisen, daß auch die Unterlassung eine „positive" Handlung sei[254]. Er hat geglaubt, diese positive Handlung im Begriff des Andershandeln zu finden. Wer dem Zwang des Kausaldogmas nicht unterliegt, könnte hier verwundert fragen, warum es denn so unbedingt auf die willkürliche Körperbewegung ankomme, warum man die Wirklichkeit so sehr aus den Augen lasse, daß man sich an dieser Stelle mit so angreifbaren „logischen Schlüssen" begnügt. Die Antwort muß lauten: Weil man sich vorher auf die Identität der Begriffe Delikt und strafbarer Handlung festgelegt hat. Daß solche Schlußfolgerungen auf das strafrechtliche System die unerfreulichsten Folgen haben müssen, ist nicht verwunderlich. Der berühmte Riß in der Strafrechtssystematik[255] zwischen vorsätzlichen und fahrlässigen Delikten beruht ganz wesentlich auf der Unzulänglichkeit des Handlungsbegriffes als eines Zentralbegriffes der Strafrechtssystematik.

Welche Folgen die Verkennung der Bedeutung des Handlungsbegriffes für die Lehre vom Kausalzusammenhang hat, erkennt man aus dem Satz: „Der Erfolg muß Folge der körperlichen Bewegung, diese muß seine Ursache sein; Handlung und Erfolg müssen im Kausalzusammenhange stehen[256]." Kausaldogma und der falsche Ansatzpunkt der strafbaren Handlung stehen miteinander in untrennbarem Zusammenhang. Von Liszt und mit ihm die herrschende Lehre verstehen unter Handlung, wie wir gesehen haben, sowohl Handlung als auch Nichthandlung. Auf den Kausalzusammenhang übertragen müßte das bedeuten, daß der Begriff Kausalzusammenhang sowohl den Kausalzusammenhang als auch den Nichtkausalzusammenhang umfaßt. Es ist leicht verständlich, warum man diesen an sich richtigen Schluß nicht gezogen hat, womit mit der verkehrten Anwendung des Begriffes Handlung die ebenso verkehrte Anwendung des Begriffes Kausalzusammenhang notwendig verbunden sein mußte.

Der Handlungsbegriff wirkt sich dann auch auf die Behandlung der Fahrlässigkeitsdelikte aus. „Fahrlässigkeit ist der Wille als Ursache einer von der Vorstellung ihrer Kausalität nicht begleiteten Handlung mit rechtswidrigem Erfolge, wenn der Handelnde a) bei Vornahme der Handlung die von der Norm gebotene und nach Lage der konkreten Umstände erforderliche Sorgfalt (objektiver Maßstab) außer Acht gelassen hat, und wenn er b) den Erfolg hätte vorhersehen, d. h. die Vorstellung von der Kausalität seines Thuns hätte gewinnen können (subjektiver Maßstab)[257]." Diese auch sonst angreifbare Definition der Fahrlässigkeit geht wieder von der positiven Handlung aus und paßt auch nur auf sie, während für die fahrlässigen

---

[254] Diesem Bemühen liegt bereits unausgesprochen der falsche Schluß zugrunde.

[255] Vgl. dazu die Ausführungen zu Radbruchs Handlungsbegriff im Teil II 10 dieser Arbeit.

[256] v. Liszt a. a. O. S. 76.

[257] Ebenda, S. 117.

Unterlassungen die üblichen Unterstellungen des Kausalzusammenhanges und der Positivität gemacht werden[258].

Bei dem klassischen Schema: Handlung (Tatbestandsmäßigkeit), Rechtswidrigkeit, Schuld[259] tritt bei der gegebenen Definition der Handlung gerade der Fehler ein, den von Buri gerügt hatte, indem durch das Schema der Rechtsanwender veranlaßt wird, das Urteil über die Rechtswidrigkeit an die Feststellung der Kausalität anzuschließen; denn die Handlung wird ja nur nach ihrem verursachenden Effekt betrachtet[260]. Der Wille ist bei dem gegebenen Handlungsbegriff weiter nichts als das verursachende agens. Von Buri hatte aber darauf hingewiesen, daß man einen Kausalzusammenhang nicht juristisch oder moralisch untersuchen könne. Wie wahr dieses Wort von Buris ist, erkennt man am besten an einem Beispiel: Der „Tatbestand" der Tötung nach § 212 StGB besteht darin, daß jemand einen Menschen „tötet". Da es auf die Art und Weise des Tötens nicht ankommt, kann Töten nichts anderes bedeuten als Den-Tod-Verursachen. Bekanntlich ist dies auch der „Tatbestand" (wie man annimmt) der fahrlässigen Tötung. Es mag also ein Kraftfahrer einen Passanten durch Überfahren getötet haben. Mit dieser Feststellung erschöpft sich zugleich auch der „Tatbestand", d. h. der Tatbestand würde hier einzig und allein aus der Charakteristik des Erfolges und der Erfolgsverursachung bestehen. Nach dem Schema müßte nun festgestellt werden, ob Rechtswidrigkeit gegeben ist. Da Rechtfertigungsgründe — es handelt sich um einen gewöhnlichen Verkehrsunfall — nicht in Betracht kommen, müßte also jetzt festgestellt werden, daß die Verursachung des Todes oder, da dies ja zugleich die tatbestandliche „Handlung" ist, eben diese Handlung rechtswidrig ist; an der Verursachung selbst kann hier ja wohl nicht der leiseste Zweifel bestehen. Wenn übrigens diese Feststellung richtig wäre, dann müßte es einen entsprechenden Rechtssatz geben, der verletzt wäre. Diese Rechtssatz kann nur lauten: Das Verursachen des Todes eines Menschen ist rechtswidrig, und sicherheitshalber könnte man noch hinzufügen, wenn es nicht aus besonderen Gründen erlaubt ist. Man wird hier vielleicht verwundert fragen, warum es einen solchen Rechtssatz nicht geben solle. Daß im Falle des Überfahrens auch eine „willkürliche Körperbewegung" stattfindet und daher auch von dieser Seite her keine Einwendungen erhoben werden können, kann gleichfalls nicht bestritten werden.

Nachdem man so gleichsam in unangreifbarer Weise Tatbestandsmäßigkeit und Rechtswidrigkeit festgestellt hat, gelangt man zur Schuld. Man verneint Vorsatz, wodurch unser Delikt sich zum Verwundern eines Laien in eine ganz andere strafbare Handlung verwan-

---

[258] Ebenda, S. 118.

[259] Auf diesem „klassischen Schema" beruht das System v. Liszts, vgl. v. Liszt a. a. O. Inhaltsverzeichnis S. IX f.

[260] Im theoretischen System tritt dieser Fehler nicht einmal so deutlich hervor wie bei der konkreten Fallentwicklung. Erst die finale Handlungslehre hat den Fehler klar zutage gebracht.

delt; denn man darf vermuten, daß ein Laie nur schwer es begreifen würde, daß Totschlag und fahrlässige Tötung, vom Handlungsbegriff gesehen, dieselbe strafbare Handlung seien; denn auch bei der fahrlässigen Tötung soll ja die Handlung im Tod-Verursachen bestehen. Kurz und gut: Ich gehe mitten in der Prüfung eines Delikts plötzlich zu einem andern Delikt über. Nun soll unser Sachverhalt so liegen, daß unsern Kraftfahrer nicht die geringste „Schuld" trifft, daß vielmehr der Passant in völlig unvorhersehbarer Weise kurz vor dem Kraftwagen in diesen hineingelaufen ist. Wir begnügen uns nun aber nicht mit der bloßen Feststellung, daß „also" kein Verschulden des Kraftfahrers vorliege. Vielmehr prüfen wir gewissenhaft, ob der Kraftfahrer fahrlässig „gehandelt" hat. Um fahrlässig zu „handeln", muß jemand gewisse Rechtspflichten versäumt haben. Solch eine Rechtspflicht ist auch die Pflicht zur Anwendung der gebotenen Sorgfalt, Aufmerksamkeit und Vorsicht. Nach genauer Prüfung können wir keine Rechtspflicht finden, die der Kraftfahrer verletzt haben könnte. Wir müssen unserm Kraftfahrer das Zeugnis ausstellen, daß er auch nicht die geringste Rechtspflicht verletzt hat. Wenn nun aber jemand bei seinem Handeln keine Rechtspflicht verletzt hat, dann können wir auch nicht feststellen, daß er rechtswidrig gehandelt hat. Gerade diese Feststellung hatten wir aber getroffen. Hier hilft auch keine Redeweise mehr wie etwa die, der Kraftfahrer habe zwar objektiv rechtswidrig gehandelt, aber nicht subjektiv. Was soll das heißen? Gibt es zwei Rechtswidrigkeiten? Kann eine Handlung zugleich rechtswidrig und nicht rechtswidrig sein? Und was heißt „objektiv" und „subjektiv"? Ist die Pflicht zur Sorgfalt keine objektive Rechtspflicht[260a]? Mit unserer letzten Feststellung haben wir bejaht, daß der Kraftfahrer keine Rechtsgebote verletzt hat. Es bleibt also dabei, daß er nicht rechtswidrig gehandelt hat. Daraus kann nur der Schluß gezogen werden, daß unsere erste Feststellung unrichtig gewesen sein muß. Aber das Schema zwingt zu solchen falschen Feststellungen. Worin bestand aber unsere „Handlung"? In einer bloßen Naturkausalität, da ja der Wille als Naturkraft genommen wurde. Diese Kausalität kann jedoch nicht, wie von Buri richtig bemerkt hat,

---

[260a] Häufig wird der Unterschied gemacht, daß der eine Verletzung oder den Tod Verursachende zwar „objektiv" rechtswidrig, aber nicht pflichtwidrig gehandelt habe, so als ob es Pflichten gebe, die nur die Schuld, aber nicht die Rechtswidrigkeit beträfen. Das ist eine sinnwidrige Redeweise, die nur zeigt, welche verschwommenen Vorstellungen dem Pflichtbegriff zugrundeliegen. Die Pflicht, um die es sich in allen diesen Fällen handelt, ist allemal eine Rechtspflicht.

Die richtige Einsicht, daß der im naturwissenschaftlichen Sinn kausale Verletzer die Verletzung nicht auch im juristischen Sinn verursacht und auch nicht rechtswidrig gehandelt haben muß, bricht sich in Entscheidungen gelegentlich Bahn. Aber die theoretische Begründung bleibt unzulänglich, wenn man an der Bedingungslehre festhält. Vgl. dazu die Entscheidung des BGH in MDR 1951 S. 658. Nach der Bedingungslehre hat in dem dort genannten Fall der Draisinenführer den Tod eines Menschen verursacht; denn wenn er diese Strecke nicht gefahren wäre, wäre der Tod nicht eingetreten. Aber das Gefühl, das diese Entscheidung leitete, war durchaus richtig. Vgl. zu einem ähnlichen Fall Niese, Finalität, Vorsatz und Fahrlässigkeit, S. 59.

juristisch oder moralisch untersucht werden. Damit ist freilich auch unser erster von uns angenommener Rechtssatz unrichtig. Der Satz: es ist verboten, den Tod eines Menschen zu verursachen, ist als Rechtssatz unhaltbar. Ein solcher Rechtssatz existiert nicht, und existierte er, so wäre er sinnlos. Nur folgende Rechtssätze können richtig sein: Du sollst nicht töten; vermeide auch den Tod eines Menschen, d. h. wende alle nach den Umständen gebotene Sorgfalt, Aufmerksamkeit und Vorsicht an, um nicht Ursache für den Tod eines Menschen zu werden; ferner bei bestehender Pflicht, den Tod eines Menschen zu verhindern: tue alles, was erforderlich ist, den Tod des Menschen, gegenüber dem deine Pflicht besteht, zu verhindern oder abzuwenden, wende insoweit auch alle Sorgfalt, Aufmerksamkeit und Vorsicht an. Das mag hier genügen, um das klassische Schema gebührend beurteilen zu können.

Bei dieser Wendung der strafrechtswissenschaftlichen Entwicklung wird man verstehen, wie es dazu gekommen ist, daß der Begriff der Zurechnung, soweit er über den Begriff der Zurechnungsfähigkeit hinausging, aufhören mußte, in der Strafrechtssystematik eine Rolle zu spielen. An seine Stelle mußte der Begriff der Kausalität treten. Aber diese Entwicklung war der Strafrechtswissenschaft nicht dienlich.

9. Die finale Handlungslehre

Das klassische Schema wurde im Laufe der strafrechtswissenschaftlichen Entwicklung mehr und mehr als unzureichend erkannt. Vor allem kam man zu der Einsicht, daß die glatte Trennung in einen „objektiven“ und einen „subjektiven“ Tatbestand (Schuld) doch ihre Bedenklichkeit habe[261]. Es zeigte sich, daß die Ausscheidung aller subjektiven Momente eine innere Einheit zerreißen und den „objektiven“ Tatbestand zu einem Fragment machen konnte[262]. Immerhin traten diese „subjektiven“ Unrechtselemente noch sporadisch auf. Sie spielten dort eine Rolle, wo der Zweck zum Bestandteil einer Tathandlung gemacht wurde[263]. Man erkannte auch, daß der Zweck der Tathandlung nicht nur durch die Formel „in der Absicht“ oder „um zu ...“ ausgedrückt zu werden brauchte, sondern auch im Verbum der Tathandlung selbst miteingeschlossen sein konnte. Diese Verben kann man als finale bezeichnen, weil sie schon durch sich selbst auf einen Zweck hindeuten, oder umgekehrt weil erst der Zweck, der im Verbum liegt, die eigentliche Charakteristik der Handlung ergab[264].

---

[261] Vgl. dazu Alexander Graf zu Dohna, Der Aufbau der Verbrechenslehre (1947) S. 13 und Hellmuth von Weber, Zum Aufbau des Strafrechtssystems, S. 5—8.

[262] Zur Lehre von den subjektiven Unrechtselementen vgl. vor allem Edmund Mezger, Vom Sinn der strafrechtlichen Tatbestände, und Rudolf Sieverts, Beiträge zur Lehre von den subjektiven Unrechtselementen im Strafrecht.

[263] v. Weber a. a. O. S. 8 ff.

[264] Ebenda.

Den entscheidenden Vorstoß gegen das klassische Schema aber unternahm erst die finale Handlungslehre mit der Behauptung, daß das subjektive Moment bei den einzelnen Tatbeständen nicht etwa die Ausnahme, sondern im Gegenteil die Regel bilde. Und dieses subjektive Moment wurde als Finalität angesehen[265]. Diese sei grundsätzlich das subjektive Moment eines jeden Tatbestandes. Jedes Verbrechen sei finale Handlung[266]. Damit gehöre der Vorsatz nicht zur Schuld, sondern zur Handlung. Das etwa sind in kurzen Worten die Grundzüge der finalen Handlungslehre. Bei ihr rückt der „finale Handlungsbegriff" oder die „finale Handlung" in das Zentrum der Systematik des allgemeinen Teils des Strafrechts.

Der Fortschritt, der in der finalen Handlungslehre liegt, ist unverkennbar. Vor allem bedeutet diese Lehre die Sinnerfüllung des Handlungsbegriffes, der unter dem Kausaldogma bis zur Unkenntlichkeit verdorrt war. Freilich hat es auch nicht an Kritikern dieser Lehre gefehlt. Besonders die Einordnung der fahrlässigen Delikte bereitete Schwierigkeiten[267]. Auch konnte man sich nicht mit der Herausnahme des Vorsatzes aus der Schuld befreunden, obwohl doch schon der Vorsatzbegriff des Reichsgerichts mit dem Schuldbegriff in keinem erkennbaren Zusammenhang mehr stand[268]. Wenn wir nun zu der finalen Handlungslehre kritisch Stellung nehmen wollen, dann müssen wir uns vorerst über die Bedeutung der Begriffe „finale Handlung" und „finaler Handlungsbegriff" Klarheit zu verschaffen suchen.

Der Begriff „final" ist, was bisher vielleicht nicht immer genügend beachtet ist, mehrdeutig. Als finale Handlung ist darunter

---

[265] Den folgenden Ausführungen wird die „finale Handlungslehre" zugrundegelegt, wie sie insbes. Welzel entwickelt hat. Vgl. hierzu auch Werner Niese, Finalität, Vorsatz und Fahrlässigkeit, S. 26 ff.

[266] Gelegentlich hatte Welzel die fahrlässige Handlung als „Kümmerform menschlicher Zwecktätigkeit" angesprochen (Vgl. Welzel, Grundzüge 2. Aufl. S. 28 ff., 96 f. und die Kritik von Engisch hierzu, Der finale Handlungsbegriff, in Probleme der Strafrechtserneuerung, Festschrift für Kohlrausch, S. 141 ff., insbes. S. 146). Diese Bezeichnung war gewiß ein Mißgriff, der die Einordnung der fahrlässigen Delikte in den Handlungsbegriff nicht begründen konnte. Diese Bezeichnungsweise, die nie der genauen Ansicht Welzels entsprochen hatte, wie sich aus seinen früheren Ausführungen in Naturalismus und Wertphilosophie im Strafrecht, S. 80 ff. und Studien zum System des Strafrechts, in ZStW Bd. 58 S. 553 ff., insbes. S. 560, ergibt, hat Welzel nach der Kritik durch Engisch sogleich richtiggestellt. Wenn auch die Kritik Engisch' gegen den finalen Handlungsbegriff als Zentralbegriff des Systems berechtigt ist, so krankt sie doch selbst daran, daß auch Engisch vom Handlungsbegriff nicht los kommt und deshalb noch der Meinung ist, zwischen Tun und Unterlassen klaffe ein unheilbarer Riß des Systems (Probleme S. 144 ff.).

[267] Hierzu Engisch a. a. O., vgl. auch Niese a. a. O. S. 40.

[268] Vorsatz als „Wissen und Wollen der Tat" (wobei unter „Tat" nur die beschreibenden Merkmale verstanden werden) enthält nicht einmal den Ansatz einer Schuld. Vgl. dazu auch Niese a. a. O. S. 14, der mit Recht darauf hinweist, daß die Auffassung Welzels vom Vorsatz im Grunde die gleiche wie die des Reichsgerichts sei, nur daß Welzel den schon beim Reichsgericht in Wahrheit schuldindifferenten Vorsatz dorthin nimmt, wohin er als solcher (d. h. als schuldindifferenter) gehört nämlich in den Tatbestand.

eine zweckgerichtete Handlung zu verstehen. Wir erinnern uns, daß schon Hegel den Zweck die Seele der Handlung genannt hatte. Fassen wir Finalität als Zweckgerichtetheit auf, dann ist doch noch nicht alles klar. Es fragt sich nämlich, ob der Zweck eines Verhaltens oder eines Vorganges einem organischen Wesen zum Bewußtsein kommen muß oder ob man auch unbewußte „Zwecke", also eine sinnvolle Zielgerichtetheit, die dem Lebensträger (Subjekt) nicht zum Bewußtsein zu kommen braucht, unter den Begriff der Finalität fassen will. Bekanntlich kann man z. B. bei biologischen Prozessen von einer immanenten Zielgerichtetheit auch dann sprechen, wenn es sich keineswegs um bewußte Zweckverwirklichung, wenigstens von den organischen Lebenseinheiten aus gesehen, handelt. Man spricht hier vorwiegend von teleologischen Vorgängen, obwohl final und teleologisch im Grunde dasselbe bedeuten. Eins jedoch dürfte feststehen: Unter finalen Handlungen sind nur zweckgerichtete und zweckbewußte Verhaltensweisen zu verstehen. Damit braucht allerdings das, was man mit Finalität bezeichnen will, noch nicht erschöpft zu sein. Jedoch wollen wir von dieser Bedeutung des Begriffes final ausgehen. Final soll bedeuten zweckgerichtet und zweckbewußt. Ob dieser Begriff etwa später noch zu erweitern sein wird, wird sich zeigen.

Fassen wir also Finalität als bewußte Zweckgerichtetheit, dann würde die finale Handlungslehre besagen: Alles Handeln ist bewußt zweckgerichtet. Von diesem Handlungsbegriff geht auch das Recht, insbesondere das Strafrecht mit seinen Tatbeständen aus. Bevor wir diese angenommene Behauptung näher untersuchen, müssen wir uns noch der Bedeutung des Wortes „bewußt zweckgerichtet" vergewissern. Ist eine Handlung auf einen Zweck gerichtet, dann kann das nur bedeuten, daß die Handlung Mittel ist für einen Zweck, der über das Mittel, eben die Handlung selbst, hinausweist. Der Zweck steht also außerhalb der eigentlichen Handlung. Diese ist vorgenommen, um einen Zweck zu erreichen. Der Zweck einer Handlung kann sprachlich mit dem Verb derart verbunden werden, daß man sagt, jemand tue etwas, um etwas anderes (!) zu erreichen, oder: in der Absicht, etwas anderes zu erreichen[269]. Wir wollen also festhalten, daß bei diesem — übrigens üblichen — Sinn des Begriffes der Finalität die Handlung das Mittel ist, der Zweck über das Mittel hinausgeht, also im Mittel nicht enthalten ist, und daß diese Beziehung zwischen einer Tätigkeit und einem erstrebten Zweck durch die „um zu . . ."-Formel wiedergegeben wird. Allerdings braucht dieses „um zu" sprachlich bei gewissen Verben nicht in Erscheinung zu treten. Es gibt Tätigkeitsbezeichnungen, die schon den Zweck in sich einschließen. Sachlich besteht auch bei diesen „finalen" Verben (Tathandlungen) die Um-zu-Beziehung, die man auch sprachlich durch andere Formulierung zur Darstellung bringen kann. So ist etwa „dem Wilde nachstellen" ein Tun, um frei in der Natur herumlau-

[269] Vgl. dazu Hellmuth v. Weber, Grundriß des deutschen Strafrechts (1948) S. 54 f., 63.

fendes Wild in seine Gewalt zu bringen. Aber dieses Tun ist so verschiedenartig, daß man es in seiner Eigenart nur durch den Zweck näher charakterisieren kann. Die Sprache verbindet daher diesen Zweck sogleich mit dem Tätigkeitswort.

Wäre also die finale Handlungslehre so aufzufassen, daß sie behauptet, 1. daß alles menschliche Handeln in einer Um-zu-Beziehung stehe, und 2. daß alle Straftatbestände und von ihnen alle Tathandlungen eine Um-zu-Beziehung zum Ausdruck brächten, dann wären wohl beide Behauptungen leicht zu widerlegen. Erstens ist es nicht ausgemacht, daß alles menschliche Handeln in einer Um-zu-Beziehung steht. Es gibt eine Reihe von Tätigkeiten, bei denen die Frage nach dem Um-zu ihren Sinn verliert, so z. B. die Spieltätigkeit des Kindes. Aber schon gar nicht sind alle Tathandlungen vom Recht mit einer Um-zu-Beziehung verbunden. Z. B. ist es dem Recht in der Regel gleichgültig, zu welchem Zweck jemand tötet, eine Sache beschädigt usw. Diese Zwecke können vielleicht bei der Strafzumessung eine Rolle spielen; aber für die Tathandlung sind sie ohne Bedeutung. Der Tatbestand ist erfüllt ohne Rücksicht auf den Zweck der Tathandlung. Von einer finalen Tathandlung kann nur gesprochen werden, wenn der Gesetzgeber, sei es ausdrücklich, sei es in dem vom Gesetzgeber gewollten Sinn, — in welcher Form auch immer — den Zweck der Tathandlung zum Bestandteil des Tatbestandes gemacht hat. Hierbei ist sogar noch zu unterscheiden, ob der Zweck der Tathandlung erst den vollständigen Sinn der Tathandlung wiedergibt oder ob er nur Charakteristik für die Strafwürdigkeit sein soll. Als final im strengen Sinn sind aber nur die Tatbestände anzusehen, bei denen der Zweck den vollen Sinn der Tathandlung ausmacht. Hieraus folgt, daß man einen Unterschied zwischen Absicht und Vorsatz machen muß. Vorsatz ist der Wille, der die Tathandlung selbst trägt bei Bewußtsein ihrer Bedeutung. Die Absicht aber, sofern sie nach dem Sinn des Gesetzes überhaupt den Zweck der Handlung wiedergibt und nicht etwa nur die Bedeutung des dolus directus hat, ist — obwohl sie sicherlich auch ein Willensmoment ist — nicht auf die Tathandlung gerichtet, sondern auf ein Ziel über die Tathandlung hinaus. Danach können Absicht und Vorsatz abstrakt gesehen voneinander getrennt werden, wenn vielleicht manchmal auch zum Nachteil der Einheit. So sagt z. B. Absicht, wenn das Wort Zweck über die Tathandlung hinaus bedeutet, nichts über die Art des dolus aus. Es ist also trotz des Gebrauches des Wortes Absicht möglich, daß die Tathandlung mit dolus eventualis begangen werden kann. Wer z. B. dem Täter nach Begehung eines Verbrechens Beistand leistet, um ihn der Bestrafung zu entziehen, kann den Beistand auch trotz des Wortes „wissentlich" im Tatbestand mit dolus eventualis leisten. So hat auch der dolus directus mit der Zweckrichtung der Tathandlung nichts zu tun. Wenn ich weiß, daß jemand mit dolus directus getötet hat, dann weiß ich doch noch nichts über den Zweck des Tötens.

Wäre also die finale Handlungslehre in diesem Sinne aufzufassen, dann könnte ihre Unrichtigkeit leicht bewiesen werden. Weder ist es richtig, daß alle menschliche Tätigkeit bewußt zweckgerichtet ist, noch daß das Strafrecht es nur mit bewußt zweckgerichteter Tätigkeit zu tun habe, noch daß der Vorsatz ein finales Moment sei und etwa deswegen in die Handlung hineingehöre. Daß ein solcher Begriff der finalen Handlung nie Ausgangspunkt des Strafrechtssystems werden könnte, bedürfte kaum noch der Begründung. Immerhin leitet sich eine gewisse Antipathie gegen die finale Handlungslehre vielleicht von einer solchen Auffassung ab.

Es fragt sich jedoch, ob die finale Handlungslehre in dieser Weise aufzufassen ist und wie sie sonst aufgefaßt werden könnte. Ich glaube, daß die Vertreter der finalen Handlungslehre nicht nachdrücklich genug den Sinn festgestellt haben, den sie mit ihrem Begriff „final" verbanden. Bei dem Wort finale Handlungslehre kann man der Meinung sein, daß es um die finale Handlung gehe. Das ist aber gar nicht der Kern der finalen Handlungslehre. Diese geht vielmehr, wenigstens in der Form, die ihr Welzel gegeben hat, von folgenden Vorstellungen aus: Der Mensch steht in einem Kausalgeschehen, das er nach seinen Vorstellungen lenken kann und nach dem Recht auch lenken soll. Diese Fähigkeit, das Kausalgeschehen zu lenken, d. h. zu bestimmen, was geschehen soll (= wird) und es auch gemäß der Vorstellung zu bewirken, ist die Fähigkeit, das kausale Geschehen „final zu überdeterminieren" (im Sinne der Lehre Nicolai Hartmanns)[269a]. Die Finalität wird daher nicht oder nicht nur darin gesehen, daß eine Handlung Mittel zu einem Zweck ist, sondern darin, daß die Handlung selbst Vollzug einer gewissermaßen im Voraus bestimmten Vorstellung ist[270]. Eine ähnliche Situation hatten wir bei der Kausalität beobachtet. Die Kausalität kann bezogen werden auf das Verhältnis zwischen Wille und Handlung oder auf das Verhältnis zwischen Handlung und Veränderung in der Außenwelt. Da juristisch gesehen die Kausalität zwischen Wille und Handlung nicht oder weniger interessiert, kam es hier im wesentlichen nur auf das Verhältnis zwischen Handlung und Ereignis in der Außenwelt an. Umgekehrt liegt es bei der finalen Handlungslehre. Hier wird das Schwergewicht auf das Verhältnis zwischen Wille und Handlung gelegt. Hier bedeutet der Wille allerdings nicht mehr das Mittel und die Handlung den Zweck, sondern hier ist „finis" als Ziel aufzufassen. Die Handlung ist das Ziel des Willens. Das, was als Handlung in der Außenwelt geschehen soll (= wird), liegt im Willen als Vorstellung schon vor der Handlung. Richtiger müßte man daher statt von einer finalen Handlungslehre von einer finalen Willenslehre sprechen. Der Wille wird nicht mehr als rein kausale blinde Naturkraft aufgefaßt, als bloßes kausales agens, sondern als eine zielgerichtete Kraft, als

---

[269a] Vgl. Welzel, Studien S. 502.

[270] Vgl. Welzel, Kausalität und Handlung, in ZStW Bd. 51 S. 703 ff., insbes. S. 718 ff., Studien S. 499 ff., 502 ff., Das deutsche Strafrecht (1949) S. 22.

eine Kraft, der ein (Vorstellungs-)Sinn innewohnt. Töten ist daher nicht die Tatsache des Todverursachens, sondern die Verwirklichung einer Vorstellung, nämlich Lenkung des Kausalverlaufs auf das Ziel des Todes eines Menschen. Die Handlung ist zielgerichtete bewußte Willensverwirklichung. Das ist der Sinn der finalen Handlungslehre und des Begriffes der finalen Handlung, wobei gerade dieser letzte Begriff mißverständlich ist. Eine Handlung ist final, soll nicht bedeuten, sie ist bewußt zweckgerichtet (obwohl diese Bedeutung nicht geradezu ausgeschlossen ist), sondern: ihr liegt ein bewußter Zielwille zugrunde. Freilich hängen Zielgerichtetheit und Zweckgerichtetheit wieder eng miteinander zusammen, weil auch der Zweck unter den weiteren Begriff des Zieles fällt. Eine Verwechslungsgefahr der Begriffe besteht solange nicht, als jeweils der Sprechende und der Hörende dasselbe meinen. Die Sprache macht diese feinen Unterschiede nur noch unvollkommen mit. Sprechen wir von finalen Tatbeständen oder finalen Tathandlungen, dann ist Finalität nur als Um-zu-Beziehung zu verstehen. Jetzt erst wird es klar, daß auch der dolus, wenigstens in der Form des dolus directus, finaler Wille ist. Für den dolus eventualis wäre dies erst noch nachzuweisen.

Das große Verdienst der finalen Handlungslehre besteht nun darin, daß der Willensinhalt von der Handlung nicht mehr zu trennen ist. Der Begriff der Handlung wird damit sinnerfüllt.

Nachdem wir auf diese Weise die finale Handlungslehre verstanden haben, gilt es doch, ihre Reichweite kritisch zu untersuchen. Hierbei müssen wir mit dem dolus eventualis beginnen. Beim dolus directus ist ja die Zielgerichtetheit evident.

Wir haben gesehen, daß die Zielgerichtetheit sich auf die Handlung als Ergebnis einer Vorstellungsverwirklichung bezieht. Wie verhält es sich damit beim dolus eventualis? Wir gehen von einem Beispiel aus. Ein Versicherungsbetrüger zündet ein Wohnhaus an, um sich in den Besitz der Versicherungssumme zu setzen. In dem Wohnhaus hält sich, wie der Täter weiß, auch eine gelähmte Frau auf. Der Täter weiß, daß es möglich ist, daß die Frau bei dem Brande ums Leben kommen kann. Unser Beispiel enthält die Um-zu-Beziehung, den dolus directus und den dolus eventualis. Die Tathandlung, das Anzünden des Wohnhauses ist von dem Zweck getragen, die Versicherungssumme zu erlangen. Das Ziel der Willensverwirklichung ist der Brand des Hauses. Der Täter vollzieht mit seiner Handlung das, was er nach seinen Vorstellungen verwirklichen will. Aber auf den Tod der Frau ist sicherlich sein Wille nicht gerichtet. In unserem Fall ist es sogar erkennbar, daß der Tod der Frau den Täter in seinen Willensstrebungen stört. Weder will er den Tod der Frau, noch wünscht er ihn. Die Zielgerichtetheit des Willens besteht nur in Hinsicht auf das Anzünden des Hauses. Aber dieser Tatbestand interessiert uns hier gar nicht, sondern nur der Tatbestand der vorsätzlichen Tötung. Ist schon bei der zielgerichteten Handlung der Ausdruck „finale Handlung" fragwürdig, so wird er hier vollends unmöglich. Allerdings mag es sein, daß auch beim dolus eventualis eine andere Zielgerichtetheit vorliegt. Der Wille braucht nicht gerade auf ein strafbares Ziel gerichtet zu sein. In unserem Fall war er auch auf ein strafbares Ziel, das Anzünden des Wohnhauses gerichtet. Aber das ist nicht notwendige Voraussetzung des dolus eventualis. Wenn also der Wille nicht auf ein strafbares Ziel gerichtet ist, dann interessiert diese Zielrichtung das Strafrecht wenigstens bei der Handlung nicht, vielleicht bei der Strafzumessung. Das Strafrecht interessiert vielmehr nur die Folge der Handlung, die die Möglichkeit des strafbaren Erfolges in sich barg. Und für die Verantwortlichkeit ist hier nicht ausschlaggebend das Ziel der Handlung, sondern die Tatsache, daß sich der Handelnde der Möglichkeit des strafbaren Erfolges bewußt war. Deshalb braucht auch nicht das Ziel der Handlung als solches nachgeprüft zu werden, sondern nur das Bewußtsein der Möglichkeit des Erfolges. Von einer finalen Handlung kann hier also in bezug auf den strafbaren Erfolg in einer irgendwie sinnvollen Weise nicht mehr gesprochen werden. Daß die Handlung sonst als Handlung im weitesten Sinn final war, ist für ihre Beurteilung beim Vorliegen des dolus eventualis ohne Bedeutung[271].

Der Grund der Verantwortlichkeit für eine Handlung, die die Möglichkeit eines vom Recht gemißbilligten Erfolges in sich birgt, besteht darin, daß das Recht auch solche Handlungen verbietet, die diese Möglichkeit in sich enthalten. Auch hier wendet sich das Recht an den Menschen als ein Wesen, das die Fähigkeit hat, sein Verhalten so einzurichten, daß vom Recht gemißbilligte Ergebnisse vermieden werden. Man könnte sagen: Wer eine Handlung tut in dem Bewußtsein möglicher strafrechtlicher Folgen, hat das Geschehen auch gelenkt. Aber eine solche Redeweise ist ungenau und trifft nicht den Kern der Sache. Unser Versicherungsbetrüger hat das Geschehen nicht auf den Tod der Frau gelenkt. Im Gegenteil, er hat dieses Geschehen gleichsam dem Kausalgeschehen anheimgestellt. Er hat es auf den Zufall ankommen lassen. Daß er mit dem Anzünden des Hauses das Kausalgeschehen entfesselt hat, rechtfertigt noch nicht, von einer Lenkung zu sprechen[272]. Allerdings hätte die Möglichkeit des Todes der gelähmten Frau für ihn Motiv werden sollen, die

---

[271] Die Verwirklichung eines Tatbestandes braucht eben nicht immer Zwecktätigkeit zu sein. Eine schwangere Arbeiterin z. B. springt vom Scheunenboden auf die Tenne, um zum Vesper zu gehen. Sie weiß, daß der Sprung den Abgang der Frucht bewirken kann. Sie ist auch damit einverstanden; aber ihr Ziel ist ein anderes. Was an dieser Handlung Zwecktätigkeit ist, interessiert das Recht nicht, sondern die nicht bezweckte Nebenfolge. Der Vorwurf besteht hier auf keinen Fall darin, daß die Verwirklichung des Erfolges Zwecktätigkeit war.

[272] Im Teil II 4 dieser Arbeit wird der Begriff des Lenkens auch auf diese Fälle ausgedehnt, wobei aber zu beachten ist, daß hier dieser Begriff aus bestimmten Gründen, nämlich um die willentlichen von den nichtwillentlichen Verhaltensweisen abzugrenzen, überdehnt wird. Als gelenkt „gilt" auch ein Ereignis, dessen Möglichkeit als Folge des Verhaltens (im Sinne der juristischen Kausalität) vorausgesehen und in Kauf genommen wurde.

Brandlegung zu unterlassen. Wenn er sich schon nicht dadurch abhalten ließ, daß die Brandstiftung selbst eine strafbare Handlung war, so hätte ihn wenigstens der Gedanke an den Tod der Frau davon abhalten sollen. Der Täter hätte eine Tat nicht tun sollen, die diese möglichen Folgen haben konnte.

Wenn bei diesen Fällen von einer finalen Handlung in gar keinem Sinn gesprochen werden kann, so wäre doch noch zu untersuchen, ob man nicht wenigstens von einem finalen Handlungsbegriff[273] sprechen könnte. Es fragt sich, was man darunter verstehen soll. Vergleichen wir dazu den kausalen Handlungsbegriff. Darunter könnte verstanden werden, daß das entscheidende Kriterium der Handlung die Kausalität ist. Zwar wird unter Handlung ein gewolltes Verhalten verstanden. Aber der Wille wird hier im Sinne von Buris nur als kausales agens aufgefaßt, als verursachende Naturkraft, bei der man nicht danach fragt, ob sie selbst wieder inhaltlich verursacht worden ist. Beim kausalen Handlungsbegriff wird dementsprechend der menschliche Wille als originäre Ursache innerhalb des Kausalgeschehens gedacht. Anders beim finalen Handlungsbegriff. Hier wird der Wille nicht als originäre, blinde Ursache betrachtet, sondern als sehende und lenkende, inhaltlich bestimmte und bestimmbare (wenn auch unter Aufrechterhaltung des Axioms der Willensfreiheit) Kraft. Dieser Kraft oder wenigstens dem Ausgangspunkt dieser Kraft, dem Ich oder dem Subjekt, kann man den Vorwurf machen, daß sie die Ereignisse auf einen strafrechtlichen Erfolg hin gelenkt hat, oder wenigstens, daß sie einen solchen Erfolg verursacht hat, obwohl sie als sehende Kraft die Möglichkeit erkannt hatte, daß dieser Erfolg bei Vornahme der Handlung eintreten konnte, und obwohl sie deswegen den Erfolg hätte vermeiden können. Ja, man kann dieser sehenden Kraft sogar den Vorwurf machen, daß sie die Möglichkeit des Erfolges nicht gesehen hat, obwohl sie hätte sehen, voraussehen können. Gewiß wäre es richtiger, statt von kausaler und finaler Handlungslehre von kausaler und finaler Willenslehre zu sprechen. Bei der kausalen Willenslehre wird die blinde Naturkraft erst nachträglich sehend gemacht, nämlich bei der Prüfung der Schuld. Bei der finalen Willenslehre dagegen wird der Wille von vornherein so genommen, wie er ist, als sehende Kraft.

Die finale Willenslehre würde nun nicht etwa bedeuten, daß jeder Willensakt ein „alles“ sehender ist, sondern nur, daß der Wille unter der Kategorie der Finalität, nämlich als voraussehender, zu

[273] Welzel selbst spricht in seinen „Studien“ vom Gegensatz der naturalistischen und finalen Handlungslehre, von der Struktur der Handlung, vom finalen Handlungsbegriff, von der finalen Funktion des Willens, vom finalen Täterwillen, vom finalen Handeln. Hier verbergen sich mancherlei Unklarheiten. Dennoch ist es mir nicht zweifelhaft, daß Welzel im Grunde immer an etwas Bestimmtes gedacht hat: an die finale Struktur des menschlichen Wollens. Erst der Begriff der Handlung verunklart das eigentlich Gemeinte. Niese a. a. O. S. 40 erkennt zwar die Bedenklichkeit des Handlungsbegriffes der finalen Handlungslehre im Hinblick auf die fahrlässigen Verhaltensweisen, geht aber dann doch nicht der Sache auf den Grund.

verstehen ist. Dies ist denn auch der eigentliche Sinn der finalen Handlungslehre. Finalität als Kategorie ist dementsprechend die Fähigkeit des Willens (wie wir uns kurz ausdrücken wollen), das Kausalgeschehen einschließlich des Verhaltens selbst vorauszusehen und voraussehend zu verwirklichen. Dazu gehört auch die Fähigkeit, den Kausalverlauf so zu beeinflussen, daß rechtswidrige oder strafbare Erfolge nicht eintreten. Unter diese Kategorie fallen daher sowohl Handlungen, die den Kausalverlauf gelenkt haben, als auch Handlungen, die ihn zwar nicht gelenkt, aber einen Erfolg verursacht haben, obwohl er voraussehend vermeidbar war, als auch Verhaltensweisen, die man nicht als Handlungen bezeichnen kann, weil ihnen jeder aktueller Wille gefehlt hat, welche einen Erfolg verursacht haben, der voraussehend hätte vermieden werden können, also auch Verhaltensweisen, die einen Erfolg nicht verursacht haben, ihn aber auch nicht abgewendet haben, obwohl dies möglich und Rechtspflicht gewesen wäre.

Damit sind wir mit unserer Kritik bereits an die entscheidende Stelle gelangt. Die finale Handlungslehre setzt den Begriff der Handlung als Zentralbegriff des strafrechtlichen Systems. Und gerade dieser Begriff hat diese entscheidende Bedeutung nicht. Wir können auf unsere Ausführungen zum Abschnitt über das klassische Schema verweisen. Wieder und hier zum letzten Mal tritt die verhängnisvolle Rolle dieses Begriffes in Erscheinung. Der Begriff der Handlung ist es, der die richtige Grundanschauung der finalen Handlungslehre nicht zur Entfaltung kommen läßt. Der richtige Kern dieser Lehre wird durch diesen Begriff an der Entwicklung gehindert. Alle Kritik an der finalen Handlungslehre, die die Bedeutung des Begriffes der Handlung nicht erkennt, muß notwendig am Kern der Sache vorbeigehen. Aber mit diesem Begriff der Handlung kann auch das Kausaldogma nicht überwunden werden. Das können wir an der Entwicklung der finalen Handlungslehre selbst wahrnehmen. Obwohl durch die richtige Grundanschauung alle Voraussetzungen gegeben wären, sich des Kausaldogmas zu entledigen, bleibt auch diese Lehre an den überholten Formulierungen des Kausaldogmas hängen, insbesondere auch an der Bedingungsformel, obwohl hier und da doch bereits Zweifel durchschimmern. So erklärt z. B. Welzel die Bedingungsformel als eine heuristische Formel[274], gewissermaßen als eine Art Faustregel, der er innerlich kaum noch streng wissenschaftlichen Wert beimißt. Und gerade die Kategorie der Finalität wäre denkbar geeignet, hier Wandel zu schaffen.

Zusammenfassend können wir feststellen: Der Kern der finalen Handlungslehre ist eine finale Willenslehre. Das bedeutet, daß der Wille unter der Kategorie der Finalität und erst unter deren Aspekt auch unter der Kategorie der Kausalität zu betrachten ist. Unter diese Kategorie fällt sowohl die Bejahung, als auch die Verneinung des finalen Verhaltens. Bei der Verneinung des finalen Verhaltens

[274] Welzel, Grundzüge 1949 S. 27 f.

wird die aktuelle Finalität zur potentiellen[274a]. Erst die auf das Recht und seine Pflichten bezogene Finalität ergibt den Vorwurf. Welche Bedeutung die finale Willenslehre für das Problem der Zurechnung hat, wird im dogmatischen Teil dieser Arbeit ausgeführt werden.

10. Der Streit um das Kausaldogma

In diesem Abschnitt soll noch einmal gewissermaßen eine Generalabrechnung mit dem Kausaldogma vorgenommen werden und eine Gesamtkritik durchgeführt werden, die das Feld für die eigenen Gedankengänge frei macht. Hierbei gehen wir davon aus, daß vor allem das Kausaldogma im Zusammenhang mit dem Handlungbegriff die Zurechnungslehre hat scheitern lassen.

Wann eigentlich das Kausaldogma als feste Überzeugung des Inhalts entstanden ist, daß nur derjenige für den Erfolg verantwortlich sei, der ihn verursacht hat, wird sich historisch kaum nachweisen lassen. Das Kausaldogma ist schon vorangelegt in der Meinung, daß jedes Verbrechen Handlung sei. Solange aber noch unklar bleibt, worin eigentlich die Kausalbeziehung zu erblicken sei, ob in der Beziehung zwischen Wille und Verhalten oder zwischen Verhalten und Rechtseffekt (Rechtsverletzung) oder zwischen Verhalten und Veränderung in der Außenwelt (als vom Verhalten selbst abtrennbarem Erfolg[275], ist die Frage der Kausalität noch zu unbestimmt, als daß man von einem Kausaldogma in einem präzisen Sinn sprechen könnte. Aber die Überzeugung, daß jedes Verbrechen Handlung sei, mußte die Bearbeiter dieses Problems zum Kausaldogma prädisponieren. Im präzisen Sinn kann man von einem Kausaldogma erst zu einer Zeit sprechen, als die Kausalbeziehung (mehr oder weniger) eindeutig in dem Zusammenhang zwischen Verhalten und Erfolg gesehen wurde. Diese Klarstellung vollzog sich etwa seit der Mitte des 19. Jahrhunderts. Bei von Buri ist sie bereits deutlich vollzogen. Heute ist das Kausaldogma im Strafrecht zum unbestreitbaren Siege gelangt[276].

Selbst die nicht unbeträchtlichen Schwierigkeiten des Problems miteingerechnet, berührt es befremdlich, daß der Kampf gegen das

---

[274a] Mezger, Moderne Wege der Strafrechtsdogmatik, S. 18, 19 beanstandet den Ausdruck „potentielle Finalität" als „hölzernes Eisen", also als logischen Widersinn. Daran ist soviel richtig, daß es eine „potentiell finale Handlung" nicht geben kann. Sieht man aber Finalität als einen kategorialen Begriff an, dann gibt die Frage, ob in einem Einzelfall ein finales Verhalten möglich gewesen wäre, einen Sinn. Gegen den verkürzenden Ausdruck „potentielle Finalität" braucht man keine Einwendung zu erheben, solange man darunter die Feststellung versteht, daß in einem gegebenen Fall ein finales Verhalten möglich war.

[275] Eine Übersicht über die Unklarheiten betreffend die Kausalbeziehung hat Richard Loening, Die strafrechtliche Haftung des verantwortlichen Redakteurs, S. 133 f. Anm. 1 gegeben.

[276] Das gilt selbst für die finale Handlungslehre, die allen Grund gehabt hätte, die Kausaltheorie zu revidieren.

Kausaldogma, der bald nach der präzisen Darstellung des Kausalverhältnisses begann, trotz sehr beachtlicher Gründe und einzelner zum Teil glänzender Abhandlungen darüber so fruchtlos ausgelaufen ist. Hierzu hat gewiß nicht zum geringsten die philosophische Weitschichtigkeit des Problems beigetragen. Aber die Überzeugung, daß das Verbrechen Handlung sei, hat doch wohl mit am stärksten dazu beigetragen, dem Kausaldogma trotz aller Einwendungen dagegen zum Siege zu verhelfen.

Wir haben bisher gesehen, daß die vorsätzlichen und fahrlässigen (unechten) Unterlassungsdelikte für jede Kausalitätsformel die gefährliche Klippe bilden[277]. Diese Klippe zu umschiffen, sind die größten Anstrengungen gemacht worden. In der Tat kommt es hier für die juristische Behandlung der Fälle auf Formulierungen an, die sich dem gegebenen Sachverhältnis auf das engste anschmiegen. Das allein genügt aber auch nicht. Es gilt, eine möglichst in sich selbst widerspruchsfreie Gesamtanschauung zu entwickeln, die im voraus möglichst alle denkbaren Fälle umfaßt und ihre Behandlungsart prinzipiell festlegt. Es wird daher darauf ankommen, Gruppen von Fallmöglichkeiten zu bilden und aus ihnen die allgemeinen Prinzipien zu entwickeln.

Unter Ursache im eigentlichen und strengen Sinn wollen wir nur die wirkende Ursache, die causa efficiens, und nicht die causa deficiens, unter Bedingung dagegen eine Situationsgegebenheit, die den wirkenden Ursachen ihre Wirkungen in bezug auf eine Veränderung in der Außenwelt ermöglicht, verstehen[278]. Veränderung in der Außenwelt ist der Erfolg, wobei in dem Begriff Erfolg zugleich die Bedeutung der Veränderung in der Außenwelt zum Ausdruck kommt. Schon dieses Bild setzt eine ganz bestimmte Auffassung des Kausalverlaufes voraus. Man sieht diesen Verlauf als ein zeitliches Abrollen von Ereignissen an, die bei einer konkreten Situationsgegebenheit durch die wirkenden Ursachen hervorgebracht werden. Dies ist das gewöhnliche Bild, das man sich von einem Kausalverlauf macht. In diesem Bild steckt aber auch noch die Vorstellung eines gesetzmäßig notwendigen Ablaufes. Diese Vorstellung wurzelt in der Annahme, daß die Welt der Erscheinungen in einem Wirkzusammenhang steht, der unter Naturgesetze gebracht werden kann.

Über diese Art des Kausalzusammenhanges dürften sich alle Wissenschaften einig sein. Der Naturwissenschaftler hat keinen anderen Zusammenhang im Auge als der Jurist. Es fragt sich nur, ob ein solcher Zusammenhang im konkreten Einzelfall festgestellt werden kann oder nicht. Er ist eine Realität, mag sie auch unter dem

---

[277] Vgl. Loening, a. a. O. S. 135 ff.

[278] Bedingung ist etwas, was gegeben ist, nicht, was nicht gegeben ist. Wollte man alles, was nicht gegeben ist, als Bedingung dafür annehmen, daß dies Ereignis geschehen konnte, dann würde die Zahl der Bedingungen, die ohnehin schon unendlich groß ist, in eine neue Unendlichkeit sinnlos vergrößert werden. Hier liegt wieder die Gefahr der Negation und die Verkennung ihrer Bedeutung für logische Schlüsse.

Axiom, der Grundvoraussetzung, stehen, daß die Welt wirklich ein solcher Wirkzusammenhang sei[279]. Wir gehen also von der Voraussetzung aus, daß unserer Vorstellung der Kausalität eine wirkliche Gestaltung der Welt entspricht. Ob dieses Axiom richtig ist oder nicht, ist eine metaphysische oder vielleicht auch eine erkenntniskritische Frage, die wir hier gänzlich auszuschließen haben. Es ist uns daher auch gleichgültig, ob jenes Axiom aus der Erfahrung genommen ist oder ob es umgekehrt erst Erfahrung ermöglicht, ob es nur für die Welt der Erscheinungen gilt oder auch für die Welt als Ding an sich. Alle diese Probleme sind für den Juristen eher verwirrend als klärend, wie die nicht gerade sehr klaren Auseinandersetzungen über diese Probleme in der juristischen Literatur zur Genüge beweisen. Sehen wir von der Bedeutung der Willensfreiheit für die Kausalfrage ab, so sind wir der Auffassung, daß jeder bestimmten Ursache eine bestimmte Wirkung entspreche. Hierdurch wird ein Kausalverlauf erst (mehr oder weniger) vorausrechenbar.

Bei der Bestimmung des Kausalzusammenhanges handelt es sich allemal um die Erklärung eines bestimmten Ereignisses[280] ex post. Auch das gilt für alle Wissenschaften gleichmäßig. Die Vorausberechnung eines Kausalverlaufes ist niemals, weder beim Physiker noch beim Juristen, Feststellung eines Kausalzusammenhanges[281]. Wir müssen auch die Begriffe Kausalverlauf und Kausalzusammenhang unterscheiden. Einen Kausalzusammenhang gibt es nur als Realität, mag diese nun wirkliche oder wie bei angenommenen Fällen nur vorgestellte sein. Ein möglicher Kausalzusammenhang ist eine contradictio in adjecto. Dagegen kann ein Kausalverlauf auch als möglicher vorgestellt und als möglicher und künftiger vorausberechnet oder auch nur abgeschätzt werden. Physikalische Vorausberechnungen von Kausalverläufen sind hypothetische und isolierende Prognosen für mögliche Kausalverläufe nach dem Schema: Wenn ich die und die Bedingungen setze, muß sich nach meinen Kenntnissen der Naturgesetze dies und das ergeben. Die isolierende Behandlung bedeutet nichts anderes als den Zusatz: Wenn außer den angenommenen Bedingungen nichts anderes gegeben ist. Bei einem konkreten Experiment hat die Vorausberechnung keinen anderen Sinn als: Nach meinen Kenntnissen der Naturgesetze und meinen Schlußfolgerungen (Berechnungen) daraus muß dieses Experiment folgendes Ergebnis haben, wenn meine angenommenen Naturgesetze richtig sind und

---

[279] Die Frage, inwieweit der Wirkzusammenhang nur eine Denkform und keine ontische Gegebenheit sei, gehört in die Philosophie. Der Jurist hat ebenso wie der Naturwissenschaftler die Kausalität als Denkform und als ontische Gegebenheit zu nehmen. Damit braucht die Kausalität noch nicht „oberstes Weltprinzip" zu sein.

[280] Bei den hier folgenden Ausführungen haben wir lediglich den Kausalbegriff im Auge, der für alle Wissenschaften gleichmäßig gilt. Ob und wie der allgemeine Kausalbegriff im Strafrecht zu modifizieren sein wird, wird später dargelegt.

[281] Mit dem Begriff Kausalzusammenhang wird in der Rechtswissenschaft fast noch größerer Mißbrauch getrieben als mit dem Begriff der Kausalität.

sonst nichts dazwischenkommt. Auch der Jurist kann Prognosen über ein mögliches Geschehen abgeben. Weil bei diesen Prognosen meist die Willensfreiheit, aber auch sonst unberechenbare Faktoren eine Rolle spielen werden, beruhen diese Prognosen nicht auf Berechnungen, sondern auf Abschätzungen, die unmittelbar aus der Lebenserfahrung hervorgehen. Das Ergebnis solcher Prognosen lautet stets: Ein Kausalverlauf ist möglich oder unmöglich, wahrscheinlich oder unwahrscheinlich, wobei die Wahrscheinlichkeit wieder in Graden ausgedrückt werden kann (z. B. „mit an Sicherheit grenzender Wahrscheinlichkeit"). Aber es ist wichtig zu betonen, daß solche Prognosen niemals die Feststellung eines Kausalzusammenhanges sind. Über das Wesen des Kausalzusammenhanges sind sich die Juristen und Naturwissenschaftler grundsätzlich einig, wenn man einmal von den Theorien der Juristen absieht. Was für einen Naturwissenschaftler ein Kausalzusammenhang ist, ist es auch für den Juristen. Stellt der Naturwissenschaftler fest, daß ein Kausalzusammenhang nicht gegeben ist, dann kann auch der Jurist keine andere Feststellung treffen. Allerdings kann die Beschreibung eines Kausalverlaufes, die etwa ein Chemiker oder ein Mediziner gibt, beträchtlich von der Beschreibung eines Juristen abweichen. Auch die Wirkung kann von beiden sehr verschieden beschrieben werden. Das liegt daran, daß beide auf verschiedene Bedeutungen des Geschehens sehen. Es ändert aber nichts an der Tatsache, daß beide unter Ursache und Wirkung dasselbe tatsächliche Geschehnis meinen. Das Urteil über einen Kausalzusammenhang kann nur lauten: Er ist gegeben, er ist nicht gegeben oder er ist nicht feststellbar. Daß hierbei möglicherweise der Jurist an den Nachweis des Kausalzusammenhanges geringere Anforderungen stellen kann als der Naturwissenschaftler, beruht nicht auf einem prinzipiellen Unterschied der Auffassungen über das Wesen des Kausalzusammenhanges. Die Beurteilung einer gegebenen Situation auf einen möglichen Kausalverlauf, die zum Urteil führt, er sei möglich oder unmöglich, wahrscheinlich oder unwahrscheinlich, betrifft niemals einen Kausalzusammenhang. An dieser Stelle beginnt dann meist das Unterscheidungsvermögen des Juristen zu wanken[282].

So überzeugend diese Sätze auch klingen, so wird ihre Überzeugungskraft doch vom Begriff der Bedingung her stark in Frage gestellt. Hier ist es vor allem der Begriff der negativen Bedingung, der Schwierigkeiten verursacht. Hierfür nur folgende Beispiele: Ein Motor läuft nicht mehr, weil kein Kraftstoff nachgefüllt wurde; ein Mensch stirbt, weil er keine Nahrung erhielt; eine Uhr geht nicht, weil ihr ein Rädchen fehlt; ein Schiff geht im Orkan unter, weil die Steueranlage versagte; ein Brand nimmt deshalb katastrophale Formen an, weil es nicht geregnet hat usw.

---

[282] Vgl. RGSt Bd. 75 S. 49. Schon die Überschrift ist bezeichnend: „Zum Wesen des ursächlichen Kausalzusammenhanges." „Da es sich bei dem Verhalten des Angeklagten nur um eine Unterlassung handelt, kann die Ursächlichkeit (nämlich gemäß Überschrift: der Kausalzusammenhang!) nur bejaht werden, wenn eine an Gewißheit grenzende Wahrscheinlichkeit dafür besteht, ..."

Eine gespannte Uhr läuft, bis ihre Feder entspannt ist. Die Spannung der Feder ist causa efficiens für das Gehen der Uhr. Hört die causa efficiens auf, dann hört selbstverständlich auch der Gang der Uhr auf. Jetzt beginnen die Sprachschwierigkeiten. Darf man sich sinnvollerweise so ausdrücken: Das Stehenbleiben der Uhr ist verursacht durch das Fehlen der Spannungsenergie? Gibt dieser Satz überhaupt einen greifbaren Sinn? Das Stehenbleiben der Uhr und die entspannte Feder stehen überhaupt in keinem Wirkzusammenhang. Die entspannte Feder ist zwar der Grund dafür, daß die Uhr jetzt nicht geht. Sprechen wir davon, daß die hier und jetzt entspannte Feder der Uhr „causa" des jetzigen Nichtgehens der Uhr sei, dann ist in dieser verkürzten Redeweise eine ganze Schlußkette enthalten, die an zwei Realitätsverneinungen anknüpft: Ich stelle fest, daß diese Uhr hier und jetzt nicht geht. Ich untersuche die Uhr und finde, daß sie nicht aufgezogen ist. Der „Grund", die „causa" dafür ist, daß die Feder entspannt ist; denn die Uhr kann nicht gehen, wenn sie keine Bewegungsenergie hat. Die causa, von der wir hier sprechen, ist beileibe nicht eine Wirkursache, sondern der Einsichtsgrund. Der Einsichtsgrund, die ratio cognoscendi dafür, daß diese Uhr hier und jetzt nicht geht, besteht darin, daß die Uhr keinen Wirkgrund, keine „kausale Kausa" hat zu gehen. Damit ist aber keine Kausalität zwischen der Federentspannung und dem Nichtgehen der Uhr festgestellt, sondern das Fehlen einer Kausalität für das Gehen, woraus sich die logische Folge ergibt: Weil diese Uhr nicht aufgezogen ist, kann sie — „logischerweise" oder „begreiflicherweise" — auch nicht gehen. Umgekehrt ist die Federspannung Bedingung dafür, daß sie geht. Aber auch diese Bedingung ist keine solche eines realen Wirkzusammenhanges, eben eines Kausalzusammenhanges, sondern nur eine solche eines möglichen Kausalverlaufes. Hier sehen wir die Gefahr des Ausdrucks „condicio sine qua non". Die Spannung der Feder ist condicio sine qua non für das Gehen der Uhr. Geht die Uhr wirklich, dann ist diese condicio sine qua non wirkende Ursache oder in einem weiteren Sinn Bedingung in einem realen Wirkzusammenhang. Aber die Federspannung ist auch condicio sine qua non für das Gehen einer jetzt nicht gehenden Uhr. Dies ist aber keine Bedingung in einem Wirkzusammenhang. Vielmehr wird hier nur ein theoretischer Zusammenhang gedacht nach Art des Urteils: Diese Uhr ist so konstruiert, daß sie nur gehen kann, wenn die Feder gespannt ist. Da die Feder nicht gespannt ist, kann die Uhr auch nicht gehen. Sie würde gehen, wenn sie aufgezogen werden würde, wenn sonst kein Fehler an ihr ist und auch nichts dazwischenkommt. Dies Urteil betrifft ersichtlich keinen gegebenen Kausalzusammenhang.

An diesem Beispiel sehen wir zugleich auch die Problematik der causa deficiens. Man denke etwa an ein Gewehrgeschoß, das bei einer bestimmten Pulverladung und sonst gegebenen Bedingungen eine bestimmte Entfernung fliegt, um dann zu Boden zu fallen. Diesen Vorgang kann ich nicht sinnvoll so zerlegen, daß ich sage: Das Fliegen wurde durch eine causa efficiens, das Nichtmehrfliegen durch eine causa deficiens bewirkt. Das Fliegen ist jederzeit von Beginn bis Ende durch bestimmte wirkende Ursachen und Bedingungen (Situationsgegebenheiten) bestimmt. In diesen liegt bereits der Verbrauch der Energie einbeschlossen. Das Fliegen ist im ganzen die konkrete Veränderung der Außenwelt, die wieder aufhört, wenn die Energie verbraucht ist. Wohl kann man den Vorgang auch so zerlegen, daß man die wirkenden Ursachen in ihre Komponenten auflöst. Aber dann hat erst recht keine causa deficiens das Aufhören der Bewegung verursacht, sondern positiv gegebene Ursachen und Bedingungen. Hierbei macht es auch keinen Unterschied, mit welchem Grad von Sicherheit die Prognose eines möglichen Kausalverlaufes gestellt werden kann. Wird eine sonst fehlerlose Uhr gespannt, so kann ich mit hohem Grad von Sicherheit sagen, daß sie gehen wird, wenn die Feder gespannt wird. Wenn ich bei einem Feuer trockenes Holz unterlege, steht es mit Sicherheit fest, daß das Feuer weiterbrennen wird. Ist bei einem Schiff die Steueranlage beschädigt, dann läßt es sich vielleicht nur mit einem geringen Grad von Wahrscheinlichkeit sagen, ob das Schiff gerettet worden wäre, wenn das Steuer nicht beschädigt worden wäre. Aber alles dies ist unwesentlich. Wichtig ist nur, daß alle derartigen Urteile einen realen Kausalzusammenhang nicht betreffen. Handelt es sich um eine Bedingung in einem realen Kausalzusammenhang, dann ist die Formel „condicio sine qua non" nur eine eigentümliche Denkmethode, ein negatives Ausschlußverfahren, dem Geltung nur dann zukommt, wenn zuvor der positive Zusammenhang festgestellt ist. Auch bei der condicio sine qua non ist immer das Positive gemeint, daß eben diese Bedingung nach den Gesetzen des Wirkzusammenhanges vorhanden sein mußte. Aber selbst hier ist diese negative Wendung nicht ungefährlich und kann leicht irreführen. Das zeigt ein Beispiel. Ein Schuß sei condicio sine qua non für den Tod eines Menschen. Das ist der Schuß aber sowohl dann, wenn der Mensch durch die tödliche Verletzung ums Leben gekommen ist, als auch dann, wenn er etwa kurz vorher durch den Schreck getötet worden ist. Diese Verschiedenheit des Kausalverlaufes, die für die Beurteilung des Rechts vielleicht wichtig ist, wird durch die condicio-sine-qua-non-Formel gar nicht wiedergegeben. In manchen Fällen mag diese Formel sprachlich eine gewisse erträgliche Vereinfachung ergeben. Deswegen bleibt der reale Kausalzusammenhang doch immer das Primäre.

Nehmen wir nun an, daß in unsere Uhr ein Mechanismus eingebaut ist, der kurz vor dem Ablaufen der Federspannung die Uhr wieder aufzieht. Unter „Verursachen" wollen wir das Setzen oder Gesetztsein einer Bedingung in einem realen Kausalzusammenhang verstehen. Versagt nun der Mechanismus, ist dadurch das Stehenbleiben der Uhr verursacht worden? Offenbar ist die Uhr stehengeblieben, weil die Spannungsenergie erschöpft war. Vermutlich wäre die Uhr weitergelaufen, wenn sie durch den Mechanismus weiter aufgezogen worden wäre. Aber ein realer Wirkzusammenhang zwischen Stehenbleiben der Uhr und Versagen des Mechanismus besteht auch hier nicht, selbst dann nicht, wenn jemand diesen Mechanismus beschädigt hätte. Das Urteil: Wenn dies nicht geschehen wäre, würde etwas anderes geschehen sein, was jetzt nicht geschehen ist, betrifft ebensowenig einen Kausalzusammenhang wie das Urteil: Wenn dies geschehen wäre, würde etwas anderes geschehen sein.

Gibt es nun bei einem realen Wirkzusammenhang keine negativen Bedingungen? Ist z. B. ein ungedeckter Brunnen, in den jemand hineingefallen ist, solch eine negative Bedingung? Das hängt davon ab, von welcher Vorstellung ich ausgehe, wenn ich den Begriff „negativ" gebrauche. Gehe ich davon aus, daß bei zugedecktem Brunnen niemand hineingefallen wäre, dann ist das Nichtzugedecktsein eine negative Bedingung. Aber in den Brunnen wäre auch niemand gefallen, wenn dort kein Brunnen gewesen wäre. Die negative Wendung kennzeichnet daher gar nicht vollkommen die Situation. Die konkrete Situation ist vielmehr die tatsächliche Gestaltung der Erdoberfläche. Diese ist positive Bedingung des Ereignisses. Wenn auch oft die negative Wendung sprachlich bequemer ist, die positive ist unter allen Umständen die präzisere.

Um die Kausalverläufe besser beurteilen zu können, teilen wir sie ein in kontinuierliche und intermittierende. Kontinuierliche lassen sich immer irgendwie auf das Bild eines Flusses zurückführen. Wird ein kontinuierlicher Kausalverlauf gehemmt oder unterbrochen, dann ist die Hemmung oder Unterbrechung Ursache oder Bedingung für die Änderung oder das Aufhören dieses Kausalverlaufes. Ein intermittierender Kausalverlauf liegt vor, wenn stoßweise neue Energien zugefügt werden müssen, um eine Bewegung in Gang zu halten. Hier wird die Bewegung als Ziel und die Zufügung der Energien als Mittel betrachtet. Wir betrachten diese Vorgänge daher final. Dadurch unterscheiden sie sich von einem schlichten Kausalverlauf. Wie es sich aber auch im einzelnen verhalten möge: Der logische Grund des Aufhörens einer Bewegung ist immer die Erschöpfung eines Energievorrates[283]. Wer bei intermittierenden Kausalverläufen die Zuführung eines neuen Energievorrates hindert, setzt keine Bedingung für das Aufhören der Bewegung; denn das Urteil, das hier gefällt werden muß, lautet: Wenn neue Energie zugeführt worden wäre, wäre gewiß oder wahrscheinlich oder möglicherweise das Weiterlaufen der konkreten Bewegung erzielt worden. Dies Urteil betrifft keinen Kausal-

[283] Der logische Grund aber ist kein Grund des Wirkzusammenhanges, also keine Ursache im naturwissenschaftlichen Sinn. Die Verwechslung des logischen Grundes mit der Ursache hat hauptsächlich zu dem Irrtum geführt, daß Unterlassungen kausal seien. Wenn die Mutter dem Kinde keine Nahrung gibt, dann ist die logische Folge, daß das Kind am Hunger stirbt. Das Weiterleben wird durch Nahrungsaufnahme verursacht. Die Mutter ist verpflichtet, eine Ursache für das Weiterleben ihres Kindes zu setzen. Ihre Verantwortung besteht darin, daß sie etwas nicht verursacht hat, was zu verursachen sie verpflichtet war. Hier verhält es sich genau so wie bei dem Uhrenbeispiel.

zusammenhang. Logisch ist also ein Unterschied zu machen zwischen dem Unterbrechen eines fließenden und eines intermittierenden Kausalverlaufes. Sachlich gesehen mag beides in manchen Fällen ganz nah beieinander liegen, ja, die Unterscheidung kann sogar Schwierigkeiten bereiten. Es ist auch nicht gesagt, daß dort, wo logisch ein Unterschied zu machen ist, dieser auch rechtlich zu machen ist. Der Begriff des Kausalzusammenhanges im naturwissenschaftlichen Sinn hat eine ganz präzise Bedeutung. Was nicht geschehen ist, kann nicht verursacht sein; aber was nicht geschehen ist, kann auch nichts verursacht haben. Alle Fragen, was geschehen wäre, wenn oder wenn nicht, haben einen Kausalzusammenhang nicht zum Gegenstande, wenn dieses Wort nicht nur ein bloßes Wort, sondern ein Begriff sein soll. Wie sich das Recht zu diesen Sachverhalten zu stellen hat, soll an dieser Stelle nicht weiter erörtert werden.

Die sehr bedeutsamen Folgen der hier entwickelten Auffassung zeigen sich an folgenden Beispielen, in denen ein Kausalzusammenhang im naturwissenschaftlichen Sinn nicht gegeben ist: Jemand beschädigt einen Mechanismus, der weitere Energien zum Antrieb einer Maschine auslösen soll; die Maschine bleibt stehen, weil diese Energien nicht ausgelöst werden. Ein Mensch stirbt, weil ihm ein anderer Nahrungsmittel vorenthalten hat. Ein Gehilfe lockt bei einem Diebstahl den Wächter fort; der Dieb führt deswegen ungestört den Diebstahl aus. Jemand beschädigt die Steueranlage eines Schiffes; dieses geht im Orkan unter. Jemand rettet einen Ertrinkenden nicht; dieser findet den Tod.

Unabhängig von den sehr verschiedenen Möglichkeitsgraden des tatsächlich nicht eingetretenen Geschehens ist in allen diesen Fällen ein Kausalzusammenhang zu verneinen. Das „weil“ oder „infolgedessen“, das in diesen Zusammenhängen gebraucht zu werden pflegt, bezeichnet keinen tatsächlichen Wirkzusammenhang, sondern den Vergleich eines tatsächlichen Geschehens mit einem möglichen Geschehen mit dem Urteilsresultat, daß der Geschehensablauf ein anderer gewesen wäre, wenn etwas anderes geschehen wäre, als tatsächlich geschehen ist. Dieses mögliche Geschehen läßt sich entweder genau vorausberechnen oder mit größerer oder geringerer Sicherheit abschätzen. Trotz der Befremdlichkeit dieses Ergebnisses halten wir daran mit aller Strenge fest. Die Behandlung dieser Fälle durch das Recht ist erst später zu klären. Hier kam es uns wesentlich darauf an, auf die Fragwürdigkeit der condicio-sine-qua-non-Formel hinzuweisen, weil mit dieser ganz heterogene Zusammenhänge gemeint sein können. Diese Formel ist daher am wenigsten geeignet, das zu beweisen, was sie in der Regel beweisen soll: den Kausalzusammenhang.

Die Problematik der Begriffe Kausalität, Verursachung, Kausalzusammenhang, Bedingung ist für die Strafrechtswissenschaft eine wahre crux gewesen und bis heute geblieben. Wenn man heute diesen Problemen anscheinend eine geringere Aufmerksamkeit widmet, dann ist der Grund dafür jedenfalls nicht eine Klärung der Sachverhalte, sondern ein Zustand der Erschöpfung nach einer Hochflut von Literatur, die sich mit diesen Problemen befaßte. Es ist nicht sehr ratsam, allzu tief auf diese Literatur einzugehen, so wichtig sie auch sein mag. Aber bei der „babylonischen Sprachverwirrung[284]" auf diesem Gebiet kann man schlecht mit Begriffen etwas beginnen, bei denen jeder etwas anderes meint und gemeint hat, zumal von denen, die diese Probleme behandelt haben, häufig nicht einmal erkannt worden ist, daß z. B. der Begriff der Bedingung in den verschiedenen Zusammenhängen ganz Verschiedenes aussagt. So hat sich die Auseinandersetzung über diese Probleme noch vor ihrer endgültigen Klärung totgelaufen. Daß diese Probleme heute manchmal Scheinprobleme genannt werden, ist der Klärung auch nicht gerade dienlich[285].

Die vielen Kausalitätsformeln, die man zu bilden versucht hat, haben mit Ausnahme der Bedingungsformel im Strafrecht ein klägliches Ende gefunden, und wohl im ganzen mit Recht. Der Fehler der Bildung dieser Formeln bestand darin, daß man entweder schon auf bestimmte Ergebnisse hinarbeitete oder von mehr oder weniger philosophisch angehauchten Theorien über Kausalität ausging, anstatt auf die zugrundeliegenden Sachverhalte zurückzugehen. Man stellte Begriffe und Theorien auf und verlangte, daß sich die Sachverhalte nach ihnen richten sollten, wobei es ohne Gewaltsamkeiten nicht abgehen konnte, weil spätestens bei den Unterlassungsdelikten die Schwierigkeiten unüberwindbar werden, wenn man mit vorgefaßten Dogmen an die Probleme geht. Wer diese Behauptung sich selbst beweisen will, mag sich eine Kausalitätsformel von Binding, Merkel oder sonst irgendeinem vornehmen. An den Unterlassungsdelikten scheitern sie alle. Diese Formeln sind so oft kritisiert worden, daß wir uns hierüber nähere Ausführungen schenken können[286].

Dagegen wollen wir uns nunmehr einigen Vertretern des Kampfes gegen das Kausaldogma zuwenden. Von ihnen sind die-

---

[284] Vgl. Hans Tarnowski, Die systematische Bedeutung der adaequaten Kausalitätstheorie für den Aufbau des Verbrechensbegriffes, S. 2.

[285] Auch Welzel schätzt die Bedeutung des Kausalproblems zu gering ein, vgl. Studien S. 492. In diesem Sinn auch der lapidare Satz bei Eberhard Schmidt, Das Strafrechtspraktikum (1947) S. 23 betreffend die unechten Unterlassungsdelikte: „Kausalitätsprobleme entstehen nicht!" Der Satz ist in doppelter Hinsicht falsch. Erstens besteht zwischen Unterlassung und Erfolg keine Kausalität, was aber Eberhard Schmidt behauptet. Zweitens gibt es auch bei der Unterlassung ein Kausalproblem, welches aber nicht die Kausalität zwischen Unterlassung und Erfolg, sondern die Möglichkeit der kausalen Beherrschung des Geschehens betrifft.

[286] Eine Reihe solcher Formeln behandelt und kritisiert August Sturm, Die Commissivdelikte durch Unterlassung und die Omissivdelikte, im ersten historischen Teil. Seine eigene Lösung, die hier nicht näher erörtert werden soll, erscheint aber gleichfalls nicht hinreichend. Auch Ludwig Traeger, Der Kausalbegriff im Straf- und Zivilrecht, behandelt die verschiedenen Kausalitätsformeln kritisch. Er kommt zu dem richtigen Ergebnis, daß es bei der Unterlassung zwar eine Kausalfrage gebe, daß es aber widersinnig sei, die Unterlassung selbst für kausal zu erklären (S. 73).

jenigen am wichtigsten, die das Problem der Kausalität im Zusammenhang mit dem Handlungsbegriff gesehen haben. Einer der ersten in dieser Reihe ist Loening gewesen[287].

Wie Loening selbst in dem Vorwort zu seinem Werk „Die Zurechnungslehre des Aristoteles" schildert, wurde er zu seinen historischen Studien über die Zurechnungslehre vor allem durch die „Unsicherheit und Unklarheit aller Begriffe und Fragen, die die psychische Seite des Verbrechens betreffen", gedrängt. Ihm schien diese Klarheit erforderlich, um seinem Grundriß zu Vorlesungen über deutsches Strafrecht eine erweiterte Gestalt zu geben. Von vornherein war ihm das Kausaldogma als unzureichend für die Ausbildung eines geschlossenen Systems erschienen. Und es ist bemerkenswert, daß er offenbar den Ausgangspunkt eine solchen Systems in einer gut begründeten Zurechnungslehre erblickte. Nicht die Kausalität, sondern der Begriff der Zurechnung war ihm der Zentralpunkt für die Entfaltung eines strafrechtlichen Systems[288].

Er erkannte die Unklarheit, die schon in der Grundlage der kausalen Beziehungen steckte. In einer Anmerkung seines Werkes „Die strafrechtliche Haftung des verantwortlichen Redakteurs" stellt er in gedrängter Übersicht alle jene Ansichten zusammen, die die kausale Beziehung in dem Verhältnis zwischen Verhalten und Rechtsverletzung erblicken wollen[289]. Wir hatten diese Unklarheit schon bei unseren Ausführungen über die Lehre Pufendorfs erwähnt und gezeigt, daß Pufendorf unter effectus das Verhalten in seiner Beziehung zum Willen, ferner die Veränderung in der Außenwelt im Verhältnis zum Verhalten, ferner die Rechtsverletzung in Beziehung auf das Verhalten, ja sogar die Strafe als Folge der Rechtsverletzung verstanden hatte. Inzwischen hatte sich die Auffassung darüber, was überhaupt als Kausalbeziehung anzusehen sei, dahin präzisiert, daß es sich um die Beziehung zwischen Verhalten und Veränderung in der Außenwelt handele[290]. Aber bei Erörterung der Lehre von Liszts hatten wir gesehen, auf wie schwankendem Grund noch alles stand, wie immer noch strafbare Handlung und Delikt identifiziert wurden; daher war es leicht möglich, durch Vertauschung der Begriffe dort

---

[287] Vgl. ZStW Bd. 3 (1883), Über geschichtliche und ungeschichtliche Behandlung des deutschen Strafrechts, Anm. 1 S. 263 f., Grundriß zu Vorlesungen über deutsches Strafrecht (1885) S. 12. Loening behält zwar noch den Begriff der Handlung bei, definiert sie aber richtig als Verhalten; S. 23: Unterlassungsdelikte sind durchweg kausalitätslos; vgl. ferner: Die strafrechtliche Haftung des Redakteurs, S. 133 ff. mit den Anmerkungen; ferner: Die Zurechnungslehre des Aristoteles, Vorwort S. VIII f. und S. 222 ff., 245 ff.

[288] Zurechnungslehre des Aristoteles, Vorwort S. VIII ff. Jedoch macht Loening von der Zurechnungslehre in seinem eigenen System noch nicht den praktischen Gebrauch, wie es hätte geschehen müssen, wenn der Begriff des Verhaltens klar herausgestellt werden soll. So wird im Grundriß der Begriff der Zurechnung nur im Zusammenhang mit der Schuld erörtert.

[289] Haftung d. verantw. Redakteurs, S. 133 f. Anm. 1.

[290] Zur Klärung dieser Beziehung hatten vor allem die Abhandlungen v. Buris beigetragen.

zur Annahme eines Kausalzusammenhanges zu gelangen, wo er vielleicht gar nicht existierte. Alle diese Fragwürdigkeiten durchschaute Loening mit scharfem Blick. Er erkannte vor allem, daß es nicht möglich sei, den Begriff der Handlung zum Zentralbegriff des strafrechtlichen Systems zu machen[291]. Er ist wohl mit Recht der Meinung, daß in der Rechtssprache viele Mißverständnisse und Irrtümer vermieden worden wären, wenn man den Begriff der Handlung ganz im natürlichen Sinn als positive Tätigkeit genommen hätte. Demgegenüber ist die Unterlassung Nichttätigkeit. „Durch ein solches Nichts können Verbrechen verübt werden, sofern das Recht das damit negierte Etwas von einem Subjekt verlangt. Die Thäterschaft besteht dann aber nicht in dem Kausalwerden, sondern umgekehrt in dem Nichtkausalwerden dieses Subjekts.

Die Unterlassungdelikte sind daher sämtlich absolut kausalitätslos, und zwar auch dann, wenn die Unterlassung darin besteht, daß ein anderweit, d. h. außerhalb des betr. Delikts verursachter Erfolg rechtswidrig von Jemand nicht verhindert worden ist. Eine solche Nichtverhinderung kann am allerwenigsten deshalb kausal sein oder als kausal gelten, weil sie rechtswidrig ist, weil von Rechts wegen eine Verhinderung und damit der Nichteintritt des betr. Erfolgs verlangt und erwartet wurde: denn die Rechtswidrigkeit liegt hier gerade in der Nichtkausalität, in dem Nichteingreifen des Subjekts in den anderweit hervorgerufenen Kausalverlauf.

Aber auch für die aktiven Begehungsdelikte ist der Satz von der Kausalität der Thäterschaft theils nicht richtig, theils wenigstens nicht ausreichend[292]."

Anschließend gibt Loening die Begründung für die Einteilung der Delikte, wie er sie schon früher in seinem Grundriß durchgeführt hatte.

Der praktische Erfolg der Ausführungen Loenings war, im ganzen gesehen, nur ein geringer. Die herrschende Lehre ließ sich durch ihn nur wenig beeinflussen. Das Kausaldogma blieb unbeirrt bestehen. Immerhin ließen sich jetzt die Probleme selbst nicht mehr übersehen. Als den vielleicht größten Erfolg der Lehre Loenings darf man vielleicht ansehen, daß sie eine besondere eingehende Monographie über den Handlungsbegriff auslöste, die Radbruch zum Verfasser hatte[293].

Radbruch untersucht zunächst den Sinn des Begriffes „strafbare Handlung" und findet, „daß der Handlungsbegriff durch die Begriffe Rechtswidrigkeit, Schuldhaftigkeit und Strafbarkeit schon notwendig bestimmt ist[294]." Der allgemeine Sprachgebrauch versteht aber unter

---

291 Loening, Grundriß S. 12, Haftung d. verantw. Redakteurs S. 135 ff., insbes. auch S. 135 Anm. 2 und S. 137 Anm. 1.

292 Haftung d. verantw. Redakteurs, S. 137 f.

293 Gustav Radbruch, Der Handlungsbegriff in seiner Bedeutung für das Strafrechtssystem. Zugleich ein Beitrag zur Lehre von der rechtswissenschaftlichen Systematik, Berlin 1903.

294 Radbruch a. a. O. S. 74.

Handlung „Wille, Tat und eine Beziehung zwischen beiden[295].“ Tat ist „eine Körperbewegung in kausaler Verbindung mit dem Erfolg[296].“ Die Frage, ob man den Erfolg zur Handlung rechnen müsse, will Radbruch beiseite lassen. Nach einer historischen Übersicht über die Entwicklung des Handlungsbegriffes erfaßt er sogleich den Kern des Problems: „Soll die Handlung den obersten Begriff des Systems bilden, so muß sie die Unterlassung umfassen[297].“ Er erwähnt, daß die klare Erfassung dieses Problems erst dann möglich wird, wenn die Unterlassung nicht mehr in eine positive Handlung umgedeutet wird, sondern als das genommen wird, was sie ist: ein Etwas-nicht-tun. Sobald aber diese Eigenart der Unterlassung begriffen ist, stellt sich die Frage, wie sich die Unterlassung zum Handlungsbegriff verhält[298].

Radbruch stellt nun fest, daß die drei positiven Merkmale der Handlung, nämlich der Wille, die Tat und die kausale Beziehung zwischen beiden, bei der Unterlassung verneint sind oder, was den Willen betrifft, verneint sein können. Bei der ungewollten Unterlassung fehlt es daher an allen drei positiven Merkmalen des Handlungsbegriffes. Dann bleibt nichts mehr übrig, was auch nur die Möglichkeit offenließe, bei einer Unterlassung von einer Handlung zu sprechen[299]. An sich würde selbstverständlich der Begriff der Handlung schon dann entfallen, wenn auch nur eins seiner wesentlichen Merkmale nicht gegeben ist. Radbruch hätte nun schließen können, daß — da weder die Unterlassung unter den Begriff der Handlung fällt noch umgekehrt — beide Begriffe einander nebengeordnet sein müssen. Er geht aber weiter und behauptet, daß es überdies für beide Begriffe keinen Oberbegriff gebe; insbesondere könne auch der Begriff des Verhaltens nicht Oberbegriff von Handlung und Unterlassung sein[300]. Dieser folgenschwere Trugschluß hat die Meinung begründet, daß durch das strafrechtliche System ein unheilbarer Riß gehe. Wäre diese Meinung richtig, dann müßte man gleichsam zwei Lehrbücher des Strafrechts schreiben, von denen das eine für die Handlung, das andere für die Unterlassung gelten würde. Schon das Gefühl müßte uns sagen, daß diese Meinung unmöglich richtig sein kann. Hier hat wieder einmal die Philosophie der Strafrechtswissenschaft einen Streich gespielt.

Radbruch bildete folgende Schlußkette; „So wahr ein Begriff und sein kontradiktorisches Gegenteil, so wahr Position und Negation, a und non-a nicht einem gemeinschaftlichen Oberbegriff unterstellt zu werden vermögen: so wahr müssen auch Handlung und Unterlassung unverbunden nebeneinander stehen[301].“ Die Schluß-

---

[295] Ebenda, S. 73.
[296] Ebenda, S. 75.
[297] Ebenda, S. 131.
[298] Ebenda, S. 131.
[299] Ebenda, S. 132—140.
[300] Ebenda, S. 140.
[301] Ebenda, S. 141 f.

kette besteht also in folgenden Sätzen: Kontradiktorische Gegenbegriffe haben keinen gemeinsamen Oberbegriff. Handlung und Unterlassung sind kontradiktorische Gegenbegriffe. Also haben sie keinen gemeinsamen Oberbegriff. Schon die Formulierung, a und non-a können keinen gemeinsamen Oberbegriff haben, ist nicht nur fehlerhaft, sondern sie entspricht auch nicht dem von Radbruch angewandten Verfahren. Unterlassung ist ein Begriff. Non-a dagegen ist kein Begriff, dem irgendeine Vorstellung entspräche. Non-a besagt vielmehr nur ein Feststellungsurteil des Inhalts: a ist nicht gegeben. Das ist ein Urteil, aber kein Begriff. Ein einfaches Beispiel zeigt die Unrichtigkeit der Formulierung. Sage ich: Hund ist nicht, dann ist damit kein Begriff gegeben. Selbstverständlich gibt es zwischen einem Begriff und einem Verneinungsurteil keinen Oberbegriff. Non-a ist aber für Radbruch ein Begriff. Setze ich nun für a einen Begriff und für non-a einen Begriff, der nicht a ist, also für a Hund, für non-a Katze, dann gibt es für beide sehr wohl einen Oberbegriff. Mehr ist aber durch diese Formel nicht gesagt. Ein Begriff ist schon dann zu verneinen, wenn auch nur ein wesentliches Begriffsmerkmal fehlt. In Wahrheit hatte Radbruch aber ein ganz anderes Verfahren eingeschlagen. Er bestimmte die Merkmale des Begriffes Handlung und fand dafür drei Merkmale. Algebraisch wäre das auszudrücken mit $a_{1, 2, 3}$. Dann untersuchte er den Begriff Unterlassung (b) und stellte fest: b = non 1, 2, 3. Damit war aber von b positiv noch überhaupt nichts festgestellt; denn non 1, 2, 3 ist und bleibt weiter nichts als die Aneinanderreihung von drei Verneinungsurteilen. Reine Verneinungsurteile ergeben aber niemals einen Begriff. Radbruch wollte freilich etwas anderes sagen: Wenn ich zwei Begriffe habe, von denen der eine Begriff kein Merkmal mit dem anderen gemeinsam hat, dann können solche Begriffe keinen gemeinsamen Oberbegriff haben. Dieser Satz ist aber keineswegs unproblematisch. Man kann sagen: Er trifft zu und er trifft auch nicht zu, je nachdem wie weit man den Kreis der Gemeinsamkeit zieht. So haben Tugend und rot keinen gemeinsamen Oberbegriff, wenn man davon absieht, daß beide Worte Begriffe sind. Da sie aber beide Begriffe sind, so gehören sie in jedem Fall zur Klasse der Begriffe. Nun sind aber Handlung und Unterlassung nicht einmal Begriffe, die wie Tugend und rot in verschiedene Kategorien fallen. In jedem Fall fallen beide unter die Rechtskategorie. Es fragt sich nun, was es mit der Behauptung auf sich hat, daß kontradiktorische Begriffe keinen Oberbegriff haben können. Was bedeutet kontradiktorisch? Man hat versucht, kontradiktorische Begriffe durch einfache Verneinung von Begriffen herzustellen. So sollen weiß und nichtweiß kontradiktorische Begriffe sein. Das kann schon deshalb nicht richtig sein, weil die bloße Verneinung eines Begriffes niemals einen Begriff ergibt. Nichtweiß ergibt überhaupt keine sinnvolle Vorstellung. Von kontradiktorischen und von konträren Begriffen zu sprechen ist nur erlaubt innerhalb einer konkreten Reihenbildung. Konträr ist ein Gegensatz dann, wenn innerhalb einer

Begriffsreihe das Gegebensein eines Begriffes zwar den andern ausschließt, aber nicht umgekehrt das Nichtgegebensein des einen den andern gegeben sein läßt. Kontradiktorisch ist der Gegensatz dann, wenn sowohl das Gegebensein des einen Begriffes den andern ausschließt, als auch das Nichtgegebensein des einen den anderen gegeben sein läßt. Beide Begriffe, kontradiktorisch und konträr, sind nur sinnvoll innerhalb bestimmter Begriffsreihen. Beim kontradiktorischen Gegensatz besteht die Begriffsreihe nur aus zwei Gliedern, beim konträren Gegensatz dagegen aus mehreren Gliedern. Solche Begriffsreihen haben nur einen Sinn innerhalb einer bestimmten Gebietskategorie. Kontradiktorische Gegenbegriffe sind z. B. gerade und ungerade Zahlen im Bereich der ganzen rationalen Zahlen, gerade und krumme Linien, gut und böse, natürlich nur, wenn ich in der Kategorie des Sittlichen bleibe, ebenso recht und unrecht. Auch Handlung und Unterlassung sind kontradiktorische Gegenbegriffe innerhalb der Rechtskategorie, d. h. alles rechtlich erhebliche Verhalten kann entweder Handlung oder Unterlassung sein. Für kontradiktorische Begriffe gibt es aber nun unter allen Umständen gemeinschaftliche Oberbegriffe. So sind z. B. gerade und krumm in bezug auf Linien Raumrichtungsbegriffe. Der Begriff gerade wie der Begriff krumm gibt bestimmte Richtungsverläufe an. Dasselbe gilt für die geraden und ungeraden Zahlen. Nur innerhalb der ganzen rationalen Zahlen hat es überhaupt einen Sinn, das Gruppierungsprinzip „Teilbarkeit oder Nichtteilbarkeit durch 2" anzuwenden. Der Oberbegriff wäre etwa: Zahlen mit einem bestimmten Teilungseffekt bei der Teilung durch zwei. Wäre es nicht so, dann müßte auch in der Mathematik oder Arithmetik jener unheilvolle Riß aufgetaucht sein. Es müßte zwei Mathematiken und zwei Arithmetiken geben, die eine für gerade Linien bzw für gerade Zahlen, die andere für krumme Linien bzw. für ungerade Zahlen.

Felix Kaufmann hat ganz recht[302], wenn er sagt, daß die Schlußkette nur in der hypothetischen Form richtig wäre: Wenn es wahr ist, daß kontradiktorische Gegenbegriffe keinen Oberbegriff haben, dann haben auch die kontradiktorischen Begriffe Handlung und Unterlassung keinen Oberbegriff. Aber gerade diese Hypothese trifft nicht zu, zu welchem Ergebnis auch Kaufmann gelangt.

Obwohl wir hiermit das nachgewiesen haben, was nachzuweisen war, wollen wir nun doch noch das Verhältnis der beiden Begriffe Handlung und Unterlassung näher betrachten. Wir haben gesehen, daß sich das Urteil, daß zwei Begriffe kontradiktorische seien, gar nicht fällen läßt, ehe nicht das Gebiet abgesteckt ist, für welches sie kontradiktorisch sind. Wenn ich feststelle, daß etwas keine Unterlassung ist, dann ist damit noch nicht festgestellt, daß es eine Handlung ist. Ein Baum ist keine Unterlassung, aber er ist auch keine Handlung. Handlung und Unterlassung müssen Glieder einer sinn-

302 Felix Kaufmann, Logik und Rechtswissenschaft. Grundriß eines Systems der reinen Rechtslehre, S. 63 ff.

vollen Begriffsreihe sein, und zwar alternative Glieder der Begriffsreihe. Durch den bestimmten Sinn sind diese Glieder aufeinander bezogen. Erst der gemeinsame Bezugspunkt vermag die Glieder so fest aneinander zu ketten, daß nur ihr gegenseitiges Verhältnis in Betracht kommt. Welches ist bei Handlung und Unterlassung das verbindende Moment? Gehen wir von einem sprachlichen Beispiel aus: Ich habe dir geholfen — ich habe unterlassen, dir zu helfen. Sage ich, ich habe nicht unterlassen, dir zu helfen, dann bedeutet dieser Satz, daß ich dir geholfen habe. Machen wir die Gegenprobe: Bedeutet, ich habe dir nicht geholfen, daß ich unterlassen habe, dir zu helfen? Offenbar jedenfalls nicht mit derselben Gewißheit! Die Begriffe Handeln und Unterlassen müssen danach nicht ganz gleichwertig sein. Ich habe dir nicht geholfen, ist offensichtlich eine bloße Verneinung. Radbruch gibt nun der Unterlassung den Sinn einer bloßen Verneinung, wie seine Formel a — non-a zeigt. Aber ist es wirklich dasselbe, ob ich sage, ich habe dir nicht geholfen, oder ob ich sage, ich habe unterlassen, dir zu helfen? Ist es z. B. gleichbedeutend, wenn jemand sagt, ich habe eine Arbeit nicht geschafft, weil mein Freund mir nicht geholfen hat, als wenn er sagt, ich habe die Arbeit nicht geschafft, weil mein Freund es unterlassen hat, mir zu helfen? Das Sprachgefühl sagt uns, daß hier mit beiden Wendungen Verschiedenes gemeint ist. Aber worin liegt die Verschiedenheit? Man könnte sagen, von Unterlassen spricht man dann, wenn eine bestimmte Handlung erwartet wurde, also hier das Helfen. Aber was heißt nun wieder „erwarten"? Von „erwarten" wird man in der Regel sprechen, wenn man ein bestimmtes Handeln als irgendeine Pflicht ansieht. Aber bei dem allgemeinen Begriff des Unterlassens ist eine Pflicht nicht notwendige Voraussetzung. Auch bei reinen Zweckzusammenhängen kann man ein bestimmtes Handeln erwarten, und zwar dann, wenn man sich einen Zweck als Aufgabe gestellt denkt, ohne daß dieser Aufgabe eine Pflicht zugrundeliegen müßte. Ja, selbst bei normalen Abläufen kann man ein bestimmtes Verhalten erwarten. Hiermit ist zunächst folgendes gesagt: Erwarten ist an sich ein leerer Begriff, wenn nicht zugleich gesagt wird, in bezug auf welchen Zusammenhang, Normenkomplex (wobei dieser Begriff im weitesten Sinn zu verstehen ist, also einschließlich des „Normalen"), dieser Begriff gemeint ist[303]. Auch im Recht kann man von einer erwarteten Handlung sprechen. Erwartet heißt hier aber nicht

---

[303] Deshalb ist die Verwendung des Begriffes „erwartete Handlung" bei Mezger nicht ganz sachentsprechend, obwohl er nahe an das hier Gesagte herankommt, wenn er bemerkt, erwartete Handlung bedeute vom Recht gebotene Handlung. Jedoch kann man beides nicht voneinander trennen, wie Mezger es will, weil dann der Begriff „erwartete Handlung" völlig inhaltsleer wird. Bei der Bemerkung, daß nicht der Unterlassende, sondern der Betrachter „die Unterlassung zustande bringt", ist offenbar, wie manchmal, der logische Pegasus dem Juristen durchgegangen. Der Beurteiler bringt nichts zustande, sondern beurteilt eben nur ein Verhalten als Unterlassung im Hinblick auf einen bestimmten Normkomplex, hier also im Hinblick auf das Recht bzw. eine konkrete Rechtspflicht. Vgl. Mezger, Strafrecht, ein Lehrbuch, S. 130 und 132f.

schlechthin erwartet, sondern im Rechtssinn erwartet. Im Rechtssinn erwartet ist aber nur eine Handlung, die vorzunehmen Pflicht ist. Eine andere Handlung kann vom Recht gar nicht erwartet sein. Was technisch, psychologisch, sittlich, sozial usw. zu erwarten war, ist rechtlich vollständig belanglos. Daß hierbei die Kategorien des Sittlichen und Sozialen eine gewisse Ausnahmestellung einnehmen, beruht nur darauf, daß das Recht zugleich sittliches und soziales Phänomen ist. Das ändert nichts daran, daß trotzdem vom Recht nur das erwartet werden kann, was Inhalt einer Rechtspflicht ist. Der positive Bezugskern der Unterlassung im Rechtssinn kann daher nur die gemäß einer Rechtspflicht erwartete Handlung sein. Allgemeine Voraussetzung einer erwarteten Handlung ist ihre Möglichkeit oder wenigstens ihre angenommene Möglichkeit[304]. Ich kann daher auch eine unmögliche Handlung erwarten, aber doch nur, wenn ich sie irrtümlich für möglich halte. Anderenfalls wird der Begriff der erwarteten Handlung und damit auch der der Unterlassung sinnwidrig. Ich kann daher z. B. erwarten, daß mir jemand durch einen Zauber hilft, aber eben nur, wenn ich Zauberei für möglich halte. Dasselbe gilt für das Recht. Dieses nimmt eine Rechtspflicht nur dann für gegeben an, wenn es die Handlung für möglich hält. Damit sind wir aber mitten in der Erörterung der positiven Merkmale der Unterlassung. Diese sind innerhalb der Kategorie des Rechts: Die Möglichkeit der vom Recht erwarteten Handlung und die Rechtspflicht zu ihrer Vornahme. Erst diese Rechtspflicht macht die Unterlassung zu einer rechtlich qualifizierbaren. Die Möglichkeit der erwarteten Handlung macht auch erst die Unterlassung möglich. Damit haben wir zugleich den gemeinsamen Bezugspunkt von Handlung und Unterlassung gefunden. Handlung und Unterlassung sind rechtlich qualifizierbare mögliche Verhaltensweisen. Daß bei der Handlung das Problem der Möglichkeit seltener auftritt als bei der Unterlassung, ist unwesentlich. Die Möglichkeit einer Handlung wird in der Regel bereits durch sie selbst bewiesen, aber doch auch nicht immer. Hiermit haben wir nicht nur nachgewiesen, daß der Begriff des Verhaltens tatsächlich Oberbegriff von Handlung und Unterlassung ist, sondern auch, daß das Abzugsverfahren Radbruchs einen folgenschweren Fehler enthielt. Es trifft nämlich gar nicht zu, daß die Handlung nur aus drei Merkmalen besteht. Die Merkmale aber, die noch zu ihr gehören, sind gerade die, die sie mit der Unterlassung gemeinsam hat. Diese Merkmale sind aber zugleich auch der gemeinsame Bezugspunkt beider Begriffe, durch den die Verneinung erst ihren bestimmten Sinn erhält. Das mögliche rechtserhebliche Verhalten gliedert sich daher in Tätigkeit und Nichttätigkeit. Daß Unterlassung nicht nur in einer Verneinung bestehen konnte, war dabei von vornherein klar, weil eine Verneinung allein niemals einen Begriff ergibt. Wie es kommt, daß der

---

[304] Daher kann die von Eberhard Schmidt vertretene Meinung, Nichtabwendung des Erfolges sei immer Bedingung des Erfolgseintritts, auch unabhängig von der unrichtigen Annahme der Kausalität nicht richtg sein.

Begriff der Unterlassung viel stärker auf die Handlung bezogen ist als umgekehrt die Handlung auf die Unterlassung, dieser Frage wollen wir nicht näher nachgehen[305].

Nur kurz seien noch einige sprachliche Schwierigkeiten beleuchtet. Wenn wir das Verhalten eines Menschen nachprüfen und feststellen, daß es kein rechtserhebliches Verhalten sei, so könnte man hierdurch zu der Meinung gedrängt werden, daß Handlung und Unterlassung gleichsam vorrechtliche Begriffe seien, die auf ihre Rechtserheblichkeit geprüft würden. In diesem Fall wären übrigens diese beiden Begriffe nicht kontradiktorische, weil das Nichtvorliegen einer Handlung bzw. einer Unterlassung nicht das Vorliegen des entgegengesetzten begründen würde. Gewiß sind Handlung und Unterlassung vorrechtliche Begriffe in dem Sinn, daß das Recht diese Begriffe schon vorgefunden hat. Dennoch würde jene Meinung nicht richtig sein. Bei der Prüfung eines Falles wird in Wahrheit gar nicht geprüft, welch ein vorrechtliches Verhalten vorliegt, an welches nun gewissermaßen erst der rechtliche Maßstab gelegt wird, sondern es wird sofort geprüft, ob ein rechtliches Verhalten vorliegt oder genauer ein Verhalten im Rechtssinn. Nur die etappenweise Prüfung führt zu einer gewissen Verschleierung dieser Sachgegebenheit. Ein Verhalten schlechthin könnte ohnedies nicht festgestellt werden, weil wir gesehen haben, daß dieser Begriff ohne einen bestimmten Normenkomplex leer ist, daß ihm ein materieller Gehalt fehlt. Wird festgestellt, daß ein Verhalten im Rechtssinn nicht vorliegt, dann ist es völlig belanglos, ob in anderer Hinsicht ein Verhalten gegeben ist. Die kontradiktorische Eigenschaft von Handlung und Unterlassung kommt übrigens praktisch nie zur Auswirkung, und zwar nicht deshalb, weil sie nicht vorliegt, sondern deshalb, weil wir die Prüfung des Falles nie mit der Frage beginnen, ob ein Verhalten gegeben ist. Auch wenn nämlich das Verhalten rechtsbezogen ist, dann ist der Begriff immer noch zu arm an Inhalt, als daß es sich empfehlen würde, mit seiner Prüfung zu beginnen. Unsere Prüfung beginnt vielmehr mit der Frage, ob eine Handlung oder eine Unterlassung (positives Tun oder ein Nichttun) vorliegt. Der kontradiktorische Effekt könnte aber nur dann eintreten, wenn wir zuvor festgestellt hätten, daß ein Verhalten gegeben ist.

Dieses logische Sachverhältnis wird nun verschleiert durch die engen Beziehungen der Kategorien des Rechts, der Sittlichkeit und des Sozialen. Dadurch wird der Eindruck erweckt, als ob Handlung, Unterlassung, Verhalten schon als vorrechtliche Begriffe in Ansatz gebracht werden. Auch unser tatsächlicher Gedankenablauf muß eine solche Meinung unterstützen; denn in der Tat pflegt man sich zunächst an der sittlichen oder sozialen Kategorie zu orientieren. Gegen ein solches Verfahren ist um so weniger etwas einzuwenden,

---

[305] Nur eine kurze Andeutung: Eine Unterlassung ist nur im Hinblick auf eine erwartete Handlung sinnvoll, während es bei der Handlung als selbstverständlich vorausgesetzt wird, daß sie auch unterlassen werden konnte.

als in diesen Kategorien gute Richtweiser auch für das Recht enthalten sind, wie es gar nicht anders sein kann, wenn das Recht zugleich sittliches und soziales Phänomen ist. Trotzdem bleibt das Recht jenen Kategorien gegenüber relativ selbständig und formt sich daher auch seine Begriffe relativ selbständig.

Wenn wir im Ergebnis auch nicht mit Radbruch übereinstimmen können, so ist doch die große Bedeutung seiner Monographie hervorzuheben. Seine Fragestellungen haben sich so präzisiert, daß die Probleme selbst unausweichlich geworden sind. Indem er den Begriff der Handlung und das Kausalitätsproblem im Zusammenhang sieht, erhält die Kausalitätsfrage einen inneren Halt[305a]. Seine Ausführungen sind so klar, daß man mit aller Genauigkeit sagen kann: Hier steckt der Fehler. Das ist ein großer Gewinn, weil man nun an einer bestimmten Stelle weiterbauen kann.

An weiteren Auseinandersetzungen mit dem Kausaldogma hat es nicht gefehlt. Wenn wir an Lundstedt[306] denken, so wurde der Kampf geradezu in leidenschaftlichen Formen geführt. Aus der Fülle der Stimmen wollen wir nur noch eine bedeutsame nennen und kurz behandeln: Kelsen. Der bereits erwähnte Felix Kaufmann hatte sich auf Kelsen berufen und die Behauptung aufgestellt, daß mit dem Begriff des Verhaltens die Kausalität und mit ihr der psychische Wille als psychische Ursache eines Geschehens aus der rechtswissenschaftlichen Methode ausscheide[307]. Es ist nicht ganz klar, wie man diesen Satz auffassen soll. Sollte mit ihm gemeint sein, daß psychischer Wille und Kausalität im Recht keine Rolle spielen, dann wäre er zu weit gegriffen. Ist damit aber nur gemeint, daß Kausalität und psychischer Wille nicht die primären Rechtsverknüpfungsgründe seien, dann wäre er richtig. Eine ähnliche Ungewißheit ergibt sich aus der Lehre Kelsens[308].

Das Verdienst Kelsens besteht darin, daß er in den Mittelpunkt seiner Betrachtungen über die Problematik Zurechnung-Kausalität nicht das Prinzip der Kausalität, sondern den Rechtsverknüpfungsbegriff der Zurechnung stellt. „Die auf Grund der Norm vorgenommene Verknüpfung zwischen einem Seinstatbestande und einem Subjekte ist die Zurechnung. Sie ist eine ganz eigenartige, von der kausalen und teleologischen völlig verschiedene und unabhängige Verknüpfung von Elementen. Man kann sie, weil sie auf Grund der Normen erfolgt, als eine normative bezeichnen. Die Unterscheidung

---

[305a] Die Brüchigkeit des Handlungsbegriffes hatte auch Kitzinger, Ort und Zeit der Handlung im Strafrecht, gesehen und vom „verhängnisvollen Handlungsbegriff" gesprochen (a. a. O. S. 112 ff.). Bei der Frage der Kausalität der Unterlassung zog sich Kitzinger nach einer guten Kritik der verschiedenen Ansichten zu früh auf den natürlichen Sprachgebrauch zurück (vgl. insbesondere S. 132 ff. und 145).

[306] Anders Vilhelm Lundstedt, Die Unwissenschaftlichkeit der Rechtswissenschaft, 2. Bd. 1. Teil S. 63—82. Auf Lundstedt näher einzugehen, würde uns von unseren Hauptgesichtspunkten zu sehr abziehen.

[307] Felix Kaufmann a. a. O. S. 67 f.

[308] Hans Kelsen, Hauptprobleme der Staatsrechtslehre, 1923 (1. Aufl. 1911).

von Soll-Subjekt und Soll-Objekt ist von größter Bedeutung. Ein Fehler wäre, beides zu identifizieren, etwa von der Voraussetzung ausgehend, gesollt sei stets nur ein Verhalten des Subjektes; denn abgesehen davon, daß auch in diesem Fall Subjekt und Verhalten nicht zusammenfallen, kann ohne weiteres auch etwas anderes, kann viel mehr als ein Verhalten, das heißt bei menschlichen Subjekten, eine Körperbewegung oder deren Unterlassung gesollt sein. Die Norm kann prinzipiell alles fordern, auch Dinge, die nur in einem sehr weiten (kausalen) Zusammenhange oder auch in gar keinem Zusammenhange mit körperlichen Bewegungen des Normsubjektes stehen[309]." Als Beispiel bringt Kelsen einen römischen Rechtssatz, der den Eigentümer eines Hauses, von dessen Dach ein Ziegel herabgefallen ist und jemand getötet hat, mit einer hohen Geldstrafe belegt[310]. Der Satz, daß die Rechtsnorm prinzipiell alles fordern könne, scheint allerdings übertrieben zu sein, wie gewisse Übertreibungen überhaupt die Schwäche der Lehre Kelsens ausmachen. Kelsen meint, daß die Anschauung des Determinismus seine Ansicht bestätige. Nach dem Determinismus steht fest, „daß das Normsubjekt tatsächlich nicht bewirken oder verhindern konnte, was es sollte, was aber keineswegs die Zurechnung aufheben wird. Denn bei der Zurechnung fragt es sich niemals, was das Subjekt getan oder unterlassen hat, sondern lediglich, was gesollt war und wer gesollt hat[311]." Nun ist der Determinismus selbst eine viel zu unsichere Ansicht, als daß man sie zum Beweis heranziehen könnte. Kelsen reißt ganz bewußt eine unübersteigbare Kluft ein zwischen Recht und Rechtsidee einerseits und zwischen Recht und tatsächlichem Geschehen andererseits. Wenn Kelsen behauptet, bei der Zurechnung frage es sich niemals, was das Subjekt getan oder unterlassen hat, dann ist das ganz sicher falsch; denn gerade an das tatsächliche Geschehen wird ja der Maßstab des Sollens gelegt. Daß hierbei das tatsächliche Geschehen selbst schon unter einem Auswahlprinzip gesehen wird, daß es von vornherein auf seine Rechtsbezogenheit geprüft und bei Bejahung der Prüfung rechtlich beurteilt wird, ändert nichts daran, daß jedenfalls ein tatsächliches Geschehen oder Nichtgeschehen Gegenstand der Rechtsbeurteilung ist. Verhalten, Handlung, Unterlassung sind immerhin Tatsachen, mögen sie für das Recht auch nur als rechtsbezogene in Betracht kommen. Deshalb bleiben sie doch Bestandteil eines tatsächlichen Geschehens. Das gleiche gilt für die Kausalität. Diese stellt ein Prinzip der Verknüpfung tatsächlichen Geschehens dar, welches das Recht auch für die rechtliche Verknüpfung zugrundelegen kann, sei es in vollem Umfang, sei es in eingeschränktem Umfang. Freilich kann das Recht auch andere Verknüpfungsgründe schaffen. Deshalb ist die Kausalität an sich noch keine rechtliche Verknüpfung. Was kausal verknüpft ist, kann recht-

---

309 Kelsen a. a. O. S. 72.
310 Ebenda, S. 73.
311 Ebenda.

lich verknüpft sein, braucht aber nicht rechtlich verknüpft zu sein. Umgekehrt kann das, was kausal nicht verknüpft ist, doch rechtlich verknüpft sein. Das ist ja denn auch der Grund dafür, daß die Kausalität nicht „das" rechtliche Verknüpfungsprinzip sein kann. Kelsen meint nun, daß die Zurechnung eben „das" rechtliche Verknüpfungsprinzip sei[312]. Ob nun die Zurechnung überhaupt ein Prinzip ist oder nur ein zusammenfassender Name für bestimmte Verknüpfungsmöglichkeiten, mag dahingestellt bleiben. Es ist aber übrigens auch nicht das einzig mögliche Verknüpfungsprinzip. Bei der Gefährdungshaftung beispielsweise wird das Ereignis dem Normsubjekt nicht zugerechnet, sondern angerechnet. Das betrifft das Beispiel Kelsens aus dem römischen Recht. Wenn der Eigentümer des Hauses ohne Rücksicht auf sein nicht gegebenes Verschulden zu einer hohen Geldstrafe verurteilt wird, dann jedenfalls nicht deswegen, weil ihm das Ereignis zuzurechnen ist, sondern höchstens, weil es ihm angerechnet wird. Daß wir im Strafrecht im allgemeinen eine solche Gefährdungshaftung ablehnen, beruht auf der Fortentwicklung des Rechtsbewußtseins. Es ist daher auch nicht richtig, daß die Norm prinzipiell alles fordern könne[313]. Damit wird die Bedeutung der Rechtsidee für das Recht erheblich unterschätzt. Ebenso kann das Recht nicht mit gegebenen Begriffen machen, was es will[314]. Es kann sie nur in bestimmten Grenzen „rechtsgemäß" machen, wobei diese Grenzen für jeden Begriff, aber auch für verschiedene Rechtsgebiete verschieden sein können. So kann unter einem Täterwillen etwas anderes zu verstehen sein als unter dem Handlungswillen nach bürgerlichem Recht. Der durch Auslegung zu ermittelnde Vertragswille kann z. B. zu einem hypothetischen Rechtswillen werden, der mit einem psychischen Willen nichts mehr zu tun zu haben braucht. Dagegen wird ein hypothetischer Täterwille im Strafrecht vielleicht nur in Grenzfällen möglich sein. Umgekehrt kann der Wille des Verletzten auch im Strafrecht stark hypothetisiert werden, z. B. beim Hausfriedensbruch, wenn jemand gegen den „Willen" des Berechtigten in ein befriedetes Besitztum eingedrungen ist. Wenn in früheren Zeiten Zauberei strafbar war, dann nicht deswegen, weil das Gesetz prinzipiell alles fordern könne, sondern weil das Recht in Übereinstimmung mit der Volksmeinung damals Zauberei für möglich hielt. Sobald sich die allgemeine Ansicht durchsetzte, daß Zauberei nicht möglich sei, entfiel Zauberei als Straftatbestand eines Verursachungsdeliktes. Heute wäre prinzipiell ein solcher Tatbestand nicht mehr möglich, womit nicht gesagt sein soll, daß er auch in aller Zukunft unmöglich sein wird. Würde ein Volk in Zukunft die verursachende Zauberei für möglich halten, würde dieser Tatbestand wieder eingeführt werden.

---

[312] Ebenda, S. 72: „Die auf Grund der Norm vorgenommene Verknüpfung zwischen einem Seinstatbestande und einem Subjekte ist die Zurechnung." S. 75: „Allein aus der Norm ist das Prinzip der Zurechnung zu holen."

[313] Ebenda, S. 72: „Die Norm kann prinzipiell alles fordern."

[314] Nach Kelsen sind die Rechtsbegriffe allein aus dem Recht herauszuentwickeln. Vgl. a. a. O. S. 84 ff.

Für das Strafrecht jedenfalls kann aber die Meinung als richtig angesehen werden, daß der Begriff der Zurechnung der wesentliche Verknüpfungsbegriff ist. Die Zurechnungsfrage ist aber nicht: Was ist gesollt, wer hat gesollt? Eine solche Fragestellung wäre viel zu allgemein. Sie erhält ihren Sinn erst aus einer gegebenen tatsächlichen Rechtssituation. Auch hier zeigt sich wieder, daß das Recht wirklichkeitsbezogen ist. Die Zurechnungsfragen können daher nur lauten: Welches Verhalten ist in einer konkreten wirklichen Rechtssituation gesollt? Von wem ist es gesollt? Wann (unter welchen Voraussetzungen) ist es gesollt? Die Frage, warum etwas gesollt ist, gehört dagegen nicht hierher. Ihre Antwort ist bereits vorausgesetzt: Weil das Recht es fordert. Wenn Kelsen weiterhin die Meinung ausgesprochen hat, daß das Soll-Objekt auch etwas anderes als ein Verhalten sein könne, dann kann auch dieser Meinung nicht beigetreten werden[315]. Etwas anderes als ein menschliches Verhalten kann niemals gesollt sein. Deshalb lautet der Inhalt des römischen Rechtssatz nicht: Von dem Hause soll kein Stein herabfallen und jemand töten, sondern: Der Eigentümer hat dafür zu sorgen, daß von seinem Hause kein Stein herabfällt und jemand tötet. Wird aber jener Satz auch auf unverschuldete Vorgänge angewandt, dann enthält er überhaupt kein Soll-Objekt, sondern lediglich die Anknüpfung einer Rechtsfolge an ein tatsächliches Geschehen. Wie sich alles dies auch im einzelnen verhalten möge: Das große Verdienst Kelsens liegt darin, daß er erkannt hat, daß Grund der Verknüpfung nicht die Kausalität ist, sondern daß das Recht selbst Verknüpfungsgrund ist.

Mit dieser Hindeutung auf Kelsen wollen wir unsere historische Übersicht schließen. Mag sie noch so große Lücken haben, so hat sie uns doch wenigstens einen inneren Zusammenhang der Problementwicklung gezeigt und Material für die eigene Betrachtung herbeigeschafft.

---

315 Kelsen, a. a. O. S. 72: „Die Unterscheidung von Soll-Subjekt und Soll-Objekt ist von größter Bedeutung. Ein Fehler wäre, beides zu identifizieren, etwa von der Voraussetzung ausgehend, gesollt sei stets nur ein Verhalten des Subjektes.“

II. DOGMATISCHER TEIL

1. Die Gruppierung der Delikte

Wie wir in der historischen Übersicht ausgeführt haben, betrifft die Kausalitätsfrage ausschließlich die Beziehung zwischen Verhalten und Erfolg. Wenn die Frage nach der Kausalitätsbeziehung verschieden aufgefaßt werden kann, dann ist es eine Forderung der Klarheit, genauer zu bestimmen, was man meint. Wollte man die Kausalbeziehung zwischen Willen und Verhalten sehen, dann würde die Kausalität ohnehin problematisch sein in den Fällen, in denen das Verhalten in einem Nichthandeln besteht, sowie in den Fällen, wo es überhaupt an einem aktuellen Willen fehlt. Die Kausalität ist aber auch in den Fällen problemlos, wo ein positives Tun Wirkung eines Willens ist. Es bleibt sich gleich, ob man sagt, jemand habe gehandelt, oder ob man sagt, jemand habe ein Handeln verursacht. Man wird die letztere Ausdrucksweise sogar als unangemessen empfinden. Nur in den Ausnahmefällen, wo zwar ein Wille vorhanden ist, aber wegen Lähmung die gewollte Handlung nicht ausgeführt werden kann, fühlen wir, daß doch auch schon zwischen Wille und Körperbewegung ein kausales Verhältnis besteht. Aber dieser Ausnahmefall bietet uns keine Veranlassung, von unserer Beschränkung der Kausalitätsfrage auf das Verhältnis zwischen Verhalten und Erfolg abzugehen.

Auch den Begriff des Erfolges müssen wir der Klarheit halber ein für allemal festlegen[316]. Diese Bestimmung entspricht durchaus der Beschränkung der Kausalitätsfrage. Wenn zwischen dem Willen und dem Tun an sich ein kausales Verhältnis gegeben ist, dann würde nichts im Wege stehen, das Tun den Erfolg des Gewollten zu nennen. Wenn wir aber das Wort Erfolg gebrauchen, dann verstehen wir

[316] Die Unklarheit des Erfolgsbegriffes bleibt sich gleich, ob man Verhalten und „Außenerfolg“ Erfolg nennt oder vom Erfolg in seiner konkreten Gestalt spricht. Bei dieser Redeweise bleibt unklar, inwieweit das Verhalten zur konkreten Gestalt gehören soll. Im übrigen ist Erfolg immer nur konkreter Erfolg, für den ein bestimmter Täter auf Grund eines bestimmten Verhaltens bei einer bestimmten Situation verantwortlich ist. Beide Redeweisen dienen oft dazu, eine „Kausalität“ zu erweisen, wo sie entweder nicht gegeben ist oder in anderem besteht, als man sagt. Das gilt auch von der psychischen Kausalität, die oft herhalten muß, wenn man die Kausalität anders nicht begründen zu können glaubt.

darunter allein ein Geschehen in der Außenwelt, das gedanklich abtrennbar vom Verhalten selbst ist und als dessen Ergebnis gedacht werden kann. Wir verstehen daher unter Erfolg nur den sogenannten Außenerfolg. Es ist mehr eine Frage der Zweckmäßigkeit, ob man den Begriff des Erfolges auf diese oder jene Weise faßt. Aber systematisch scheint uns die Beschränkung auf den Außenerfolg fruchtbarer zu sein. Anderenfalls würden verschiedene Begriffe ins Wesenlose verschwimmen, z. B. die Unterscheidung zwischen Erfolgs- und schlichten Tätigkeitsdelikten[317].

Erfolg ist aber auch nicht der rechtliche Effekt als „Rechtswidrigkeit", sondern nur ein tatsächliches Geschehen, welches rechtsbezogen ist und als rechtswidrig gewertet wird. Würden wir sagen: Jemand habe eine Rechtswidrigkeit oder Rechtsverletzung „verursacht", dann kämen wir zu gänzlich falschen Vorstellungen. Mit einer solchen Redeweise wäre das Prinzip der Kausalität an einem Material zur Anwendung gebracht worden, welches seiner Natur nach nicht zu diesem Prinzip paßt. Das Prinzip der Kausalität betrifft lediglich Veränderungen der Außenwelt, wie wir etwas schief zu sagen pflegen; denn auch psychische Veränderungen fallen unter dieses Prinzip. Hat z. B. jemand einen anderen beleidigt, und der andere fühlt sich durch die Beleidigung verletzt, dann ist auch diese psychische Veränderung verursacht. Wir müßten daher richtiger sagen: Das Prinzip der Kausalität betrifft nur Veränderungen der Wirklichkeit. Wenn wir sagen, jemand habe eine Rechtsverletzung verursacht, dann ist das nur als ein Bild zu verstehen. Aber dieses Bild ist für die Lehre von der Kausalität sehr gefährlich, weil es zu falschen Folgerungen verleiten kann. Eine Rechtsverletzung wird nicht verursacht, sondern festgestellt. Das Urteil, daß ein tatsächliches Geschehen rechtswidrig sei, ist kein Urteil über einen Wirkzusammenhang, sondern ein Urteil über den Vergleich zwischen einem rechtsbezogenen Verhalten und dem Normenkomplex des Rechts mit dem Ergebnis, daß das Verhalten eine Rechtsverletzung „ist" oder „nicht ist". Wollte man auch hier von Verursachen sprechen, dann würde der Begriff des Verursachens ins Wesenlose verzerrt, und man könnte sich schließlich gar nicht mehr verständigen.

Nachdem wir uns so über die im folgenden zu beobachtende Redeweise geeinigt haben, müssen wir uns noch über einige Thesen einigen. Da die Thesen weithin bestritten sind, bleibt uns nichts anderes übrig, als sie hypothetisch zu setzen. Alles weitere ist daher so zu verstehen, daß es nur dann gelten würde, wenn unsere Thesen gelten. Wir müssen dieses hypothetische Verfahren einschlagen, weil es sich herausgestellt hat, daß auf dem Gebiet der Kausalität schon jeder Versuch eines Beweises angezweifelt wird. Wir werden uns hüten, für eine Sache Beweise aufzustellen, die doch nur diejenigen überzeugen, die schon überzeugt sind, aber nicht diejenigen, die eigentlich überzeugt werden sollen. Ob solche Beweise möglich sind

[317] So bei Mezger, Strafrecht, ein Lehrbuch, S. 96 f.

oder nicht, lassen wir dahingestellt. Bisher jedenfalls kann festgestellt werden, daß die vorgebrachten Beweise noch niemand überzeugt haben, der nicht überzeugt sein wollte. Wenn ich persönlich auch überzeugt bin, daß die Thesen, die ich sogleich aufstellen werde, richtig sind (sonst würde ich sie ja nicht aufstellen), so stellt sich diese Arbeit keineswegs die Aufgabe, etwaige Gegner der hier aufgestellten Ansichten zu überzeugen, sondern die Aufgabe, den Leser anzuregen, die hier vorgeschlagenen Anschauungen mitzudenken und sie mit den herrschenden zu vergleichen. Wenn durch meine Ausführungen auch nur einige Zusammenhänge klarer als bisher zum Ausdruck kommen sollten, wäre schon viel gewonnen.

Die Thesen nun, die wir als hypothetische Grundannahmen unseren weiteren Ausführungen zugrundelegen, lauten:

1. Das Kausaldogma gilt nicht. Demgemäß gilt auch nicht der Satz: Jemand ist für einen Erfolg nur dann verantwortlich, wenn er ihn verursacht hat.
2. Verantwortlichkeit für ein Tun kann auch dann bestehen, wenn es sich lediglich um dieses Tun und nicht um einen Erfolg des Tuns handelt.
3. Bei den wirklichen Unterlassungsdelikten (das heißt: solchen echten und unechten Unterlassungsdelikten, die in keiner Weise in positives Tun umgedeutet werden können) besteht kein Kausalzusammenhang zwischen Verhalten und Erfolg.
4. Auch dort, wo es an einem aktuellen Willen in Hinsicht auf die Verletzung einer Rechtspflicht fehlt, kann strafrechtliche Verantwortlichkeit begründet sein.

Aus diesen vier Thesen läßt sich folgende Einteilung der strafrechtlich möglichen Verhaltensweisen ableiten:

1. Gewollte Verhaltensweisen:
   a) schlichte Tätigkeitsdelikte, bei denen der Unrechtsgehalt im Akt selbst und nicht im Erfolg gesehen wird,
   b) schlichte Unterlassungsdelikte, bei denen ohne Rücksicht auf einen Erfolg die bloße Nichterfüllung einer Rechtspflicht bewertet wird,
   c) Erfolgsdelikte, die in einem Tun bestehen,
   d) Erfolgsdelikte, die in einem Unterlassen bestehen.
2. Ungewollte Verhaltensweisen (Fahrlässigkeitsdelikte):
   a) schlichte Tätigkeitsdelikte,
   b) schlichte Unterlassungsdelikte,
   c) Erfolgsdelikte, die in einem Tun bestehen,
   d) Erfolgsdelikte, die in einem Unterlassen bestehen.

Dies ist die Haupteinteilung der Delikte, die wir unseren weiteren Betrachtungen zugrundelegen werden. Man könnte diese Einteilung noch weiter differenzieren, wie es Loening getan hat[318].

---

[318] Loening, Grundriß §§ 21—23.

Uns aber soll diese Einteilung als grundlegende genügen. Danach würde die Kausalität, wenn unsere Hypothese richtig ist, nur bei den Deliktsgruppen 1. c) und 2. c) eine Rolle spielen. Mithin könnte der Satz, daß jemand für einen Erfolg nur dann verantwortlich sei, wenn er ihn verursacht habe, nicht die grundlegende Bedeutung haben, die ihm im allgemeinen verliehen wird, wohlgemerkt, wenn man unsere Thesen als richtig anerkennt.

Das Problem, das uns nun beschäftigen wird, besteht darin, ob es allgemeine Prinzipien für die Zurechnung von Verhaltensweisen gibt, die nicht mit dem Prinzip der Kausalität identisch sind, und welche Bedeutung in diesem Zusammenhang dem Kausalprinzip überhaupt zukommt. Diese Fragen wollen wir an den einzelnen Deliktsgruppen näher prüfen.

2. Die Zurechnung der schlichten Tätigkeitsdelikte

Die schlichten Tätigkeitsdelikte zerfallen in zwei Gruppen, die gewollten und die ungewollten (fahrlässigen). Wir betrachten zuerst die gewollten schlichten Tätigkeitsdelikte und gehen von einem Beispiel aus, das hinsichtlich der Deliktsnatur unbestritten ist: vom Meineid. Wer vor Gericht vorsätzlich falsch schwört, begeht einen Meineid. Falsch schwören heißt eine falsche Aussage beschwören. Da der Gesetzgeber als die strafbare Tathandlung das Schwören und nicht das Aussagen ansehen wollte, durfte der Tatbestand nicht lauten: Wer eine falsche Aussage macht und diese beschwört. Die falsche Aussage sollte nur Tatvoraussetzung, aber nicht Tathandlung sein. Der Gesetzgeber hätte aus dem Meineid auch ein Erfolgsdelikt machen können, wenn er gewollt hätte. Dann hätte der Tatbestand aber lauten müssen: Wer durch eine beschworene falsche Aussage ein falsches Urteil (oder eine falsche Entscheidung) verursacht, wird bestraft. Aber dem Gesetzgeber kam es nicht auf den Erfolg des falschen Schwörens, sondern die Strafwürdigkeit des Schwörens selbst an, auf die Unrechtsqualität des Aktes selbst. Daß der Meineid ein schlichtes Tätigkeitsdelikt ist, wird von niemand bestritten. Wir können dieses Delikt daher gut zum unbestrittenen Ausgangspunkt unserer Überlegungen machen. Das Problem ist, ob wir bei einem so gearteten Delikt irgendwelche Zurechnungsprinzipien entdecken können. Hier scheint uns unser Beispiel in einige Verlegenheit zu setzen. „Wer vor Gericht falsch schwört“ ist eine Tatbeschreibung. Ist diese erfüllt, dann knüpft sich an sie eine Rechtsfolge, die Strafe. Wer die beschriebene Tat tut, wird bestraft. Raum für irgendwelche Zurechnungsprinzipien scheint hier nicht mehr zu sein. Die Verantwortlichkeit folgt aus der Erfüllung des Tatbestandes.

Der Tatbestand ist nichts anderes als eine Tatbeschreibung. Es fragt sich, was zur Tatbeschreibung gehört, insbesondere ob zur Tatbeschreibung z. B. solche Momente wie Vorsatz oder Fahrlässigkeit oder Rechtswidrigkeit gehören und an welcher Stelle etwaige Zurechnungsprinzipien zu suchen sind. Der gesetzliche Tatbestand ist abstrakte Tatbeschreibung. Sie würde beim Meineid lauten: Meineid liegt vor, wenn jemand vor Gericht eine falsche Aussage beschworen hat. Nach der herrschenden Meinung gehört zum Tatbestand weder die Rechtswidrigkeit noch Vorsatz noch Fahrlässigkeit[319].

Wir versuchen nun die Frage zu beantworten, was es eigentlich sei, das jemand zugerechnet werde. Ist es ein bestimmtes Verhalten unabhängig von der Rechtswidrigkeit? Ehe wir diese Frage beantworten können, müssen wir zunächst das vollständige Strafgesetz analysieren. Das vervollständigte Strafgesetz würde lauten: Wer vor Gericht rechtswidrig und vorsätzlich eine falsche Aussage beschwört, wird bestraft. Suchen wir in den Elementen dieses Satzgefüges nach Momenten, die auch nur andeutungsweise auf ein Zurechnungsprinzip bezogen sein könnten, so werden wir zunächst einmal enttäuscht. Unser Satz besteht aus einem Bedingungssatz und einem Folgesatz; denn statt „wer" können wir auch sagen: „wenn jemand". Der Bedingungssatz enthält ein Subjekt „jemand", die Tathandlung „eine falsche Aussage beschwört", den näheren Umstand dieser Tathandlung, daß sie vor einem Gericht stattfindet, und alsdann die Adverbien rechtswidrig und vorsätzlich. Ob diese Adverbien mit zur Tatbeschreibung gehören ist fraglich. Rechnen wir nur das Beschwören einer falschen Aussage vor Gericht zur Tatbeschreibung, dann fragt sich, was mit dem Wort vorsätzlich gesagt sein soll. Offenbar wird mit den Worten: „Beschwören einer falschen Aussage vor Gericht" das faktische Verhalten noch gar nicht vollständig beschrieben. Soweit der Vorgang eine innere Seite haben sollte, ist diese durch den sogenannten „objektiven" Tatbestand überhaupt noch nicht erfaßt. Der objektive Tatbestand mag eine objektive Tatbeschreibung sein, in keinem Fall kann er eine vollständige Tatbeschreibung sein, weil eben noch die innere Seite des Tatvorganges zu beschreiben ist. Daß diese innere Seite durch das Adverb vorsätzlich beschrieben werden soll, kann kaum zweifelhaft sein. Ohne einstweilen auf irgendwelche Meinungen Rücksicht zu nehmen, stellen wir fest, daß durch das Wort vorsätzlich die innere Tatseite des Delikts beschrieben wird. Wir rechnen daher das Wort vorsätzlich noch mit zur Tatbeschreibung. Jetzt fragt es sich, welche Bedeutung das Wort rechtswidrig haben kann. Gehört es etwa auch zur Tatbeschreibung? Offenbar setzt es zur Beschreibung der Tathandlung nichts mehr hinzu. Vielmehr fordert es dazu auf, die gegebene

[319] Nach der finalen Handlungslehre gehört der Vorsatz — und zwar ein wertfreier Vorsatz! — zum Tatbestand. „Bei den Fahrlässigkeitsverbrechen ist die Unterscheidung zwischen Rechtswidrigkeit und Schuld gegenstandslos und sachlich unmöglich." Vgl. Welzel, Grundzüge (1949) S. 85. Danach müßte auch die Unterscheidung zwischen Tatbestand und Rechtswidrigkeit unmöglich sein. Das ist wohl auch die Meinung Welzels, der ohnehin richtigerweise die Rechtswidrigkeit zum Tatbestand zieht und deshalb auch von Unrechtstatbestand spricht (Grundzüge S. 30—36, 38—40, 46). Vgl. aber auch meine Ausführungen weiter unten S. 186 ff.

Tatbeschreibung in bezug auf das Recht zu beurteilen. Mit dem Urteil: das beschriebene Verhalten ist rechtswidrig, ist eine weitere Voraussetzung für den Eintritt der Rechtsfolge gegeben. Andererseits betrifft aber das Urteil eine Eigenschaft des Verhaltens. Vom Recht aus gesehen kann das Verhalten die Eigenschaft haben: rechtmäßig, rechtswidrig und nicht rechtswidrig. Diese Eigenschaft sehen wir als gegeben an. Das bedeutet: Das Urteil über die Rechtswidrigkeit ist nicht identisch mit der Eigenschaft „rechtswidrig"[320]. Das folgt schon daraus, daß das Urteil richtig oder falsch sein kann. Wenn das Verhalten im Strafrecht nur als rechtsbezogenes in Betracht kommen kann, dann gehört zur Tatbeschreibung auch die Eigenschaft des Verhaltens als eines rechtswidrigen. Die Beschreibung des Verhaltens hat nur dann einen Sinn, wenn damit ein rechtswidriges Verhalten gemeint ist. Das Gesetz will mit seiner Tatbeschreibung ein rechtswidriges Verhalten beschreiben, ein anderes würde gar nicht interessieren. Obwohl die Rechtswidrigkeit als Eigenschaft des Verhaltens nur auf Grund eines Urteils gefunden werden kann, es sich also nicht um die Feststellung einer Tatsächlichkeit schlechthin, sondern einer Rechtstatsächlichkeit handelt, gehört diese Eigenschaft doch mit zur Tatbeschreibung. „Rechtswidrig" ist die Beschreibung eines Verhaltens vom Recht her. Damit kommen wir zu dem Ergebnis, daß die Qualität „rechtswidrig" zur Tatbeschreibung gehört, obwohl zur faktischen Tatbeschreibung nichts weiteres hinzugefügt wird. Merkwürdig ist nun, daß in der Tatbeschreibung nicht das Merkmal der Schuldhaftigkeit in Erscheinung tritt. Entweder haben wir es vergessen, oder es ist schon in einem anderen Merkmal enthalten. Nach der Formaldefinition ist das Verbrechen ein rechtswidriges, schuldhaftes Verhalten, welches vom Gesetz für strafbar erklärt worden ist. Mit der Schuld verhält es sich ähnlich wie mit der Rechtswidrigkeit. Auch diese Eigenschaft des Verhaltens wird nur auf Grund eines Urteils gefunden. Aber auch dieses Urteil betrifft eine Qualität des Verhaltens. Nur ein schuldhaftes Verhalten löst die Rechtsfolge der Strafe aus. Danach müßte auch die Schuld zur Tatbeschreibung gehören. Wenn die Schuld in unserer Beschreibung des Meineides nicht in Erscheinung trat, dann kann sie nur in dem Wort „vorsätzlich" stecken. Wir wollen an dieser Stelle noch nicht der darin liegenden Problematik nachgehen. Jedenfalls hat sich bei der Erörterung der einzelnen Momente der Tatbeschreibung nichts ergeben, was auch nur andeutungsweise zu Prinzipien der Zurechnung gehören könnte. Im Rechtsfolgesatz ist nur die Strafe bestimmt, so daß auch dieser Satz uns keine weiteren Anhaltspunkte bietet.

Unser Verfahren war aber nicht vollständig. Ein wichtiger Umstand ist in ihm nicht zum Ausdruck gelangt, nämlich der, daß alle

[320] Die Ausführungen Welzels in „Um die finale Handlungslehre" S. 24 ff. darüber, daß Rechtswidrigkeit und Schuld keine Tatbestandsmerkmale seien, sind mißverständlich und nicht frei von Widersprüchen. Darüber siehe weiter unten S. 186 ff.

Einzelelemente in einer bestimmten, noch zu beschreibenden inneren Verbindung stehen. Die gesuchten Zurechnungsprinzipien könnten gerade in der besonderen Verknüpfung der einzelnen Elemente zu suchen sein. Sehen wir zunächst vom Vorsatz ab, dann sind miteinander verknüpft: Das Subjekt des Bedingungssatzes mit einem näher beschriebenen Geschehen, Subjekt und Geschehen mit einer Rechtsbeurteilung, das Subjekt des Bedingungssatzes mit dem Subjekt des Rechtsfolgesatzes. Diese einzelnen Verknüpfungen sind näher zu untersuchen.

Anscheinend ist es bemerkenswert, daß das Subjekt des Bedingungssatzes identisch ist mit dem Subjekt des Rechtsfolgesatzes. Gehen wir von der volkstümlichen Auffassung aus, daß das Recht etwas will[320a], dann hat die Verknüpfung zwischen Bedingungssatz und Rechtsfolgesatz folgenden Sinn: Das Recht will, daß jemand bestraft wird, der Subjekt des Bedingungssatzes ist, d. h. Subjekt in bezug auf ein bestimmtes, rechtlich qualifizierbares und als rechtswidrig zu beurteilendes Geschehnis ist. Die Verknüpfung zwischen der Rechtsfolge einerseits und dem Subjekt des rechtswidrigen Geschehens andererseits beruht auf dem Willen des Rechts: Wer das tut, soll bestraft werden. Diese Verknüpfung ist im konkreten Einzelfall auch eine kausale; denn der Vollzug der Strafe kann ohne kausales Geschehen nicht stattfinden. Aber diese kausale Verknüpfung ist nur eine selbstverständliche Voraussetzung für die tatsächliche Wirkung des Rechts in einem ähnlichen Sinn, wie es für die Entstehung eines Musikstückes notwendige kausale Voraussetzung ist, daß die Noten geschrieben und durch Musikinstrumente in Schallwellen umgesetzt werden. Aber dieser kausale Vorgang interessiert uns beim Recht ebensowenig wie der kausale Vorgang des Ertönens der Musikinstrumente. Der Schwerpunkt der Betrachtung liegt nicht in der Art der kausalen Rechtsverwirklichung, sondern in dem zum Ausdruck gekommenen Verknüpfungswillen des Rechts. Wichtig ist, daß die Rechtsfolge eintreten soll. Ein Subjekt wird von einer Rechtsfolge betroffen, weil das Recht dies will, wenn der Bedingungssatz erfüllt ist. Man könnte schon an dieser Stelle von einer Zurechnung sprechen und sagen: Einem Rechtssubjekt wird eine Rechtsfolge zugerechnet als Subjekt eines Bedingungssatzes. In dieser Art pflegt man aber im Strafrecht nicht von Zurechnung zu sprechen. Die Rechtsfolge der Strafe wird nicht zugerechnet, sondern ergibt sich, nachdem zugerechnet worden ist, aus der konditionalen Verknüpfung zweier Sätze, von denen der Folgesatz einen Rechtswillen und der Bedingungssatz die Voraussetzungen des so gearteten Rechtswillens zum Ausdruck bringen. Das Zurechnungsproblem kann daher nur im Bedingungssatz stecken, und wir werden nicht fehlgehen, es in dem Verhältnis des rechtswidrigen Geschehens zum Subjekt des

---

[320a] Vgl. Georg Dahm, Deutsches Recht, die geschichtlichen und dogmatischen Grundlagen des geltenden Rechts, S. 11: Das Recht ist „immer irgendwie gemeinsamer Wille, Gesamtwille der zu einer Gemeinschaft verbundenen Menschen".

Geschehens zu erblicken[320b]. Hierbei wird noch besonders zu untersuchen sein, ob es das Geschehnis als reines Faktum oder als ein Geschehnis des Rechts, eben als rechtswidriges Geschehen ist, auf welches sich der Begriff der Zurechnung bezieht.

Das Strafrecht stellt es darauf ab, jemand für ein Geschehen zu bestrafen. Ein Strafrechtssatz ist aber nur sinnvoll, wenn die Rechtsfolge der Strafe sich anknüpft an ein rechtswidriges Geschehen. Für eine Nichtrechtswidrigkeit kann niemand bestraft werden. Hiermit ist dreierlei gesagt: Im Strafrecht werden nicht beliebige Geschehnisse jemand zugerechnet; es muß sich also um Geschehnisse handeln, die überhaupt der Kategorie des Rechts unterfallen, die rechtlich qualifizierbar oder, wie wir auch sagen können, rechtsbezogen sind; da sich das Recht nur an Menschen wendet, kann das Subjekt des Geschehens nur ein Mensch sein; denn das Recht kann weder dem Blitz verbieten zu blitzen noch dem Hund zu bellen oder zu beißen.

Das Recht gebietet oder verbietet bestimmte menschliche Verhaltensweisen. Dem Menschen kann aber nur etwas geboten oder verboten werden, was von ihm abhängig ist, worauf er Einfluß hat. Was von dem Willen und von den Kräften und Fähigkeiten eines Menschen unabhängig ist, kann sinnvollerweise das Recht weder gebieten noch verbieten. Wenn das römische Recht, wie Kelsen ausgeführt hat, unter Strafe unabhängig von jeder Verschuldensmöglichkeit verboten hat, daß ein von einem Hause herabfallender Stein einen Menschen tötet, so liegt darin eine Überschreitung der Grenzen des Rechts, die auf noch unentwickelte Rechtsanschauungen zurückzuführen ist. Hieraus folgt der Satz: Das Recht kann nur solche Verhaltensweisen gebieten oder verbieten, die vom Wollen und Können des Menschen abhängen. Hierbei ist das Wollen generell zu sehen. Ob ein Rechtssubjekt im Einzelfall wollen konnte, ist eine Frage des Verschuldens und nicht der Rechtswidrigkeit[321]. Es können daher nur rechtswidrige Verhaltensweisen jemand im Strafrecht zugerechnet werden.

Wenn das Recht nach unserem Ausgangsbeispiel das Beschwören einer falschen Aussage verbietet, so müssen wir untersuchen, wie nach den soeben entwickelten Sätzen dieses Verbot aufzufassen ist. Eine

---

[320b] Das gilt zunächst nur für die hier behandelten Tätigkeitsdelikte. Beim Unterlassen ist das Rechtssubjekt des Unterlassens nicht auch Subjekt des faktischen Geschehens.

Allgemeiner müßte es daher heißen, das Zurechnungsproblem sei in dem Verhältnis zwischen Rechtssubjekt und Rechtsgeschehen (welches auch ein Unterlassen sein kann) zu erblicken.

[321] Die Abgrenzung zwischen Rechtswidrigkeit und Schuld ist sehr problematisch. Sie soll auch in dieser Arbeit nicht weiter geklärt werden. Obwohl wir uns der Problematik bewußt bleiben wollen, soll doch an dem allgemein üblichen Unterschied festgehalten werden. Danach rechnet die konkret-individuelle Frage, ob dieser konkrete Täter das Unrecht nach seiner persönlichen (individuellen) Einsichts- und Willensfähigkeit vermeiden konnte, zur Schuld und nicht zur Rechtswidrigkeit. Insoweit ist die Rechtswidrigkeit von der konkreten Schuldfähigkeit unabhängig.

mit der Wahrheit nicht übereinstimmende Aussage kann auf verschiedene Weise entstanden sein. Jemand kann willentlich eine falsche Aussage gemacht haben. Willentlich bezieht sich hier nicht nur auf die Tatsache des Aussagens, sondern auch auf das Abweichen der Aussage von der Wahrheit. War dem Aussagenden bewußt, daß seine Aussage falsch war, oder rechnete er auch nur mit der Möglichkeit, daß sie falsch sein könnte, dann hängt es von ihm ab, ob er diese falsche Aussage beschwören will oder nicht. Wußte der Aussagende aber nicht, daß seine Aussage falsch sei, und rechnete er auch nicht mit dieser Möglichkeit, dann kann das Recht gleichwohl noch sinnvoll an sein Verhalten die Rechtsfolge einer Strafe knüpfen, wenn dem Aussagenden bei Anspannung seiner Aufmerksamkeit und bei Erfüllung der vom Recht vorausgesetzten Sorgfaltspflichten die Vermeidung der falschen Aussage möglich war. Nun läßt es sich nicht leugnen, daß der Mensch als begrenztes Wesen auch unvermeidbaren Irrtümern ausgesetzt ist. Er hat keineswegs immer die volle Herrschaft über seine Erinnerung. Er kann daher auch nicht in allen Fällen einen falschen Schwur vermeiden. Gewiß, das Schwören selbst ist von dem Schwörenden unter allen Umständen abhängig. Aber das ist ohne Bedeutung; denn der Schwörende wird nicht bestraft, weil er geschworen hat, sondern weil er falsch geschworen hat, obwohl er das falsche Schwören hätte vermeiden können. Es fragt sich nun, was zugerechnet wird: die reine Tatsache, daß eine falsche Aussage beschworen wurde, oder die Rechtstatsache, daß eine falsche Aussage trotz ihrer Vermeidbarkeit beschworen wurde. Der Gesichtspunkt der Zurechnung setzt immer einen Bewertungsmaßstab voraus, der auf Normen der Vernunft basiert. Ohne diese Beziehung auf Vernunftsnormen verliert der Begriff der Zurechnung jeglichen Sinn. Deshalb können auch reine Tatsachen ohne diese Beziehung nicht zugerechnet werden, und zwar unter keinem irgendwie gearteten Gesichtspunkt. Hat also jemand eine — wie wir feststellen — unvermeidbare falsche Aussage beschworen, dann ist dies ein Geschehnis, welches wir tatsächlich z. B. aus irgendwelchen psychologischen Gesetzen zu erklären versuchen können, das aber unter den Begriff der Zurechnung zu bringen ohne jeden Sinn ist. Man lasse sich hier auch nicht durch gewisse verfahrenstechnische Vorgänge täuschen. Auch den Richter kann das psychologische Zustandekommen einer falschen Aussage interessieren, aber nur, um sich besser ein Urteil darüber bilden zu können, ob in dem konkreten Einzelfall zuzurechnen ist oder nicht. Überdies kann der psychologische Vorgang auch Anhaltspunkte für die Schwere des Verschuldens bieten.

Hiermit sind wir schon einen guten Schritt vorwärts gekommen. Wir haben festgestellt, daß auch bei schlichten Tätigkeitsdelikten das Problem der Zurechnung in Erscheinung tritt. Wir haben den Strafrechtssatz zerlegt in den Bedingungssatz und den Rechtsfolgesatz und gesehen, daß das Zurechnungsproblem zwar nicht in den einzelnen Elementen beider Sätze, aber in der Verknüpfung der Elemente des Bedingungssatzes gefunden werden konnte. Diese Verknüpfung besteht in der Beziehung eines rechtswidrigen Geschehens zu einem Subjekt. Wir haben erkannt, daß das Geschehen nicht als reine Tatsächlichkeit, sondern als rechtsbezogenes und als rechtswidrig qualifiziertes zugerechnet wird, und daß die Rechtswidrigkeit voraussetzt, daß das Subjekt einen Einfluß auf das Geschehen haben konnte. Dieser Einfluß ist zu bejahen, wenn das Urteil zu fällen ist, daß das Subjekt das rechtswidrige Geschehen hätte vermeiden können, wenn es gewollt hätte. Alle diese Momente haben wir entwickelt aus dem Sinn des Bedingungssatzes als eines Rechtsvoraussetzungssatzes zu einem Rechtsfolgesatz.

Das Moment der Zurechnung besteht also in der Beziehung eines rechtswidrigen Geschehens auf das Recht derart, daß das vom Recht Gebotene oder Verbotene dem Verpflichteten zu tun oder zu vermeiden möglich war, wenn er es gewollt hätte. Wir kommen jetzt noch einmal, ehe wir in unserer Betrachtung fortschreiten, auf die Frage zurück, ob diese Abhängigkeit des Geschehens vom Verpflichteten in einer kausalen Verknüpfung besteht. Träfe dies zu, dann müßte jede Verursachung die Zurechnung und jede Nichtverursachung die Ablehnung der Zurechnung begründen. Das ist aber offenbar nicht der Fall. Wir hatten uns dahin verständigt, daß wir von einer Kausalbeziehung nur im Verhältnis zwischen einem Verhalten und einem Erfolg, nicht aber zwischen Willen und Verhalten sprechen wollten. Das ändert nichts an der Tatsache, daß jedes Tun selbst kausale Erscheinung ist. Im Falle der schlichten Tätigkeitsdelikte würde es dem Kausaldogma entsprechen, wenn wir uns in unserer Sprechweise so ausdrücken würden: Die Zurechnung einer Bewegung gegenüber einem Subjekt der Bewegung erfolgt deswegen, weil das Subjekt der Beweger der Bewegung ist. Es fragt sich, ob dieser Satz mit dem zusammenstimmt, was wir bisher entwickelt haben. Würde unser dem Kausaldogma entsprechende Satz richtig sein, dann würde das die Bedeutung haben, daß die reine Tatsache der Bewegung zugerechnet würde. Das widerspricht aber dem von uns aufgestellten Begriff der Zurechnung. Fehlt es aber an der Bewegung, dann hätte es zwar noch einen grammatikalischen Sinn, wenn man sagen würde: Eine Nichtbewegung wird einem Subjekt deshalb zugerechnet, weil es Subjekt der Nichtbewegung ist. Aber Kausalvorstellungen würden hier völlig den Boden unter den Füßen verlieren. Wir haben daher allen Anlaß, die von uns gewählte Sprechweise der kausalen Sprechweise vorzuziehen. Mit unserem Satz, daß ein rechtswidriges Geschehen einem Rechtssubjekt dann zuzurechnen ist, wenn es das Geschehen hätte vermeiden können, ist das Zurechnungsproblem für Tätigkeitsdelikte in seinem allgemeinen Umfang präzis beschrieben. Es gliedert sich in die Zurechnung zur Rechtswidrigkeit und in die Zurechnung zur Schuld. Zur Rechtswidrigkeit ist das Geschehen zuzurechnen, wenn das verpflichtete Subjekt das Geschehen hätte vermeiden (oder abwenden können), wenn es gewollt hätte.

Zur Schuld ist das Geschehen zuzurechnen, wenn das Subjekt hätte wollen können, wie es gesollt hatte.

Daß der Begriff der Herrschaftsmöglichkeit mit dem Problem der Kausalität eng zusammenhängt, soll hierbei gar nicht geleugnet werden; denn wenn wir fragen: Herrschaftsmöglichkeit worüber? dann kann die Antwort nur lauten: über ein wirkliches oder mögliches Kausalgeschehen. Zur Herrschaftsmöglichkeit gehört es, wenn es beim Rechtssubjekt stand, daß ein wirkliches Kausalgeschehen nicht stattfand, als auch, daß ein mögliches Kausalgeschehen hätte stattfinden können. Damit ist aber nur gesagt, daß das Geschehen, das das Recht im Auge hat, unter der Kategorie der Kausalität zu beurteilen ist, wobei aber durch den Begriff der Herrschaftsmöglichkeit gleichzeitig zum Ausdruck gebracht wird, daß diese Kategorie der Kausalität als Bestandteil der Kategorie der Finalität anzusehen ist. Daß alle diese Beziehungen nicht mehr mit den Begriffen Kausalzusammenhang und Verursachen zu erfassen sind, ist der Sinn der These Nr. 1.

Wenn somit die Rechtspflicht zum tragenden Prinzip der Zurechnung wird, so doch nicht die Rechtspflicht nach ihrem Inhalt, sondern nur ihrer Form nach. Zurechnung ist wenigstens im entscheidenden abschließenden Urteil die formale Feststellung, daß es dieser bestimmte Rechtsverpflichtete gewesen ist, der die Rechtspflicht verletzt hat. Wir müssen daher Pufendorf zustimmen, der in der Zurechnung einen formalen Begriff gesehen hat. Wir sind nunmehr in der Lage, das Problem der Zurechnung mit einigen präzisen Fragen und Antworten zu umreißen:

1. Warum wird dir ein rechtswidriges Geschehen zugerechnet? Weil es d e i n e Rechtspflicht war, daß es nicht geschah.
2. Wann wird dir ein rechtswidriges Geschehen zugerechnet? Wenn du es hättest vermeiden oder abwenden können, wenn du gewollt hättest, sofern du hättest wollen können.

In diesen beiden Fragen und Antworten sind aber schon zwei verschiedene Zurechnungsarten enthalten: Die Zurechnung eines Geschehens zur Rechtswidrigkeit und die Zurechnung eines rechtswidrigen Geschehens zur Schuld. Damit taucht zuerst die Zwischenfrage auf, ob es sinnvoll ist zu unterscheiden zwischen einer Zurechnung zur Rechtswidrigkeit und einer Zurechnung zur Schuld.

Der Schuldvorwurf geht dahin, daß jemand rechtmäßig hätte wollen können. Bekanntlich ist die Antwort auf diese Frage abhängig von der Beantwortung der Frage der Willensfreiheit. Von Willensfreiheit kann nur gesprochen werden, wenn der Sichverhaltende die Möglichkeit hat, sich in seinem Wollen für oder gegen eine Verhaltensweise zu entscheiden. Wir beabsichtigen nicht, den Streit um die Willensfreiheit aufzurollen, sondern stellen die Behauptung auf, daß der Begriff der Schuld nur unter der Voraussetzung der Willensfreiheit sinnvoll ist. Für den Schuldbegriff ist die Willensfreiheit Axiom. Wäre es möglich, dieses Axiom als mit der Wirklichkeit nicht übereinstimmend zu erweisen, dann müßte der Begriff der Schuld fallengelassen werden. In diesem Fall wäre unser ganzes Strafrecht „umzukonstruieren". Feuerbach hat, ohne freilich alle Konsequenzen zu überblicken, einen solchen Umbau des Strafrechts in der Meinung, daß das Strafrecht nicht auf der Idee der Willensfreiheit basieren könne, vorgenommen. Da nun schon das Axiom der Willensfreiheit nicht bewiesen werden kann, kann im konkreten Fall erst recht nicht bewiesen werden, ob sich jemand bei seinem konkreten Verhalten im Zustande der Willensfreiheit befunden hatte. Man sieht, daß an einem sehr wichtigen Punkt unseres Strafrechts die Beweisbarkeit aufhört. Weil niemals die Willensfreiheit bewiesen werden kann, kann auch niemals die Schuld bewiesen werden. An diesem Punkt kann daher auch nicht der Grundsatz „in dubio pro reo" gelten. Sonst müßten alle Verbrecher freigesprochen werden. Aber auch umgekehrt können wir niemals mit Gewißheit sagen, unter welchen Umständen die Willensfreiheit ausgeschlossen ist. Das Recht begnügt sich daher auf der einen Seite mit der axiomatischen Voraussetzung der Willensfreiheit und auf der anderen Seite mit „generelleren" Schuldausschließungsgründen, bei denen nur „soweit möglich" individualisiert wird.

Nur unter der Voraussetzung des Axioms der Willensfreiheit kann es etwas geben, was unserem Begriff von Schuld entspricht. Nur unter der Annahme, daß der Verbrecher die Tat, die er begangen hat, auch hätte unterlassen können, wenn er gewollt hätte, können wir ihn für seine Tat auch verantwortlich machen. Und nur in diesem Fall hat es einen Sinn, von Zurechnungsfähigkeit zu sprechen. Würden wir die Möglichkeit der Willensfreiheit leugnen, dann wäre unser Urteil über die Tat nur ein Feststellungsurteil, welches nichts anderes feststellen könnte, als daß hier eine Tat geschehen ist, die nach den gegebenen Umständen so geschehen mußte. Den Verbrecher für dieses Geschehen verantwortlich machen zu wollen, wäre genau so sinnvoll, wie das Feuer dafür verantwortlich zu machen, daß es brennt. Eine „Strafe" könnte nur den Sinn haben, die Umstände für die Zukunft so zu verändern, daß nach kausalen Gesetzen von d i e s e m Täter eine ähnliche Fehlmotivation möglichst nicht mehr zu erwarten ist, und der Allgemeinheit zu zeigen, daß Fehlmotivationen für den, der sich von ihnen bestimmen läßt, „mit der Notwendigkeit eines Naturgesetzes" böse Folgen haben, wodurch erst die kausale Wirksamkeit der Strafandrohung einigermaßen gewährleistet wäre. Unter diesen Umständen wären die Begriffe Strafe, aber auch Verantwortlichkeit, Zurechnung und Zurechnungsfähigkeit eine falsche Redeweise. Wollte man hier überhaupt jemand etwas zurechnen, dann bestenfalls der Natur oder den Naturgesetzen, um nicht zu sagen Gott, was vielleicht schief wäre. Mit der Entfernung der Willensfreiheit würde daher der Sinn des Begriffes Zurechnung entfallen und die gesamte Zurechnungslehre ihre Grundlage verlieren. Die Begriffe „potentiell vernünftig" und „potentiell willensfrei“ bedingen sich gegenseitig. Vernunft ist ohne Willensfreiheit und umgekehrt nicht denkbar. Ohne das Axiom der Willensfreiheit verwandelt sich das Strafrecht in ein soziales Korrektur- und Sicherungsrecht. Strafe wird Korrektur- oder Sicherungsmittel gegen antisoziales Verhalten. Damit würde auch eine verschiedene Behandlung von Normalen und Anormalen dem Prinzip nach entfallen. Die Korrektur- und Sicherungsmaßnahmen sind vielmehr auf Normale und Anormale gradmäßig abzustimmen. Ihre Verschiedenheiten bestimmen sich nur nach der Art der Abnormität. Im übrigen entstehen auch die Korrektur- und Sicherungsmaßnahmen bei Gesetzgeber und Richter auf kausalem Wege, da auch diese Personen nur dem Kausalgesetz unterworfen sind. Das Korrekturrecht ist, so wie es ist, kausal entstanden und ändert sich auch mit veränderten kausalen Bedingungen. Unser heute bestehendes Strafrecht wäre nach dieser Auffassung, die auch wirklich gelegentlich geäußert wird, ein großer wissenschaftlicher Irrtum; denn es wäre schon heute solch ein Korrekturrecht, auf welches wir bloß falsche Vokabeln anwenden. Die Zurechnungslehre wandelt sich in eine Kausalmechanik der Willensbestimmung oder in die Lehre von der kausalen Bestimmbarkeit des Willens. Zurechnungsfähigkeit ist normale Motivationsfähigkeit des Willens oder normale Abschreckbarkeit.

Nun läßt sich mit guten Gründen nicht leugnen, daß dies alles nicht der Standpunkt unseres Rechts ist. Dies geht vielmehr vom Axiom der Willensfreiheit aus, und daran werden auch entgegengesetzte Beteuerungen nichts ändern, solange die Strafe ihren heutigen Bedeutungsgehalt behält. Und solange das Recht auf dem Axiom der Willensfreiheit verharrt, solange wird auch eine Zurechnungslehre sinnvoll sein. Es fragt sich jedoch, in welchem Verhältnis Zurechnung zur Rechtswidrigkeit und Zurechnung zur Schuld stehen. Wir haben gesehen, daß zur Zurechnung ein Bezugssystem gehört, ein Normenkomplex der Vernunft, von dem aus das Zurechnungsurteil gefällt werden kann. Das Zurechnungsurteil lautet: Das Recht rechnet dir dies, der Kategorie des Rechts unterfallende Geschehen als rechtswidriges und schuldhaftes zu. Beide Zurechnungsarten müssen zueinander in einem gewissen Verhältnis stehen. Das zeigt sich schon an dem Bezugssystem. Dies ist für die Zurechnung zur Rechtswidrigkeit kein anderes als für die Zurechnung zur Schuld, nämlich das Recht. Die Rechtswidrigkeit betrifft ein Verhalten. Rechtswidrig ist ein Verhalten, welches Rechtspflichten verletzt. Aber auch Schuld ist Verletzung eben dieser Rechtspflichten. Beide Zurechnungsarten aber müssen sich auch unterscheiden. Gerade dies ist problematisch.

Man könnte den Standpunkt vertreten — und er ist vertreten worden —, daß Zurechnung zur Rechtswidrigkeit und Zurechnung zur Schuld sich wechselseitig bedingen derart, daß weder ohne Rechtswidrigkeit zur Schuld noch ohne Schuld zur Rechtswidrigkeit zugerechnet werden kann. Dann würde es nur eine Art der Zurechnung geben, die sich aus zwei Urteilen zusammensetzt nach dem Schema: Das Verhalten des X wäre rechtswidrig (d. h. rechtspflichtwidrig), wenn er schuldhaft gehandelt hätte; er hat schuldhaft gehandelt; also ist das Verhalten ihm als rechtswidrig-schuldhaftes zuzurechnen. Es läßt sich nicht leugnen, daß dieser Standpunkt viel für sich hat, auch wenn er gewisse Schwierigkeiten besonders in der Teilnahmelehre zur Folge hat. Dieser Standpunkt entspricht aber nicht der herrschenden Auffassung. Nach dieser ist es vielmehr möglich, daß ein Verhalten rechtswidrig auch dann genannt werden kann, wenn es nicht schuldhaft ist. Nun setzt aber die Möglichkeit eines allgemeinen Zurechnungsbegriffes die Möglichkeit der Willensfreiheit (und damit auch die Möglichkeit, Schuld zu haben) voraus. Fehlt es an dieser Möglichkeit de facto wie z. B. beim Geisteskranken, dann dürfte danach bei einem Verhalten, bei dem eine Willensfreiheit zu verneinen war, von Rechtswidrigkeit nicht die Rede sein. Das würde zur Folge haben, daß solche Verhaltensweisen weder rechtmäßig noch rechtswidrig sein könnten und als „physikalisches Ereignis" außerhalb des Rechts fielen. Es widerspricht aber unserem Gefühl, die Verhaltensweisen von Geisteskranken außerhalb des Rechts fallen zu lassen. Andererseits gibt es Situationen, in denen auch normalerweise die Erfüllung der Rechtspflicht unmöglich sein kann, z. B. beim „objektiv" unvermeidlichen Irtum. Wo ein Irrtum für jeden Rechtsgenossen unvermeidlich wäre, da wäre es eine Übersteigerung, sein Verhalten als rechtspflichtwidrig und damit als rechtswidrig zu bezeichnen, weil das Recht nur erfüllbare Pflichten voraussetzt. Es läßt sich nicht bestreiten, daß es ein Widerspruch ist, wenn das, was niemand vermeiden konnte, nicht als rechtswidriges Verhalten bezeichnet wird, wohl aber das, was der Täter nach seinen konkreten Fähigkeiten nicht vermeiden konnte. Eine Lösung dieses Widerspruches gibt es nur, wenn man sich entschließt, das Verhalten von Geisteskranken als dem Recht nicht unterfallend zu bezeichnen. Zu dieser Lösung wird aber nur geringe Neigung bestehen. Dann aber gibt es keine theoretisch reine Lösung. Jedoch gibt es wenigstens eine praktisch brauchbare Lösung, die durch das Wesen des Rechts selbst vorgezeichnet ist. Das Recht ist allgemeine Bestimmungsnorm, es wendet sich an die Allgemeinheit und darf insoweit bei den Rechtsgenossen die Voraussetzungen unterstellen, die die Bestimmungsnorm wirksam werden lassen. Das Recht wendet sich an alle. Diese allgemeine Funktion des Rechts ist das Primäre. Recht und Unrecht beurteilt sich nach dieser Primärfunktion. Unrecht liegt vor, wenn eine Bestimmungsnorm verletzt worden ist, deren Verletzung zu vermeiden grundsätzlich den Rechtsgenossen möglich war. Was dem „normalen" Rechtsgenossen zu vermeiden unmöglich ist, kann auch nicht rechtspflichtwidrig und damit auch nicht rechtswidrig sein. Dieser Normalfall wird bei der Beurteilung der Rechtswidrigkeit mit mehr oder weniger Einschränkungen vorausgesetzt. Danach ist rechtswidrig ein Verhalten, welches den allgemeinen Rechtspflichten widerspricht und welches zu vermeiden möglich gewesen wäre, wenn der Sichverhaltende die Möglichkeit der Willensfreiheit gehabt hätte, was hier vorausgesetzt wird. Schuldhaft ist das Verhalten, wenn der Sichverhaltende auch konkret die Möglichkeit der Willensfreiheit hatte. Daß diese Lösung nur ein Kompromiß ist und auch ihre Schwierigkeiten hat, wird sich vor allem im Bereich der Fahrlässigkeit zeigen. Aber sie entspricht wohl am meisten nicht nur dem positiven Recht, sondern auch dem Wesen des Rechts. Mit dieser Lösung fallen Rechtswidrigkeit und Schuld nicht zusammen, und es lassen sich damit auch zwei Zurechnungsarten unterscheiden[322].

Der Gegenstand des Zurechnungsurteils zur Rechtswidrigkeit ist das Verhalten eines Menschen unter Annahme seiner Zurechnungsfähigkeit im Hinblick auf die Rechtspflichten. Der Gegenstand des Zurechnungsurteils zur Schuld ist das rechtswidrige Verhalten im Hinblick auf die konkreten Fähigkeiten der Einsicht und des Wollens dieses Sichverhaltenden, zugleich auch im Hinblick auf dieselben rechtlichen Sollenspflichten. Der Urteilsschluß der Zurechnung zur Schuld würde also lauten: Dieser Sichverhaltende hätte nach seinen konkreten Fähigkeiten der Einsicht und des Wollens sein rechtswidriges Verhalten vermeiden können, wenn er gewollt hätte, wie er gesollt hatte; deshalb wird sein Verhalten ihm zur Schuld zugerechnet. Damit haben wir die Möglichkeit gewonnen, das gesamte Zurechnungsproblem auf einen verhältnismäßig einfachen Fragenkomplex zurückzuführen:

1. Warum wird dir ein Geschehen (Rechtsgeschehen), dessen Subjekt (Rechtssubjekt) du bist, zugerechnet?
   Weil es *deine* Rechtspflicht war, daß es nicht geschah.
2. Wann wird dir ein Geschehen (Rechtsgeschehen), dessen Subjekt (Rechtssubjekt) du warst, zugerechnet?
   a) Wenn du es hättest vermeiden oder abwenden können, sofern du es bei Annahme der Zurechnungsfähigkeit gewollt hättest (Zurechnung zur Rechtswidrigkeit),
   b) wenn du nach deinen konkreten Fähigkeiten auch hättest wollen können, was du gesollt hattest (Zurechnung zur Schuld).

Man sieht, daß die Kennzeichnung der Rechtswidrigkeit als eines „jemand hätte anders handeln sollen" und der Schuld als eines „jemand hätte anders handeln *können*" nicht genau den Kern der Sache trifft[323].

---

[322] Auch hier vorbehaltlich aller Problematik, die in der Abgrenzung liegt.

[322a] Diese Formulierung bezieht sich auf den hier behandelten Fall der Tätigkeitsdelikte. Vgl. Anm. 320b.

[323] Rechtswidrigkeit und Schuld grenzt z. B. Hellmuth v. Weber nach den Begriffen Sollen und Können ab, Grundriß des deutschen Strafrechts S. 108. Diese Formulierung klingt bestechend, stimmt aber nicht genau mit dem Sachverhältnis überein, wie unsere Fragen ergeben. Die Kritik v. Webers an der Abgrenzung nach den Begriffen „objektiv" und „subjektiv" ist durchaus berechtigt. Die Problematik sitzt aber noch tiefer, nämlich in der Frage nach der Berechtigung der Abgrenzung überhaupt.

Nur kurz wollen wir an dieser Stelle noch die Bedeutung des Begriffes der Zumutbarkeit kontrollieren. Gehört dieser Begriff in den Bereich der Zurechenbarkeit oder nicht? Der Begriff der Zumutbarkeit ist doppeldeutig. Zumutbarkeit kann eine Rechtspflicht oder die Schuld betreffen. Beide Zumutbarkeitsbegriffe sind voneinander zu unterscheiden. Ob eine Rechtspflicht zumutbar ist, richtet sich nach einer Abwägung widerstreitender Interessen. Eine Rechtspflicht ist dann nicht zumutbar, wenn überwiegende Interessen die Rechtspflicht als ausgeschlossen erscheinen lassen. Bei der Zumutbarkeit, die die Schuld betrifft, handelt es sich um eine Art Notsituation, bei der wir wegen der fragilitas humana ungern die Schuld bejahen, ohne daß wir andererseits geneigt sind, die Rechtspflicht zu verneinen. Es liegt hier ein ähnliches Verhältnis vor wie bei dem gesetzlichen und dem übergesetzlichen Notstand. Auch hier hat ein Wort zwei verschiedene Begriffe. Die Zumutbarkeit einer Rechtspflicht bezieht sich auf den Inhalt der Rechtspflicht. Wir haben aber gesehen, daß für das Zurechnungsproblem nicht der Inhalt der Rechtspflicht, sondern nur ihre formale Beziehung auf einen Rechtsverpflichteten eine Rolle spielt. Deshalb können wir die Zumutbarkeit, die die Rechtspflicht betrifft, nicht zu dem Problemkreis der Zurechenbarkeit rechnen. Die Zurechnung zur Schuld ist dann zu verneinen, wenn nach unserem Dafürhalten die Willensfreiheit aufgehoben ist. Die Unzumutbarkeit, die die Schuld betrifft, hebt aber die Willensfreiheit nicht auf, sondern beeinträchtigt sie nur. Auch dieser Begriff der Zumutbarkeit gehört daher nicht zum Problemkreis der Zurechnungslehre. Auch die sogenannte verminderte Zurechnungsfähigkeit gehört nicht zum Problemkreis der Zurechnungslehre. Das Zurechnungsurteil kann nur lauten: Ein Geschehen wird zugerechnet oder wird nicht zugerechnet. Eine verminderte Zurechnung ist eine contradictio in adjecto. Man muß daher unterscheiden zwischen Schuldausschließungsgründen, Entschuldigungsgründen und Schuldminderungsgründen[324]. Nur die Schuldausschließungsgründe, bei denen die Zurechnungsfähigkeit als aufgehoben zu betrachten ist, gehören zur Zurechnungslehre.

Die oben entwickelten Fragen und Antworten wollen wir der schnellen Verständigung halber die Grundfragen und Grundantworten der Zurechnungslehre nennen. Aus ihnen sind eine begrenzte Zahl von Sätzen ableitbar, die wir die Grundsätze der Zurechnungslehre nennen wollen. Sie lauten:

---

[324] Die hier gemachte Unterscheidung entspricht nicht der herrschenden Lehre. Vgl. dazu Mezger, Strafrecht, ein Lehrbuch, S. 363 f. mit Anm. 2. Daß zwischen Schuldausschließungsgründen, Entschuldigungs- und Schuldmilderungsgründen wieder innere Zusammenhänge bestehen, braucht nicht betont zu werden. Für die Zurechnungslehre dagegen ist zwischen den Schuldausschließungsgründen einerseits und den Entschuldigungs- und Schuldmilderungsgründen andererseits eine scharfe Trennung vorzunehmen. Es ist qualitativ ein großer Unterschied, ob jemand wegen Fehlens der Schuldvoraussetzungen keine Schuld haben kann oder ob man nur rechtlich davon absehen will, ihn für schuldig zu erklären.

1. Ein Geschehen ist rechtlich zurechenbar, wenn es der Kategorie des Rechts unterfällt oder — was dasselbe ist — wenn es auf das Recht beziehbar ist.
2. Die Zurechnung betrifft immer eine menschliche Verhaltensweise. Deshalb ist nur ein Geschehen rechtlich zurechenbar, das durch einen Rechtsverpflichteten beeinflußbar ist.
3. Im Strafrecht wird nur ein rechtswidriges Geschehen zugerechnet. Dies Geschehen kann die Verhaltensweise selbst oder mit ihr ein Ereignis außerhalb ihrer selbst sein, sofern es durch eine menschliche Verhaltensweise beeinflußbar ist.
4. Rechtswidrig ist ein Geschehen dann, wenn für ein Rechtssubjekt die Rechtspflicht bestand, es zu vermeiden oder abzuwenden, und wenn das Rechtssubjekt dies auch bei Unterstellung der Zurechnungsfähigkeit und der Fähigkeiten, die von der Rechtspflicht sonst vorausgesetzt werden, gekonnt hätte, wenn es gewollt hätte.

   In Ausnahmefällen kann ein Geschehen auch dann rechtswidrig sein, wenn eine Verhaltensweise nicht oder noch nicht als rechtswidrig bezeichnet werden kann (als Beispiel der Fall der Freiheitsberaubung, ohne daß eine rechtswidrige Verhaltensweise zugrundeliegt). Dies Geschehen kann nicht zugerechnet werden, solange nicht ein rechtswidriges Verhalten hinzukommt.
5. Schuldhaft ist ein rechtswidriges Geschehen, wenn das Rechtssubjekt nach seinen konkreten Fähigkeiten hätte wollen können, wie es gesollt hatte.
6. Das vollständige Zurechnungsurteil enthält einen formalen und einen materiellen Bestandteil. Der formale besteht in der Feststellung, daß die Vermeidung oder Abwendung des rechtswidrigen Geschehens Rechtspflicht dieses konkreten Rechtssubjekts gewesen wäre; der materielle enthält die unterscheidenden Merkmale der Zurechnung zur Rechtswidrigkeit und zur Schuld.

   Der materielle Bestandteil besteht in der Feststellung, daß für das Rechtssubjekt die Möglichkeit der Vermeidung oder Abwendung bestand. Und zwar ist diese Möglichkeit „objektiv" und „subjektiv" zu beurteilen[325].

   a) Die objektive Möglichkeit gehört zur Zurechnung zur Rechtswidrigkeit. Danach wird festgestellt, daß das Rechtssubjekt bei Unterstellung der Zurechnungsfähigkeit und der

[325] Die Fragwürdigkeit der Gesichtspunkte „objektiv" und „subjektiv" wurde bereits bemerkt. Ebenso ungenau sind die Ausdrücke generell und individuell und abstrakt und konkret. Einigermaßen genau ist nur, daß alles, was zum Wollenkönnen einschließlich der Einsichtsfähigkeit gehört, unter den Begriff subjektiv fällt. Aber theoretisch „rein" ist auch diese Abgrenzung nicht.

Fähigkeiten, die das Recht voraussetzt, das rechtswidrige Geschehen hätte vermeiden oder abwenden können, wenn es gewollt hätte.

b) Die subjektive Möglichkeit betrifft die Zurechnung zur Schuld. Danach wird festgestellt, daß das Rechtssubjekt nach seinen konkreten Fähigkeiten auch hätte vermeiden oder abwenden wollen können, was es gesollt hatte.

Diese sechs Grundsätze der Zurechnungslehre sind nur die Entfaltung der Grundfragen und Grundantworten. Wenn sie richtig sein sollen, müssen sie für alle nur denkbaren Delikte gelten. Da wir alle möglichen Delikte in acht Deliktsgruppen eingeteilt haben, wäre der Nachweis der Richtigkeit der sechs Grundsätze der Zurechnungslehre dann geführt, wenn ihre Geltung für alle acht Deliktsgruppen festgestellt werden kann. Bemerkenswert ist, daß in diesen Grundsätzen die Frage der Verursachung und des Kausalzusammenhanges wenigstens nicht als oberstes Prinzip vorkommt. Dagegen kommt die Kategorie der Kausalität insofern in Betracht, als unter ihr die Möglichkeit des Vermeidens oder Abwendens zu betrachten ist. Aber diese Frage hat nichts unmittelbar mit der Frage zu tun, ob jemand ein Geschehen verursacht hat oder ob zwischen einem Verhalten und einem Ereignis Kausalzusammenhang besteht oder ob ein Verhalten condicio sine qua non für ein Geschehnis ist. Und das ist auch der Sinn unserer These Nr. 1, in der wir das Kausaldogma ablehnten.

Wir beginnen nunmehr mit der Untersuchung, ob die entwickelten Grundsätze für alle Delikte Geltung haben, und nehmen die gewollten und die ungewollten (fahrlässigen) schlichten Tätigkeitsdelikte zum Ausgangspunkt. Als Beispiel dient uns auch weiterhin der falsche Eid.

Das Beschwören einer falschen Aussage ist ein Geschehen, das unter dem Rechtsgebot steht, eine falsche Aussage nach allen Kräften zu vermeiden. Selbst wenn das Rechtsgebot wörtlich formuliert sein würde: Du sollst nur eine richtige Aussage beschwören, so wäre es doch immer nur dahin zu verstehen, daß das Beschwören der falschen Aussage nach allen Kräften zu vermeiden sei. Andernfalls würde das Rechtsgebot in den Fällen, wo auch ein Normaladressat des Rechts nach besten Kräften die Richtigkeit seiner Aussage nicht mehr kontrollieren könnte, auf etwas Unmögliches gerichtet sein. Als Rechtspflicht kommt aber nur eine objektiv erfüllbare Pflicht in Betracht. Die Rechtspflicht: Du sollst alle deine Kräfte und Fähigkeiten zusammennehmen, alle Sorgfalt, Vorsicht und Aufmerksamkeit anwenden, um eine falsche Aussage zu vermeiden, ist erfüllbar. Und sie ist selbst dann erfüllt, wenn der Rechtsverpflichtete trotz Anwendung aller Kräfte und Fähigkeiten, objektiv gesehen, die falsche Aussage nicht vermeiden konnte.

Die Rechtspflicht bezieht sich nicht unmittelbar auf ein Geschehen, sondern auf menschliches Verhalten. Sagt man, ein Geschehen sei rechtswidrig, dann kann nur gemeint sein, daß das Geschehen auf einem rechtswidrigen Verhalten beruhe[326]. Rechtswidrig ist also ein Geschehen, das auf ein rechtswidriges Verhalten zurückführbar ist. Rechtmäßig ist ein Geschehen dann, wenn es auf ein rechtmäßiges Verhalten zurückführbar ist und das Ziel erreicht wird, welches das Recht mit Aufstellung der Rechtspflicht im Auge gehabt hat. Dagegen ist ein Geschehen weder rechtmäßig noch rechtswidrig, wenn es auf ein rechtmäßiges Verhalten zurückzuführen ist, ohne daß das Ziel, welches die Rechtspflicht im Auge hatte, erreicht werden konnte. Ein solches Geschehen ist als rein physikalisches Geschehen zu betrachten ohne Rücksicht darauf, ob sein Ausgangspunkt ein Mensch war oder nicht. Es liegt gleich, ob ein Blitz ein Haus in Brand gesetzt hat oder ob ein Mensch den Brand verursacht hat, wenn nur das Geschehen für jedermann unvermeidbar und unabwendbar war. Aber auch umgekehrt liegt es gleich, ob ein Blitz oder ein Mensch den Brand eines Hauses verursacht hat, wenn dieser Brand vermeidbar oder abwendbar war. Unter diesen Umständen kann einem Menschen der Brand auch dann zugerechnet werden, wenn der Blitz eingeschlagen hat, wenn für jemand eine erfüllbare Rechtspflicht bestand, ein solches Ereignis z. B. durch Anbringen eines Blitzableiters zu vermeiden. Aber es wäre auch ungereimt, davon zu sprechen, daß ein Geschehen rechtmäßig sei, weil es unvermeidbar war und das Subjekt des Geschehens alle Rechtspflichten erfüllt hat, z. B. zu sagen, ein Kraftfahrer habe rechtmäßig den Tod eines Passanten verursacht, weil es ihm unmöglich war, dieses Geschehen zu vermeiden. Das bedeutet, daß ein solches Geschehen wenigstens für das Strafrecht nicht unter die Kategorie des Rechts fällt. Eine ganz andere Frage wäre es, ob an solch ein Geschehen zivilrechtlich Haftungsfolgen geknüpft werden; dann fällt es in dieser Hinsicht unter die Kategorie des Rechts. Auf unser Beispiel angewandt, besagen diese Grundsätze, daß eine objektiv unvermeidlich falsche Aussage dem Aussagenden nicht als rechtswidrig zugerechnet werden kann.

Überlegen wir nur kurz, wie man in unserem Fall nach der herrschenden Meinung vorgehen müßte[327]. Zunächst wird festgestellt, daß der Schwörende eine falsche Aussage gemacht hat. Daraus wird die Konsequenz gezogen, daß er „also" den Tatbestand ... ja, welchen Tatbestand? den des § 154 StGB oder den des § 163 StGB? (Sind diese beiden Tatbestände identisch?), nun kurz, den Tatbestand des falschen Eides erfüllt hat. Nun wäre die Feststellung zu treffen, ob der Schwörende diesen „Tatbestand" rechtswidrig erfüllt hat. Da Rechtfertigungsgründe nicht in Betracht kommen, muß diese Frage

[326] Da es im Strafrecht auf die Beurteilung des Verhaltens eines Täters ankommt, so gilt dieser Satz grundsätzlich, soweit es sich eben um die Beurteilung eines Verhaltens handelt. Im übrigen gibt es auch Fälle, wo ein nichtrechtswidriges Verhalten, bei dem also eine Rechtspflicht nicht verletzt worden ist, trotzdem einen rechtswidrigen, d. h. einen dem Recht nicht entsprechenden und abzuändernden Zustand herbeiführen kann.

[327] Hierbei wird als herrschende Meinung das „klassische Schema" Tatbestand — Rechtswidrigkeit — Schuld angesehen.

bejaht werden. Nehmen wir einmal an, daß jemand eine falsche Aussage machen wollte, aber zufällig und, ohne es zu wollen, eine der Wahrheit entsprechende Aussage gemacht hat. Dieser Täter wird mindestens wegen versuchten Meineides bestraft. Das kann nichts anderes bedeuten als: Das Recht verbietet eine richtige Aussage, wenn der Täter mit ihr eine falsche Aussage machen wollte. Glaubt aber der Täter, seine Aussage sei richtig und wollte er auch eine richtige Aussage machen, so wird er wiederum wegen fahrlässiger Verletzung der Eidespflicht bestraft. Daraus müßte die herrschende Meinung folgende Rechtsgebote ableiten: Das Recht gebietet eine richtige Aussage ..., es verbietet eine richtige Aussage (falls der Täter sie für falsch hielt), es gebietet aber eine richtige Aussage dann, wenn der Täter sie für falsch hält, und bestraft ihn, wenn er die für falsch gehaltene Aussage nicht beschwören wollte und die für richtig gehaltene (aber falsche) Aussage beschworen hat, wegen fahrlässiger Verletzung der Eidespflicht, falls der Täter die falsche Aussage vermeiden konnte. Diese Widersprüche sind freilich nur scheinbare, aber für die herrschende Meinung unvermeidlich. Sie beruhen alle auf der falschen Formulierung der Rechtspflicht. Der Inhalt der Rechtspflicht ist nicht das Gebot der richtigen Aussage, sondern die Pflicht, alle Kräfte und Fähigkeiten anzuwenden, um eine falsche Aussage zu vermeiden.

Wie wir gesehen haben, gehört zur Erfüllbarkeit einer Rechtspflicht die Abhängigkeit eines Geschehens vom Wollen des Subjekts. Diese Abhängigkeit wird charakterisiert durch die Begriffe „Vermeidbarkeit" oder „Abwendbarkeit". In Hinsicht auf ein kausales Geschehen steht die Vermeidbarkeit oder Abwendbarkeit unter der Kategorie der Kausalität, bezogen auf ein wirkliches oder ein mögliches Geschehen. Bei der Vermeidbarkeit handelt es sich um den Vergleich zwischen einem wirklichen und einem möglichen Geschehen, bei der Abwendbarkeit ebenfalls. Nun ist in diesem Zusammenhang unter Geschehen nicht eine materielle Bewegung der Erscheinungswelt zu verstehen. Vielmehr verstehen wir unter Geschehen nur ein Etwas, welches als rechtswidrig charakterisiert werden kann. Das kann rein faktisch gesehen auch ein völliges Nullum sein. Bei den schlichten Tätigkeitsdelikten allerdings handelt es sich immer um ein wirkliches Geschehen. Aber dieses steht nicht nur unter der Kategorie der Kausalität, sondern auch des Rechts; denn es handelt sich nicht schlechthin um die Faktizität des Geschehens, sondern um die rechtliche Qualität des Geschehens als eines rechtswidrigen[328]. Ein rechtswidriges Geschehen vermeiden aber kann man nur dann, wenn man auch die Rechtspflicht kannte oder wenigstens zu kennen

[328] Weil es sich bei dem Geschehen nicht um ein „wertfreies", d. h. rein faktisches Geschehen, sondern um ein rechtsbezogenes Geschehen, eben um ein Rechtsgeschehen handelt, deshalb ist es Willkür, wenn der Vorsatz nur auf das Wissen und Wollen der Tat beschränkt wird. Von der Bedeutung des Geschehens ist nicht abzusehen. Das Rechtsgeschehen ist daher nicht „Tod verursachen", sondern „das einer Rechtspflicht widersprechende Nichtvermeiden oder Nichtabwenden des Todes eines Menschen". Deshalb ist der Vorsatz im Recht dolus malus.

in der Lage war. Die Erfüllbarkeit einer Rechtspflicht setzt daher weiter die objektive Erkennbarkeit der Rechtspflicht für den konkreten Täter voraus. Hieraus können wir entnehmen, daß die **objektive** Unerkennbarkeit der Rechtspflicht und der darauf beruhende Mangel des Bewußtseins der Rechtswidrigkeit zu den Ausschlußgründen der Zurechnung zur Rechtswidrigkeit, und nicht zu den Ausschlußgründen der Zurechnung zur Schuld zu rechnen[329] ist. Mag dieser Fall auch verhältnismäßig selten sein, so ist er doch denkbar, wenn auch nicht gerade bei den Eidesdelikten. Dasselbe gilt für Mängel der Bedeutungserkenntnis, wobei auch diese Bedeutungserkenntnis letzten Endes auf eine Rechtsbedeutungserkenntnis hinausläuft; denn wer die allgemeine Bedeutung eines Vorganges nicht erfaßt hat, vermag ihn auch rechtlich nicht richtig einzuordnen. Soweit also solche Mängel objektiv, d. h. für keinen Rechtsgenossen erkennbar sind, ist die Zurechnung zur Rechtswidrigkeit ausgeschlossen.

Stellen wir nun fest, daß der Schwörende objektiv die falsche Aussage hätte vermeiden können, dann ist ihm der falsche Eid zur Rechtswidrigkeit zuzurechnen. Diese Zurechnung ergibt sich einfach aus der Tatsache, daß es die Rechtspflicht dieses Schwörenden war, das Beschwören der falschen Aussage zu vermeiden. Daran schließt sich die Untersuchung der Zurechnung zur Schuld.

Schuld liegt dann vor, wenn das Subjekt des rechtswidrigen Geschehens dieses hätte vermeiden oder abwenden wollen können. Hier gehen wir also von der objektiven Möglichkeit auf die subjektive über[330]. Die erste Prüfung betrifft die Schuldfähigkeit. Sie ist zugleich Zurechnungsfähigkeit, weil sie die Momente enthält, welche es sinnvoll erscheinen lassen, jemand ein Verhalten zur Schuld zuzurechnen. Wird Zurechnungsunfähigkeit festgestellt, dann ist die Zurechnung zur Schuld ebenso wie die Schuld zu verneinen; denn das Recht nimmt in diesem Fall an, daß der Rechtsverpflichtete sein Wollen nicht gemäß dem Recht bestimmen konnte. Wird aber umgekehrt die Zurechnungsfähigkeit bejaht, dann ist damit noch nicht ohne weiteres die Schuld zu bejahen. Die Zurechnungsfähigkeit bedeutet nur ein generelles Urteil über die persönlichen Fähigkeiten des Rechtsverpflichteten, sein Verhalten gemäß dem Recht zu bestimmen. Dieses Urteil lautet: Der Rechtsverpflichtete besitzt die vom Recht vorausgesetzte Willensfreiheit, die es ihm ermöglicht, sein Verhalten dem Recht gemäß zu bestimmen. Man darf nun freilich nicht in den Fehler verfallen zu glauben, damit sei bewiesen, daß der Rechtsverpflichtete sich im Zustand der Willensfreiheit befunden habe. Wenn schon die Willensfreiheit generell nicht bewiesen werden kann, dann

---

[329] Bei unserer Anschauung über Rechtswidrigkeit und Schuld gibt es daher keinen eindeutigen systematischen Ort für den Irrtum über die Rechtswidrigkeit. Als unvermeidlicher Irrtum (objektiv gesehen) schließt er die Rechtswidrigkeit aus, als objektiv vermeidbarer schließt er die Schuld aus.

[330] Auf die Problematik der Abgrenzung zwischen objektiver und subjektiver Möglichkeit ist wieder hinzuweisen.

erst recht nicht konkret. Umgekehrt ist auch der Ausschluß der Zurechnungsfähigkeit nicht im strengen Sinn beweisbar. Das Recht begnügt sich hier mit der Aufstellung von Symptomen und sagt: Wenn diese Symptome vorliegen, will ich die Willensfreiheit als ausgeschlossen betrachten; wenn sie fehlen, will ich die Willensfreiheit annehmen. Mit Feststellung der Zurechnungsfähigkeit ist noch nicht die Frage beantwortet, ob das Subjekt des Geschehens im konkreten Fall die Willenskräfte hatte, die erforderlich waren, um das Geschehen zu vermeiden. Das generelle Urteil ist weiter zu individualisieren. An dieser Stelle zeigt sich nun die Undurchführbarkeit der Trennung in eine objektive und eine subjektive Möglichkeit. Ist das Fehlen von Körperkräften subjektive oder objektive Möglichkeit? Gehört die Ermüdung oder der Mangel der Konzentrationsfähigkeit zur objektiven oder subjektiven Möglichkeit? Wie steht es mit der Erkenntnisfähigkeit? Strenggenommen gehört zur subjektiven Möglichkeit einzig und allein das Willenspotential, also in keinem Fall die Erkenntnisfähigkeit, d. h. bei gegebenem Willenspotential die Fähigkeit, Einsichten zu erlangen. Bekanntlich rechnet das Gesetz aber die Einsichtsfähigkeit zur Schuldvoraussetzung. Die vorhandenen Körperfähigkeiten dagegen werden mit Recht zur objektiven Möglichkeit gerechnet. An dieser Stelle wird zugleich auch die Unterscheidung zwischen Rechtswidrigkeit und Schuld überhaupt problematisch. Ohne die Möglichkeit der Widerlegung kann behauptet werden: Das Recht verlangt von einem konkreten Rechtssubjekt nur das, was zu erfüllen dem Subjekt objektiv und subjektiv möglich ist. Weiter geht eben die konkrete Rechtspflicht nicht. In diesem Fall wäre rechtswidrig nur das, was auch schuldhaft ist; und ein schuldloses Verhalten kann auch nicht rechtswidrig sein[331]. Wir bleiben aber insoweit bei der herkömmlichen Ansicht. Ihre Konsequenz besteht darin, daß Rechtswidrigkeit und Schuld sich nicht decken, so daß es auch schuldlose Rechtswidrigkeit gibt. Der Kreis dieser schuldlosen Rechtswidrigkeit wird allerdings unter allen Umständen eingeschränkt werden müssen.

Die Schuld ist noch nicht mit der generellen Feststellung der Zurechnungsfähigkeit bejaht, vielmehr ist das Schuldurteil noch weiter zu individualisieren. Zur Zurechnung zur Schuld gehört daher nicht nur die Zurechnungsfähigkeit, sondern die konkrete Schuldfähigkeit, die nur für die konkrete Situation bejaht oder verneint werden kann. Wir entnehmen daraus, daß der Begriff der Zurechnungsfähigkeit und der Begriff der Schuldfähigkeit sich nicht ganz

---

[331] Dieser Meinung ist in der Tat Welzel, aber nur hinsichtlich der fahrlässigen Delikte; vgl. Grundzüge S. 85: „Bei den Fahrlässigkeitsverbrechen ist die Unterscheidung von Rechtswidrigkeit und Schuld gegenstandslos und unmöglich. Nur die Handlung eines Schuldfähigen ist tatbestandlich rechtswidrig." Man ist wohl berechtigt zu fragen, warum das nur für die Fahrlässigkeitsdelikte gelten soll. Bei den vorsätzlichen Delikten ergeben sich die Schwierigkeiten nur bei der Frage der Teilnahme an Taten Schuldunfähiger, wenn man die Rechtswidrigkeit deren Verhaltens leugnet.

genau decken. Die Schuldfähigkeit ist zu zergliedern in die generell-individuelle Schuldfähigkeit, die mit der Zurechnungsfähigkeit identisch ist, und in die konkret-individuelle Schuldfähigkeit. Die Konkretisierung der Schuldfrage kann praktisch den größten Schwierigkeiten begegnen. Wie weit die konkrete Erkenntnisfähigkeit eines Menschen geht, wird immer eine höchst unsichere Abschätzung bleiben. Erst recht gilt das für die Frage, welch ein Willenspotential einem Menschen zur Verfügung steht. Hier zeigt sich so recht der Unterschied zwischen der Beurteilung eines vorsätzlichen und eines fahrlässigen Verhaltens. Wird festgestellt, daß der Täter das rechtswidrige Geschehen wollte, dann ist in diese Feststellung miteingeschlossen, daß der Täter die Bedeutung seines Verhaltens tatsächlich und rechtlich voll erfaßt hat. Ist das aber der Fall, dann steht damit zugleich fest, sofern nur die Zurechnungsfähigkeit bejaht ist, daß der Täter anders handeln konnte; denn davon geht das Recht aus, daß der Täter rechtgemäß handeln kann, wenn er sein Verhalten voll übersieht. Bei der Beurteilung fahrlässiger Delikte dagegen soll gerade erst festgestellt werden, ob der Täter die Tragweite seines Verhaltens voll überblicken konnte. Diese Frage, die es auf die Potentialität abstellt, ist naturgemäß viel schwieriger zu beantworten.

Trotz dem Unterschied zwischen Fahrlässigkeit und Vorsatz bleibt die Fragestellung für die Zurechnung zur Schuld immer dieselbe: Hätte das rechtsverpflichtete Subjekt nach seinen persönlichen Erkenntnis- und Willenskräften sich rechtmäßig verhalten können?

Hiermit haben wir festgestellt, daß die oben entwickelten Grundsätze der Zurechnungslehre — mit Ausnahme der Problematik der Unterscheidung zwischen Rechtswidrigkeit und Schuld — sowohl auf die gewollten als auch auf die ungewollten schlichten Tätigkeitsdelikte in vollem Umfang anwendbar sind. Damit ist nicht gesagt, daß das Urteil der Zurechnung bei der praktischen Behandlung von Fällen ausdrücklich auszusprechen ist. Es genügt, daß sich dieses Urteil gewissermaßen unausgesprochen aus der Feststellung des Delikts ergibt. Sagt man z. B.: Es war die Rechtspflicht des A, eine falsche Aussage zu vermeiden; A hat diese Rechtspflicht verletzt, dann liegt in dieser Feststellung schon eingeschlossen das Zurechnungsurteil zur Rechtswidrigkeit: Nach der Rechtspflicht ist A das zuständige Subjekt des Geschehens.

Bedeutung und Verhältnis der Zurechnungslehre für die Lehren über Vorsatz, Fahrlässigkeit, Schuld, Tatbestandsmäßigkeit und Rechtswidrigkeit sind erst an späterer Stelle zu erörtern. Es ist aber schon hier ersichtlich, wie eng die Zurechnungslehre mit der gesamten Strafrechtssystematik verknüpft ist. Und bereits hier kann darauf hingewiesen werden, daß die Bedeutung der Zurechnungslehre für die Regulation des strafrechtlichen Systems die ihrer praktischen Anwendung in den Einzelfällen weit übersteigt. Es sind nunmehr die Grundsätze der Zurechnungslehre erst an den weiteren Deliktsgruppen nachzuprüfen.

3. Die Zurechnung der schlichten Unterlassungsdelikte

Die sogenannten echten Unterlassungsdelikte nennen wir besser im Gegensatz zu den schlichten Tätigkeitsdelikten und als ihr genaues Gegenstück schlichte Unterlassungsdelikte. Wie bei den schlichten Tätigkeitsdelikten die Unrechtsqualität nicht in einem Erfolg, sondern in dem Tun selbst besteht, so umgekehrt bei den schlichten Unterlassungsdelikten in der Tatsache der Nichterfüllung eines Rechtsgebotes ohne Rücksicht auf einen Erfolg. Damit ist freilich nicht gesagt, daß der Erfolg bei den schlichten Unterlassungsdelikten schlechthin keine Bedeutung habe. Auch die Rechtsgebote verfolgen einen Zweck, der über die eigentlich strafbare Unterlassung hinausgeht, z. B. die Rechtspflicht, bestimmte Verbrechen anzuzeigen, den Zweck, dem Staat, d. h. seinen Behörden, die Möglichkeit zu bieten, Verbrechen zu verhüten. Rein formale Rechtsgebote ohne jeden Zweck oder solche, bei denen der Zweck überhaupt keine Rolle spielt, wird es nicht geben. Zum Ausgangspunkt unserer weiteren Betrachtungen nehmen wir die etwas vereinfachte Verletzung der Anzeigepflicht von Verbrechen. Der Tatbestand laute so: Wer es unterläßt, bevorstehende Verbrechen anzuzeigen, wird bestraft. Die Formulierung: wer es unterläßt ..., und die Formulierung: wer ein Verbrechen nicht anzeigt ..., sind offenbar nicht gleichwertig. Die letztere Formulierung kommt uns irgendwie unvollkommener vor. Sie ist es auch, denn bei ihr kommt das Bestehen einer Rechtspflicht nicht so prägnant zum Ausdruck wie bei der Formulierung: wer es unterläßt. Im Begriff des Unterlassens ist nämlich die Rechtspflicht bereits mitgedacht. Der Begriff „Unterlassen" gewinnt erst seine Bestimmtheit im Hinblick auf eine konkrete und vorausgesetze Rechtspflicht. Es ist daher nicht möglich, mit der Untersuchung eines „wertfreien" Tatbestandes zu beginnen. Wer dies tut oder vielmehr zu tun glaubt, täuscht sich selbst. Er könnte gar nicht finden, was er sucht. Bei der strafrechtlichen Untersuchung konkreter Fälle beginnt man immer mit der Wahl von gesetzlichen Tatbeständen des besonderen Teils. Schon diese Wahl steht unter dem uranfänglichen Vergleich eines Geschehens mit dem Recht und seinen Pflichten. Es ist daher weit davon entfernt, daß man zuerst einen „wertfreien" Tatbestand feststellt[332]. Schon der Gesetzgeber hat den Tatbestand unter

---

[332] Mezger, Strafrecht, ein Lehrbuch, S. 132, sieht das Problem wenigstens insofern richtig, als er darauf hinweist, daß die Unterlassung nur vom Normativen her zu verstehen sei. Wenn Alfons Vogt, Das Pflichtproblem der kommisiven Unterlassung, in ZStW Bd. 63 S. 381 ff. (383), meint, der Begriff des Unterlassens setze die Vorstellung einer Handlung voraus, aber auch nicht mehr, so irrt er. Wer etwas nicht getan hat, was er hätte tun können, braucht deshalb noch nichts unterlassen zu haben. Wenn ich jetzt eine Zigarette nicht rauche, obwohl ich sie rauchen könnte und dies auch weiß, so habe ich damit noch nicht unterlassen, sie zu rauchen. Habe ich mir aber vorgenommen, nicht zu rauchen, obwohl ich es könnte und auch das Begehren dazu hatte, dann habe ich unterlassen zu rauchen. Erst im Hinblick auf einen Normkomplex wird ein Nichttun zu einem Unterlassen. Aber dieser Begriff des Unterlassens ist sinnleer, solange der Normkomplex nicht bezeichnet ist.

den Gesichtspunkt der Wertung gestellt. Wenn es in § 212 StGB heißt, wer einen Menschen vorsätzlich tötet, dann ist damit keineswegs ein wertfreier Tatbestand beschrieben, anderenfalls die Rechtsfolge sinnlos wäre; denn an einen wertfreien Tatbestand kann sich keine Rechtsfolge der Strafe knüpfen. Vielmehr ist unter vorsätzlicher Tötung ausschließlich an ein rechtswidriges Geschehen gedacht worden. Deshalb ist auch die Redewendung, der Tatbestand indiziere die Rechtswidrigkeit irreführend. Daß sich oft die Rechtswidrigkeit noch nicht aus der Feststellung des Tatbestandes ergibt, liegt nur an der verkürzten Ausdrucksweise des Gesetzes, die berechtigt ist. Aber das Regel-Ausnahmespiel bei der Rechtswidrigkeit hat nur formale Bedeutung, die in dem fortschreitenden Entwickeln der Sprache begründet ist. Beginnt man also im Tötungsfall mit der Tatsache, daß ein Mensch, der bis dahin lebte, nun tot ist, so kann dies allein kein Grund sein, von einer wertfreien Feststellung eines Tatbestandes zu sprechen[333]. Vielmehr ist dies überhaupt noch keine Feststellung des Tatbestandes und wäre es auch dann noch nicht, wenn man weiterhin festgestellt hätte, daß jemand diesen Tod verursacht hat. Indem man das Geschehen bereits unter die Frage eines Tatbestandes gestellt hat, beginnt man die Rechtserheblichkeit des Vorganges zu prüfen. Ein nichtrechtswidriger Tod würde das Strafrecht gar nicht interessieren. Insoweit ist zwischen Erfolgsdelikten und den schlichten Unterlassungsdelikten kein Unterschied, es sei denn der, daß bei den letzteren die Beziehung auf eine Rechtspflicht noch deutlicher vor Augen tritt. Die streng logische Prüfung der Unterlassungsdelikte kann nur bei der Frage einsetzen: Bestand für jemand in der gegebenen Situation eine Rechtspflicht und welchen Inhalt hatte sie? Erst dann kann festgestellt werden, ob A seine Rechtspflicht verletzt hat. Wieder wie bei den schlichten Tätigkeitsdelikten geht es um die Frage, ob im konkreten Fall die „allgemeine" Rechtspflicht objektiv erfüllbar war. Auch hier handelt es sich um eine kaum zu vermeidende Sprechweise; denn es gibt nicht eine „allgemeine" und eine „konkrete" Rechtspflicht, sondern nur eine Rechtspflicht im konkreten Fall. Ist diese zu verneinen, dann ist die Rechtspflicht überhaupt verneint. Nun ist

---

333 Die Meinung, der Tatbestand sei ein „völlig wertfreies Phänomen", wie sich auch Vogt a. a. O. S. 383 ausdrückt, wobei das Wörtchen „völlig" gebührend einzuschätzen ist, hat sich auch schon zu einem Dogma verdichtet, das mit allen logischen Mitteln zu halten versucht wird, ohne daß man recht den Grund dafür einsieht. Gewiß kann man bei einer menschlichen Handlung begrifflich einen Schnitt machen und vom Wert der Handlung absehen. Damit tut man nichts anderes, als was man schon beim kausalistischen Handlungsbegriff getan hatte, wenn man von der Finalität absah. Begrifflich läßt sich vieles trennen. Es ist nicht die Frage, ob ein solches Abstrahieren möglich ist, sondern ob es sachentsprechend ist. Will man beim menschlichen Verhalten nicht physikalische Feststellungen treffen, sondern die rechtliche Qualität beurteilen, dann ist es ein Mißgriff, von dem „Rechtsraum" „abzusehen", wo es gerade auf diese Bezogenheit ankommt. Die Kritik einem solchen abstrahierenden Verfahren gegenüber ist keine andere als die Kritik, die man von der finalen Handlungslehre aus dem kausalistischen Handlungsbegriff ganz mit Recht, aber noch zu wenig weitgehend hat angedeihen lassen. Vgl. die Ausführungen S. 192 f.

die Rechtspflicht, Verbrechen anzuzeigen, immer von bestimmten und sinngemäß notwendigen Voraussetzungen abhängig. Der Rechtsverpflichtete muß seine Rechtspflicht gekannt haben oder wenigstens objektiv kennen können. Er muß gewußt haben, daß ein Verbrechen bevorstand. Er muß die objektive Möglichkeit gehabt haben, das Verbrechen anzuzeigen. Einen Teil dieser Voraussetzungen hat das Gesetz bereits in den Tatbestand aufgenommen. Aber es wäre ganz dasselbe, wenn dies nicht der Fall wäre. Die gesetzliche Festlegung hat den Vorteil, den Grad der Gewißheit über das Bevorstehen des Verbrechens bestimmt zu haben, indem es „glaubhafte" Kenntnis verlangt. Wir sehen, daß das Problem der Zurechnung der Unterlassung zur Rechtswidrigkeit nicht anders liegt als bei den schlichten Tätigkeitsdelikten.

Eine Frage könnte sein, ob auch die teleologische Auslegung des Gesetzes, z. B. die Prüfung, ob mit der Anzeige noch der Zweck des Gesetzes hätte erreicht werden könne, zu den Grundsätzen der Zurechnungslehre zu rechnen ist. Diese teleologische Auslegung dient der genaueren Ermittlung des Inhalts und der Grenzen der Rechtspflicht. Sie berührt die Zurechnung nur mittelbar, indem die Verneinung der Rechtspflicht auch die Zurechnung ausschließt. Die Inhaltsbestimmung der Rechtspflicht rechnen wir aber, soweit es sich nicht um die allgemeinen Voraussetzungen handelt wie die Möglichkeit des Handelns, nicht zu den Grundsätzen der Zurechnungslehre, eine Entscheidung, die wir schon bei dem Begriff der Zumutbarkeit getroffen hatten. Aus denselben Gründen gehört auch die Frage nicht hierher, ob die Anzeigepflicht auch für Teilnehmer des Täters Geltung hat.

Bei den schlichten Unterlassungsdelikten betrifft die Zurechnung ebenso wie bei den schlichten Tätigkeitsdelikten nur das Verhalten selbst und nicht einen etwa eingetretenen Erfolg. Damit ist, wie bereits bemerkt, dieser Erfolg nicht schlechthin bedeutungslos. Er ist auch nicht nur für die Auslegung des Gesetzes, sondern auch für die Beurteilung des Verhaltens selbst von Bedeutung. So macht es bei den schlichten Tätigkeitsdelikten einen Unterschied, ob z. B. jemand auf Grund eines Meineides zur Zahlung von 100 DM oder zum Tode verurteilt worden ist. Und auch bei den schlichten Unterlassungsdelikten ist das tatsächliche Geschehen, welches nach dem Zweck des Gesetzes verhindert werden sollte, für die Beurteilung der Strafbarkeit nicht belanglos. Dadurch verändern sich aber nicht die Grundsätze der Zurechnungslehre.

Für die Zurechnung zur Schuld ergeben sich bei den schlichten Unterlassungsdelikten ebenfalls keine Abweichungen gegenüber den schlichten Tätigkeitsdelikten.

Als Ergebnis stellen wir fest: Die Grundsätze der Zurechnungslehre gelten für die schlichten Tätigkeitsdelikte und für die schlichten Unterlassungsdelikte, gleichgültig ob sie willentlich begangen sind oder nicht, in gleicher Weise. Wir gehen daher zur nächsten Deliktsgruppe, den willentlichen und nichtwillentlichen Erfolgsdelikten, die in einem positiven Tun bestehen, über.

4. Die Zurechnung der willentlichen und nichtwillentlichen Erfolgsdelikte, die in einem Tun bestehen

Unter dem Begriff Geschehen haben wir ein Etwas verstanden, welches der Rechtsbeurteilung unterworfen sein kann. Der Rechtsbeurteilung unterliegt ein wirkliches kausales Geschehen oder ein Nichtgeschehen in bezug auf ein mögliches Geschehen, das wieder seinerseits auf eine Rechtspflicht zu beziehen ist. Wir gebrauchen daher den Begriff Geschehen sowohl für ein Geschehen als auch für ein Nichtgeschehen, allerdings nicht für ein Nichtgeschehen schlechthin, sondern für ein solches in Hinsicht auf ein mögliches kausales Geschehen und auf eine Rechtspflicht. Damit machen wir uns eines Fehlers schuldig, den wir bei dem Begriff der Handlung gerügt hatten. Aber während uns für die Begriffe Handeln und Nichthandeln ein bequemer Oberbegriff in dem Wort Verhalten zur Verfügung steht, will uns ein Wort, das als Oberbegriff über den Begriffen Geschehen und Nichtgeschehen fungieren könnte, leider nicht einfallen. Wir begnügen uns daher mit der unvollkommenen Ausdrucksweise in der Hoffnung, daß die unliebsame Zweideutigkeit des Begriffes Geschehen keine weiteren Fehler oder Fehlschlüsse nach sich ziehen wird, zumal wir uns bemüht haben, darzulegen, was hinter dieser Zweideutigkeit steht. Dieser Begriff des Geschehens ist auch der Oberbegriff des Begriffes Erfolg. Auch dieser ist ein kausales Geschehen wie das Geschehen im Falle der schlichten Tätigkeitsdelikte oder wenigstens ein mögliches kausales Geschehen wie im Falle des Versuches, wo ja gerade der Erfolg noch nicht eingetreten ist.

Bei den schlichten Tätigkeits- und Unterlassungsdelikten decken sich Geschehen und Verhalten. Bei den Erfolgsdelikten dagegen wird der Schwerpunkt des Geschehens nicht so sehr im Verhalten als vielmehr im Erfolg gesehen. Erfolg ist das rechtswidrige kausale Geschehen, welches nicht das Verhalten selbst ist, sondern ein gedanklich davon abtrennbares Ereignis, mag es tatsächlich geschehen oder nur bei einem gegebenen Verhalten möglich gewesen sein. Erfolgsdelikt bedeutet nicht, daß das Verhalten selbst keine Rolle spiele, noch, daß ein Erfolg in Wirklichkeit eingetreten sein müßte[334]. Aber der Erfolg charakterisiert hier das strafbare Verhalten. Ohne daß wir ihnen eine gesonderte Betrachtung widmen werden, gehören als eine Abart zu den Erfolgsdelikten auch die sogenannten Gefähr-

[334] In diesem Sinn kann auch der Versuch eines Erfolgsdelikts noch als Erfolgsdelikt, mindestens aber als Gefährdungsdelikt bezeichnet werden. Der Erfolg kann auch ganz formalisiert sein, wie etwa bei den Beleidigungsdelikten: Ihr Erfolg ist nicht (oder nicht nur) die psychische Verletzung, die gar nicht vorzuliegen braucht, sondern das Zugehen der beleidigenden Äußerung. Mit dem Zugehen wird die Verletzung fingiert. Sie ist reiner Rechtserfolg, indem der Beleidigte sich rechtlich die Beleidigung nicht gefallen zu lassen braucht, wobei der reale psychische Effekt ganz belanglos ist.

dungsdelikte. Bei diesen besteht der Erfolg gewissermaßen schon in der Gefährdung eines Rechtsgutes. Oder man kann auch sagen, die Gefährdung weist auf einen Erfolg hin.

Zwischen dem Verhalten und dem Erfolg muß nun eine bestimmte Beziehung gegeben sein. Das Kausaldogma behauptet, diese Beziehung bestehe in einem Verursachen des Erfolges durch das Verhalten. Nur derjenige, der einen Erfolg verursacht habe, könne für ihn verantwortlich gemacht werden. Um dieses Dogma zu halten, hat man verschiedentlich bei gewissen Zweifelsfällen versucht, den Begriff des Erfolges zu verschieben und gewisse Unterscheidungen zu machen, wie etwa zwischen „Außenerfolg" und Verhalten selbst[335]; man hat auch von der konkreten Gestalt des Erfolges gesprochen[336]. Selbstverständlich handelt es sich in einem konkreten Einzelfall immer um einen konkreten Erfolg und nur dieser als vom Gesetz gemißbilligter ist gemeint. Aber Erfolg und Außenerfolg sind durchaus gleichbedeutende Ausdrücke. Der einzige Erfolg, den wir meinen, ist nur der „Außenerfolg". Das Verhalten selbst ist nicht Erfolg. Nachdem wir wenigstens hypothetisch das Kausaldogma abgelehnt haben, konzentriert sich unser Interesse auf die Art der Beziehung zwischen Verhalten und Erfolg.

Die Existenz von Erfolgsdelikten bedeutet folgendes: Innerhalb des sozialen Zusammenlebens sieht das Recht die Rechtssubjekte in einen kausalen Geschehensfluß gestellt, der von diesen Rechtssubjekten teils beeinflußt, teils nicht beeinflußt werden kann. Soweit der kausale Geschehensfluß beeinflußt werden kann, hat jedes Rechtssubjekt den anderen und der Gesamtheit gegenüber gewisse Pflichten. Dem Recht ist es nicht gleichgültig, wie sich die Rechtssubjekte in diesem Geschehensfluß verhalten und wie sie auf ihn einwirken. Im Interesse des sozialen Zusammenlebens und im Hinblick auf den Schutz von Rechtsgütern stellt das Recht kausale Steuerungspflichten auf. Negativ sind sie bestimmt durch Rechtsverbote, positiv durch Gebote. Die Rechtspflichten können also dahin gehen, bestimmte Eingriffe, die Rechtsgüter zu verletzen geeignet sind, zu vermeiden oder umgekehrt bestimmte Eingriffe in das kausale Geschehen zur Erhaltung von Rechtsgütern vorzunehmen. Es kann also jemand dafür verantwortlich sein, daß er das kausale Geschehen zum Nachteil eines Rechtsgutes gesteuert hat, als auch dafür, daß er es nicht in Richtung auf die Erhaltung eines Rechtsgutes gesteuert hat, obwohl er es hätte sollen.

Der Begriff der „Steuerung des kausalen Geschehens" wird zu einem wichtigen Leitbegriff der Erfolgsdelikte[337]. Der Vorwurf des

[335] So u. a. Mezger, Strafrecht, ein Lehrbuch, S. 95 ff.

[336] So z. B. Welzel, Grundzüge S. 27.

[337] Der Steuerungsbegriff ist naturgemäß auch für die finale Handlungslehre von großer Bedeutung. Wenn Welzel vom „Indienststellen der Kausalität" (Grundzüge S. 26) spricht, dann meint er damit dasselbe. Deshalb hätte die finale Handlungslehre zur Revision der Kausalitätslehre führen müssen. Ohne diese Rewision bleibt ein fühlbarer Mangel zurück.

Rechts kann dahin gehen, daß jemand das kausale Geschehen auf einen bestimmten, vom Recht gemißbilligten Erfolg hin gesteuert hat, oder dahin, daß er das kausale Geschehen nicht gesteuert hat, obwohl er zur Steuerung rechtlich verpflichtet war, so daß der Erfolg deshalb eingetreten ist, weil der Verpflichtete seiner Pflicht nicht nachkam. Die Steuerungspflicht wieder kann sich aus zwei ganz verschiedenen Gründen ergeben. Sie kann einmal aus der allgemeinen Pflicht erwachsen, bestimmte Rechtsgüter nicht zu verletzen, ihre Verletzung zu vermeiden, und zweitens aus besonderen Rechtspflichten entstehen, die auf Erhaltung von Rechtsgütern gehen. Die erste Pflicht hat wieder zwei verschiedene Inhalte. Der eine Inhalt besteht in dem Verbot: Du sollst nicht töten; du darfst nicht auf die Verletzung des geschützten Rechtsgutes hinarbeiten oder hinsteuern. Diese Rechtspflicht ist negativ. Aber die Pflicht, die Verletzung eines Rechtsgutes zu vermeiden, enthält zugleich auch ein Gebot in sich, sie hat einen positiven Inhalt. Sie gebietet, die mögliche Vorsicht, Aufmerksamkeit und Sorgfalt anzuwenden, um den vom Recht gemißbilligten Erfolg zu vermeiden[338]. Diese Pflichtverletzung geschieht durch Vernachlässigung der Steuerungspflicht, durch ein Nicht-so-steuern, wie die Rechtspflicht es gebot. Dagegen gibt es besondere Pflichten, die von vornherein positiv auf Erhaltung eines Rechtsgutes gehen. Diese Rechtspflichten sind durchaus nicht mit der allgemeinen Pflicht, die Verletzung eines Rechtsgutes zu vermeiden, identisch. Aus dieser Rechtspflicht folgt nicht die andere zur Erhaltung von Rechtsgütern. Vielmehr ist die Rechtspflicht, ein Rechtsgut zu erhalten, eine besondere Pflicht, die jeweils für den Einzelfall nachzuweisen ist und die aus der Vermeidepflicht nicht ableitbar ist. Rechtlich gesehen kann die Verletzung einer Erhaltungspflicht denselben Rechtseffekt haben wie die Verletzung einer Vermeidepflicht und die Verantwortlichkeit für die Verletzung des Rechtsgutes begründen. Um nun gleich ein vollständiges Bild zu erhalten: Es gibt noch eine dritte Art von Rechtspflichten, die weder mit der Vermeidepflicht noch mit der Erhaltungspflicht identisch, allerdings mit der letzteren verwandt ist: die sittlich gebotenen Hilfspflichten, wie man sie etwa nennen kann[339]. Sie gehen nicht auf Erhaltung des Rechtsgutes, sondern auf

[338] Man kann das Verhältnis von Gebot und Verbot auch umkehren und das Gebot, den Tod eines Menschen zu vermeiden, als das primäre ansehen. Die allgemeine Bestimmung würde dann lauten: Vermeide fremde Verletzung, und nicht: Verletze niemand. Die Einheit von Gebot und Verbot ist ohnehin offensichtlich.

In den Lehrbüchern wird diese Einheit der Rechtspflicht, die den vorsätzlichen und fahrlässigen positiven Begehungen zugrunde liegt, zu wenig herausgearbeitet. Dann ist es kein Wunder, wenn man den Eindruck eines Risses in der Systematik erhält.

[339] Die Abstufung von Erfolgsabwendungs- und „bloßen" Hilfspflichten ist in Wahrheit die Abstufung von Unrechtsqualität. Weil es nicht angemessen erscheint, in gewissen Fällen die Strafe aus dem Erfolgsdelikt zu nehmen, war es nötig, zwischen beiden Pflichten einen Unterschied zu machen. Der Unterschied liegt in der größeren Nähe oder Entfernung der konkreten Gemeinschaft. Die Abgrenzung zwischen beiden Pflichten ist daher so schwierig, wie sie es immer bei quantitativen Wertungen sein wird.

ein sittlich gebotenes Helfen bei der Erhaltung von Rechtsgütern. Es sind primär sittliche Pflichten. Ihre Verletzung erscheint uns als eine so empörende Handlung, daß das Recht dazu nicht mehr schweigen kann. Das Recht dient uns auch zum Schutz gegen unsittliche Verhaltensweisen, die den sittlichen Kern der Rechtsgemeinschaft antasten und die aus diesem Grunde für strafwürdig angesehen werden. Auf dem Umweg über ihre Strafbarkeit werden diese Pflichten zu rechtlich anerkannten Pflichten, aber eben nicht zu Erhaltungspflichten. Das Unrecht dieser Pflichtverletzungen steckt nicht im Erfolg, sondern in der Verhaltensweise selbst, so daß sie nicht zu den Erfolgsdelikten, sondern zu den schlichten Unterlassungsdelikten gehören.

Der Begriff des Steuerns ist genauer zu analysieren, insbesondere ist zu untersuchen, wie weit er dem Begriff des Verursachens entspricht. In dem ursprünglichen Sinn des Steuerns liegt sicherlich die finale Gerichtetheit. Steuern heißt, ein Geschehen auf ein Ziel hin lenken. Wer einen Menschen willentlich durch einen Schuß tötet, hat das Geschehen auf den Tod dieses Menschen hingelenkt. Nicht die Verursachung des Todes an sich ist das, was das Recht verpönt, sondern die Tatsache, daß die Todverursachung Ausdruck einer final gerichteten Handlung war. Schwierigkeiten macht nur der Umstand, daß das Recht als vorsätzlich Handelnden nicht nur den verantwortlich macht, der mit seiner Handlung ein Ziel oder vielmehr den strafrechtlich gemißbilligten Erfolg angesteuert hat, sondern auch den, der mit „dolus eventualis" gehandelt hat. Die Abgrenzung zwischen dolus eventualis und bewußter Fahrlässigkeit macht die größten Schwierigkeiten. In unserem Zusammenhang können wir dieses Problem auf sich beruhen lassen. Eins aber ist gewiß: Der mit dolus eventualis herbeigeführte Erfolg wird dem Täter als gewollt, der mit bewußter Fahrlässigkeit herbeigeführte Erfolg dagegen wird dem Täter als nicht gewollt zugerechnet. Es fragt sich freilich, was unter gewollt und nicht gewollt zu verstehen ist. Hier sind verschiedene Abstufungen denkbar. Es kann sein, daß jemand weiß, daß mit seinem Handeln bestimmte, vom Recht gemißbilligte Folgen verknüpft sein können, und daß er trotzdem handelt, weil ihm auch der Eintritt dieser Folgen genehm oder wenigstens lieber ist, als von seiner Handlung (Verhalten) abzustehen, ohne daß dieser Erfolg gerade das Ziel seiner Handlung gewesen ist. In diesem Fall ist der dolus eventualis nicht problematisch. Es macht auch keine begrifflichen Schwierigkeiten, ein solches Verhalten als gewollt zu bezeichnen. Freilich, eine Steuerung des Geschehens auf dieses Ziel hin, also eine finale Handlung, liegt nicht vor. Dennoch wollen wir in diesem Fall zwar nicht von einer finalen Handlung, wohl aber von einem gesteuerten Verhalten sprechen[340]. Es versteht sich, daß

[340] Dies ist eine Begriffserweiterung, bei der es nur eine Frage der Bezeichnung ist, wie man dieses Verhalten näher benennen soll. Man kann ebensogut von finaler Handlung sprechen, wenn man sich nur darüber klar bleibt, daß es sich hier

hierbei das gesteuerte Verhalten nicht in bezug auf das direkte Handlungsziel, sondern auf den mit dolus eventualis herbeigeführten Erfolg gemeint ist. Diese auf den rechtlich gemißbilligten Erfolg nicht direkt gerichtete Handlung soll gleichwohl eine gesteuerte genannt werden. Das bedeutet, daß wir dem so sich Verhaltenden nicht den Vorwurf machen, daß er das Geschehen nicht gesteuert habe, sondern, daß er es gesteuert habe. Obwohl damit der Begriff des Steuerns der finalen Zielgerichtetheit entkleidet ist, ist doch noch nicht die Kategorie der Finalität verlassen. Vielmehr bringen wir die Finalität sogleich in Zusammenhang mit der Rechtspflicht. Diese normativ gesehene Finalität besagt, daß das Rechtssubjekt die Pflicht habe, sein Verhalten im Hinblick auf mögliche und voraussehbare Folgen einzurichten. Nun müssen wir freilich noch einen Schritt weiter gehen. Es gibt Fälle, in denen dolus eventualis angenommen wird, obwohl von einer Einwilligung in den Erfolg in dem soeben ausgeführten Sinn nicht gesprochen werden kann. Wenn z. B. ein Versicherungsbetrüger ein Haus anzündet in dem Bewußtsein, es könne ein Mensch getötet werden, und in der Absicht, sich in den Besitz der Versicherungssumme zu setzen, so wird er in der Regel mit dem Erfolg des Todes eines Menschen nicht einverstanden sein. Es wäre ohne Sinn zu sagen, er habe den Tod des Menschen für den Fall seines Eintritts gewollt. Der Tod ist ihm unerwünscht; er hofft, er werde nicht eintreten. Und doch sind wir in diesem Fall nicht geneigt, dolus eventualis abzulehnen. Wir sind der Meinung, daß die Vorstellung der Möglichkeit des Todes eines Menschen für den Täter ein Motiv hätte sein müssen, ihn von seiner Handlung abzuhalten. In diesem Fall würde uns zur Annahme des dolus eventualis bereits die Feststellung genügen, daß dem Täter die Möglichkeit des Eintritts eines solchen Ereignisses bewußt gewesen war, und daß ihm dieser Erfolg immer noch lieber war, als von seinem Verhalten abzustehen. Er „will" zwar nicht den Erfolg, aber er zieht seine tatsächliche Verhaltensweise ihrer Unterlassung vor, obwohl sie mit der Möglichkeit des Erfolges belastet ist. Indem er seine Tat will und den Eintritt des Todes eines Menschen dem Zufall überläßt in dem Bewußtsein, daß seine Tat diese Folgen haben könne, setzt er bewußt ein Geschehen in Bewegung, welches diese Folgen haben kann. Es erscheint als keine zu große Dehnung des Begriffes des Steuerns, wenn er auch auf diese Fälle noch erstreckt wird. Nun gibt es freilich Fälle, die dem eben genannten sehr ähnlich sein können, ohne daß wir gewillt sind, dolus eventualis anzunehmen. Gestattet z. B. ein Vater seinem Sohn, auf einem größeren See mit einem kleinen Segelboot eine Segelpartie zu machen, dann ist es denkbar, daß auch er an die Möglichkeit eines Unfalls gedacht hat. Gewiß wird er weiter gedacht haben: Es wird schon nichts passieren. Aber warum soll der Versicherungsbetrüger nicht das gleiche gedacht haben? Bei diesem jedoch wären wir trotz-

um eine gewisse Begriffsüberdehnung handelt, die aus Gründen des Rechts notwendig ist.

dem nicht geneigt, nur bewußte Fahrlässigkeit anzunehmen. Beide unterscheiden sich in der Art des Vorwurfs und in der rechtlichen Behandlung. Das Hinsteuern eines Geschehens auf einen rechtlich gemißbilligten Erfolg (in dem erweiterten Sinn) verletzt direkt ein Rechtsverbot. Es ist rechtswidrig wegen des Hinlenkens. Wem wir dagegen nicht den Vorwurf des Steuerns, sondern des Nichtsteuerns machen, der hat nach unserer Ansicht ein Rechtsgebot verletzt, sei es das Gebot, ein Rechtsgut zu erhalten, sei es das Gebot, alle Sorgfalt, Aufmerksamkeit und Vorsicht anzuwenden, um die Verletzung eines Rechtsgutes zu vermeiden. In diesem Fall müssen wir zuerst das Bestehen einer solchen Rechtspflicht und ihre Verletzung nachweisen. Wie auch immer die Abgrenzung zwischen dolus eventualis und bewußter Fahrlässigkeit im einzelnen zu erfolgen hat — wir können hier dieser Frage nicht näher nachgehen —, das ist gewiß, daß im Falle des dolus eventualis der Vorwurf einer Steuerung und im Falle der bewußten Fahrlässigkeit der Vorwurf des Nichtsteuerns erhoben wird.

Eine Definition des Begriffes des Steuerns zu bilden, ist schwierig und soll hier nicht versucht werden. Wir begnügen uns mit der Hoffnung, daß sich aus den gegebenen Beispielen mit hinreichender Deutlichkeit ergibt, was gemeint ist.

Es gilt nunmehr, diesen Begriff des Steuerns zu vergleichen mit dem Begriff des Verursachens. Hierbei nehmen wir zuerst den Begriff des Verursachens ganz eng als „Wirkkraft für eine Wirkung sein". Wirkkraft (Ursache) für eine Wirkung sein bedeutet, daß der Fortfall der Ursache mit Notwendigkeit auch den Fortfall der Wirkung nach sich zieht. Wer einen Menschen durch einen Schuß tötet, hat in diesem Sinne seinen Tod verursacht. Der Versicherungsbetrüger, der das Haus anzündet, in dem ein Mensch verbrennt, hat gleichfalls sowohl den Brand des Hauses als auch den Tod des Menschen verursacht. Allerdings liegt schon in diesen Fällen eine Wirkkette vor. Wer diese Wirkkette in Bewegung setzt, hat auch dann verursacht, wenn er nicht unmittelbare Ursache ist. Es macht keinen Unterschied, ob diese Wirkkette nur aus materiellen Wirkgliedern oder auch aus psychischen Wirkgliedern besteht. Gewiß ist die psychische Kausalität andersartig als die materielle, zumal wir vom Axiom der Willensfreiheit ausgehen. Wenn ich jemand bitte, mir ein Buch zu geben, und er gibt es mir, dann ist der Kausalverlauf folgender: In mir ist eine Vorstellung gegeben, die auf das Erhalten eines Buches gerichtet ist. Dieser Vorstellung entsprechen bestimmte Schallwellen, deren Bedeutung ich kenne. Ich erzeuge nun diese Schallwellen. Sie treffen auf das Ohr des Empfängers. Er nimmt die Schallwellen wahr und erkennt ihre Bedeutung. Ob er meiner Bitte entsprechen wird, hängt von seinem Entschluß ab. Es ist nicht sicher, daß er der Bitte entsprechen wird. Tut er es aber, dann kann ich mit Sicherheit sagen, daß meine Worte Ursache dafür geworden sind, daß er mir das Buch gibt. Ich habe ihn zum Verleihen des

Buches „motiviert“. Obwohl also diese Wirkkette anderer Art ist als eine reine materielle Wirkkette, steht doch nichts im Wege, auch in diesem Fall von Verursachen zu sprechen.

Wer einen Menschen auf ein Tanzvergnügen schickt, bei dem dieser durch Verwicklung in eine Schlägerei getötet wird, oder wer einen anderen auf eine Reise schickt, auf der er einem Unfall zum Opfer fällt, hat im Sinn einer Wirkkette nicht den Tod des anderen verursacht. Aber er hat eine Situation herbeigeführt, innerhalb der sich gewisse Wirkkräfte in Richtung auf den Erfolg auswirken konnten. Er hat im Sinne eines Wirkzusammenhanges eine Bedingung gesetzt, eine condicio sine qua non, bei deren Fortfall das Ereignis nicht eingetreten wäre. Wir erweitern unseren Verursachungsbegriff auch auf diesen Fall. Danach hat der Vater, der dem Sohn die Segelfahrt gestattete, dessen Tod verursacht.

Es wäre nun ein Irrtum, daß dieser Begriff des Verursachens der Anknüpfungspunkt des Rechts wäre. Er ist nicht einmal eine heuristische Formel für das Auffinden rechtserheblicher Zusammenhänge[341]. Als heuristische Formel wäre er denkbar ungeeignet, weil er soviel Zusammenhänge zur Auswahl stellte, daß praktisch eine Auswahl gar nicht stattfinden könnte; denn Zusammenhänge dieser Art sind zahllos. Vielmehr ist das Prinzip des Verursachens für das Recht von vornherein enger zu fassen. Tatsächlich erfolgt die Auswahl der rechtserheblichen Zusammenhänge auch niemals nach diesem Verursachungsprinzip. Wer einen Sachverhalt zur näheren Prüfung auswählt, denkt sogleich — ob bewußt oder unbewußt — daran, ob das Geschehnis unter einer Rechtspflicht des Steuerns stand und ob diese Pflicht zu der fraglichen Person in Beziehung gesetzt werden kann. Dies ist das wahre Auswahlprinzip. Wollen wir es begrifflich näher charakterisieren, dann können wir sagen: Das Auswahlprinzip ist die Kategorie einer normativ gebundenen, finalen Kausalität. Statt Kategorie können wir auch sagen: Gesichtspunkt. Das Geschehen ist zu betrachten unter dem Gesichtspunkt einer normativ finalen Kausalität. Für einen Erfolg ist demgemäß nicht derjenige verantwortlich, der ihn im physikalischen Sinn verursacht hat, sondern derjenige, der ihn steuernd verursacht hat oder steuernd hätte vermeiden können. Hierfür nur ein extremes Beispiel: Eine Mutter, die ein Kind geboren hat, hat unwiderleglich auch eine Bedingung für den Tod des Kindes gesetzt. Von den Anhängern des Kausaldogmas wird gegen solche Beispiele eingewandt, daß sie unsinnig seien. Gewiß, das sind sie auch; aber es wäre doch wohl der Grund dafür anzugeben, warum sie unsinnig sind. Der Grund liegt darin, daß das Prinzip der physikalischen Verursachung gar nicht das zutreffende Auswahlprinzip ist. Der Grund der Verantwortlichkeit ist nicht die Verursachung schlechthin, sondern nur die einer Steuerungspflicht und der Steuerungsmöglichkeit unterliegende Verur-

[341] So Welzel, Grundzüge S. 27.

sachung. Man hat dieses Sachverhältnis schon lange erkannt, aber unter unzureichende Formulierungen gebracht[342]. Gegen den Widerspruch der herrschenden Lehre hat man behauptet, daß auch im Strafrecht und nicht nur im Zivilrecht die Kausalität einzuschränken sei. Das war richtig. Wenn man aber diese eingeschränkte Kausalität adäquate Kausalität nannte, dann war das damit gemeinte Auswahlprinzip doch nur recht unscharf angedeutet[343].

Wir haben bisher eine Gruppe von Fällen behandelt, bei denen die Anwendung eines Verursachungsbegriffes verhältnismäßig glatt vonstatten ging. Eine andere Gruppe von Fällen jedoch macht erheblich größere Schwierigkeiten. Wir greifen ein Beispiel heraus, das typisch liegt. Der Gehilfe eines Diebes lockt einen Polizisten vom Tatort fort, um dem Dieb bei der Tat zu „helfen". Aber was hat der Gehilfe verursacht? Hat er eine Bedingung für den Diebstahl gesetzt?

---

[342] Der Begriff der adäquaten Kausalität gibt nicht den Kern dessen wieder, worauf es bei unserem Begriff der juristischen Kausalität ankommt. Das zeigt sich auch bei den Ausführungen Traegers in seinem Werk „Der Kausalbegriff im Straf- und Zivilrecht". Ausgangspunkt seiner adäquaten Kausalität ist die condicio sine qua non, die wir gerade für ungeeignet erklärt haben, während Adäquanz nur eine Einschränkung des allgemeinen Kausalbegriffs auf die juristische Relevanz bedeutet (a. a. O. S. 159). Allerdings verändert Traeger den Begriff der condicio sine qua non bis zur Unkenntlichkeit, ohne zu sehen, daß in diesem Begriff sehr verschiedene Bestandteile stecken, nämlich logische, kausale und finale. Die Uhr wird nicht gehen, wenn sie nicht aufgezogen werden wird: Hier ist das Aufziehen der Uhr logische condicio sine qua non, die sich aus der Konstruktion der Uhr ergibt, die nur geht, wenn sie aufgezogen wird. Das Kind ist in den ungedeckten Brunnen gefallen: Der offene Brunnen ist kausale condicio sine qua non. Wenn man will, das die Uhr geht, dann muß man sie aufziehen: Das Aufziehen der Uhr ist finale condicio sine qua non. Zum Begriff der condicio sine qua non bei Traeger vgl. a. a. O. S. 43 ff. Auch den Ausführungen von Hans Tarnowski können wir uns nicht anschließen, weil er anscheinend im Kausaldogma befangen bleibt. Vgl. Tarnowski a. a. O. S. 32: „Die richtige Beantwortung der Kausalfrage ist die Voraussetzung dafür, daß die Schuldfrage überhaupt gestellt werden kann." Und S. 33: „Von selbst versteht es sich hier, daß erst die Frage der Kausalität beantwortet sein muß, um mit der Prüfung der Rechtswidrigkeit beginnen zu können." Ferner S. 75: „Da Beling (wie wir — scil. Tarnowski —) von der kausalen Natur aller Bedingungen ausgeht, muß er für diese Abgrenzung eine Begründung geben." Daß ein Möglichkeitsurteil eine Kausalfrage ist, ist unbestreitbar, wenn sich die Möglichkeit auf die kausale Beherrschbarkeit bezieht (vgl. Tarnowski a. a. O. S. 244 f.). Aber deshalb ist nicht gesagt, daß schon die Bejahung der Möglichkeit Kausalität *ist*. Das hat sehr klar Traeger gesehen. Auch insofern Tarnowski eine scharfe Trennung zwischen der Kausalfrage und der normativen Frage machen will, stimmt er mit meiner Auffassung ganz und gar nicht überein. Daß Tarnowski im übrigen mit vielen Formulierungen nahe an das herankommt, was hier vertreten wird, ist nicht verwunderlich, wenn man bedenkt, daß die Adäquanztheorie jedenfalls bei weitem richtiger ist als die Bedingungstheorie.

[343] Nach Tarnowski a. a. O. S. 339 ist ein Verhalten für einen Erfolg dann adäquat, wenn das Verhalten die objektive Möglichkeit des Erfolges erkennbar erhöht. Diese objektive Möglichkeit muß weder etwas mit Kausalität zu tun haben, noch ist mit dem Wort „adäquat" irgendein sachliches Prinzip angedeutet, noch paßt der Satz für Unterlassungen. Daher wäre statt des Wortes adäquat auf jeden Fall das Wort „relevant" vorzuziehen. Über die Farblosigkeit des Wortes „adäquat" vgl. auch Traeger a. a. O. S. 155, 162.

Jedenfalls hat der Gehilfe durch sein Eingreifen die Entdeckung der Tat durch diesen Polizisten unmöglich gemacht. Sagt man in diesem Fall, der Gehilfe habe für die Tat eine Bedingung gesetzt, so hat jedenfalls diese Bedingung eine ganz andere Bedeutung als die bei der oben behandelten Gruppe von Fällen. Bisher bedeutete Bedingung eine notwendige Voraussetzung der Möglichkeit des Erfolges. Sie war condicio sine qua non für den Erfolg. Der Fortfall dieser Art von Bedingung läßt notwendig auch den Erfolg wegfallen. Auch die Hilfeleistung beim Diebstahl könnte condicio sine qua non sein, aber nur dann, wenn man nachweisen könnte, daß der Dieb ohne sie nicht tätig geworden wäre. Dieser Nachweis läßt sich aber in vielen Fällen nicht führen. Man kann aber auch nicht sagen, wenn man den Sachverhalt nicht verfälschen will, daß der Diebstahl nicht ausgeführt worden wäre, wenn der Polizist nicht fortgelockt worden wäre. Das einzige, was man sagen kann, ist, daß der Polizist möglicherweise die Tat entdeckt hätte, wenn er nicht vom Tatort entfernt worden wäre. Dennoch erscheint es richtig, den Gehilfen auch dann wegen Beihilfe zu bestrafen, wenn nur die Möglichkeit bestanden hätte, daß der Polizist die Tat entdeckte. Der Gehilfe wird also nicht nur deswegen bestraft, weil sein Verhalten condicio sine qua non gewesen ist. Selbst wenn gar nicht feststellbar wäre, ob der Dieb die Tat auch ohne Beihilfe ausgeführt hätte, liegt vollendete Beihilfe vor. Daraus folgt nicht nur die Unanwendbarkeit der condicio-sine-qua-non-Formel für diese Art von Fällen, sondern es wird auch der Begriff des Verursachens problematisch. Bisher hatten wir den Verursachungsbegriff nur für die Fälle statthaft erklärt, bei denen entweder eine reale Wirkkraft auf den Erfolg hin wirksam wurde oder eine notwendige Situationsgegebenheit Verknüpfungspunkt von Wirkkräften war. Beides trifft auf die jetzt behandelte Gruppe von Fällen nicht zu. Entweder dürfen wir in diesen Fällen nicht mehr von Verursachen sprechen oder wir müssen eine abermalige Erweiterung des Verursachungsbegriffes vornehmen. Wir überschreiten jetzt eine klare Grenze des Verursachungsbegriffes; denn es fehlt an der realen Verknüpfung der Ereignisse. Hier ist zugleich die Grenze erreicht, die die Rechtswissenschaft etwa von den Naturwissenschaften trennt. Ein Naturwissenschaftler wird die Verursachung nur in der realen Verknüpfung von Wirkkräften und Situationsbedingungen erblicken. Der echte, wenn auch auf die condicio sine qua non erweiterte Begriff der Verursachung bezieht sich auf die reale Gestaltung eines Geschehensablaufes. Das Urteil über diese Art des Verursachens ist eine Feststellung von Tatsächlichem. Der reale Verknüpfungszusammenhang kann gegeben sein oder nicht gegeben sein. Wollen wir die zuletzt behandelte Gruppe von Fällen auch unter den Verursachungsbegriff bringen, dann hat dieser jedenfalls einen anderen Inhalt. Hier wird nicht ein tatsächliches Geschehen festgestellt, sondern ein tatsächliches Geschehen mit einem möglichen Geschehen im Hinblick auf eine bestehende Steuerungspflicht verglichen[344]. Von dem Tatgestaltungswillen des Täters aus gesehen ist ein tatsächliches Geschehen ohne die Möglichkeit, von dem Polizisten überrascht zu werden, anders zu beurteilen als ein Geschehen, das mit der konkreten Gefahr der Entdeckung belastet ist. Der Geschehensablauf kann in beiden Fällen der gleiche sein. Es war ebenso möglich, die Tat mit oder ohne die konkrete Entdeckungsgefahr auszuführen. Aber für den handelnden Täter hat die Tat mehr Aussicht auf Erfolg, bei der die konkrete Entdeckungsgefahr nicht vorliegt. Damit wird eine ganz andersartige Betrachtungsweise eingeführt. Es wird gar nicht mehr danach gefragt, ob etwas so oder so geschehen ist, sondern danach, ob ein Geschehen so oder so die größere Aussicht auf Erfolg versprach. Die Frage, ob der Gehilfe den Erfolg „verursacht" hat, ist ohne Sinn, wenn wir unter Verursachen den realen Verknüpfungszusammenhang meinen. Der Gehilfe hat voraussehend und wollend im Hinblick auf ein bestimmtes Gestaltungsziel den Erfolg erleichtert oder aussichtsreicher werden lassen[345]. Es kommt nicht einmal darauf an, daß der Erfolg tatsächlich eingetreten ist. Beihilfe liegt selbst dann vor, wenn trotz der Beihilfe der Erfolg nicht eintritt[346]. Sonst könnte der ungeschickte Gehilfe, der etwa durch sein ungeschicktes Verhalten zur Entdeckung der Tat beiträgt, nur wegen versuchter Beihilfe bestraft werden. Wer dem Täter einen Dietrich mitgibt, hat zur Tat auch Beihilfe geleistet, wenn sich hinterher herausstellt, daß aus irgendeinem Grunde der Gebrauch des Dietrichs nicht zum Ziele führt[347]. Würde sich der Dieb eine ganze

---

[344] Tarnowski a. a. O. S. 339 f. (Grundsätze Nr. 5 und 12) ist der Meinung, man könne und müsse logisch trennen zwischen dem Möglichkeitsurteil einerseits und dem rechtlichen Werturteil andererseits. Wäre das richtig, dann könnte man gar nicht den Inhalt des Möglichkeitsurteils finden; denn möglich ist unendlich vieles. Es fragt sich aber nur, ob das möglich ist, wozu eine Rechtspflicht besteht. Man kann daher den geschlossenen Komplex von kausalen, finalen und normativen Beziehungen nicht säuberlich zerlegen. Hier wird die Forderung der „Methodenreinheit" zur wissenschaftlichen Plage.

[345] Diese Frage kann überhaupt nur im Wege der Prognose entschieden werden. Prognose ist aber nie Feststellung einer Kausalität im strengen Sinne; denn Kausalität im genauen Sinn ist oder ist nicht, weshalb ja, wie bereits in Anm. 343 bemerkt, das Möglichkeitsurteil eine gegebene Kausalität im strengen Sinn nicht feststellen kann. Jedoch betrifft das Möglichkeitsurteil, soweit es sich auf die kausale Beherrschbarkeit bezieht, eine Kausalfrage, die auf Grund unserer Erfahrungen zu lösen ist.

Eine weitere Frage ist, ob man juristisch berechtigt ist, das Setzen einer Bedingung (wenngleich nicht einer condicio sine qua non) für den Erfolg als „Verursachen" im juristischen Sinn zu bezeichnen. Daß es sich bei dem Möglichkeitsurteil um eine Prognose handelt, ist von den Vertretern der Adäquanztheorie erkannt worden, vgl. Traeger a. a. O. S. 162 f., Tarnowski a. a. O. S. 95 f.

Eine Einzelfrage ist es, welches Erfahrungswissen dem Möglichkeitsurteil zugrundezulegen ist, das des Täters zur Zeit der Tat, des verständigen Beurteilers zur Zeit der Tat oder zur Zeit der Beurteilung usw.

[346] Den Standpunkt einer „herrschenden Meinung" hierüber zu erkennen, ist fast unmöglich. Zwar gilt es heute als ausgemachte Sache, daß die Beihilfe den Erfolg „verursacht" haben müsse; aber hierbei bleibt unklar, was sich der einzelne Beurteiler unter „verursachen" überhaupt denkt. Aus § 49 a StGB will man heute schließen, daß die Beihilfe für den Erfolg kausal gewesen sein müsse. Durch § 49 a

Kollektion von falschen Schlüsseln von verschiedenen Gehilfen mitgeben lassen, von denen nur ein Schlüssel paßt, so haben gleichwohl auch die anderen Gehilfen, deren Schlüssel nicht paßte, Beihilfe geleistet. So fragwürdig auch der Verursachungsbegriff für solche Verhaltensweisen sein mag, so bleibt doch der Begriff des Steuerns in diesen Fällen noch sinnvoll. Ehe wir zu dem Verursachungsbegriff Stellung nehmen, sollen noch die Ausdrücke „Bewirken", „Hinwirken", „Mitwirken" und „Fördern" einer näheren Betrachtung unterzogen werden. Die Ausdrücke verursachen und bewirken sind annähernd gleichbedeutend. Der Gehilfe hat das Fortsein der Sachen nicht bewirkt, das hat vielmehr der Dieb getan. Dagegen ist es offenbar sinnvoll, davon zu sprechen, daß der Gehilfe auf den Erfolg der Tat hingewirkt oder bei der Tat mitgewirkt oder die Tat gefördert hat. Bei diesen letzten Ausdrücken wird also offenbar eine reale

StGB soll der Lehre des Reichsgerichts, welches für die Beihilfe nur ein Fördern der Tat erforderte, einer Lehre, die immer unrichtig gewesen sei, wie Bockelmann, Zur Schuldlehre des Obersten Gerichtshofs, ZStW Bd. 63 S. 19 f. meint, der Boden entzogen worden sein. Nun war keine Lehre jemals so richtig, wie die Lehre des Reichsgerichts zur Beihilfe, was den Begriff „Fördern der Tat" betrifft, sie war so richtig, daß sie gegen alle Einwände der Wissenschaft im Recht ist und auch nicht durch § 49 a StGB aufgehoben wird. Hier hat das Reichsgericht trotz allen unklaren Vorstellungen über die Kausalität, wie so oft, instinktiv das Richtige getroffen. Wenn Bockelmann recht hätte, dann müßte immer, wenn die Tat im Versuch stecken geblieben ist, versuchte Beihilfe und nicht etwa Beihilfe zum Versuch vorliegen; denn dann steht fest, daß die Beihilfe den Erfolg nicht verursacht hat. Das nimmt man aber auch wieder nicht an, vgl. Welzel, Grundzüge S. 69 (Beispiel mit dem Dietrich, der nicht paßt). Dieser Widerspruch wird durch einen verfälschten Erfolgsbegriff herbeigeführt: Erfolg der Beihilfe soll die Begehung der Haupttat sein (so Welzel a. a. O.). Dann müßte nach der herrschenden Lehre die Beihilfe condicio sine qua non zur Tat sein, d. h. man darf die Beihilfe nicht fortdenken können, ohne daß die Tat entfiele. In sehr vielen Fällen kann man sich aber die Beihilfe fortdenken, ohne daß deshalb die Tat zu entfallen braucht, so z. B. dann, wenn der Täter glaubwürdig angibt, er hätte die Tat auch ohne Hilfe ausgeführt. Diese Sachlage wird dann wieder dadurch verschleiert, daß man unter Erfolg „den Erfolg in seiner konkreten Gestalt" versteht, was bedeuten soll, daß die Tat ohne die Beihilfe „anders" (also z. B. ohne Dietrich) ausgeführt worden wäre. So besteht dann glücklich der Erfolg der Beihilfe darin, daß die Tat mit Beihilfe ausgeführt worden ist. In diesem Sinn hat auch die erfolglose Beihilfe Erfolg, nämlich den, daß die Tat = „Erfolg in seiner konkreten Gestalt" mit — erfolgloser — Beihilfe ausgeführt worden ist, womit die Begriffsverwirrung ihren Höhepunkt erreicht hat.

In Wahrheit verhält sich alles sehr viel einfacher. Beihilfe ist reale, objektiv und ex ante zu beurteilende Förderung der Haupttat ohne Rücksicht darauf, ob gerade diese Hilfeleistung zum Erfolg der Haupttat geführt hat. Fördern heißt Erleichtern der Tat durch Einwirkung auf die Tatumstände oder Nichtabwendung von Gefährdungen trotz Rechtspflicht dazu. Diese Umstände müssen nicht notwendig auf die Möglichkeit des Erfolges der Tat bezogen sein. Auch wer den Täter zum Tatort fährt, obwohl dieser ebensogut hätte gehen können, erleichtert dem Täter die Tat, ohne daß man zu der Frage gezwungen wäre, ob dies Verhalten condicio sine qua non für den Erfolg gewesen wäre. Versuchte Beihilfe liegt vor, wenn die Umstände für den Täter objektiv nicht günstiger gestaltet worden sind. Inwiefern sich hieran durch die Neufassung des § 49 a StGB etwas geändert haben soll, vermag ich nicht einzusehen.

[347] Eine andere Frage ist es, ob der Gehilfe für die vollendete Tat bestraft wird, obwohl sie auf einem anderen Wege vollendet worden ist, als der Gehilfe es sich vorgestellt hat.

Verknüpfung der Verhaltensweise des Gehilfen mit dem Erfolg im Sinne einer condicio sine qua non nicht vorausgesetzt. Wir können nunmehr den Verursachungsbegriff näher untersuchen. Von Verursachen werden wir bei der gegebenen Sachlage nur dann sprechen, wenn uns das Gesetz zu einer solchen Sprechweise zwingt. Nur in diesem Fall wird es erforderlich sein, die Grenze des Verursachungsbegriffes auf diese Fälle zu erweitern[348]. Käme es nur auf die deliktische Teilnahme an, dann könnten wir uns diese Untersuchung ersparen; denn in diesen Fällen, in denen nicht einmal das Gesetz von Verursachen spricht, könnten wir uns mit den Begriffen „Mitwirken" und „Fördern" begnügen. Auch Mitwirken und Fördern sind Steuerungsakte des Geschehens, die das Gesetz verbietet. Es gibt aber doch Fälle, wo uns der Gebrauch des Begriffes Verursachen nicht erspart ist. Denken wir etwa an folgenden Fall: Ein Schwimmer droht zu ertrinken; B ist bereit, ihn zu retten; aber A hindert ihn daran, weil ihm am Tode des Schwimmers gelegen ist. Wir wollen annehmen, daß weder A noch B zur Rettung des Schwimmers verpflichtet war. A hat den Tod des Schwimmers S nicht verursacht. S ist von sich aus hinausgeschwommen. A hat durch das Festhalten des B in das kausale Geschehen eingegriffen und die Rettung des S durch B unmöglich gemacht. Aber ob der Rettungsversuch des B Erfolg gehabt hätte, ist mit kaum einem Wahrscheinlichkeitsgrad feststellbar, wenngleich die Möglichkeit der Rettung nicht geleugnet werden kann. Der Eingriff des A ist daher auch nicht condicio sine qua non für den Tod des S gewesen. Immerhin hat A das kausale Geschehen durch seinen Eingriff auf den Erfolg hin gesteuert. Ohne diesen Eingriff hätte der kausale Ablauf anders ausfallen können. Es kann keine Rede davon sein, daß A etwa nur eine Steuerung des Geschehens, die ihm oblag, unterlassen habe. Nach § 212 StGB wird wegen Totschlags bestraft, wer einen Menschen tötet. Töten bedeutet den Tod verursachen. Die Wirkkette, die zum Tode des S geführt hat, lag außerhalb der Tätigkeit des A. Sie kann vollständig erklärt werden, ohne daß die Tätigkeit des A erwähnt wird. Vergleicht man aber das, was geschehen ist, mit dem, was hätte geschehen können, wenn A nicht eingegriffen hätte, dann kommt man zu dem Urteil, daß möglicherweise der Tod des S nicht eingetreten wäre, wenn A nicht eingegriffen hätte. Damit hat A das Geschehen auf den Tod des S hin gesteuert. Dieses Steuern ist kein Verursachungsakt im physikalischen Sinn. Gehen wir vom Tod des S rückwärts, dann ist der Eingriff des A nicht die notwendige Voraussetzung (weder als wirkende Ursache noch als Verknüpfungsbedingung) dieses Todes. Vom Eingriff aber vorwärts gesehen hat dieser den Tod des S wahrscheinlicher gemacht. In Ermangelung eines passenderen Begriffes nennt das Gesetz eine solche Tätigkeit „Töten" oder „den Tod verursachen". Daraus folgt, daß das Gesetz unter Verursachen ein Tun versteht, das unter dem Gesichtspunkt des Steuerns steht. Steuern

---

[348] Vgl. Tarnowski a. a. O. S. 59.

selbst ist willentliches (unter Einschluß des dolus eventualis) Eingreifen in das Kausalgeschehen in Beziehung auf den Eintritt eines Erfolges. Bei den fahrlässigen Erfolgsdelikten, die in einem Tun bestehen, werden wir den Verursachungsbegriff noch etwas anders fassen müssen. Aber hier können wir uns mit diesem Ergebnis begnügen. Auch hier bestätigt sich, was wir bereits festgestellt haben: Der Verursachungsbegriff des Rechts ist ein anderer als der der Naturwissenschaften. Oben hatten wir gesehen, daß der naturwissenschaftliche Begriff der Verursachung durch das final-normative Moment eingeschränkt wurde. Hier sehen wir, daß er auch auf im strengen Sinn nichtkausale Vorgänge auszudehnen ist[349]. Wir sind darum berechtigt, von einer besonderen Rechtskausalität oder besser von final-normativer Kausalität zu sprechen. Übrigens schließt sich dieser Kausalitätsbgriff ganz eng an den gewöhnlichen Sprachgebrauch an. Aber es nützt nichts, auf den ohnehin unsicheren Sprachgebrauch zu verweisen, ehe man nicht die Prinzipien entwickelt hat, die ihm zugrundeliegen. Diese Prinzipien sind dann freilich dieselben, die auch dem Sprachgebrauch des Rechts zugrundeliegen.

Man könnte nun auch versucht sein, den Begriff des Kausalzusammenhanges entsprechend zu erweitern. Und dagegen wäre auch nichts einzuwenden, wenn nicht der Begriff des Kausalzusammenhanges in einem viel bestimmteren Sinn auf die reale Verknüpfung der Geschehnisse hinwiese, als es bei dem Begriff Verursachen der Fall ist[350]. An die Stelle des Begriffes Kausalzusammenhang müßte ein Begriff treten, der nicht zu so weitgehenden Begriffsverwechslungen und dementsprechend auch Fehlschlüssen führen kann. Leider existiert solch ein Begriff nicht. Soweit tatsächlich eine reale Verknüpfung von Geschehnissen und Situationen gegeben ist, ist gegen den Gebrauch des Begriffes Kausalzusammenhang nichts einzuwenden. Aber als Allgemeinbegriff z. B. in der Wendung: Beim Betruge ist zwischen der Irrtumserregung und der Vermögensverfügung ein Kausalzusammenhang erforderlich, ist er überaus bedenklich. Gewiß liegt auch bei der rein final-normativen Kausalität zwischen Verhalten und Erfolg ein inneres Band vor. Aber dieses Band ist nichts Reales, sondern eine gedachte Verbindung derart, daß möglicherweise der

---

[349] Trotz sehr eingehender Ausführungen kommt diese Erweiterung des Kausalbegriffes bei Tarnowski nicht zum Ausdruck. Vielmehr behält der Leser den Eindruck, als ob Adäquanz nur ein Ausdruck ist, der die „an sich richtige" Bedingungslehre (condicio sine qua non) einschränken soll.

[350] Das Wort Kausalzusammenhang deutet auf einen realen Wirkzusammenhang hin. Das Urteil, daß eine Einwirkung auf einen Kausalverlauf möglich gewesen wäre oder daß sie ihn begünstigt hat, gründet sich auch auf einen Zusammenhang, aber auf einen finalen, d. h. ex ante zu sehenden. Man kann sich die Verwirrung vorstellen, wenn etwas unter dem Namen eines realen Wirkzusammenhanges bezeichnet wird, was in Wahrheit nur einen finalen Zusammenhang kennzeichnet.

In der Literatur finde ich über den Begriff keine Klarheit und zwar auch nicht bei Tarnowski und Traeger, bei denen man es am ehesten erwarten müßte. Das hängt mit der Unklarheit der condicio-sine-qua-non-Formel zusammen, deren Unzulänglichkeit zwar vielfach geahnt, aber nicht klar herausgearbeitet ist.

Kausalverlauf ein anderer im Hinblick auf einen bestimmten Erfolg gewesen wäre, wenn ein bestimmter Eingriff nicht vorgenommen worden wäre.

Unter diesen juristischen Kausalbegriff fallen dann auch verschiedene Vorgänge, die wir bei unserer Betrachtung des Kausaldogmas für nicht kausal im strengen Wortgebrauch erklärt hatten. Wer den Mechanismus beschädigt, der weitere Energien zum Antrieb einer Maschine auslösen soll, verursacht das Stehenbleiben der Maschine. Wer einen Menschen an der Nahrungsaufnahme verhindert, verursacht seinen Tod. Wer die Steueranlage eines Schiffes beschädigt, verursacht den Untergang des Schiffes, wenn es möglich gewesen wäre, das Schiff mit intakter Steuerung zu retten. Dagegen bleiben noch die Unterlassungsfälle (jemand rettet den Ertrinkenden nicht, usw.) außer Betracht.

Mit diesen Ergebnissen müssen unsere Grundsätze der Zurechnungslehre in Zusammenhang gebracht werden. Nach der ersten Grundfrage ist ein Geschehen einem Rechtssubjekt deshalb zuzurechnen, weil es die Rechtspflicht dieses Rechtssubjekts war, daß dieses Geschehen nicht geschah. Offensichtlich trifft dieser Satz auch auf die Erfolgsdelikte zu. Das Recht stellt hinsichtlich des kausalen Geschehens bestimmte Steuerungspflichten auf des Inhalts, daß die Verletzung bestimmter Rechtsgüter zu vermeiden ist. Diese Rechtspflicht gliedert sich, wie wir gesehen haben, in die Pflicht, willentliche Verletzungen zu unterlassen (vermeiden), und in die Pflicht, nichtwillentliche Verletzungen unter Aufbietung der möglichen Sorgfalt, Vorsicht und Aufmerksamkeit zu vermeiden. Da wir bisher nur die willentlichen Verletzungen behandelt haben, kommt nur die erstgenannte Rechtspflicht in Betracht. An dem Rechtsgrund der Zurechnung ändert sich nichts. Zugerechnet wird dem Rechtssubjekt das Geschehen deshalb, weil es s e i n e Rechtspflicht war, daß es nicht geschah. Dasselbe gilt auch für die zweite Grundfrage: Wann wird dir ein Geschehen (hier = Erfolg) zugerechnet? Wenn du es vermeiden konntest. Die Aufspaltung in die beiden Unterfragen, von denen die erste die Zurechnung zur Rechtswidrigkeit und die zweite die Zurechnung zur Schuld betraf, interessiert uns in diesem Zusammenhang noch nicht. Auch bei den willentlichen Erfolgsdelikten, die in einem Tun bestehen, ist das Rechtssubjekt Subjekt eben der Tätigkeit. Weil dieses Tun auf den Erfolg hingesteuert hat und weil das Recht dieses Hinsteuern auf den Erfolg verboten hat, deshalb erfolgt die Zurechnung des Erfolges. Die Antwort auf die zweite Grundfrage hat hinsichtlich der Zurechnung zur Rechtswidrigkeit eine mehr rhetorische Bedeutung. Ihre Beantwortung versteht sich für das Recht wegen der Voraussetzung der Willensfreiheit von selbst. Wer die Folgen seines Tuns kannte, konnte diese Folgen selbstverständlich vermeiden, weil es bei ihm lag, ob er es tat oder nicht. Trotzdem gehört diese Antwort zur Vollständigkeit des Zurechnungsurteils. Danach sind auch die sechs Grundsätze der Zurechnungslehre auf die willentlichen Erfolgsdelikte, die in einem positiven Tun bestehen, anwendbar; denn diese Grundsätze sind ja nur die Entfaltung der beiden Grundfragen. Das zurechenbare Geschehen ist hier ein willentliches Steuern des Geschehens auf einen Erfolg hin. Der Rechtsgrund der Zurechnung ist nicht die Tatsache des Steuerns schlechthin, sondern die Rechtstatsache, daß dieses Steuern unter einer Rechtspflicht stand.

Diese inneren Zusammenhänge setzen bei den willentlichen Erfolgsdelikten voraus, daß das Geschehen wirklich der Steuerungsakt eines Subjekts war. Das ist nicht bei jeglicher Verursachung der Fall. Wer seinen Onkel auf die Reise schickt, damit er einem Verkehrsunfall zum Opfer fallen soll, oder in den Wald schickt, damit er vom Blitz erschlagen werden soll, hat zwar seinen Tod im physikalischen Sinn verursacht, wenn er wirklich eintritt. Man pflegt bei Fällen dieser Art zu argumentieren, daß es am Vorsatz fehle; denn der Täter habe nur den Wunsch gehabt, daß sein Onkel umkommen möge, und Wunsch sei nicht gleich Vorsatz[351]. Aber diese Begründung geht zumal bei der Einordnung des Vorsatzes in die Schuld am Kern der Sache vorbei. Es fehlt am Steuerungsakt, weil ein solches Geschehen außerhalb der menschlichen Beherrschbarkeit liegt, und damit an einer tatbestandsmäßigen Handlung. Es ist in diesen Fällen auch nicht nötig, mit dem Begriff der Sozialadäquanz zu arbeiten[352]. In den einzelnen Fällen freilich bedarf diese Frage immer einer sehr genauen Untersuchung. Einige Beispiele mögen das belegen. A läßt sich von B zur Ausführung eines Diebstahls einen Dietrich geben. Bei der Tat stellt sich heraus, daß der Dietrich unverwendbar ist. Trotzdem ist die Tatsituation für den Dieb, der den Dietrich erhalten hat, objektiv, aber vorausschauend gesehen, günstiger, als wenn er den Dietrich nicht erhalten hätte. Das wird noch klarer in dem ebenfalls schon erwähnten Fall, daß sich der Dieb von verschiedenen Personen eine Kollektion von Schlüsseln geben läßt, in der Hoffnung, daß einer von ihnen passen werde. Ob das zutrifft oder nicht, in jedem Fall muß man bei allen Gehilfen vollendete Beihilfe annehmen. Die Frage der Beherrschbarkeit darf daher nicht vom Ergebnis her beurteilt werden, sondern muß aus der finalen Richtung des Geschehens betrachtet werden. B lockt, um dem A beim Diebstahl zu helfen, einen Polizisten fort, weil die Möglichkeit besteht, daß dieser auf seinem Kontrollgang am Tatort vorbeikommen und die Tat entdecken könne. Wenn aber der Polizist nachweislich bereits auf dem Heimgang war, auf dem er den Tatort mit Gewißheit nicht berührt hätte, dann glaubte B nur, durch das Fortlocken des Polizisten die Situation des A zu verbessern. In diesem Fall kann man nur versuchte Beihilfe annehmen. Daraus folgt, daß die finale Richtung des Geschehens nicht allein aus der Meinung des Täters zu beurteilen ist, sondern aus der gegebenen und objektiv zu beurteilenden Situation. Die Erfolgs-

[351] So v. Buri, Causalität S. 15 und ihm folgend das Reichsgericht.

[352] Über den Begriff der Sozialadäquanz vgl. Welzel, Grundzüge 1949 S. 36 ff.

verbesserung darf daher nicht nur in der Vorstellung des Täters bestehen. Alle diese Fälle lassen sich vernünftig lösen, wenn nur die Prinzipien der Beurteilung genau erkannt sind.

Die Rechtspflicht des Steuerns bezieht sich nur auf steuerbare Geschehnisse. Unsere Grundsätze der Zurechnungslehre sind für die Erfolgsdelikte dahin zu spezialisieren, daß nur steuerbare Geschehnisse der Zurechnung unterliegen; denn nur auf solche Geschehnisse bezieht sich die Rechtspflicht. Abgesehen von diesem besonderen Satz, der im übrigen auch nur eine Ableitung aus den Grundsätzen der Zurechnungslehre ist, ergeben sich für die willentlichen Erfolgsdelikte, die in einem Tun bestehen, keine Abweichungen der Zurechnungsgrundsätze. Wir können daher zu den nichtwillentlichen Erfolgsdelikten, die in einem Tun bestehen, übergehen.

Das Tun der nichtwillentlichen Erfolgsdelikte wird in einem tatsächlichen Eingriff in das kausale Geschehen bestehen, in der Tätigkeit eines Rechtssubjekts, die einen Erfolg „verursacht“. Dieser Begriff des Verursachens ist nicht im Sinne des naturwissenschaftlichen Kausalbegriffes, wie wir ihn kurz nennen wollen, sondern im Sinne des juristischen Kausalbegriffes gemeint. Auch derjenige, der ohne Willen, aber objektiv-fahrlässig die Steueranlage eines Schiffes beschädigt, hat im Rechtssinn den Untergang des Schiffes verursacht, wenn die Möglichkeit bestanden hätte, ohne diese Beschädigung das Schiff zu retten. Nun ist aber die nichtwillentliche Beschädigung der Steueranlage kein „Steuerungsakt“ des Geschehens. War aber die Beschädigung objektiv vermeidbar, dann war das Geschehen jedenfalls „steuerbar“. Damit haben wir nunmehr den endgültigen Sinn des Begriffes Verursachen im Rechtssinne gefunden. Verursachen ist der reale Eingriff in ein kausales Geschehen derart, daß die objektiven Aussichten für den Eintritt eines Erfolges erhöht werden, oder auch die Tat überhaupt erleichtert wird (ohne Erhöhung der Erfolgsaussichten, vgl. Anm. 346), wenn das Geschehen für den Rechtsverpflichteten im Hinblick auf den bestimmten Erfolg objektiv steuerbar war[353]. Man sieht, wie bei dieser Begriffsbestimmung des Verursachens die übliche Bedingungsformel an Bedeutung völlig zurücktritt. Dieser juristische Kausalitätsbegriff ist gegenüber dem naturwissenschaftlichen teils enger, teils weiter. Enger insofern, als nicht jedes Verursachen im naturwissenschaftlichen Sinn auch ein Verursachen im juristischen Sinn ist, weiter insofern, als auch manches Nichtverursachen im naturwissenschaftlichen Sinn ein Verursachen

[353] Dieser Kausalitätsbegriff berührt sich mit dem hier abgelehnten Begriff der adäquaten Kausalität darin, daß als kausal die Erhöhung der Aussichten für den Erfolg, ex ante vom Standpunkt des Täters, aber bei richtiger Kenntnis der im Augenblick der Tat für den Täter übersehbaren Umstände beurteilt, betrachtet wird. Er unterscheidet sich vom Begriff der adäquaten Kausalität in drei Punkten:

1. Die condicio-sine-qua-non-Formel ist bedeutungslos,
2. nur der reale Eingriff (positives Tun) ist kausal,
3. vom normativen Moment kann nicht „abgesehen“ werden, da es den Inhalt des zu Prüfenden umreißt.

Vgl. Traeger a. a. O. S. 159f., Tarnowski a. a. O. S. 227 und 339f.

im juristischen Sinn ist. Diese juristische Kausalität ist normativ insofern, als sie auf eine Rechtspflicht des Steuerns bezogen ist; sie ist final insofern, als sie vorausschauend in der zeitlichen Verhaltensrichtung im Hinblick auf die Steuerbarkeit des Erfolges beurteilt wird.

Die Grundsätze der Zurechnungslehre sind auch auf die nichtwillentlichen Erfolgsdelikte, die in einem Tun bestehen, anwendbar, wenngleich auch sie noch in weitere Sätze spezialisiert werden können. Diese Spezialisierung betrifft die Möglichkeit der Steuerung. Einen Erfolg zu vermeiden ist möglich, wenn der Erfolg objektiv voraussehbar ist und dem Rechtssubjekt die Kräfte und Mittel zur Verfügung stehen, den Erfolg zu vermeiden, wenn es ihn vorausgesehen hätte. Diese Kräfte und Mittel betreffen die kausalen Eingriffsmöglichkeiten mit Ausnahme der konkreten Fähigkeiten des Erkennens und Wollens, die zur Schuldzurechnung gehören.

Die Vermeidbarkeit bezieht sich immer auf einen tatbestandsmäßigen Erfolg. In unserem Beispiel der Beschädigung der Steueranlage eines Schiffes kommt es darauf an, welchen Erfolg man ins Auge faßt. Nehmen wir an, daß bereits die fahrlässige Beschädigung der Steueranlage ein tatbestandsmäßiger Erfolg wäre, dann würde sich die Voraussehbarkeit und kausale Möglichkeit der Vermeidung eben auf diese Beschädigung beziehen. Dann lautet die Frage für die Zurechnung zur Rechtswidrigkeit: Hätte derjenige, der alle seine Rechtspflichten erfüllt hätte, wenn er sich in der Situation des Täters befunden hätte, den Erfolg voraussehen[354] und vermeiden können? Handelt es sich aber bei dem tatbestandsmäßigen Erfolg um den Schiffsuntergang oder den bei diesem eintretenden Tod von Menschen, dann lautet die Frage: Hätte derjenige, der alle seine Rechtspflichten erfüllt hätte, wenn er sich in der Situation des Täters befunden hätte, die Beschädigung der Steueranlage voraussehen und vermeiden können? Ferner: Hätte er auch den Schiffsuntergang oder den Tod von Menschen voraussehen können, wenn er diese Art der Beschädigung der Steueranlage gekannt hätte? Nicht dagegen ist es hier erforderlich, daß auch der Täter selbst den Untergang des Schiffes hätte vermeiden können. Es genügt, daß dies andere Personen bei intakter Steuerung hätten tun können. Damit ist zum Ausdruck gebracht, daß die Steuerungspflicht sich nur auf den Herrschaftsbereich des Täters bezieht. Es genügt, daß er in der Kausalkette (im juristischen Sinn) ein Glied gewesen ist. Es würde den Täter daher nicht entlasten, wenn nachgewiesen werden könnte, daß auch den Kapitän ein Verschulden beim Versuch, den Schiffsunter-

---

[354] Bei der Frage der Voraussehbarkeit ist wegen der Trennung der Zurechnung zur Rechtswidrigkeit und zur Schuld nicht vom konkreten Täter in der konkreten Situation, sondern von einem abstrakten Täter (einem „man") in der konkreten Situation auszugehen, wobei aber zu berücksichtigen ist, daß auch der abstrakte Täter aus einer Gruppe zu wählen ist, deren Erfahrungen, Erkenntnisse dem „Soll" des konkreten Täters entsprechen, und daß etwa gesteigerte Erfahrungen und Erkenntnisse des konkreten Täters dem abstrakten Täter zuzuschreiben sind.

gang zu vermeiden, trifft, sofern es nur möglich ist, daß auch dieser Kapitän den Erfolg hätte vermeiden können, wenn die Steuerung funktioniert hätte. Nur dann, wenn nachgewiesen werden kann, daß tatsächlich die Beschädigung des Steuers für den Schiffsuntergang nicht mitwirksam war, wird der Täter hinsichtlich dieses Erfolges entlastet. Die Frage: Hätte der Täter objektiv den Erfolg vermeiden können, bezieht sich daher von vornherein auf den Herrschaftsbereich des Täters. Was an ihm lag, hätte er den Schiffsuntergang vermeiden können, wenn er die Steueranlage des Schiffes nicht beschädigt hätte.

Daraus folgt, daß die Grundsätze der Zurechnungslehre ohne Abänderung, wenngleich mit einer gewissen Differenzierung auch auf die nichtwillentlichen Erfolgsdelikte, die in einem Tun bestehen, anzuwenden sind.

Es kann nicht geleugnet werden, daß die nichtwillentlichen Erfolgsdelikte, die in einem Tun bestehen, in einem Punkt sehr den Unterlassungsdelikten ähneln. Sie sind nicht Steuerung des Geschehens, sondern Unterlassen der Steuerung gemäß der Rechtspflicht. Trotzdem sind sie aber positive Verursachung (im juristischen Sinn) des Geschehens. Dem Verursachungsbegriff entspricht daher nicht das positive Steuern, sondern umfassend ein potentielles Steuern. Es liegt eben ein positiver Eingriff in das kausale Geschehen vor, und dieser Eingriff ist Verletzung eines Rechtsverbotes: Vermeide einen bestimmten Erfolg. Wir werden sehen, daß diese nichtwillentlichen Erfolgsdelikte, die in einem Tun bestehen, sich gerade in diesem Punkt von den Erfolgsdelikten, die in einem Unterlassen bestehen, unterscheiden.

5. Die Zurechnung der willentlichen und nichtwillentlichen Erfolgsdelikte, die in einem Unterlassen bestehen

Während die willentlichen und nichtwillentlichen Erfolgsdelikte, die in einem Tun bestehen, auf die Rechtspflicht, einen Erfolg zu vermeiden, zu beziehen sind, beruhen die willentlichen und nichtwillentlichen Erfolgsdelikte, die in einem Unterlassen bestehen, auf der Rechtspflicht, einen Erfolg abzuwenden. Wie bereits ausgeführt, sind beide Rechtspflichten nicht miteinander identisch und haben — allerdings mit einer sogleich zu erwähnenden Ausnahme[355] — keine gemeinschaftliche Wurzel. Wann eine Erfolgsabwendungspflicht besteht, ist hier nur kurz anzudeuten. Sie folgt im allgemeinen aus besonders engen Gemeinschaftsverhältnissen und ist oft, aber nicht immer, gesetzlich geregelt. Sie kann auch vertraglich übernommen werden, folgt dann aber nur aus der konkreten Übernahme, nicht schon aus dem Vertrag selbst, dessen rechtliche Existenz sogar nicht ausschlaggebend ist. In diesem Fall erscheint die Unrechtsqualität des Verhaltens schwächer ausgeprägt, so daß früher manchmal bestritten

---

[355] Ob diese „Ausnahme" wirklich eine Ausnahme ist oder nur zu sein scheint, darüber siehe Anm. 357.

wurde[356], daß sie die volle strafrechtliche Verantwortung begründe. Je enger das Gemeinschaftsverhältnis ist, desto stärker tritt die Unrechtsqualität der Unterlassung in Erscheinung. Eine solche Erfolgsabwendungspflicht nimmt man auch dann an, wenn vorher das Rechtsgut gefährdet wurde, ohne daß die Gefährdung selbst schon einen Tatbestand erfüllen müßte. Der Grundgedanke dieser Pflicht folgt aus dem Grundsatz: Schädige niemand. Ist aber eine Gefährdung eingetreten, dann beseitige wenigstens die Folgen dieser Gefährdung[357]. In diesem einen Fall ist die Erfolgsabwendungspflicht tatsächlich aus der Rechtspflicht, einen Erfolg zu vermeiden, erwachsen, verwandelt sich aber in eine Erfolgsabwendungspflicht, die dem Ausgleich der Gefährdung dient[358]. Deshalb sind beide Pflichten auch nicht miteinander identisch. Das positive Tun, das der Gefährdung zugrundeliegt, ist nur Voraussetzung, aber nicht Ausgangspunkt der Beurteilung. Deshalb sind die hierauf beruhenden Delikte Erfolgsabwendungsdelikte und damit Erfolgdelikte, die auf einem Unterlassen beruhen. Die Pflicht, einen Erfolg abzuwenden, ist einer Pflicht, jemanden zu helfen, insofern ähnlich, als beide Pflichten Rechtsgebote sind. Aber die Hilfspflicht ist enger begrenzt. Sie schafft keine Garantiestellung für die Verhinderung des rechtlich gemißbilligten Erfolges[359]. Deshalb ist die Verletzung der Hilfspflicht schlichtes Unterlassungsdelikt, während die Erfolgsabwendungsdelikte eben auf den Erfolg bezogen sind.

Die Pflicht, einen Erfolg zu vermeiden, unterscheidet sich im Strafrecht scharf von der Pflicht, einen Erfolg abzuwenden. Die Pflicht, einen Erfolg zu vermeiden, ist die natürliche Voraussetzung der normalen Erfolgsdelikte. Mit der Verletzung dieser Pflicht ist in der Regel der Straftatsbestand erfüllt. Die Erfolgsabwendungspflicht dagegen ist nicht die allgemeine Voraussetzung des Straftat-

[356] Vgl. hierüber Ernst Landsberg, Die sogenannten Commissivdelikte durch Unterlassung im deutschen Strafrecht, S. 249 ff. und die dort angeführte Literatur.

[357] Es erscheint zweifelhaft, ob man diesen Fall als Ausnahme setzen kann. In Wahrheit wird auch hier das Gemeinschaftsprinzip maßgebend sein, wobei die konkrete Gemeinschaft eben durch die vorgängige Gefährdung begründet wird. Vgl. hierzu die schönen Ausführungen von Alfons Vogt a. a. O. S. 381 ff., insbes. S. 397 ff., 402 f.

[358] Der Grund dieser Verwandlung besteht darin, daß man zu demjenigen, den man selbst gefährdet hat, in eine engere Lebensbeziehung tritt, als es die allgemeinen Lebensbeziehungen sind, in denen man zu anderen beliebigen Personen steht. Freilich kommt hinzu, daß diese engere Lebensbeziehung gerade aus der vorgängigen Gefährdung folgt, aus einem rechtswidrigen Zustand, der — wie wir gesehen haben — auch aus einer nichtrechtswidrigen Handlung entstehen kann und der deshalb von dem, der ihn gesetzt hat, zu beseitigen ist. Daß es sich hier aber trotzdem um einen Ausfluß des Gemeinschaftsprinzips und nicht des Gesellschaftsprinzips, welches nach dem Grundsatz „neminem laede" geht, handelt, erkennt man daraus, daß man auch gegenüber dem Rechtsbrecher die Gefahr zu beseitigen hat. Wer versehentlich den Dieb in die Gefrierräume eingeschlossen hat, hat ihn unverzüglich wieder herauszulassen, sobald er es erfährt, weil dies seine Menschenpflicht ist.

[359] Die Abgrenzung ist reine Bewertungsfrage. Was ein enges Gemeinschaftsverhältnis ist, wird bewertend erfaßt. Typisierende Begriffe wie Hausgemeinschaft, Notgemeinschaft, Lebensgemeinschaft erleichtern nur den Bewertungsakt.

bestandes: Sie ist vielmehr zusätzlich festzustellen und gilt nur von Fall zu Fall. Einfacher ausgedrückt: Jeder, der einen tatbestandsmäßigen Erfolg nicht vermieden hat, hat den Straftatbestand erfüllt. Aber nicht jeder, der den Erfolg nicht abgewendet hat, obwohl es ihm möglich war, hat den Straftatbestand erfüllt. Die Vermeidepflicht ist eine allgemeine, die Abwendungspflicht eine jeweils besondere. An sich wäre es denkbar, für alle Erfolgsabwendungsdelikte eigene Tatbestände zu schaffen. Die Schwierigkeit und Undurchführbarkeit eines solchen Verfahrens leuchtet ein, eben deswegen, weil hier nicht eine so weitgehende Generalisierung möglich ist. Ein solches Verfahren erscheint, bis auf gewisse Ausnahmefälle[360], nicht erforderlich, weil sich auch diese Erfolgsabwendungsdelikte in die Begehungsdelikte unschwer einordnen lassen. Deshalb hat unser Strafrecht den Weg eingeschlagen, für die Erfolgsabwendungsdelikte keine besonderen Tatbestände aufzustellen, sondern sie durch die Begehungsdelikte als miterfaßt zu denken. Diese Erfassung gilt freilich nicht schlechthin, sondern nur für die Fälle, in denen der Unrechtsgehalt der Unterlassung gleich oder annähernd ähnlich zu bewerten ist[361]. Wann das der Fall ist, ist hier nicht näher zu erörtern.

Trotz mehr oder weniger laut gewordenen Zweifeln[362] geht auch heute noch die herrschende Meinung dahin, daß jemand für eine Unterlassung nur dann und deswegen verantwortlich sei, wenn und weil er durch sie den Erfolg verursacht habe. Die Klärung dieser Frage kann jetzt, nachdem wir über das Wesen der Kausalität größere Klarheit gewonnen haben, mit größerer Aussicht auf Erfolg versucht werden. Hierbei ist sogleich vom normativ-finalen Kausalitätsbegriff auszugehen. Soweit nicht ein Verursachungseffekt im naturwissenschaftlichen Sinn gegeben ist, der dann auch als juristisch verursacht anzusehen ist, wenn der Erfolg vom Rechtssubjekt gesteuert werden konnte, liegt das Wesen des normativ-finalen Kausalitätsbegriffes in dem vergleichenden Urteil eines tatsächlichen Geschehens mit einem möglichen Geschehen, wobei das Geschehen durch einen realen Eingriff des Rechtssubjekts beeinflußt war. Ein ähnlicher Vergleich findet auch bei den Unterlassungsdelikten statt: Auch hier wird ein tatsächliches Geschehen mit einem möglichen Geschehen verglichen, wobei allerdings ein realer Eingriff des Rechtssubjekts in das kausale Geschehen gerade fehlt, aber vom Recht gefordert war. Das vergleichende Urteil bezieht sich also darauf, wie ein tatsächliches kausales Geschehen abgelaufen wäre, wenn das Rechtssubjekt, wie geboten, in das Geschehen eingegriffen hätte. Das Nichteingreifen wird relevant, wenn wir zu dem Urteil kommen, daß der Eingriff mög-

[360] Diese werden gesetzlich besonders geregelt, wie z. B. §§ 139b, 170b, 170c, 223b, 315, 318 II, 330, 347, 357 StGB. Vgl. dazu auch Alfons Vogt a. a. O. S. 396f.

[361] Ein Moment, das im allgemeinen zu wenig hervorgehoben wird.

[362] Als Gegner der herrschenden Meinung sind außer Loening, Radbruch, Kelsen, Felix Kaufmann weiterhin anzuführen: Horst Kollmann, Die Stellung des Handlungsbegriffes im Strafrechtssystem, Strafr. Abhdlgen Heft 91, insbes. S. 79ff. und vor allem auch Ludwig Traeger, Das Problem der Unterlassungsdelikte im Straf- und Zivilrecht, S. 5ff., 13ff., 20f.

licherweise (oder wahrscheinlich oder mit an Sicherheit grenzender Wahrscheinlichkeit) den Erfolg abgewendet hätte. Nachdem wir uns schon dazu bequemt haben, einen juristischen Kausalitätsbegriff überhaupt anzuerkennen, könnte es befremdlich erscheinen, wenn wir uns dagegen sträuben, diesen Kausalitätsbegriff bei den scheinbar so ähnlich liegenden Unterlassungsdelikten anzuwenden. Aber wir haben die Ähnlichkeit der Situation noch nicht gebührend nachgeprüft.

Bei den willentlichen Erfolgsdelikten, die in einem Tun bestehen, haben wir von einem Steuerungsakt des Täters auf den Erfolg hin gesprochen, wobei wir allerdings den Begriff der Steuerung dem Begriff des dolus eventualis angepaßt haben. Bei den entsprechenden nichtwillentlichen Erfolgsdelikten liegt ein Steuerungsakt nicht vor; aber der Erfolg ist unter dem Gesichtspunkt der Steuerungsmöglichkeit zu sehen. Jedoch bleibt bei diesen Delikten immer noch ein positiver Eingriff in das kausale Geschehen übrig, der das kausale Geschehen im Sinne finaler Normativität beeinflußt hat. An diesem Eingriff fehlt es nun bei den willentlichen und nichtwillentlichen Erfolgsdelikten, die in einem Unterlassen bestehen. Solange ein positiver Eingriff in das Geschehen gegeben ist, macht es keine Schwierigkeiten, wenigstens in unserem erweiterten Sinn von Verursachen zu sprechen. Diesem Wortgebrauch entspricht auch die Umgangssprache, wenn sie von Verursachen spricht. Da die Umgangssprache ebenso wie das Recht es auf das soziale Geschehen abstellt, so ist es nicht weiter verwunderlich, wenn sich der juristische Kausalitätsbegriff mit jenem deckt, der offenbar auch der Umgangssprache zugrundeliegt. Mit der Umgangssprache würde sich aber nicht decken, wenn wir etwa sagen würden: Der Schwimmlehrer hat den Tod des Badegastes dadurch verursacht, daß er ihn nicht gerettet hat. Nun ist freilich die Umgangssprache kein Beweis für juristische Begriffe[363]. Sie ist auch selbst schwankend. So könnte man ohne

---

[363] Hierin scheint mir eine gewisse Schwäche der Ausführungen Engisch', Vom Weltbild des Juristen, zu liegen, die er über die Bedeutung der sozial-natürlichen Anschauung macht. Im Grunde beweist die sozial-natürliche Anschauung über die Berechtigung und Reichweite juristischer Begriffe nur wenig, obwohl sie nicht ohne Bedeutung ist. Es fragt sich aber, welches die Methode ist, um den Bedeutungsgehalt der sozial-natürlichen Anschauung für die Auslegung von Rechtsbegriffen heranziehen. Diese Methode scheint mir in der Reduktion der Rechtsbegriffe und der Begriffe der sozial-natürlichen Anschauung auf gemeinschaftliche Prinzipien zu liegen, die im Wege der Analyse herauszuarbeiten sind. Wie wenig fruchtbar die sozial-natürliche Anschauung gerade auch für die Erfassung der Kausalitätsvorstellungen, wie sie für das Recht erforderlich sind, zeigen die Ausführungen von Engisch selbst über die Kausalität (a. a. O. S. 110 ff.) die nicht zur Klarheit gelangen.

Wie gefährlich der Rückgriff auf die „vulgäre" Vorstellung ist, beweisen auch die Ausführungen Kitzingers, Ort und Zeit der Handlung im Strafrecht, S. 145, der nach einer scharfen Kritik insbesondere Landsbergs zu dem viel zu dürftigen Ergebnis gelangt, daß wissenschaftlich die Kausalität der Unterlassungen nicht zu erweisen sei, daß man aber von der vulgären Vorstellung ausgehen müsse, die die Unterlassung als verursachende Kraft ansehe. Damit ist für das Problem überhaupt nichts gewonnen.

besondere Sprachschwierigkeit sagen: Die Mutter hat ihr Kind dadurch getötet, daß sie ihm keine Nahrung gegeben hat. Ist dies willentlich geschehen, dann ist der Unrechtsgehalt bei der engen Lebensgemeinschaft zwischen Mutter und Kind so stark, daß er sich ganz einem positiven Eingriff in das Leben des Kindes angleicht. Aber je lockerer die Gemeinschaft ist, desto weniger geneigt wird die Sprache sein, in solchen Fällen von Verursachen zu sprechen. Das ist immerhin ein Indiz.

Wer im final-normativen Sinn durch einen Eingriff in das kausale Geschehen einen rechtlich gemißbilligten Erfolg verursacht, erfüllt damit den Tatbestand. Abgesehen von den hier nicht interessierenden Rechtfertigungsgründen ist sein Verhalten rechtswidrig, weil er die Vermeidepflicht verletzt hat. Er hat verbotenerweise den Erfolg verursacht. Nimmt man an, wie es die herrschende Lehre tut, daß Kausalität der Unterlassung dann gegeben ist, wenn die Abwendung des Erfolges möglich war (die Wahrscheinlichkeitsstufen sind in diesem Zusammenhang ohne Belang[364]), dann ist der Tatbestand erfüllt, wenn die Möglichkeit der Erfolgsabwendung festgestellt worden ist. Liegen keine Rechtfertigungsgründe vor, dann müßte damit die Unterlassung rechtswidrig sein[365]; denn sie hat den Tod verursacht. Und gerade das Verursachen des Todes ist angeblich verboten. Nun deckt sich diese Feststellung nicht mit dem tatsächlichen Verfahren, das man einschlägt; denn diese Folgerung zieht man keineswegs, sondern zieht noch eine besondere Erfolgsabwendungspflicht heran, obwohl man doch schon die Kausalität der Unterlassung festgestellt hat. Soll etwa das Nichtvorliegen einer Erfolgsabwendungspflicht ein Rechtfertigungsgrund sein? Nun ergibt sich die Verantwortlichkeit des Subjekts des Unterlassens schlechthin aus der Verletzung der Erfolgsabwendungspflicht. Weil jemand diese Pflicht nicht erfüllt hat, deshalb wird ihm der Erfolg zugerechnet. Das gilt für die willentlichen Unterlassungen in gleicher Weise wie für die nichtwillentlichen. Wollte man ein solches Verhalten als kausal bezeichnen, dann bestünde die Kausalität in nichts anderem als in der Verletzung einer Rechtspflicht. Hiermit wären aber die Sinngrenzen des Verursachungsbegriffes bereits überschritten. Sollte auch ein solches Verhalten unter den Kausalitätsbegriff fallen, dann wäre man außerstande, diesem Begriff überhaupt noch einen Sinn zu unterlegen. Man würde ein Verhalten als kausal bezeichnen, das schon vollständig in anderer Weise gekennzeichnet ist. Kausalität wäre damit eine Bezeichnung ohne Bezeichnungssinn. Und aus welchem Grunde könnte man solch einen Begriff ohne Begreiflichkeit heranziehen? Nur um dem Kausaldogma zu genügen? Deshalb, weil angeblich das Recht

---

[364] Vgl. Mezger, Lehrbuch S. 136, Welzel, Grundzüge S. 92, Vogt a. a. O. S. 382; dagegen Eberhard Schmidt, Strafrechtspraktikum S. 23 ff., der die Verursachung in der bloßen Tatsache der Nichtabwendung erblickt.

[365] Vgl. dazu Vogt a. a. O. S. 390 f. und Nagler, Die Problematik der Begehung durch Unterlassung, Ger. S. 111 S. 80 ff.

nur den für einen Erfolg verantwortlich macht, der ihn verursacht hat, soll man gezwungen sein, mit einem undefinierbaren Begriff zu arbeiten? Wobei jener „Rechtsgrundsatz“ nicht einmal bewiesen worden ist? Einen so großen Wert dürfte dieses Dogma nicht haben, um nur ihm zuliebe Begriffe ohne Sinngehalt zu bilden. Die Sachlage ist die, daß das Recht jemand dafür verantwortlich macht, daß er auf einen rechtlich gemißbilligten Erfolg hingewirkt hat, aber auch dafür, daß er einen Erfolg nicht abgewendet hat, obwohl er dazu verpflichtet war. Der „Umkehrschluß“: Wer nicht auf die Abwendung eines Erfolges hinwirkt, wirkt auf den Erfolg hin, ist ebenso ein logischer Fehlschluß wie die Wendung: Wer nicht für mich ist, ist gegen mich. Hier werden, wie so oft, aus einer Negation zu weitgehende Folgerungen gezogen. Wenn Tesar[366] hierzu sagt: Bei der Unterlassung wird die Kausalität aus der Zurechnung abgeleitet und nicht umgekehrt, dann trifft das genau den Kern der Sache. Dieser Satz ist im Jahre 1907 geschrieben worden. In seiner Überwindung des Naturrechts hat Tesar[367] im Jahre 1928 erneut auf diese Sachlage hingewiesen. Eine nicht geringe Anzahl anderer Wissenschaftler hat diese Situation ebenfalls mit ähnlicher Begründung erkannt. Aber das Kausaldogma ließ sich nicht erschüttern, woraus man die fast unglaubliche Kraft solcher Dogmen mit einiger Verwunderung entnehmen kann. Wer sich vom Kausaldogma nicht lösen will, dem werden auch diese Ausführungen nicht einleuchtend erscheinen. Aber es ist schon viel gewonnen, wenn man sich wenigstens hypothetisch mit den hier vertretenen und durchaus nicht neuen Gedankengängen beschäftigt. Mit dem wachsenden Zweifel an der Gültigkeit des Kausaldogmas werden sie von selbst immer einleuchtender werden.

Der Tatbestand der Erfolgsdelikte, die in einem Tun bestehen, und der Tatbestand der Erfolgsdelikte, die in einem Unterlassen bestehen, sind nicht identisch; denn beiden liegen verschiedene Rechtspflichten zugrunde. Zwar wird der Tatbestand der Unterlassung dem Tatbestand der Begehung gleichgestellt, er wird als im gesetzlichen Tatbestand enthalten angesehen, wenn die Unrechtsqualität der Unterlassung der der Begehung gleich oder annähernd gleich erscheint; aber genau gesehen ist er in ihm nicht enthalten[368]. Es handelt sich wirklich nur um eine Gleichstellung[369], die methodisch und praktisch gerechtfertigt, aber keine Identität ist. Deshalb ist es auch notwendig, die Zurechnungsgrundsätze sogleich auf diese Unterschiede abzustellen. Sie sind kein „systematischer Riß“ im Begriffsgebäude des Strafrechts, sondern ein Ausfluß der Doppelfunktion des Rechts, welches verbieten und gebieten kann. Sie finden ihre Einheit im Begriff der Rechtspflicht. Die Doppelfunktion des Rechts

[366] Die symptomatische Bedeutung des verbrecherischen Verhaltens, S. 77.
[367] Die Überwindung des Naturrechts, S. 83 ff., 73, 171.
[368] Vgl. Tesar, daselbst S. 171 ff.
[369] S. auch Nagler, a. a. O. S. 2 ff.

wieder findet ihre Grundlage in der „Grundsituation" des Rechts, dem Gegenüberstehen eines Rechtssubjekts, welches mit Vernunft und der Fähigkeit, zu wollen oder nicht zu wollen, begabt ist, gegenüber einem kausalen Geschehen, in welches man eingreifen oder nicht eingreifen kann, und gegenüber dem Recht, welches einen Eingriff fordern oder verbieten kann. Diese Grundsituation ist so komplexer Natur, daß jede abstrakte Trennung der drei Momente (Rechtssubjekt — Geschehen — Recht) unmöglich und sinnentstellend ist. Spreche ich von Subjekt, dann meine ich schon einen Geschehenslenker, der dem Recht Antwort zu stehen hat. Spreche ich von Geschehen, dann meine ich schon ein Geschehen, das unter der Herrschaft eines Subjekts stehen kann und soll. Spreche ich von Recht, dann meine ich schon Anforderungen an ein Subjekt in Hinsicht auf ein Geschehen. Aus dieser Grundsituation, die sich im Strafrecht dem Blick des unbefangenen Betrachters geradezu aufdrängt, müssen sich wichtige Folgerungen auch für die Systematik des Rechts ergeben. Hier aber folgt aus der Grundsituation, daß schon bei Aufstellung der Grundsätze der Zurechnungslehre die Rechtspflicht des Vermeidens und des Abwendens zu unterscheiden ist[370]. Und diese Unterscheidung ist auch der Grund für die Verschiedenheit der Begehungs- und der Unterlassungsdelikte und zugleich für kausale und nichtkausale Verhaltensweisen. Hier ist an keiner Stelle ein Systemriß, sondern nur ein sich aus der Sache ergebender Unterschied. Gewiß sind Tun und Unterlassen Verschiedenheiten, aber nicht solche, die keine gemeinsame Basis hätten und deshalb einen Riß des Systems bedeuteten, wie Radbruch fälschlich annahm.

Das Ergebnis unserer Betrachtungen ist, daß die Grundsätze der Zurechnungslehre in vollem Umfang auch auf die willentlichen und nichtwillentlichen Erfolgsdelikte, die in einem Unterlassen bestehen, anwendbar sind. Unterlassen ist ein Verhalten, bei dem die vom Rechts geforderte Tätigkeit nicht ausgeführt wird, so daß der vom Recht gemißbilligte Erfolg nicht abgewendet wird. Das Unterlassen ist schon seinem Sinn nach ein Rechtsgeschehen, dessen Subjekt einer Rechtspflicht untersteht. Die Zurechnung des Erfolges findet statt, weil durch die Nichtabwendung des Erfolges die Erfolgsabwendungspflicht nicht erfüllt worden ist. Der Gesichtspunkt der normativfinalen Kausalität bezieht sich hier nicht auf den Erfolg, sondern auf die Möglichkeit, den Erfolg abzuwenden.

Diese Möglichkeit, den Erfolg abzuwenden, bedarf noch einer näheren Betrachtung. Sie entspricht bei den Erfolgsdelikten, die in einem Tun bestehen, der Möglichkeit, den Erfolg zu vermeiden. Es fragt sich, ob diese Möglichkeit nach irgendwelchen Graden abzustufen ist. Das Reichsgericht hat sich in diesem Zusammenhang der Formel bedient, der Erfolg müsse mit einer an Sicherheit grenzenden Wahrscheinlichkeit abwendbar gewesen sein. Es wäre vielleicht eines besonderen Aktenstudiums wert, um festzustellen, wie genau man in

[370] Vgl. Naglers Ausführungen zu Kreß a. a. O. S. 8f.

den einzelnen Fällen diese Formel genommen hat und ob man sie in allen Fällen gleich genau genommen hat. Ohne daß diese Frage näher untersucht wird, darf man vielleicht annehmen, daß sich hier eine gewisse Schwankungsbreite ergeben wird. Es wäre vielleicht auch ganz reizvoll, festzustellen, wann man sehr strenge und wann man weniger strenge Anforderungen in dieser Hinsicht gestellt hat. Der vom Reichsgericht selbst eingestandene Sinn dieser Formel bestand in der größeren Verbürgung der Kausalität. Danach würde es Steigerungen der Kausalität geben. Nun wendet das Reichsgericht als Kausalitätsformel die Bedingungsformel an, in der Meinung, kausal sei nur, was condicio sine qua non sei. Von dieser Formel gibt es nun aber keine Steigerungen. Etwas ist condicio sine qua non oder nicht. Es gibt aber keine condicio sine qua non mehr oder weniger. Mit anderen Worten: Bei der naturwissenschaftlichen Kausalität gibt es keine Steigerungen. Wohl aber gibt es solche Steigerungen bei einem Möglichkeitsurteil. Ein Ereignis kann entfernt möglich oder möglich oder wahrscheinlich oder sehr wahrscheinlich oder mit größter Sicherheit wahrscheinlich, es kann auch möglich, aber unwahrscheinlich sein. Mit diesen Wendungen kann die naturwissenschaftliche Kausalität, die nicht vorliegt, nicht „kausaler" gemacht werden. Wohl aber kann durch solche Abgrenzungen eine Grenze der juristischen Kausalität vereinbart werden, sofern die juristische Kausalität überhaupt in Frage kommt[371]. Nachdem wir zu der Überzeugung gekommen sind, daß bei den Unterlassungsdelikten jegliche Kausalität ausscheidet, würde sich die Wahrscheinlichkeitsformel auf zwei ganz verschiedene Situationen beziehen, auf eine solche, bei der Kausalität im normativ-finalen Sinn anzunehmen ist, und auf eine solche, bei der auch diese nicht vorliegt. Daß die Formel an sich auf beide Situationen angewandt werden kann, liegt daran, daß es sich in beiden Fällen um die Beurteilung eines möglichen Kausalverlaufes handelt. Hierfür einige Beispiele: Wird die Steueranlage eines Schiffes be-

[371] Aber auch bei der juristischen Kausalität, wo sie wirklich vorliegt, ist die höchste Wahrscheinlichkeitsstufe sehr problematischer Natur. Die Problematik liegt bereits in der Unzulänglichkeit der condicio-sine-qua-non-Formel. Z. B. die Tat fördern heißt nicht, eine condicio sine qua non für den Erfolg setzen. Wer den Polizisten vom Tatort fortlockt, um dem Dieb die Tat zu erleichtern, hat Beihilfe geleistet, wenn das Fortlocken vorausschauend objektiv geeignet war, die Aussichten für die Tat erfolgreicher zu gestalten. Es wäre unsinnig, hier eine „an Sicherheit grenzende Wahrscheinlichkeit" dafür zu fordern, daß der Polizist die Tat entdeckt hätte, wenn er am Tatort geblieben wäre. Hat dagegen jemand die Steueranlage eines Schiffes vorsätzlich beschädigt, um den Untergang des Schiffes im Orkan herbeizuführen, dann ist tatsächlich festzustellen, daß diese Beschädigung der Grund für den Untergang des Schiffes war. Aber auch in diesem Fall wird man sich mit einer geringeren Wahrscheinlichkeitsstufe begnügen, wenn es sich um die Frage handelt, ob der Kapitän des Schiffes, den vielleicht ebenfalls ein Verschulden am Untergang des Schiffes trifft, den Untergang hätte vermeiden können, wenn die Steueranlage intakt gewesen wäre. Die Schwierigkeiten der Stufung nach Wahrscheinlichkeitsgraden hängen mit dem Begriff der juristischen Kausalität zusammen, der eben nicht mit der naturwissenschaftlichen identisch ist, sondern sich aus verschiedenartigen Momenten zusammensetzt.

schädigt, so kann man fragen, ob dies der Grund ist, daß der Untergang des Schiffes mit einer an Sicherheit grenzenden Wahrscheinlichkeit nicht vermieden werden konnte. Dies ist ein Fall der juristischen Kausalität. Die Frage, ob der Tod des Kindes mit an Sicherheit grenzender Wahrscheinlichkeit hätte abgewendet werden können, wenn der Arzt die Injektion vorgenommen hätte, ist ein Fall fehlender Kausalität. Wo also juristische Kausalität gegeben ist, bedeutet die Wahrscheinlichkeitsformel eine Steigerung der Anforderungen an das Möglichkeitsurteil. Damit erscheint das Verhalten „kausaler" zum Erfolg als ohne diese Steigerung. Daß bei fehlender Kausalität auch keine Kausalität gesteigert werden kann, versteht sich von selbst. Aber es fragt sich, ob diesen gesteigerten Anforderungen an das Möglichkeitsurteil ein für das Recht brauchbarer Sinn innewohnt. Vor allem wäre es noch sehr die Frage, ob alle Fälle gleich zu behandeln sind. Soll wirklich der Gehilfe des Diebes, der den Polizisten vom Tatort fortgelockt hat, nur dann wegen Beihilfe zum Diebstahl verurteilt werden, wenn mit an Sicherheit grenzender Wahrscheinlichkeit feststeht, daß der Polizist die Tat entdeckt hätte, wenn er in der Nähe des Tatortes geblieben wäre? Es kann wohl nicht zweifelhaft sein, daß sich hier jeder Richter mit der bloßen Möglichkeit der Tatentdeckung begnügen würde, ja ihm nicht einmal der Gedanke kommen wird, daß dies ein Fall sei, auf den die Wahrscheinlichkeitsformel anzuwenden sei. Die eigentliche Domäne dieser Formel sind aber die Erfolgsabwendungsdelikte. Bei ihnen berührt die Formel die Frage der Kausalität überhaupt nicht, wie bemerkt. Der Gesichtspunkt des Reichsgerichts, daß bei diesen Delikten Kausalität nur dann vorliege, wenn der Erfolg mit an Sicherheit grenzender Wahrscheinlichkeit hätte abgewendet werden können, muß daher ganz fallen gelassen werden. Damit ist noch nicht bewiesen, daß diese Formel überhaupt unanwendbar sei. Aber wir werden mindestens fordern dürfen, daß sie einen Sinn habe. Und dieser Sinn kann nicht aus dem Gedanken der Kausalität abgeleitet werden. Zwei Gesichtspunkte könnten dafür bestimmend sein, die Wahrscheinlichkeitsformel beizubehalten. Einmal könnte sie die Grenzen der Rechtspflicht bezeichnen, zweitens könnte sie den Grad der Unrechtsqualität angeben, der erreicht sein muß, um die Unterlassung auch als strafwürdig erscheinen zu lassen. Soll sie die Grenzen der Rechtspflicht bestimmen, dann würde die Rechtspflicht den Inhalt haben: Jemand ist zur Abwendung eines Erfolges nur dann verpflichtet, wenn die Abwendung des Erfolges mit an Sicherheit grenzender Wahrscheinlichkeit möglich ist. Man wird sich wohl kaum bereit finden, einen solchen Rechtssatz als richtig anzuerkennen. Die Rechtspflicht lautet vielmehr: Sofern es irgend möglich ist, wende den Erfolg ab. Dieser Inhalt der Rechtspflicht spricht aber gegen die Wahrscheinlichkeitsformel und für eine gerade umgekehrte Grenzziehung: Eine Erfolgsabwendungspflicht ist verletzt, wenn die Abwendung des Erfolges nicht nach menschlichem Ermessen unmöglich erscheint. Nun ist es allerdings richtig, daß die Unrechtsqualität einer Unterlassung um so krasser in die Augen fällt, je größer die Wahrscheinlichkeit der Erfolgsabwendung ist. Aber dies ist auch wieder nicht der einzige Gesichtspunkt, der die Unrechtsqualität beeinflußt. So steigt der Unrechtsgehalt auch mit der Leichtigkeit der Anstalten, die zur Erfolgsabwendung hätten ergriffen werden können. Ein Vater, der selbst nicht schwimmen kann, reicht dem in den Fluß gefallenen Kinde nicht die rettende Stange, was ihm ein leichtes gewesen wäre, weil er sich seiner bei dieser guten Gelegenheit entledigen wollte. Ich zweifle keinen Augenblick daran, daß kein Richter hier ernsthafte Versuche machen wird, nachzuweisen, daß die Rettung mit einer an Sicherheit grenzenden Wahrscheinlichkeit möglich gewesen wäre, wenn der Vater dem Kinde die Stange gereicht hätte. Erstens wäre ein solcher Nachweis gar nicht möglich, zweitens wird sich hier jeder Richter mit der Feststellung der Möglichkeit begnügen, daß nach menschlichem Ermessen die Rettung auf diese Weise nicht unmöglich gewesen wäre. Und würde der Richter sich der Wahrscheinlichkeitsformel bedienen, dann wäre sie doch nichts weiter als Schall und Rauch und die bedeutungslose Phrase einer vermeintlichen Begründung. Nun gibt es allerdings Fälle, bei denen die Formel wenigstens den Schein ihrer Richtigkeit für sich hat. Vor allem kommen hier ärztliche Eingriffe in Betracht. Die Frage, ob ein Arzt eine bestimmte Heilmethode anzuwenden habe, wird im allgemeinen dann bejaht, wenn ihre Anwendung den vom Recht gemißbilligten Erfolg mit an Sicherheit grenzender Wahrscheinlichkeit abgewendet hätte[372]. Aber die Situation, die die Anwendung der Wahrscheinlichkeitsformel plausibel macht, ist damit noch nicht genügend gekennzeichnet. Bei ärztlichen Eingriffen wird es sich oft um riskante Eingriffe handeln, oft auch um Schäden, die mit sehr zweifelhaften möglichen zukünftigen Schäden zu vergleichen sind. Die Heilmethode kann selbst einen schweren Schaden, Amputation, herbeiführen, in ihr kann auch eine andere schwere Gefahr latent verborgen sein. In dieser unsicheren Lage wird man dem Arzt eine gewisse Entscheidungsfreiheit einräumen müssen. Nur wenn mit der Heilmethode keine oder geringe Gefahr verbunden ist, wenn sie dagegen eine gewisse Sicherheit für den Erfolg verbürgt, wird man die Nichtanwendung der Heilmethode als relevante Unterlassung anzusehen haben. Das gilt nicht nur für Ärzte, sondern in allen möglichen Fällen, wo es auf die Abwägung von Risiken und entgegengesetzten Möglichkeiten ankommt. Aber auch hier ist das wahre Prinzip nicht jene starre Wahrscheinlichkeitsformel. Alle diese Fragen sollen hier nicht weiter behandelt werden. Uns genügt der Hinweis, daß die Wahrscheinlichkeitsformel durchaus nicht die Bedeutung hat, die ihr das Reichsgericht zugemessen hat, nämlich die Grundlage eines Urteils für die Kausalität und damit auch für die Zurechnung abzugeben.

---

[372] Vgl. RG Str. 63 S. 263 ff.

6. Zusammenfassung, Entfaltung und dogmatische Bedeutung der Zurechnungslehre

Ein Geschehen ist einem Rechtssubjekt zurechenbar, wenn es auf das Recht beziehbar ist. Die Beziehbarkeit des Geschehens auf das Recht macht es zum Rechtsgeschehen. Diese Beziehung des Geschehens auf das Recht vergeistigt den Begriff des Geschehens. Dieses ist nicht notwendig eine Veränderung eines gegebenen Zustandes. Es ist ein Etwas, welches der Rechtsbewertung unterliegt. Das Rechtsgeschehen kann das Verhalten eines Menschen sein, und zwar ein Tun oder ein Unterlassen. Ein Unterlassen ist kein Geschehen im Sinne einer materiellen Veränderung, sondern die Verneinung einer materiellen Veränderung im Hinblick auf eine gesollte Veränderung. Das Geschehen kann aber auch eine Veränderung in der Außenwelt sein, die gedanklich abtrennbar von einem Verhalten, ja sogar unabhängig von einem Verhalten im Sinne aktueller Kausalität sein kann. Die Veränderung der Außenwelt kommt für das Recht überhaupt nicht als rein materielles Ereignis, sondern als materielles Ereignis mit einer Bedeutung, streng genommen mit einer Rechtsbedeutung in Betracht. Es ist für die Verantwortlichkeit eines Rechtssubjekts von gleicher Bedeutung, ob ein Erfolg im Sinne der finalnormativen Kausalität verursacht ist oder ob er nicht verursacht, aber abzuwenden ist. In beiden Fällen aber ist von Bedeutung, ob im Hinblick auf ein Geschehen Rechtspflichten eines Rechtssubjekts bestehen oder nicht. Das Rechtsgeschehen hat als Subjekt immer ein Rechtssubjekt. Dieses Rechtssubjekt braucht deshalb aber nicht Subjekt des faktischen Geschehens zu sein. Das faktische Geschehen braucht überhaupt keinen Menschen als Subjekt zu haben; es kann ein bloßes „Es-Geschehen“ sein. Das kann z. B. beim Unterlassen der Fall sein. Das faktische Geschehen ist in diesem Fall z. B. der Tod eines Kindes, welches ins Wasser gefallen ist und ertrinkt. Hier liegt ein reines Es-Geschehen vor, d. h. ein Geschehen, das nicht auf aktiver menschlicher Tätigkeit beruht. Das Rechtsgeschehen (beim Unterlassungsdelikt) dagegen ist das Unterlassen eines Rechtsverpflichteten im Hinblick auf ein gesolltes Geschehen und zugleich in bezug auf das, was wirklich geschehen (so bei den Erfolgsdelikten, die in einem Unterlassen bestehen) oder nicht geschehen ist (so bei den schlichten Unterlassungsdelikten). Eben das Verhalten im Hinblick auf ein gesolltes und im Bezug auf ein wirkliches, von der Tätigkeit des Verpflichteten unabhängiges Geschehen wird bei den Erfolgsdelikten, die in einem Unterlassen bestehen, Unterlassen genannt. Dessen Subjekt ist ein Mensch als Rechtsverpflichteter. Subjekt eines Rechtsgeschehens sein bedeutet, daß dem Subjekt das Rechtsgeschehen „von Rechts wegen“ zuzurechnen ist.

Nicht ein Geschehen im Rechtssinn ist ein bloßer Gedankenablauf, wenn dieser nicht auf einen äußeren, unter der Kategorie der Wirklichkeit (Realität) stehenden Geschehensablauf beziehbar ist, sei es, daß dieser Geschehensablauf wirklich abgelaufen ist, sei es, daß er nach der Forderung des Rechts wirklich ablaufen sollte. Ist dagegen ein bloßer Gedankenablauf auf ein solches auf die Wirklichkeit beziehbares (wirkliches oder mögliches) Geschehen gerichtet, dann kann er unter die Kategorie des Rechts fallen. Es verhält sich daher nicht so, daß bloße Gedanken für das Recht immer irrelevant seien. Wer etwas unterlassen hat, was er zu tun verpflichtet war, dessen Gedanken sind auch für das Recht erheblich und daher zu erforschen. Erheblich ist sowohl, daß er sich etwas gedacht hat, als auch, daß er sich nichts gedacht hat, aber sich etwas hätte denken sollen. Ein Recht, das bloße Gedanken ohne Beziehung auf ein wirkliches (natürlich rechtserhebliches) oder (nach dem Recht) zu verwirklichendes Geschehen bestrafen würde, ist zwar denkbar, steht aber — nach unserer Überzeugung — zu einer entfalteten Rechtsidee in Widerspruch.

Im Strafrecht handelt es sich immer um ein rechtswidriges Geschehen. Rechtswidrig ist das Geschehen, in bezug auf das ein Rechtssubjekt sich rechtswidrig verhalten hat, d. h. eine Rechtspflicht verletzt hat[373]. Hiermit ist der Begriff der Rechtswidrigkeit freilich nur auf einen bestimmten Gegenstand, ein menschliches Verhalten, bezogen, welches als rechtswidrig oder als nicht rechtswidrig zu beurteilen ist. Der Begriff der Rechtswidrigkeit ist noch weiter, wie sich aus folgendem Beispiel ergibt. Ein Unschuldiger wird in einem rechtlich ordnungsmäßigen Verfahren, in dem keiner Verfahrensstelle der Vorwurf einer Rechtsverletzung zu machen ist, zu einer Freiheitsstrafe verurteilt und in Gefängnishaft genommen. Die Tatsache, daß ein Unschuldiger verurteilt und in Haft genommen ist, steht mit dem Recht nicht in Einklang, das Recht „will" das nicht. Urteil und Einsperrung sind rechtswidrig, ohne daß damit schon Rechte des Unschuldigen begründet sein müßten[374]. Verurteilung und Einsperrung des Unschuldigen sind keine bloßen Naturereignisse, wie etwa die Einschließung eines Höhlenbesuchers durch einen herabfallenden Felsen. Ohne daß es nötig ist, auf den Theorienstreit näher einzugehen, ob das Recht Bewertungs- oder Bestimmungsnorm oder beides sei, zeigen einige kurze Überlegungen, wie man etwa das Verhältnis zwischen Bewertungs- und Bestimmungsnorm zu denken habe. Im allgemeinen wird das Recht zugleich Bewertungs- und Bestimmungsnorm zugleich sein. Menschliches Verhalten soll durch das Recht zugleich bewertet und bestimmt werden. Generell ist nicht gesagt, daß die Bewertungsnorm immer der Bestimmungsnorm logisch voran-

---

[373] Für die Beurteilung strafbaren Verhaltens gilt uneingeschränkt der Satz Hold v. Fernecks, Die Rechtswidrigkeit, S. 376ff., daß „rechtswidrig" rechtspflichtwidrig bedeutet. Im übrigen freilich ist die Ansicht v. Fernecks hierüber problematisch.

[374] Wie dieser Fall im einzelnen weiter zu analysieren und auf den Begriff der Rechtswidrigkeit hin zu untersuchen wäre, mag hier offen bleiben; es genüge die Andeutung des Problems.

gehen müsse[375]. So setzt die Bestimmungsnorm des Verkehrs, rechts zu fahren, keine Bewertungsnorm voraus. Das Rechtsfahren wird nicht vor der Bestimmungsnorm als „richtiger" oder „rechtsgemäßer" bewertet als das Linksfahren. Ist aber die Bestimmungsnorm gegeben, dann kann Linksfahren als rechtswidrig bewertet werden. Aber auch in anderen Fällen ist es nicht ganz genau, daß die Bewertungsnorm logisch der Bestimmungsnorm vorausgehe. Das Verhältnis zwischen beiden Normen wird im allgemeinen ungefähr in dieser Weise gedacht. Die Bestimmungsnorm: Du sollst nicht töten, beruht auf einer Bewertungsnorm, nämlich der Unantastbarkeit des Lebens. Also, so meint man, stehe die Bewertungsnorm vor der Bestimmungsnorm. Das Recht ist aber seiner Natur nach nicht bloße Bewertung. Solche Bewertungen könnten wir uns auch ohne Recht denken. Vielmehr ist das Recht seiner Natur nach verbindliche Norm, sie will menschliches Verhalten bestimmen, das ist ihr ursprünglicher Sinn (wir können in diesem Zusammenhang davon absehen, daß es daneben auch noch andere Aufgaben des Rechts gibt, die nicht mit „Soll"-Normen, sondern mit „Darf"-Normen zu lösen sind; denn wir wollen unsere Betrachtung hier nicht zu sehr komplizieren). Damit ist gesagt, daß schon die Bewertungsnorm im Hinblick auf ein bestimmbares Verhalten existiert. Sie ist nur insoweit Bewertungsnorm, als sie bestimmbares Verhalten voraussetzt. Bewertungsnorm und Bestimmungsnorm setzen sich wechselseitig voraus. So wird z. B. nicht die Verursachung des Todes „rechtsbewertet", sondern ein Verhalten, welches trotz Vermeidbarkeit der Todverursachung den Tod eines Menschen zur Folge hat. Die Bewertungsnorm lautet deswegen auch nicht: Du sollst nicht den Tod eines Menschen verursachen, sondern: Du sollst es vermeiden, den Tod eines Menschen zu verursachen (versteht sich: sofern es für dich vermeidbar ist).

Wenn das Recht — im großen gesehen — wechselseitig auf einander bezogene Bewertungs- und Bestimmungsnorm ist, dann ist damit die Erfüllbarkeit des Rechts vorausgesetzt. Ein unerfüllbares Recht ist kein Recht, sondern ein Hirngespinst oder grausame Tyrannei, sofern sich nämlich an eine „Verletzung" (Verursachung einer Rechtswidrigkeit) eine Straffolge knüpft. Daß es Rechtswidrigkeit nicht nur ohne Schuld, sondern auch ohne rechtswidriges Verhalten gibt, haben wir an dem Beispiel der Verurteilung eines Unschuldigen gesehen. Deshalb nennt man auch die Hinrichtung eines Unschuldigen einen „Justizmord". In unserem Zusammenhang geht es aber um die Frage der Rechtswidrigkeit eines Verhaltens. Dieses kann aber nur rechtswidrig sein, wenn die Rechtspflicht auch erfüllbar ist.

---

[375] Vgl. hierzu Sieverts, Beiträge zur Lehre von den subjektiven Unrechtselementen im Strafrecht, S. 91—110. Freilich kann ich dem Satz, daß dem Recht als positivem Imperativ logisch das Recht als Maßstab vorausgehe, nicht beistimmen, auch nicht dem Satz, daß die objektive Rechtswidrigkeit als objektive Bewertungsnorm und bei der Feststellung der Schuld als subjektive Bestimmungsnorm fungiere.

Die Erfüllbarkeit des Rechts kann abstrakt oder konkret beurteilt werden. Hier setzt nun eine gewisse Schwierigkeit und Willkürlichkeit ein, die durch die Trennung von Rechtswidrigkeit und Schuld bedingt ist. Es fragt sich, ob Rechtswidrigkeit und Schuld Begriffe sind, die stufenweise aufeinander aufgebaut sind derart, daß zwar nur Rechtswidriges schuldhaft sein kann, aber nicht auch alles Rechtswidrige schuldhaft sein muß, oder ob beide Begriffe wechselseitig aufeinander bezogen sind, so daß alles Rechtswidrige auch schuldhaft ist und umgekehrt[376]. Ein Verhalten ist „rechtswidrig“ und ein Verhalten ist „schuldhaft“, wären danach Urteile über denselben Gegenstand unter verschiedenen Blickrichtungen, bei der Rechtswidrigkeit nach außen in die Rechtsgemeinschaft hinein, bei der Schuld nach innen auf den Täter zu[377]. Nach der Redeweise unserer positiven Gesetze decken sich rechtswidriges und schuldhaftes Verhalten offenbar nicht. Aber damit ist nicht gesagt, daß die Gesetzessprache auch für die wissenschaftliche Erfassung der Probleme verbindlich ist. Die Wissenschaft ist nicht unbedingt an den Wortgebrauch des Gesetzes gebunden. Es kann nun nicht zweifelhaft sein, daß es gewisse Rechtsphänomene gibt, wie z. B. die limitierte Akzessorietät, die nur schwer erfaßt werden können, wenn nicht Rechtswidrigkeit und Schuld auseinanderfallen. Trotzdem ist damit nicht gesagt, daß Rechtswidrigkeit und Schuld im Hinblick auf ein Verhalten nicht doch eine aufeinander bezogene Einheit bilden. Dieser Frage kann hier aber im einzelnen nicht nachgegangen werden, obwohl es wichtig genug wäre. Wir einigen uns auf folgende Trennung von Rechtswidrigkeit und Schuld: rechtswidrig ist ein Verhalten, das konkret-generell (oder „objektiv“) einer Bewertungs- und Bestimmungsnorm widerspricht; schuldhaft ist ein rechtswidriges Verhalten, welches derselben Bewertungs- und Bestimmungsnorm im Hinblick auf den konkreten Täter nach seiner Einsichts- und Willensfähigkeit und nach einem gewissen Maß von Schuldanforderungen (d. h konkret-individuell oder „subjektiv“) widerspricht. Mit dieser Abgrenzung sind folgende Möglichkeiten gegeben: nichtrechtswidrige Verursachung (im naturwissenschaftlichen Sinn), rechtswidrige, aber nicht schuldhafte Verursachung (im final-normativen Sinn), rechtswidrige und schuldhafte Verursachung (im final-normativen Sinn), rechtswidrige, aber nicht schuldhafte Unterlassung, rechtswidrige und schuldhafte Unterlassung. Da diese Formulierung ganz allgemein gemeint ist, so umfaßt hier das Wort „Verursachung“ auch

---

[376] Dieser Ansicht ist z. B. Binding, Normen, 1. Bd. 1. Abth. § 25.

[377] Graf zu Dohna, Der Aufbau der Verbrechenslehre, S. 28 unterscheidet Rechtswidrigkeit und Schuld als Wertungen zweier verschiedener Gegenstände. Rechtswidrigkeit sei Wertung des „objektiven“, Schuld Wertung des „subjektiven“ Tatbestandes. Nach der hier vertretenen Auffassung dagegen betrifft die „Wertung“ (d. h. richtiger die Betrachtung) in beiden Fällen denselben Gegenstand, aber in verschiedener Blickrichtung.

die Körperbewegungen selbst und ist nicht lediglich auf einen vom Verhalten abtrennbaren Erfolg bezogen.

Die objektive Erfüllbarkeit einer Rechtspflicht setzt zweierlei voraus: Die objektive Möglichkeit, sich dem Recht gemäß zu bestimmen und die objektive Beherrschbarkeit des kausalen Geschehens.

Die objektive Möglichkeit, sich dem Recht gemäß zu bestimmen, ist nicht als kausale Bestimmbarkeit zu betrachten. Feuerbach hatte den Versuch gemacht, die Bestimmbarkeit des Menschen rein kausal zu begründen[378]. Aber diese Begründung entspricht nicht dem Wesen des Rechts. Sie führt zu einer Eliminierung des Schuldbegriffs. Nur das Axiom von der Willensfreiheit entspricht der Auffassung des Rechts. Da die Bewertungsnorm schon auf die Bestimmungsnorm bezogen ist, so gehört die Lehre von der Willensfreiheit des Menschen bereits in die allgemeine Zurechnungslehre und nicht etwa nur in die Schuldlehre (und dort in die Lehre von der Zurechnungsfähigkeit).

Die Behandlung des Problems der Willensfreiheit ist für das Recht charakteristisch. Sie ist keine philosophische, sondern eine „praktische“ Behandlung dieses Problems. Aufgabe der Rechtsphilosophie wäre es zu entwickeln, daß die Begriffe Willensfreiheit, Vernunft, Verantwortlichkeit und Schuld in einem komplexen Zusammenhang stehen, so daß kein Begriff ohne den anderen gedacht werden kann. Nicht ist es Sache der Rechtsphilosophie, „Beweise“ für oder gegen die Willensfreiheit zu suchen. Es genügt der Nachweis, daß bestimmte Rechtsbegriffe wie Schuld und Verantwortlichkeit ohne das Axiom von der Willensfreiheit ihren Wesensgehalt verlieren würden. Der reinen Rechtstheorie mag es überlassen bleiben, versuchsweise ein Rechtssystem ohne dieses Axiom zu entwickeln. Gegen solche Versuche ist um so weniger etwas einzuwenden, als sie zur Vertiefung des Rechtsverständnisses beitragen können, ein Lob, das nicht zuletzt der Lehre Feuerbachs zu erteilen ist. Aber die praktische Rechtswissenschaft wird gut daran tun, sich an solche Versuche nicht zu eng zu binden. Das Recht als praktische Handhabung hat die Schwankungen der philosophischen Auffassungen nur in sehr geringem Maße mitgemacht. Ebenso wie bei den sozialen Anschauungen können wir auch im Recht einen ziemlich festen Kern feststellen, der nicht einmal in der Zeit des naturwissenschaftlichen Determinismus im 19. und beginnenden 20. Jahrhundert ernstlich erschüttert werden konnte. Nur um der größeren Klarheit willen soll dieser Kern noch einmal kurz zusammengefaßt werden.

Uns scheint der Mensch auf die Triebe anders zu reagieren als alle übrigen Lebewesen, die wir kennen. Wir nehmen bei den Tieren — ob zu Recht oder Unrecht — an, daß ihre Triebe unmittelbar wirken, so daß sie jeweils dem stärksten Trieb ausgeliefert sind. Sie tragen in sich kein abgeschlossenes Vorstellungsbild der Welt, das sie

---

[378] Feuerbach, Revision II S. 43 ff., 66 ff., 125 ff., 181 ff.

ihren Trieben gegenüberstellen und entgegensetzen können. Dagegen glauben wir unserer eigenen Erfahrung entnehmen zu können, daß der Mensch in sich ein mehr oder weniger abgeschlossenes Bild der Welt erzeugen kann, ein Bild, das seine Welt ist, daß Worte, Begriffe, Sprache sich zu einer inneren Einheit zusammenzufügen eine starke Tendenz haben, daß der Mensch unruhig ist, solange er noch nicht diese innere Einheit errungen hat, und daß er sich alles dessen bewußt ist. Die Erschaffung dieses inneren konkreten Bildes der Welt ist selbst wieder ein Akt der Freiheit, nicht einer unbegrenzten, immerhin aber einer gewissen Freiheit, die es bewirkt, daß die Vorstellungsbilder der Menschen untereinander, aber auch des Einzelmenschen innerhalb seiner geistigen Entwicklung voneinander verschieden sind, daß sie sich in epochalen Zeitbildern zusammenfassen lassen, die wieder untereinander und von den Individualbildern abweichen, daß sie sich auch gruppenweise zusammenschließen usw. Diese Weltbilder geben nicht nur die Welt wieder, wie sie sich die Vorstellungsträger als wirklich denken, sondern auch wie die Welt sein soll oder nicht sein soll. Wirklichkeit und Idealvorstellung treten in mannigfache Wechselbeziehung, sie werden gegeneinander ausgespielt, sie wirken ineinander hinein. Die Idealbilder — gleichgültig, ob sie auf Gott bezogen sind oder nicht — sagen, was sein soll oder was nicht sein soll. Das Streben nach Vollkommenheit ist den Menschen, den Völkern, vielleicht der Menschheit als Gabe gegeben und als Aufgabe gesetzt, sei es von Gott, sei es von der „Natur", sei es durch den Menschen selbst, wie er meinen könnte. Aus diesen Idealvorstellungen fließen Sollensvorstellungen und mit ihnen auch das Recht. Der Mensch glaubt, daß er seine Triebe — mehr oder weniger — nach diesen Sollensvorstellungen richten kann, daß er — mehr oder weniger — über diese Triebe Herr ist. Er hat die Fähigkeit, Gegenwärtiges mit anderem Gegenwärtigem oder mit Zukünftigem zu vergleichen, die Wirklichkeit nach seinem Bilde zu gestalten, ihren Verlauf vorauszusehen, die Folgen seines Verhaltens zu überblicken, alles in gewissen Grenzen[379].

Aus dieser gedrängten Übersicht, die den nur wenig veränderten Kern seit Jahrtausenden herrschender Anschauungen ungefähr wiedergibt, ist hinreichend ersichtlich, daß Willensfreiheit, Vernunft, Norm, Pflicht, Verantwortung, Schuld, Fähigkeit der Beherrschung des kausalen Geschehens, Voraussehbarkeit und jene Gestaltungsfähigkeit, die in dem Nachschaffen eines inneren Bildes und in der Übertragung dieses Bildes in die Wirklichkeit besteht und die sich aus der finalen Struktur unseres Willens ergibt, in einem unlöslichen Komplex stehen. Keiner dieser Begriffe kann aus dem Ge-

[379] Diese zusammengefaßte Meinung über die Fähigkeiten des Menschen in bezug auf die Willensfreiheit entspricht in etwa der Auffassung des Aristoteles ebenso wie der des Thomas von Aquino wie der Pufendorfs und kann auch heute nicht als überholt gelten.

samtbilde entfernt werden, ohne daß sich das ganze Bild selbst ändern würde, sofern überhaupt noch die Fähigkeit eines Vorstellungsbildes übrig bliebe. Vernunft ohne Willensfreiheit, Willensfreiheit ohne Vernunft sind chimärische Vorstellungen. Ohne die Fähigkeit, das Gestaltungsbild, das Ziel zum Beginn der Willensbetätigung zu machen, ist eine Willensbetätigung undenkbar. Die relative Selbständigkeit der von der Vernunft erzeugten Begriffswelt von der Wirklichkeit ermöglicht erst die normative Entgegensetzung von vorgestellter und wirklicher Welt. Diese Selbständigkeit der Vorstellungswelt von der wirklichen Welt ist ohne Willensfreiheit nicht denkbar. Aus der Gegenüberstellung von vorgestellter und wirklicher Welt im Zusammenhang mit der Einwirkungsmöglichkeit folgt die Norm, und zwar sowohl die Zwecknorm, die ethische und die ästhetische Norm[380].

Die allgemeine Zurechnungslehre nimmt diesen komplexen Zusammenhang zum Ausgangspunkt ihrer Betrachtungen. Ohne diesen Zusammenhang würde auch der Begriff der Zurechnung entfallen. In diesem Sinne gehört also auch die Schuld bzw. die Möglichkeit, Schuld zu haben, zur allgemeinen Zurechnungslehre. Damit ist gesagt, daß die allgemeine Zurechnungslehre selbst ein in sich geschlossener komplexer Zusammenhang ist, der im Keim das ganze strafrechtliche System enthalten muß. Dadurch wird die allgemeine Zurechnungslehre zum Kern der strafrechtlichen Systematik. Ist diese Lehre richtig angelegt, dann muß auch die Entfaltung eines geschlossenen Systems möglich sein.

Zu dem allgemeinen Komplex gehört also auch, wie wir gesehen haben, die Möglichkeit der kausalen Beherrschung des Geschehens. Ohne diese Beziehung auf das kausale Geschehen schweben die Betrachtungen in der Luft. Die Möglichkeit der kausalen Beherrschung differenziert sich in die Voraussehbarkeit und die Fähigkeit, auf das Geschehen einzuwirken. Der Begriff der Voraussehbarkeit ist selbst wieder ein Komplexbegriff, der die Trennung zwischen Rechtswidrigkeit und Schuld erschwert, wenn nicht unmöglich macht. Das Fortschreiten von einer „abstrakten“ zur „konkreten“ Voraussehbarkeit geschieht in unmerklichen Übergängen, wie das immer bei einer stufenweisen Konkretisierung der Fall ist; denn man kann immer mehr oder weniger konkretisieren. Es ist ziemlich willkürlich zu sagen, bis zu diesem Punkt der Konkretisierung ist die abstrakte oder, wie man hier vielleicht bezeichnender sagen könnte, die objektive Voraussehbarkeit gegeben und von diesem Punkt ab beginnt die individuelle Voraussehbarkeit. So wiederholt sich im Begriff der Voraussehbarkeit die theoretische Unmög-

---

[380] Womit nicht ausgeschlossen sein soll, daß hinter allen diesen Zusammenhängen, die in unserer Begriffsbildung als verschiedenartige in Erscheinung treten, ein Gesamtzusammenhang steht, den wir als „Logos“ („Sinn“) bezeichnen könnten.

lichkeit einer sauberen Trennung von Rechtswidrigkeit und Schuld. Es bleibt bei einer höchst unsicheren und der praktischen Fallbearbeitung immer wieder Schwierigkeiten bereitenden, mehr traditionellen Abgrenzung. Nur die Fähigkeit (und Möglichkeit) der kausalen Einwirkung bleibt bis zur vollen Individualisierung im Bereich der „objektiven" Möglichkeit. Wem individuell die kausalen Kräfte zur Beherrschung des Geschehens fehlen, der konnte eben schon objektiv einen rechtlich gemißbilligten Erfolg oder ein rechtlich gemißbilligtes Verhalten nicht vermeiden. Daß dies im Grunde auch dann so ist, wenn der Täter nicht die Einsichtsfähigkeit hat, darin liegt eben die Unreinheit der ganzen Trennung. Da es jedoch nicht meine Absicht ist, diese Trennung einer genauen Analyse und Kritik zu unterziehen, so muß es für uns mit der Feststellung dieser Unstimmigkeit sein Bewenden haben.

Die Beherrschbarkeit oder Lenkbarkeit des kausalen Geschehens bedeutet, daß das tatsächliche Geschehen oder wenigstens das in Gang gesetzte und vorgestellte Geschehen (so bei Versuch) sich als das „Werk" des Täters und gegebenenfalls der an der Tat Beteiligten darstellt oder darstellen könnte, wenn es beendigt worden wäre. Mit dem Wort Werk ist freilich ein wenig zu viel gesagt, es soll nicht sagen, daß das Geschehene im natürlichen Sinn gewollt sein müßte, sondern es schließt den dolus eventualis ein. Das Wort Werk ist aber auch wieder zu eng, weil es nicht wiedergibt, daß bei der Frage der Beherrschbarkeit auch etwas zu beurteilen ist, was nicht geschehen ist, aber hätte geschehen sollen. So geht es bei der Unterlassung um die Frage, ob die Abwendung eines Erfolges das Werk eines verpflichteten Rechtssubjekts hätte sein können. Begreift man alle diese Beziehungen aber, dann gibt das Wort Werk einen guten plastischen Anhaltspunkt für das, was gemeint ist. Ob etwas möglich ist oder nicht, richtet sich nach den Erfahrungen der konkreten Zeit, so z. B. die Frage, ob eine „reale Lenkung" des Geschehens darin liegt, daß ein Astrologe, der ein Eisenbahnunglück „vorausberechnet" hat, jemand auf die Reise schickt, um ihn bei diesem Unglück umkommen zu lassen, was denn auch zufällig geschieht.

Steht also fest, daß eine Rechtspflicht für jemand konkret-generell („objektiv") in dem entwickelten Sinn erfüllbar ist, dann ist die konkrete Nichterfüllung rechtswidrig und zur Rechtswidrigkeit zurechenbar. Das Urteil der Zurechnung zur Rechtswidrigkeit lautet: Dieses Rechtsgeschehen wird dir als rechtswidriges zugerechnet, weil du das Rechtssubjekt dieses Rechtsgeschehens gemäß einer bestehenden Rechtspflicht warst.

An dieser Stelle ist noch kurz die Lehre Maurachs über Schuld und Verantwortung zu streifen, weil aus ihr Zweifel an der Richtigkeit der hier entwickelten Auffassung entstehen könnten. Maurach hat einen Unterschied zwischen Rechtswidrigkeit einerseits und zwischen Zurechnung andererseits gemacht und die Zurechnungssphäre aufgeteilt in Verantwortung und Schuld[381]. Hierbei versteht er unter Verantwortung die persönliche Zurechnung eines rechtswidrigen Geschehens, ohne daß ein Schuldvorwurf erhoben werden kann[382]. Danach kann also die „Tat" rechtswidrig sein, während bei der Zurechnung es um die Frage geht, ob die rechtswidrige Tat dem Täter als Ausfluß seiner Persönlichkeit zuzurechnen sei, Hierin liegt eine Abstraktion des Begriffes „Tat", die unzulässig ist. Man kann bei einer Tat nicht vom Täter abstrahieren. Tat und Täter gehören notwendig zusammen. Die Tat ist weiter nichts als das, was wir Verhalten nennen. Dies Verhalten kann aber nicht rechtswidrig sein, wenn es dem Täter nicht „persönlich" zugerechnet werden kann; dann ist es eben kein Verhalten mehr. Eine ganz andere Frage ist es, ob auch ein nichtrechtswidriges Verhalten einen rechtswidrigen Zustand hervorbringen kann, eine Frage, die wir bejaht haben. Da es im Strafrecht lediglich um die Beurteilung eines Verhaltens geht, so kann dessen Rechtswidrigkeit nur gegeben sein, wenn objektiv eine Rechtspflicht verletzt worden ist (immer vorbehaltlich der Fragwürdigkeit der Trennung zwischen Rechtswidrigkeit und Schuld!). Für uns beginnt daher die Zurechnung zur Rechtswidrigkeit erst mit der persönlichen Zurechnung. Die Unterscheidung Maurachs „die Tat ist rechtswidrig" und „diese Tat ist dem Täter persönlich zuzurechnen"[383] wird daher hier abgelehnt. Auch die Konsequenzen, die Maurach hinsichtlich der Notstandssituationen zieht[384], können nicht anerkannt werden, was hier jedoch nicht näher zu erörtern ist.

Hält man die Rechtswidrigkeit für durch die Schuld begrenzt, dann gibt es überhaupt nur eine allgemeine Zurechnungslehre, zu der auch der Begriff der Zurechnungsfähigkeit gehören würde. Macht man dagegen zwischen Rechtswidrigkeit und Schuld einen Unterschied derart, daß ein Verhalten auch schuldlos rechtswidrig sein könne, dann gehört die Lehre von der Zurechnungsfähigkeit

[381] Schuld und Verantwortung, S. 25 f., 38 ff. Maurach unterscheidet die Rechtswidrigkeit als „objektives" Moment einerseits und die Zurechenbarkeit andererseits. Die Zurechenbarkeit gliedert sich in „Tatverantwortung" und Schuld. Diese ganze Gliederung gründet sich auf problematische Vorstellungen über die Rechtswidrigkeit. Sie ist für Maurach ein Begriff, der auch auf Naturereignisse angewandt werden könne (S. 25). Hier scheiden sich nun allerdings die Geister. v. Buri hatte ganz richtig bemerkt, daß an die Naturkausalität weder juristische noch moralische Maßstäbe gelegt werden können. Diese grundlegende Einsicht ist mit der Meinung Maurachs wieder verdunkelt. Auch die sogenannten rechtswidrigen Zustände sind es nur insofern, als in ihnen in bezug auf das Recht und vom Recht aus die Forderung auf Aufhebung oder Beseitigung latent oder offen enthalten ist. Hat also ein Unwetter einen Baum über die Straße geworfen, so ist die Tatsache, daß der Baum auf der Straße liegt, für sich nicht rechtswidrig (polizeiwidrig), sondern die Rechtstatsache, daß dieser Baum von einem Menschen gemäß dem Recht noch nicht entfernt worden ist. Deshalb ist auch der Satz Maurachs, die Konfundierung von Unrecht und Schuld sei künftig nicht denkbar, mindestens sehr optimistisch.

[382]. A. a. O. S. 38.

[383] A. a. O. S. 37 f.

[384] A. a. O. S. 42 f.

zur Schuld. Das ändert aber nichts an der Tatsache, daß die Zurechnungsfähigkeit als abstrakte menschliche Fähigkeit, sich normgemäß zu verhalten, bereits in die allgemeine Zurechnungslehre gehört. Dasselbe gilt für die abstrakt-objektiven Voraussetzungen der Fahrlässigkeit, wie wir gesehen haben. In diese allgemeine Zurechnungslehre gehört aber noch ein weiterer Fragenkomplex, den wir nur nicht näher behandeln wollen, weil er uns von unserem Gesamtzusammenhang etwas abseits führt, nämlich die Frage, in welcher Weise ein Rechtsgeschehen einem Rechtssubjekt zurechenbar ist, ob es mit anderen Worten mehrere Weisen der Zurechnung gibt. Ein Geschehen kann nämlich jemand als Täter, als Mittäter, als mittelbarer Täter, als Anstifter, als Gehilfe zugerechnet werden. Man könnte daran zweifeln, ob diese Fragen überhaupt zur allgemeinen Zurechnungslehre und nicht vielmehr in eine allgemeine Tatbestandslehre gehören. Ich bin jedoch der Überzeugung, daß diese Verbrechens„formen" nur aus der Zurechnungslehre heraus zu verstehen sind. Gewiß hat der Gesetzgeber auch hier gewisse Gestaltungsfreiheiten. Er kann die Anstiftung verschieden regeln, er kann gewisse Beihilfehandlungen verselbständigen usw. Dennoch sind diese Formen der Zurechnung gemäß „der Natur der Sache", d. h. aus inneren Prinzipien heraus so stark festgelegt, daß man sie aus diesen Prinzipien heraus sehr weitgehend entwickeln kann. Diese Begriffe Täter, Gehilfe usw. sind keine Verbrechensformen, sondern in Wahrheit Arten der Zurechnung. Dies nur der Vollständigkeit halber. In jedem Fall gehört auch dieser Problemkreis in eine entfaltete allgemeine Zurechnungslehre.

Die Bedeutung einer allgemeinen Zurechnungslehre tritt klar in Erscheinung, wenn man sich die Entwicklung der letzten 100 bis 150 Jahre der Strafrechtswissenschaft kurz vor Augen führt. Aus einem übermäßig erweiterten Begriff der Zurechnung hatten sich unter dem Einfluß der Philosophie Kants in der Form, die ihr Feuerbach für das Strafrecht gegeben hatte, ferner unter dem Einfluß einer kausalistischen Naturwissenschaft und des daraus folgenden deterministischen Standpunkts als restliche Bestandteile die Kausaltheorie auf der objektiven Seite und die Lehre von der Zurechnungsfähigkeit auf der subjektiven Seite herauskristallisiert. Damit hatte die allgemeine Zurechnungslehre, wie sie — um nur die drei großen Entwicklungspunkte zu nennen — Aristoteles, Thomas von Aquino und Pufendorf verstanden hatten, anscheinend ihre Rolle zu Ende gespielt. An ihre Stelle war die Kausaltheorie getreten, während die Zurechnungsfähigkeit keinen Zusammenhang mehr mit einer allgemeinen Zurechnungslehre hatte. Die Folge dieser Entwicklung ist die moderne Systematik des Strafrechts: Ein „wertfreier" Tatbestand, der weder auf die Rechtswidrigkeit noch auf die Schuld bezogen ist und nur die nähere Beschreibung eines kausalen Verhaltens enthält, eine Rechtswidrigkeit, die retrospektiv diesen wertfreien Tatbestand (angeblich!) einem Werturteil unterwirft, das aber noch nicht auf eine Schuld oder auch nur auf eine mögliche Schuld bezogen ist, und schließlich eine Schuld, die Tatbestand und Rechtswidrigkeit ebenfalls retrospektiv (angeblich!) einem nochmaligen Werturteil in Hinsicht auf die Täterindividualität unterwirft. Man glaubte, bei der Tat vom Täter, bei der Rechtswidrigkeit vom Täter abstrahieren zu können. Der Täter spielte beim Tatbestand nur die Rolle eines physikalischen Agens. Die Tat war mit den Augen eines Naturwissenschaftlers zu betrachten, wie von Buri deutlich genug formuliert hatte. Dieser kausalistischen Betrachtungsweise entsprach im Grunde am meisten die Lehre Feuerbachs, der sogar die Zurechnungsfähigkeit als rein kausale Bestimmbarkeit ansah. Unbemerkt verflüchtigte sich damit der Schuldbegriff, der nur noch mehr nominell weitergeführt wurde. In dieser kausalistischen Geschlossenheit liegt die große Überzeugungskraft und auch die Anziehungskraft der Lehre Feuerbachs in einem kausalnaturwissenschaftlichen Weltbild. Dies also ist die Basis des sogenannten klassischen Schemas. Bei ihm besteht die Feststellung der Straftat in progressiven Stufenurteilen, einem kognitiven und zugleich subsumierenden Tatsachenurteil, einem (angeblichen!) Werturteil erster Stufe, das aber nach Möglichkeit ebenfalls in ein logisches Subsumtionsurteil verwandelt wurde, und in einem (angeblichen!) Werturteil zweiter Stufe, das gleichfalls nach Möglichkeit in ein kognitives Tatsachenurteil umgedeutet wurde, indem man die Schuld nur noch in psychologischen Momenten sah. Die Entdeckung der normativen Schuldelemente gehört bereits wieder zur Auflösung des klassischen Schemas. Die graphische Darstellung dieser Denkweise ist linear progressiv einerseits und retrospektiv andererseits:

Ereignis ← Verursacher ← Rechtswidrigkeit ← Schuld.

Das Zurechnungsurteil ist ein Urteil über die Verursachung. Wenn sich so der Begriff der Zurechnung und der Begriff der Verursachung decken, dann ist verständlich, daß der Begriff der Zurechnung als der schwächere weichen muß. Zurechnung ist nur ein anderes und nicht mehr recht verständliches Wort für Verursachung. Die allgemeine Zurechnungslehre verkümmert zur Lehre von der Zurechnungsfähigkeit.

Weist man nun nach, daß die Kausalität gar nicht das ausschlaggebende Prinzip für die Erklärung der Verantwortlichkeit oder für ihre Begründung ist, dann fehlt es sogleich an einer zusammenfassenden Bezeichnung jener Prizipien, die nunmehr die Verantwortlichkeit zu erklären bzw. zu begründen vermögen. Solange ihnen aber der Halt an einem zusammenfassenden Begriff fehlt, fügen sie sich nicht zu jener inneren Einheit zusammen, die uns mit einem kurzen Wort zum Bewußtsein gebracht wird, ein Verdienst, das Pufendorf zuzuerkennen ist. Denn er hat mit dem Wort imputatio einer Fülle wichtigster Prinzipien den Rahmen gegeben, der sie zusammenhält. Aber diese Prinzipien gehören in den Rahmen, sie füllen ihn erst aus, ohne sie bleibt wirklich nur ein leerer Begriff übrig oder sogar nur ein leeres Wort. Und doch enthält dieser leere Begriff ein großes Geheimnis, welches der Begriff Kausalität nicht enthält: Er zeigt die komplexe Natur der Beziehungen zwischen Rechtssubjekt, Recht und Rechtsgeschehen an. Mit den Begriffen Kausalität und Zurechnung sind zwei völlig verschiedene Betrachtungsweisen verknüpft. Es ist gar nicht möglich, den Sinn des Begriffes Zurechnung linear-progressiv-retrospektiv zu erfassen. Mit dem Begriff Zurechnung ist sinnvoll eine andere Betrachtungsweise verbunden, die wir uns graphisch als Kreis vorstellen können, auf dem drei Punkte, das Recht, das Rechtssubjekt und das Rechtsgeschehen in wechselseitiger Bezogenheit miteinander verknüpft sind. Dieses in sich geschlossene Bezugssystem können wir nur als komplexes System bezeichnen. Die graphische Darstellung bringt diese Komplexität gut zum Ausdruck. In diesem Komplexsystem kann kein Punkt von den anderen abstrahiert werden, weil damit seine Sinnbezogenheit unterbrochen würde. Man kann auch nicht progressiv von einem Punkt zum anderen vordringen, weil bei dieser Progression ein Punkt als Anfangspunkt gesetzt wird, was er nicht ist. Das Subjekt ist ohne das Recht ein Wahngebilde, Recht und Rechtsgeschehen jeweils ohne die beiden anderen Punkte gleichfalls. Wenn sprachlich gesehen die Entfaltung des Systems auch an irgend einem Punkt beginnen muß, so ist dieser Anfang des Redens doch immer nur ein sprachlich gebundener Beginn, der aber gleichwohl schon bei der ersten Begriffsbildung unter dem Gesetz der Komplexität steht. Alle anderen Punkte sind in jedem Punkt mitgedacht und mitzudenken. In dieser Komplexität bedeutet der Begriff der Zurechnung die formale Herstellung dieser Beziehungen, wobei freilich das Wort „formal" zweideutig ist; denn es kann nicht bedeuten, daß von konkreten Inhalten abgesehen werden könnte. In dieser Komplexität liegt es auch begründet, wenn die Begriffe Rechtswidrigkeit und Schuld nur durch eine Art Gewaltakt getrennt werden können. Mit dem Begriff der Zurechnung ist also außer einer besonderen Methode der Betrachtung zugleich ein besonderes System verbunden.

III. Systematischer Teil

1. Die allgemeine Zurechnungslehre als Keim des strafrechtlichen Systems

Die Entfaltung des Systems des Strafrechts wäre Aufgabe eines Lehrbuchs. Unsere Betrachtungen sollen kein Lehrbuch sein, sondern Betrachtungen über den Aufbau eines Lehrbuchs, d. h. über den Aufbau eines geschlossenen oder möglichst geschlossenen Systems des allgemeinen Teils des Strafrechts, soweit er durch die allgemeine Zurechnungslehre berührt wird. Was ein Lehrbuch auszuführen hätte, kann hier daher nur angedeutet werden.

Es wird verständlich sein, daß die Entfaltung eines komplexen Systems ungleich schwieriger ist als die Aneinanderreihung eines linearen Systems. Die Schwierigkeit besteht darin, daß bei der Entfaltung des komplexen Systems das Ganze bereits vorausgesetzt wird, so daß an die Verständniswilligkeit des Lesers hohe Anforderungen zu stellen sind. Beginn und Ende eines solchen Systems werden mehr zufälliger Art sein, weil die Sprachentwicklung nun einmal einen Anfang und ein Ende haben muß, welche das System nicht hat. Da alles aufeinander bezogen ist, lassen sich Wiederholungen ebensowenig vermeiden wie Auseinanderreißungen. Dieselben Begriffe werden in immer neuen Beziehungszusammenhängen aufleuchten. Ein solches System zu entfalten ist mehr Sache der künstlerischen Behandlung des Stoffes und des pädagogischen Geschicks als der Logik.

Schon der Ausgangspunkt muß die Komplexität des Systems eindrucksvoll vor Augen führen. Hierzu bietet sich das, was wir die Grundsituation des Strafrechts nannten, in natürlicher Weise als Beginn der Entfaltung an. Der komplexe Kreis, der das ganze System enthält, besteht in den wechselseitigen Beziehungen zwischen Recht, Rechtssubjekt und Rechtsgeschehen. Die Komplexität dieser Beziehungen spiegelt sich in dem Begriff des Verhaltens wieder. Das Verhalten gründet sich auf das Gegenüberstehen eines vernunftbegabten Lebewesens gegenüber einem Normkomplex der Vernunft — des Rechts — einerseits und einem Geschehen „in der Außenwelt" andererseits. Aus dem Normkomplex des Rechts entspringen die konkreten Rechtspflichten. Das Verhalten kann ein Tun oder ein Unterlassen, es kann willentlich oder nichtwillentlich, bewußt oder unbewußt sein. Bei dem Begriff Geschehen ist zu unterscheiden das natürliche oder faktische Geschehen vom Rechtsgeschehen. Das Rechtsgeschehen kann ein faktisches Geschehen mit sozialer und rechtlicher Bedeutung sein, es kann aber auch die Negation eines faktischen Geschehens im Hinblick auf ein gesolltes mögliches Geschehen sein. Das Rechtsgeschehen kann primär in dem Verhalten selbst, sei es in einem Tun oder in einem Unterlassen, gesehen werden, das sekundär auf einen Rechtszweck bezogen ist, aber auch primär in einem faktischen Ereignis, dem eine Rechtsbedeutung zukommt und das als Erfolg (Rechtserfolg) bezeichnet wird, der logisch vom Verhalten selbst zu trennen ist, und nur sekundär im Verhalten selbst. In keinem Fall jedoch lassen sich Verhalten und Erfolg begrifflich vollkommen voneinander trennen. Auch der Erfolg bleibt immer auf ein menschliches Verhalten bezogen. Bei der Erörterung des Verhältnisses zwischen Verhalten und Erfolg wären dann Begriff und Bedeutung der Kausalität zu erörtern. Insbesondere ist hier zu zeigen, daß die Kausalität überhaupt nicht das Prinzip der Rechtsverknüpfung ist, sondern die Rechtspflicht, daß aber die Kategorien Kausalität, Finalität und Normativität wegen der Beziehung des Rechts auf ein diesen Kategorien unterliegendes Geschehen für das Recht Bezugsmomente darstellen. Alsdann ist der Begriff des Rechtssubjekts zu erörtern. Hier sind die Komponenten des menschlichen Verhaltens aufzudecken und darzulegen, daß das Rechtssubjekt als Einzelwesen eine psychophysische Totalität ist, in der Bewußtes, Unterbewußtes und Unbewußtes zu einer untrennbaren Einheit verflochten sind, das aber zugleich als Persönlichkeit in dem objektiven Geist[385] begründet ist, der sich zu bestimmter Zeit und an bestimmtem Ort als „Kultur" kundtut. Die Bedeutung von Triebhaftigkeit, Vernunft, Gefühl, Wollen und Willensverwirklichung ist zu betrachten und zu zeigen, daß die Kategorien Kausalität, Finalität und Normativität für dieses Rechtssubjekt Anwendung finden. Es ist Herr über das Geschehen, aber nur in bestimmten Grenzen. Das Axiom der Willensfreiheit und seine Bedeutung für die Begriffe Schuld, Verantwortung, Zurechnung usw. sind zu behandeln. Der Unterschied zwischen Subjekt eines faktischen Geschehens (Subjekt kann hier auch ein „Es" — „es geschieht" — sein) und Rechtssubjekt eines Rechtsgeschehens ist aufzuweisen.

Damit ist die Grundlage für die Erklärung des Begriffes Zurechnung gegeben. Möglichkeit und Voraussetzungen dieses Begriffes sind darzulegen, sowie seine Beziehung auf einen Normkomplex der Vernunft und auf ein potentiell vernünftiges, damit auch potentiell unvernünftiges Lebewesen. Die Bestimmtheit der Zurechnung ist abhängig von der Bestimmtheit des Normenkomplexes. Sie ist gegeben im Recht als einem Normkomplex der Vernunft. Rechtswidrigkeit und Schuld sind beide auf diesen Normkomplex bezogen. Die Problematik der Abgrenzung von Rechtswidrigkeit und Schuld ist zu erörtern und zu zeigen, daß diese Abgrenzung notwendig problematisch bleiben muß, aber durch bestimmte rechtstechnische Konsequenzen kaum zu vermeiden ist. Gegenstand der Rechtswidrigkeit ist das Verhalten, wie es sich nach außen hin der Rechtsgemeinschaft darstellt, ohne daß man deswegen gänzlich von der inneren Einstellung absehen könnte. Schuld ist die innerste Einstellung, vom Willen und von der Einsichtsfähigkeit des konkreten Rechtssubjekts in der konkreten Lage aus gesehen, in Beziehung auf das Verhalten. Deshalb ist es sinnvoll, von einer Zurechnung zur Rechtswidrigkeit und zur Schuld oder, was dasselbe ist, von einer Zurechnung eines Verhaltens als eines rechtswidrigen und eines schuldhaften zu sprechen. Begriff und Bedeutung der Rechtswidrigkeit sind darzulegen, insbesondere zu zeigen, daß es im Strafrecht auf die Beurteilung der Rechtswidrigkeit eines Verhaltens ankommt und daß die Rechtswidrigkeit des Erfolges bezogen ist auf die Rechtswidrigkeit des Verhaltens, wobei es gleichwohl Fälle gibt, in denen ein rechtswidriger Erfolg auch ohne ein als rechtswidrig zu beurteilendes Verhalten herbeigeführt werden kann. Diese Fälle betreffen in der Regel durch menschlichen Eingriff geschaffene oder menschlichen Eingriffen unterliegende Zustände, die

---

[385] Nicolai Hartmann, Das Problem des geistigen Seins, insbes. S. 175 ff.

vom Recht als nicht richtig betrachtet werden. Hierunter fällt unser Beispiel von der Gefangenhaltung eines Unschuldigen, obwohl verfahrensmäßig eine Rechtswidrigkeit nicht vorgelegen hat. Hierunter fällt auch der sogenannte polizeiwidrige Zustand. Das ändert aber nichts an der Tatsache, daß beim Täter immer nur das Verhalten als rechtswidrig zu beurteilen ist. Man muß unterscheiden zwischen rechtswidrigem, rechtmäßigem und nicht rechtswidrigem Verhalten. In diesem Zusammenhang ist das Verhältnis von Bewertungsnorm und Bestimmungsnorm zu erörtern. Alsdann sind Inhalt des Zurechnungsurteils und Prinzipien der Zurechnung zu entwickeln und die Bedeutung der Rechtspflicht und der Kausalität für die Zurechnung aufzuzeigen.

Anstelle des Handlungsbegriffes tritt als systematischer Zentralbegriff das strafbare Verhalten. Setzt sich das Verhalten auch aus unbewußten, unterbewußten und bewußten Komponenten zusammen, so spielt für das Recht doch nur die Frage eine Rolle, wieweit ein Verhalten von den Bewußtseinsfähigkeiten (Erkennen und Wollen) abhängt. Hierbei geht das Recht grundsätzlich davon aus, daß der Mensch Herr über seine Triebe ist und sein soll. Abgesehen von den Strafzumessungsgründen ist es unerheblich, welches die unbewußten und unterbewußten Antriebe für ein bewußtes Verhalten waren. Nur abnorme Trieblagen werden schuldausschließend oder schuldmildernd berücksichtigt. Anknüpfungspunkt für das Recht ist nicht nur ein positiver, sondern auch ein negativer psychischer Befund. Daß jemand etwas nicht gewußt hat, kann ihn ebenso verantwortlich machen, wie daß er etwas gewußt hat. Auch braucht das Bewußtsein nicht immer als psychische Aktualität vorzuliegen. Das Recht kann Bewußtheit bejahen, wenn der Psychologe feststellen würde, daß der Täter im Augenblick der Tat aktuell an die Rechtswidrigkeit seines Verhaltens nicht gedacht hat. Es kann dem Recht genügen, wenn der Täter dies überhaupt gewußt hat, ohne daß es ihm im Augenblick der Tat gegenwärtig sein mußte. Oft genügt sogar die Möglichkeit des Bewußtseins. Ähnlich verhält es sich mit den Wertungen. Wie ein Mensch sein Verhalten effektiv wertet, ist dem Recht, abgesehen von der Feststellung der Größe der Schuld, gleichgültig. Das Recht verlangt nicht, daß der Täter ebenso wertet wie es selbst. Ein solches Verlangen wäre ohnehin illusorisch. Es verlangt nur, daß der Täter sein Verhalten den Wertungen des Rechts entsprechend einrichtet. Es kommt daher nur auf die Kenntnis des Täters, auf sein Wissen (nicht sein Bewußtsein) von den Werten des Rechts an. Aber auch die Unkenntnis kann dem Täter vorgeworfen werden, sofern das Recht die Rechtspflicht aufstellt, sich den Werten des Rechts zu eröffnen: Der Täter soll das Recht kennen! Deshalb ist es für die Frage der Fahrlässigkeit auch gleichgültig, ob ein unbewußt fahrlässiges Verhalten auf einer emotionalen Fehlwertung beruht oder nicht. Das kann, muß aber nicht sein. Selbst wenn also eine emotionale Fehlwertung nicht feststellbar wäre, könnte die Bestrafung eines fahrlässigen Täters erfolgen. Deshalb ist es auch schief, von einem intellektuellen und einem emotionalen Vorsatzelement zu sprechen, statt, wie man in Wahrheit meint, von einem voluntativen. Damit ist nicht gesagt, daß die emotionale Einstellung nicht ein Moment der Schuld ist, nach welchem sich insbesondere die Größe der Schuld richtet, worin eine besondere Problematik liegt, die hier nicht näher zu erörtern ist. Für die Zurechnungslehre ist das Verhalten nach den Seiten des Erkennens, Wollens und Wirkens und ihrer Negationen zu betrachten. Das Erkennen betrifft nicht nur Kausalität oder Finalität des Vorgangs, sondern auch seine soziale und rechtliche Bedeutung. Hierbei ist die Erkenntnis der Rechtsbedeutung in der Regel zu reduzieren auf den Gesichtskreis eines Laien. Der hierfür übliche Ausdruck „Parallelwertung in der Laiensphäre[386]“ trifft nicht ganz genau das Gemeinte, weil es weniger auf die Wertung, als auf die Wertkenntnis ankommt, was nicht dasselbe ist. Eigene Fehlwertungen sind für die Frage der Zurechnung nur manchmal mittelbar insofern bedeutsam, als sie faktisch der Grund dafür sein können, daß der Täter gewisse Überlegungen nicht anstellte, die er anzustellen rechtlich verpflichtet war. Von den psychischen Schuldmomenten gehören daher zur Zurechnungslehre nur Erkennen (Wissen) und Wollen und ihre Negationen. Dagegen gehören emotionale Schuldbeschreibungen (Motivationen, psychische Einstellungen) zum Tatbestand. Diese emotionalen Momente werden lediglich beurteilt von der Rechtsgemeinschaft, der Täter braucht sich ihrer nicht bewußt zu sein; auch braucht sich die Wertung der Gemeinschaft insoweit nicht mit der Eigenwertung des Täters zu decken. Es kommt daher nicht darauf an, ob der Täter selbst sein Verhalten als habgierig, roh, grausam usw. qualifiziert. Alles dies gehört jedoch nicht in den engeren Kreis der Zurechnungslehre.

Die Momente des Erkennens (Wissens), Wollens und Wirkens und ihrer Negationen haben wir benutzt als Haupteinteilungsprinzipien der strafbaren Verhaltensweisen. Hierbei besteht ein Zusammenhang zwischen Wissen und Wollen, der allerdings wechselseitig nicht ganz gleichwertig ist: Gewollt kann nur sein, was bewußt gewollt ist; aber nicht alles Bewußte muß auch gewollt sein. Ob der Verbrecher das Recht brechen will, ist ganz unwesentlich. Es genügt, daß er weiß, daß sein Verhalten Rechtsbruch ist. Dann ist er für das Recht auch gewollt.

Wollten wir auf Grund der allgemeinen Zurechnungslehre ein allgemeines Strafrechtssystem entwerfen, so würde der Versuch dazu etwa folgendermaßen aussehen:

A. Die Grundsituation des Rechts.
   I. Das Recht (Strafrecht) als objektive Gegebenheit.
   II. Der Mensch als Rechtssubjekt.
   III. Faktisches Geschehen und Rechtsgeschehen.

---

[386] Mezger, Lehrbuch, S. 328. Übrigens meint Mezger mit der Parallelwertung keine „Wertung“, sondern Bedeutungserkenntnis.

B. Allgemeine Zurechnungslehre.
   I. Die Grundlagen des Begriffes der Zurechnung.
   II. Das strafbare Verhalten.
   III. Die Prinzipien der Zurechnung.

C. Die Lehre vom Tatbestand.
   I. Allgemeines.
      1. Verbrechen und Tatbestand.
      2. Die Tatbestandsformen.
         a) Übersicht.
         b) Vorsätzliche und fahrlässige Tatbestände.
         c) Tatbestände der Tuns- und Unterlassungsdelikte.
         d) Erfolgs- und Nichterfolgstatbestände.
         e) Die generellen Tatbestandsmerkmale.
   II. Die beschreibenden Tatbestandsmerkmale.
      1. Äußere, innere und normative beschreibende Merkmale.
      2. Äußere und innere Tatseite und ihr Verhältnis zueinander.
   III. Die Rechtswidrigkeit der beschriebenen Verhaltensweise.
      1. Äußere und innere Momente der Rechtswidrigkeit.
      2. Rechtsirrtum und Rechtsfahrlässigkeit.
      3. Unrechtsausschließungsgründe.
   IV. Die Schuldhaftigkeit der beschriebenen Verhaltensweise.
      1. Die objektive Schuldmöglichkeit.
      2. Schuldfähigkeit. Schuldausschließungsgründe.
      3. Das Wesen der Schuld.
      4. Vorsatz und Fahrlässigkeit als Schuldarten.
      5. Die Entschuldigungsgründe.
      6. Die Schuldgröße. Schuldminderungsgründe.

D. Die Stufen der Tatbegehung (Vorbereitung, Versuch, Vollendung).

E. Die Formen der Tatbegehung oder die Arten der Zurechnung (Täterschaft, Teilnahme).

F. Die Konkurrenzlehre.

G. Die Lehre von der Strafe.

Nicht für alle Abschnitte des allgemeinen Strafrechtssystems ist der Einfluß der allgemeinen Zurechnungslehre gleich groß. Systematisch zeigt sich dieser Einfluß vor allem in den Abschnitten A, B und C. Weniger systematisch als materiell ist der Einfluß der allgemeinen Zurechnungslehre auf die Lehre von der Täterschaft und Teilnahme, die hier jedoch nicht weiter erörtert werden soll. Zu den Abschnitten A und B ist hier nichts weiter hinzuzufügen. Was hierzu zu sagen war, ergibt sich aus der Begründung der allgemeinen Zurechnungslehre. Nur der Einfluß dieser Lehre auf die Lehre vom Tatbestand ist noch näher zu erörtern.

2. Der Einfluß der allgemeinen Zurechnungslehre auf die Lehre vom Tatbestand

Eine der wichtigsten Konsequenzen der allgemeinen Zurechnungslehre bestand darin, die Unzulänglichkeit der bisherigen Systematik wie sie sich in dem von mir so genannten klassischen Schema niedergeschlagen hatte, offenbar werden zu lassen. Man kann nicht Rechtswidrigkeit und Tatbestandsmäßigkeit in der Weise miteinander konfrontieren, daß ein („wertfreier"[387]) Tatbestand auf seine Rechtswidrigkeit geprüft wird, so daß es eine rechtswidrige und eine nichtrechtswidrige Tatbestandsmäßigkeit geben würde. Vielmehr gibt es nur einen Unrechtstatbestand[388], während vom wertfreien Tatbestand zu sprechen ein irreführendes und unzulängliches Trennungsdenken ist. Deshalb „indiziert[389]" auch nicht der Tatbestand die Rechtswidrigkeit. Die Rechtswidrigkeit ist vielmehr notwendige Charakteristik des Tatbestandes[390], die selbständig zu prüfen ist.

Die Schwierigkeit der Tatbestandslehre besteht darin, daß die allgemeine Zurechnungslehre für ihre Systematik im wesentlichen eine mehr negative Funktion hat: Sie zeigt an, wann die Systematik falsch ist, aber sie enthält kaum Prinzipien für die positive Gestaltung der Tatbestandslehre. Die positiven Prinzipien sind in der Lehre enthalten, die auch die Grundlage der allgemeinen Zurechnungslehre ist, nämlich in der Lehre von der Grundsituation des Rechts. So besteht der Zusammenhang zwischen der allgemeinen Zurechnungslehre und der Lehre vom Tatbestand in der gemeinsamen Basis, eben in der Lehre von der Grundsituation des Rechts. Diese Lehre ist auch der Grund für eine Schwierigkeit, die in der Komplexität aller Beziehungen besteht. Eine Zeit, die noch an eine Art körperhafte

[387] Beling, Lehre vom Verbrechen, S. 31 ff., 147, kann als der wichtigste Vertreter der Lehre vom wertfreien Tatbestand angesehen werden. Obwohl der Begriff des Unrechtstatbestandes der Annahme eines wertfreien Tatbestandes widerspricht, hat dieser letzte Begriff bis heute immer wieder unliebsame Nachwirkungen, Widersprüche und Ungereimtheiten erzeugt.

[388] Von einem solchen sprechen insbesondere Sauer, Grundlagen des Strafrechts, S. 211 ff., Mezger, Vom Sinn der strafrechtlichen Tatbestände, S. 6 f., und Welzel, Grundzüge 1949, S. 38 f.

[389] Hier besonders klar Mezger, Lehrbuch 1931, S. 182 ff.

[390] Rechtswidrigkeit (und Schuld) ist Substanz, Grundlage des Tatbestandes und zwar auch dann, wenn etwa erst der Tatbestand das Unrecht konstituiert haben sollte, was gelegentlich vorkommt. Merkwürdig verkehrt Mezger das Verhältnis zwischen Rechtswidrigkeit und Tatbestand, indem er in der Überschrift des § 22 seines Lehrbuchs den Tatbestand als die Grundlage der Rechtswidrigkeit bezeichnet (S. 182). Dabei kommt er dann zu der seltsamen Formulierung, daß der strafrechtliche Tatbestand Geltungs- und Realgrund (ratio essendi) der Rechtswidrigkeit sei mit dem noch seltsameren Vorbehalt, daß die Handlung nicht durch einen Unrechtsausschließungsgrund gerechtfertigt werde. Vielleicht schwebt Mezger hier eine besondere strafrechtliche Rechtswidrigkeit vor Augen. Sonst liegen hier lauter Widersprüche vor. Ratio essendi kann der Tatbestand allerdings gelegentlich für die Rechtswidrigkeit dann sein, wenn er mit der Strafbarkeitserklärung eines Verhaltens zugleich auch die Rechtswidrigkeit konstituiert. Aber auch in diesen Ausnahmefällen bleibt die Rechtswidrigkeit Substanz des Tatbestandes.

Gliederung und an die Möglichkeit glaubt, „Teile" nebeneinanderstellen zu können, hat es systematisch leicht: Hie Tatbestand, hie Rechtswidrigkeit, hie Schuld. Daß die Probleme durch diese Baukastenmethode eher verdunkelt als erhellt werden mußten, lag noch nicht in der Erkenntnisfähigkeit jener Zeit, aus der unser klassisches Schema stammt. Aber die Erkenntnis von der Komplexität aller Beziehungen muß notwendig die Bildung einer Systematik erschweren. Diese Art von Sicht nimmt unserem Sehen die Naivität, die für die Ausbildung eines Systems so förderlich ist. Deshalb wäre es auch ein Irrtum zu glauben, man brauche nur die Unrichtigkeit eines Systems nachzuweisen, um das richtige aufstellen zu können. So verhält es sich nicht. Damit sind die Auspizien für die Bildung eines glasklaren neuen Systems nicht ganz so günstig, als es vielleicht den Eindruck erwecken konnte. Deshalb kann hier auch nicht das Versprechen eines fertig abgeschlossenen Systems gegeben werden. Es soll nur der Versuch gemacht werden, einige Richtlinien für solch ein neues System zu geben, wie es vielleicht möglich ist.

Die Mithereinnahme der Begriffe Rechtswidrigkeit und Schuld in den Begriff des Tatbestandes scheint den Unterschied zwischen den Begriffen Verbrechen (Delikt) und Tatbestand zu verwischen[391]. Aber dieser Vorwurf müßte auch schon den Begriff des Unrechtstatbestandes treffen; denn bei diesem Begriff verhält es sich annähernd ebenso, nur daß noch nicht die Schuldhaftigkeit, wohl aber die Rechtswidrigkeit zum Tatbestand gerechnet wird. Schon hieraus läßt sich erkennen, wie wenig der Einwand des Verlaufens der Grenzen uns zu schrecken vermag. Wir wollen im Gegenteil zugeben, daß sozusagen die Begriffssubstanz der Begriffe Verbrechen und Tatbestand identisch ist. Verbrechen ist eine als strafbar beschriebene rechtswidrige schuldhafte Verhaltensweise. Und der Tatbestand ist nichts anderes als dieses. Trotz der Gleichheit der Begriffssubstanz besteht eine Verschiedenheit zwischen beiden Begriffen. Aber diese Verschiedenheit ist nur eine Betonungsverschiedenheit. Beim Verbrechen liegt der Schwerpunkt der Betonung auf den generellen „Merkmalen[392]" Strafbarkeit, Rechtswidrigkeit, Schuldhaftigkeit, beim Begriff des Tatbestandes auf den spezifischen „beschreibenden" Merkmalen oder genauer auf denjenigen Bestandteilen des Tatbestandes, die ihm seine „Physiognomie" im Unterschied von anderen Tatbeständen geben. Wenn der Tatbestand beschriebenes Unrecht ist,

[391] Das ist in der Tat dort der Fall, wo Rechtswidrigkeit und Schuld als „Merkmale" des Tatbestandes bezeichnet werden, so z. B. Wachenfeld, Lehrbuch des deutschen Strafrechts, S. 78 f. Spricht man aber von Merkmalen des Verbrechens und Merkmalen des Tatbestandes, dann hat das Wort „Merkmal" in beiden Wendungen eine verschiedene Bedeutung. Tatbestandsmerkmale sind in Wahrheit Tatbestands-Bestandteile (oder „Elemente"). Rechtswidrigkeit und Schuld aber sind keine Bestandteile, sondern Substanz des Tatbestandes. Sie als Bestandteile zu bezeichnen, wäre ebenso ungereimt wie zu sagen, Bestandteil dieser Holzplastik sei Holz.

[392] Hier ist der Begriff Merkmal in seiner eigentlichen Bedeutung gebraucht.

dann hat es keinen Sinn, einerseits einen Tatbestand und andererseits ein Unrecht zu unterscheiden. Man kann also auch nicht a) feststellen, ob ein Tatbestand gegeben ist, und b) feststellen, ob dieser Tatbestand Unrecht ist oder nicht. Wohl kann man feststellen, ob eine Verhaltensweise gegeben ist, die der Beschreibung eines Tatbestandes entspricht, und ferner, ob diese Verhaltensweise rechtswidrig ist. Beides zusammen gehört aber zur Feststellung des Tatbestandes[393]. Daß man hierbei in der Reihenfolge vorgeht, daß zuerst die Übereinstimmung der Verhaltensweise mit der spezifischen Tatbeschreibung und dann erst die Rechtswidrigkeit geprüft wird, liegt daran, daß die spezifische Tatbeschreibung erst den zu beurteilenden Gegenstand näher konkretisiert. Dieser Gegenstand ist eine Verhaltensweise, die einer Tatbeschreibung entspricht. Die an sich logische Reihenfolge, daß zuerst eine Rechtswidrigkeit, ein Unrecht, festgestellt und dann erst geprüft wird, ob das Unrecht einer Tatbeschreibung entspricht, empfiehlt sich deswegen nicht, weil die allgemeine Rechtswidrigkeitsfrage zu unbestimmt wäre. Bei der Art unserer Tatbestände läßt sich die rechtlich erhebliche Verhaltensweise leichter aus der spezifischen Tatbeschreibung als aus der allgemeinen Rechtswidrigkeit herausarbeiten. Aber dieser rechtstechnische Überlegungsvorgang rechtfertigt nicht, die bloße Tatbeschreibung Tatbestand zu nennen[394].

Wird bei der praktischen Fallentwicklung in der Regel auch von der spezifischen Tatbeschreibung ausgegangen, so ist damit nicht gesagt, daß in dieser Weise auch die Systematik der Tatbestandslehre angeordnet sein müßte. Auf der bloßen Tatbeschreibung läßt sich um so weniger eine Systematik der Tatbestandslehre aufbauen, als die Tatbeschreibung gar nicht „der" Tatbestand ist. Der Grund, weshalb bisher die Lehre vom Tatbestand so unzureichend behandelt worden ist[395], liegt ganz wesentlich darin, daß man die Tatbeschreibung mit dem Tatbestand identifizierte. Hierbei mußten die allgemeinen Momente des Tatbestandes übersehen werden. Diese allgemeinen Momente der Tatbestände erkennt man erst, wenn man erkannt hat, daß es generell verschiedene Gruppen von Tatbeständen gibt. Diese entsprechen den verschiedenen Gruppen der Verhaltensweisen.

---

[393] Eben des Unrechtstatbestandes.

[394] Der Grund allen Übels liegt in der Verwechslung der Tatbeschreibung mit dem Tatbestand. Wenn Mezger, wie oben ausgeführt, eine Handlung auch dann tatbestandsmäßig nennt, wenn ein Unrechtsausschließungsgrund gegeben ist, dann macht er mit seinem Begriff Unrechtstatbestand nicht ernst und meint in Wahrheit nur die Tatbeschreibung. Das gleiche gilt für Welzel, vgl. Das neue Bild des Strafrechtssystems, S. 51: „Da aber die Rechtfertigungsgründe nicht die Tatbestandsmäßigkeit, sondern nur die Rechtswidrigkeit beseitigen ...".

[395] Die unzureichende Behandlung erstreckt sich ganz wesentlich auf die von mir behandelten „generellen" Tatbestandsmerkmale. Erst Welzel hat in seiner finalen Handlungslehre den Anstoß zu einer näheren Beschäftigung mit diesem Problem gegeben, indem er den Vorsatz zum Tatbestand zog. Wegen der Fahrlässigkeit vgl. Niese, Finalität, Vorsatz und Fahrlässigkeit, S. 58 ff.

Daß die verschiedenen Gruppen von Verhaltensweisen auch verschiedene Gruppen von Tatbeständen ergeben[396], ist nicht verwunderlich, wenn man bedenkt, daß die Tatbestände nichts anderes sind als Beschreibungen von rechtswidrigen, schuldhaften und mit Strafe zu belegenden Verhaltensweisen. Danach können wir drei große Hauptgruppen von Verhaltensweisen unterscheiden: Gewolltes und nichtgewolltes Verhalten, Tun und Unterlassen, Erfolgsdelikte und Nichterfolgsdelikte.

Was bei den Verhaltensweisen als Eigenschaften (gewollt, ungewollt, aktiv, passiv, erfolgsverbunden und nichterfolgsverbunden) in Erscheinung tritt, hat im Rahmen der Tatbestände eine andere Bedeutung. Das erkennt man unschwer daran, daß man wohl von einem ungewollten Verhalten, nicht aber von einem ungewollten Tatbestand sprechen kann. Der Tatbestand ist eben nicht eine Verhaltensweise, sondern die Beschreibung einer Verhaltensweise. Man kann sagen, der Tatbestand sei die Gestalt oder die abstrakte Erscheinungsform einer schuldhaften, rechtswidrigen und strafbaren Verhaltensweise. Er kann gewissermaßen räumlich als Gestalt gesehen werden. Die einzelnen Beschreibungselemente, soweit sie die Gestalt oder Erscheinungsform des Unrechts betreffen, sind nicht Eigenschaften des Tatbestandes, sondern seine Bestandteile und werden herkömmlicherweise Tatbestandsmerkmale genannt. Wir können daher auch statt Tatbestandsmerkmale Tatbestands-Bestandteile sagen, womit vielleicht eine präzisere Vorstellung verbunden werden kann als mit dem Wort Merkmal, welches auch Eigenschaften bezeichnen kann. Aber nicht in allen Fällen ist beim Tatbestand Bestandteil, was bei den Verhaltensweisen Eigenschaft ist. Rechtswidrigkeit und Schuldhaftigkeit sind zwar Eigenschaften der Verhaltensweise, aber nicht Bestandteil des Tatbestandes. Ist der Tatbestand Gestalt, dann kann man fragen: Gestalt wovon? Die Antwort kann nur lauten: Gestalt eines schuldhaften Unrechts[397]. Dieses schuldhafte Unrecht ist daher die rechtliche Substanz des Tatbestandes, woraus man entnehmen kann, was bleiben würde, wenn man von dieser Substanz „absehen" würde. Die Eigenschaften aber, die den Unterschied der drei Hauptgruppenpaare der Verhaltensweisen begründen, sind im Rahmen der Tatbestände deren Bestandteile: das Willentliche, das Nichtwillentliche, Betätigung, Unterlassung, Er-

---

[396] Die Tatbestandsgruppen sind zugleich verschiedene Tatbestandsformen, indem sich die generellen Tatbestandsmerkmale jeweilig verschieden zusammensetzen. Es ist noch nicht genug damit getan, Vorsatz und Fahrlässigkeit als verschiedene Tatbestände zu begreifen. Auch Tun und Unterlassen sind verschiedene Tatbestände. Aber es ist doch schon ein großer Fortschritt, wenn wenigstens eingesehen wird, daß vorsätzliche und fahrlässige Tötung nicht dieselben Tatbestände sind, geschweige denn dieselben Unrechtstypen.

[397] Nach seinen gedanklichen Voraussetzungen hätte schon Beling zu diesem Ergebnis gelangen können; denn wie er der Begründer des wertfreien Tatbestandes ist, so ist er gleichzeitig Begründer der Ansicht, daß die Tatbestände vertyptes Unrecht seien (Die Lehre vom Verbrechen, S. 21, 23 f., 29).

folg und Nichterfolg. Als Bestandteile sind diese Momente auch Tatbestandsmerkmale. Diese sind jedoch anderer Natur als jene, die man gewöhnlich unter diesem Wort versteht. Im allgemeinen meint man mit Tatbestandsmerkmalen die spezifisch beschreibenden, d. h. solche, die dem Tatbestand zum Unterschied von anderen Tatbeständen „sein Gesicht“ geben. Die Bestandteile, Wille, Tun, Erfolg und ihr Gegensatz sind nicht spezifisch beschreibender, sondern mehr genereller Natur. Diesen Unterschied mit einer präzisen Bezeichnung wiederzugeben, ist kaum möglich. Am besten scheint mir der Unterschied mit den Worten „generelle“ und „beschreibende“ Tatbestandsmerkmale gekennzeichnet zu sein. Diese Worte sind deshalb nicht ganz genau, weil auch die „generellen“ Merkmale „beschreiben“, wenngleich eben nur generell beschreiben.

Was das willentliche und das nichtwillentliche Unrechttun betrifft, so trifft der angegebene Unterschied nicht ganz genau das Gemeinte. Gemeint ist das vorsätzliche und das fahrlässige Unrechtsverhalten, soweit Vorsatz und Fahrlässigkeit Bestandteile der Tatbestände enthalten. Vorsatz und Fahrlässigkeit sind Komplexbegriffe, die einige Momente enthalten, die zum Tatbestand gehören, während alle Momente zusammen die Schuld ausmachen. Es ist daher genau zu untersuchen, was von ihnen Bestandteil von Tatbeständen ist. Vorsatz und Fahrlässigkeit unterscheiden sich zunächst in dem Moment des Willentlichen. Vorsätzlich Unrecht tun heißt willentlich Unrecht tun, fahrlässig Unrecht tun heißt ungewollt Unrecht tun. Dies ist ein Hauptpunkt des Unterschiedes. Allerdings ist die Formulierung noch nicht recht klar. „Willentlich Unrecht tun“ ist eine Wendung, bei der man nicht genau weiß, worauf sich das „willentlich“ beziehen soll. Die Wendung kann bedeuten, daß jemand etwas willentlich tut, was Unrecht ist, ohne daß das Unrechtmäßige in den Willen (in das Wissen) eingeschlossen sein müßte. Sie kann aber auch bedeuten, daß der Täter etwas tun will, von dem er weiß, daß es Unrecht ist. Vom Recht aus gesehen liegt der wesentliche Unterschied darin, daß jemand etwas tun will, von dem er weiß, daß es Unrecht ist, und daß er im anderen Fall etwas tut, wovon er nicht weiß (und auch nicht will), daß es Unrecht ist[398]. In diesem Sinn also soll die Wendung aufgefaßt werden, daß jemand willentlich Unrecht tut. Wer willentlich Unrecht getan hat, ist grundsätzlich anders zu beurteilen als derjenige, der nichtwillentlich (aber vermeidbar) Unrecht getan hat. Entsprechendes gilt selbstverständlich auch für die Unterlassung. Zum vollen Vorsatzbegriff gehören demgemäß folgende Momente: Jemand will etwas tun oder unterlassen (worin eingeschlossen liegt, daß er auch weiß, was er tut oder unterläßt), er weiß, daß das, was er tun oder unterlassen will, Unrecht ist (von der

[398] Hiervon muß die Lehre vom dolus malus ausgehen. Wer den Unrechtstatbestand als Begriff bejaht, müßte eigentlich zu diesem Ergebnis gelangen, also auch W e l z e l. Aber gerade die finale Handlungslehre bekämpft die Einordnung des Vorsatzes in die Schuld.

Komplikation, die im Begriff der bewußten Fahrlässigkeit liegt, wollen wir hier, wo es um das Grundsätzliche geht, absehen), er hätte seinen Willen dem Recht gemäß bestimmen können. Von diesen drei Momenten ist das letztgenannte das hauptsächliche Moment der Schuldhaftigkeit. Die Schuldhaftigkeit ist aber nicht Bestandteil des Tatbestandes, sondern, wie wir gesehen haben, seine Substanz. Bestandteil des Tatbestandes können daher nur die beiden erstgenannten Momente sein: das Wissen und Wollen der Tat und, wie man zu sagen pflegt, das Unrechtsbewußtsein[399].

Das Wissen und Wollen der Tat können wir auch das finale Moment nennen. Jedenfalls ist damit genau das gemeint, was Welzel unter „finaler Handlung" versteht. Das Wissen des Unrechts kann auch als rechtliche Bedeutungserkenntnis bezeichnet werden. Bei den vorsätzlichen Delikten, die in einem Tun bestehen, tritt der Gesichtspunkt der Finalität als aktuelle Finalität in Erscheinung. Der Täter hat durch sein gewolltes Tun das Geschehen gelenkt oder wird — wie beim dolus eventualis — wenigstens so angesehen wie einer, der das Geschehen gelenkt hat. Etwas anders liegt die Sache bei der vorsätzlichen Unterlassung. Hier hat zwar der Täter das Geschehen nicht gelenkt. Aber er war verpflichtet, es zu lenken, und hat es vorsätzlich nicht gelenkt, obwohl er Bedeutung und Folgen seiner Unterlassung kannte. Mit diesen Folgen war er einverstanden. Dieser Fall wird der gewollten Lenkung gleichgestellt. Das finale Moment besteht hier in dem Wissen von der Möglichkeit der Lenkung im Sinne der rechtlichen Pflicht (oder im Wissen von der Möglichkeit der Abwendung des Erfolges). Dies Wissen schließt ein das Wissen von dem möglichen Verlauf des Geschehens (oder die Voraussicht des Geschehens). Schließlich kann man zu dem finalen Moment noch rechnen, daß der Täter mit dem Ergebnis seiner Unterlassung einverstanden ist. Alle die genannten Momente sind Bestandteile der vorsätzlichen Tatbestände, wie wir sie nunmehr kurz nennen können und zwar entweder der Tuns- oder der Unterlassungstatbestände.

Aus den vorausgehenden Ausführungen ergibt sich, daß auch die rechtliche Bedeutungserkenntnis zum Begriff des Vorsatzes gehört. Ich glaube, daß es genügend zum Ausdruck gekommen ist, daß diese Bedeutungserkenntnis wesensmäßig zum Begriff des Vorsatzes gehört. Dies wird hauptsächlich von der finalen Handlungslehre bestritten[400]. Wir müssen uns daher mit ihren Argumenten etwas näher auseinandersetzen. In der Tat liegen hier gewisse Schwierigkeiten, die aber weniger theoretischer als positivistischer Natur sind. Nach der finalen Handlungslehre ist Vorsatz weiter nichts als das Wissen und Wollen der Tat[401]. Danach wäre der Vorsatz ein rein psychisches

---

[399] Genauer müßte es heißen „Wissen des Unrechts". Daß es sich jedenfalls nicht um ein aktuelles Bewußtsein handelt, hat Welzel, Schuld und Bewußtsein der Rechtswidrigkeit, MDR 1951 S. 65 ff. (66) näher ausgeführt.

[400] Vgl. z. B. Welzel, Grundzüge 1949 S. 44, 80 ff.

Faktum. Dieses psychische Faktum hätte mit Schuld nichts zu tun; denn selbstverständlich ist das Faktum als Faktum nicht Schuld. Merkwürdiger- und widerspruchsvollerweise hatte schon das Reichsgericht den Vorsatz in diesem Sinne aufgefaßt, obwohl es in dem Vorsatz nominell eine „Schuldform" sah. Insofern hat die finale Handlungslehre aus der Auffassung des Reichsgerichts eine Konsequenz gezogen, die folgerichtigerweise schon das Reichsgericht hätte ziehen müssen, indem sie den Vorsatz aus der Schuld herausnahm und in den Tatbestand stellte[402]. Nun ist man in seinen Definitionen in einem gewissen Umfang frei. Es ist also keine Frage, daß man Vorsatz definieren k a n n: Wissen und Wollen der Tat, oder: Wissen und Wollen der Tat plus Unrechtsbewußtsein. Es ist nur die Frage, ob sachliche Gründe mehr für die eine oder die andere Definition sprechen. W e l z e l hat nun die Sache so dargestellt, also ob die letztgenannte Definition logisch widersinnig sei[403]. Nun ist aber doch von vornherein klar, daß beide Definitionen denktheoretisch möglich sind. Die Definition: Vorsatz ist bewußt und gewollt Unrecht tun, enthält nicht den geringsten logischen Widerspruch. Damit ist aber noch nicht der Fehler der Gedankenreihe W e l z e l s aufgedeckt. Diese Gedankenreihe ist daher näher zu erörtern. W e l z e l hat folgenden Satz aufgestellt[404]: „Weil die Schuld die Bewertung des Vorsatzes ist, kann der Vorsatz nicht zugleich Teil dieser Wertung sein; er ist vielmehr das Bewertete, das Objekt, der Gegenstand der Schuldwertung." Dieser Satz, der insofern logisch unanfechtbar ist, als das Objekt der Wertung nicht mit der Bewertung identisch sein kann, ist im Verhältnis von Vorsatz und Schuld nicht richtig angewandt. Wäre dieser Satz W e l z e l s richtig, dann wäre die zweite Definition des Vorsatzes logisch widersinnig. Da sie es aber nicht ist, muß in dem Satz W e l z e l s ein Fehler stecken. Dieser kann nur in der Behauptung liegen, daß die Schuld Bewertung des Vorsatzes sei. Und zwar liegt der Fehler in der Identifizierung des Schuldurteils mit jenem Urteil, durch welches eine Mißbilligung ausgesprochen wird. Diese Mißbilligung ist nämlich nicht „das" Schuld-

[401] W e l z e l (a. a. O. S. 39) rechnet zum Vorsatz noch die Tatherrschaft. Vorsatz soll nur der der Tatverwirklichung mächtige Wille sein. Es erscheint doch sehr zweifelhaft, dieses Moment zum Vorsatz selbst zu rechnen. Wie soll es dann mit dem untauglichen Versuch stehen? Freilich kann man von Wollen nur reden, wo der Wollende die Verwirklichung für möglich hält. Aber auch die abstrakte Möglichkeit der Willensverwirklichung kann nicht als Teilmoment des Vorsatzes angesehen werden.

[402] Vgl. M e z g e r, Lehrbuch 1931 S. 335 f. Die Auffassung des Reichsgerichts ist eine starke Stütze der finalen Handlungslehre, die mit Recht behaupten kann, das Reichsgericht habe im Grunde unter Vorsatz dasselbe verstanden wie sie. Vgl. N i e s e, Finalität, Vorsatz und Fahrlässigkeit, S. 14.

[403] W e l z e l, Um die finale Handlungslehre, S. 24: „Daraus folgt logisch, daß der Vorsatz nicht Merkmal der Schuld sein kann, weil er das Beziehungsglied der Schuldrelation ist." Gewiß ist der Vorsatz nicht „Merkmal" der Schuld, weil Schuld der Oberbegriff und Vorsatz und Fahrlässigkeit Schuldarten sind. Aber gerade dies meint Welzel nicht mit seinem Satz.

[404] Um die finale Handlungslehre, S. 24.

urteil[405]. Ein Täter wird gemißbilligt, weil er Schuld hat. Die Schuld ist daher nicht bewertende Mißbilligung, sondern Voraussetzung der Mißbilligung oder der Bewertung. Wir trennen gewöhnlich nicht zwischen dem Schuldurteil und dem Mißbilligungs- oder Bewertungsurteil, weil beide Urteile notwendig derart miteinander verknüpft sind, daß das Schuldurteil zugleich schon das Mißbilligungsurteil enthält. Gleichwohl sind beide Urteile scharf auseinanderzuhalten. Das zeigt sich schon sprachlich, wenn wir etwa sagen: Der Täter hat schuld (Schuld!); aber nicht: Er hat Mißbilligung; aber er verdient Mißbilligung, weil er Schuld hat. Der Akt der Bewertung liegt nicht in dem Schuldurteil, sondern in der Mißbilligung. Die Schuld ist so wenig Bewertung, daß sie im Gegenteil selbst ihrer Größe nach bewertet wird. Sie kann aber erst bewertet werden, wenn sie „da" ist. Ob die Schuld „da" ist, ist eine Frage der Feststellung und nicht der Bewertung. Damit erhebt sich die Frage, was Schuld „ist". Weil Schuld festzustellen ist, könnte man sagen, sie sei eine Tatsache. Diese Antwort ist nicht ganz falsch, wenngleich sie auch nicht ganz richtig ist. Schuld wäre eine Tatsache, wenn Willensfreiheit eine Tatsache wäre. Da diese aber unbeweisbar ist, so ist auch Schuld letztenendes unbeweisbar. Schuld ist daher ebenso wie Willensfreiheit eine Annahme[406]. Wäre aber Willensfreiheit eine Tatsache, d. h. eine tatsächliche Seinsverfassung („Die Welt ist so, daß der Mensch willensfrei ist"), dann wäre auch die Schuld eine Tatsache. Freilich wäre diese Tatsache nicht ein Ding, das man mit Händen greifen könnte, sie ist überhaupt nicht gegenständlich, sondern eine tatsächliche Relation[407]. Was das ist, können wir uns leicht an einem Beispiel klar machen. Wenn zwei Häuser voneinander 200 m entfernt sind, dann sind wir berechtigt zu sagen, es sei eine Tatsache, daß die Häuser 200 m voneinander entfernt seien. Auch diese Tatsache ist eine Relation. Sie wird gebildet durch zwei tatsächlich gegebene Häuser, die eine tatsächlich gegebene Lage zueinander haben und

[405] Vgl. hierzu Mezger, Lehrbuch 1931 S. 247 ff. und die Bemerkungen von Graf zu Dohna in ZStW Bd. 52 S. 103, ferner R. v. Hippel, Deutsches Strafrecht II S. 276.

[406] Deshalb kann dem Satz Mezgers, Lehrbuch 1931 S. 251 nicht beigepflichtet werden, die Schuld „im juristischen Sinn" sei unabhängig von der Willensfreiheit. Richtig dagegen Sauer, Allgemeine Strafrechtslehre, S. 41: „Schuld ist nur möglich bei Freiheit."

[407] Die Schuld ist also weder eine Eigenschaft, noch ein Werturteil, noch ein Konglomerat von psychischen Tatsachen und einem Werturteil (Mezger, Lehrbuch 1931 S. 248 f), noch ein „Ding", bestehend aus „Bestandteilen" oder „Elementen", sondern eine Relation. Als solche sieht sie auch Eberhard Schmidt, Lehrbuch 1. Bd. S. 226 ff., 230, 239 f. Allerdings spricht Eberhard Schmidt auch noch von Schuldelementen, anstatt richtiger von Schuldmomenten. Welzel hat vom Begriff Schuld eine Vorstellung, die sich — abgesehen von der Frage der Bedeutung von Vorsatz und Fahrlässigkeit — mit der hier vertretenen Auffassung im wesentlichen deckt, wobei er freilich immer nur den Oberbegriff Schuld im Auge hat. Vgl. insbesondere Grundzüge 1949 S. 84, 75 f. Auch er spricht richtig von der Schuldrelation, wie in dem oben in Anm. 403 angeführten Satz. Nur dort, wo er davon spricht, daß das Schuldurteil eine Bewertung sei, weicht er von meiner Auffassung, und hier wesentlich, ab.

durch ein tatsächlich gegebenes Maßsystem, welches es gestattet, die Lage der Häuser zueinander auf einer Linie nach einem festgelegten Maßsystem zu bestimmen. Eine ähnliche Relation ist auch die Schuld. Die tatsächliche Relation ist gegeben, wenn ein tatsächlich gegebenes menschliches Verhalten verglichen wird an einem Maßsystem (Norm, Rechtsnorm) im Hinblick auf die als tatsächlich angenommene Fähigkeit des Menschen, sein Verhalten nach Normen (unabhängig von der Notwendigkeit der Kausalität) zu bestimmen. Einen solchen Beziehungskomplex logisch zu handhaben, hat seine Schwierigkeiten. Der Hauptfehler, der hierbei gemacht zu werden pflegt, besteht darin, daß dieser Beziehungskomplex wie ein Ding genommen wird[408], was er nicht ist. Gerade dieser Fehler wird gemacht, wenn man z. B. nach den „Bestandteilen" der Schuld fragt, wo Schuld doch nicht nach Analogie eines Dinges zu behandeln ist. Es gibt daher auch keinen Sinn, von einem „psychologischen" oder einem „normativen" Schuld-„bestandteil" zu sprechen[409]. Wenn die Schuld eine Relation und kein „Ding" ist, kann sie auch keine Bestandteile haben. Der Vergleich der Schuld mit der Entfernung ist deshalb so fruchtbar, weil der Relationsbegriff Entfernung uns auch die Anleitung zur Definition des Begriffes Schuld geben kann. Entfernung ist die Raumlagebeziehung gegebener körperlicher Gegenstände unter dem Gesichtspunkt eines räumlichen Maßsystems. Schuld-Schuldlosigkeit ist eine Rechtslagebeziehung gegebenen menschlichen Verhaltens unter dem Gesichtspunkt eines rechtlichen Normensystems bezogen auf den als frei gedachten menschlichen Willen. Schuld ist eine Rechtslagebeziehung eines gegebenen rechtswidrigen Verhaltens auf den als frei gedachten Willen, der sich normgemäß hätte bestimmen können. Die Feststellung der Schuld zieht notwendig den Schuldvorwurf nach sich. Der Schuldvorwurf geht dahin, daß jemand nicht so gewollt hat, wie er gesollt hatte, obwohl er hätte wollen können. Das Schuldfeststellungsurteil ist nicht ein Werturteil, sondern ein (auf Erfahrungen und metaphysischen Voraussetzungen aufgebautes) abschätzendes Urteil über die Leistungsfähigkeit des Willens nach Einsicht und Willenskraft einer konkreten Person.

Die Feststellung, daß jemand Schuld hat, besteht darin, festzustellen, daß eine bestimmte rechtswidrige Verhaltensweise „da" ist, daß eine Willensfreiheit „da" ist und daß der sich Verhaltende sich nach seinen Fähigkeiten des Willens und der Einsicht der Norm gemäß hätte verhalten können, wenn er gewollt hätte, wie er gesollt hatte. Nicht eine dieser Feststellungen ist eine Wertung. Die letztgenannte Feststellung, daß sich der Täter normgerecht hätte verhalten können, wenn er gewollt hätte, ist eine Abschätzung der

---

[408] Statt vieler: Mezger, Lehrbuch 1931 S. 270f. Von Schuldbestandteilen zu reden ist dasselbe, wie von Bestandteilen einer Entfernung zu sprechen.

[409] Vgl. Mezger a. a. O.

Fähigkeiten der Einsicht und des Willens im Hinblick auf eine gegebene Situation. Auch diese Schätzung ist keine Wertung, sondern eine Abschätzung der Kräfte, wie sie im gleichen Sinne jemand vornimmt, der sich überlegt, ob er eine bestimmte Leistung werde vollbringen können. Auch der Vergleich zwischen Verhalten und Norm ist noch keine Bewertung, sondern eine Feststellung, wie etwa die, ob ein Bild mit der Wirklichkeit übereinstimmt. Was die Bewertung betrifft, muß man zwischen der abstrakten und konkreten Bewertung unterscheiden. Der Tatbestand enthält zunächst eine abstrakte Bewertung in dem Sinne: Das in diesem Tatbestand beschriebene Verhalten ist strafbares Unrecht. Die konkrete Bewertung betrifft ein konkretes Verhalten. Es wird gemißbilligt, weil es einen rechtswidrigen, schuldhaften Tatbestand erfüllt hat.

Hiermit ist die Unrichtigkeit der Schlußfolgerung Welzels zwar nachgewiesen, aber nicht, welche von beiden Vorsatzdefinitionen „die richtige" ist. Fest steht nur, daß die zweite Definition nicht logisch widersinnig ist. Wenn man nun auch bei der Aufstellung von Definitionen in einem gewissen Sinne frei ist, so ist bei ihnen doch darauf zu achten, daß sie in einen begrifflichen Gesamtzusammenhang passen. Dies wäre die nächste Frage, die wir prüfen müssen.

Sachlich gesehen besteht ein doppelter Unterschied: Einmal kann man willentlich etwas tun, was Unrecht ist, und zwar mit oder ohne Wissen, daß es Unrecht ist; zweitens kann man willentlich oder nichtwillentlich „Unrecht tun". Wir betrachten zunächst den zweiten Unterschied im Hinblick auf die Schuldhaftigkeit. Es erscheint von vornherein klar, daß es einen Unterschied in der Schuld bedeutet, ob jemand einen Menschen willentlich oder nichtwillentlich überfährt. Diesen Schuldunterschied könnte man bezeichnen als Schuld I und Schuld II[410]. Daß damit die Art der Schuld sehr deutlich bezeichnet sei, wird man beim besten Willen nicht behaupten können. Die Schuldrelation ist jeweils eine andere, ob jemand willentlich Unrecht tun wollte oder ob er es nichtwillentlich, aber fahrlässig getan hat. Die Art der Schuld wird geradezu charakterisiert durch die vorsätzliche oder fahrlässige Begehungsweise. Das eine ist vorsätzliche, das andere fahrlässige Schuld. Von vorsätzlicher und fahrlässiger Schuld

---

[410] Diese Abstufung nimmt Welzel in der Tat vor, Grundzüge 1949 S. 80. Es ist zwar richtig, daß im allgemeinen dem Unrechtsbewußtsein eine höhere und dem mangelnden Unrechtsbewußtsein eine mindere Schuld entsprechen wird. Im besonderen Fall braucht dies aber nicht zuzutreffen, so z. B. dann nicht, wenn die Rechtsunkenntnis auf Rechtsgleichgültigkeit oder gar auf rechtsfeindlicher Einstellung beruht. Vor allem ist dabei übersehen, daß die Art des Verschuldens und dementsprechend auch die Art des Vorwurfes qualitativ eine verschiedene ist, je nachdem ob eine Rechtsverletzung vorgeworfen wird, die auf einen aktuellen Willen oder nur auf ein ungewolltes Verhalten (trotz Möglichkeit des normgemäßen Verhaltens) zurückzuführen ist.

zu reden müßte nach Welzel logisch widersinnig sein[411]. Wie jeder sich aber schon auf Grund seines Sprachgefühls überzeugen kann, ist die Zusammenstellung „vorsätzliche Schuld“ logisch nicht nur nicht widersinnig, sondern im Gegenteil sogar sehr sinnvoll. Damit ist aber wieder nur erwiesen, daß Vorsatz und Fahrlässigkeit sowohl zum Tatbestand als auch zur Schuld „gehören“.

Der Erledigung unserer Frage, ob das Unrechtsbewußtsein zur Vorsatzdefinition gehört oder nicht, kommen wir am besten auf dem Wege über den Begriff der Fahrlässigkeit näher. Es gibt einen ganz allgemeinen Begriff der Fahrlässigkeit. Man kann sagen: Fahrlässigkeit ist die Verletzung einer Sorgfaltspflicht. Da wir es hier mit der Fahrlässigkeit nur im Bereiche des Rechts zu tun haben, so ist klar, daß es sich bei der Sorgfaltspflicht um eine Rechtspflicht handeln muß. Eine Sorgfaltspflicht kann nun in doppelter Weise verletzt werden. Infolge der Verletzung einer Sorgfaltspflicht kann jemand

---

[411] Die Vorstellung, daß der Vorsatz durch die Schuld bewertet werde, wie Welzel meint, ist unhaltbar. Die Schuld wird festgestellt und kann nach ihrer Größe bewertet werden. Es ist aber sinnwidrig, von einem großen oder kleinen Vorsatz zu sprechen. Dagegen kann man wieder sagen, jemand habe einen starken oder schwachen verbrecherischen Willen. Ob jemand etwas gewollt oder gewußt hat, ist eine tatsächliche Feststellung. Ob er normgemäß hätte handeln können, ist mindestens eine einer Tatsachenfeststellung ähnliche Feststellung. Nur wie stark die verbrecherische Energie war, wie sie sich verflocht mit sozialen Wertbildern, wie Sollen, Sein und Können in ein Schuldmaß umzuwandeln sind, dies sind Bewertungsfragen.

Die Verwechslung von Wille und Vorsatz ist sehr häufig und liegt auch sehr nahe, weil das Hauptmoment des Vorsatzes der aktuelle Wille ist. Damit sind beide Begriffe noch nicht identisch. Vorsatz ist ein Rechtsbegriff und meint den auf die Verwirklichung von Unrecht gerichteten Willen, und zwar nicht in bezug auf seine Intensität, sondern in bezug auf das „ob“.

Ob unter Tatbestand nur die spezifische Beschreibung eines Unrechts unter Absehen von der Rechtswidrigkeit oder unter Einbeziehung der Rechtswidrigkeit, ob unter Vorsatz nur das „wertfreie“ Wollen oder das wertbezogene Wollen zu verstehen ist, sind Definitionsfragen. Aber diese sind nach inneren Zusammenhängen zu entscheiden. Das Rechtsverhalten ist wesensmäßig ein unteilbarer Komplex. Verstehe ich unter Tatbestand nur die wertfreie Tatbeschreibung, dann erhalte ich in Wahrheit keine innere Einheit, weil die Einheit einzig und allein vom Recht her zu beurteilen ist. Dasselbe gilt vom Vorsatz.

Definiert man den Vorsatz als wertfreies Wollen, dann gerät man außerdem in unlösliche Widersprüche bei der Definition des allgemeinen Fahrlässigkeitsbegriffes. Bei der Fahrlässigkeit sieht sich Welzel (Das neue Bild des Strafrechtssystems, S. 27) selbst gezwungen, anzuerkennen, daß schuldlose Fahrlässigkeit ein hölzernes Eisen sei. Hier mischt sich dann freilich der Begriff der „objektiven“ Fahrlässigkeit verwirrend ins Bild ein. Die im Verkehr erforderliche Sorgfalt hat mit Schuld nichts zu tun. Die Verletzung dieser Pflicht ist noch gar nicht „Fahrlässigkeit“. Welzel hat ganz recht. Schuldlose Fahrlässigkeit ist ein hölzernes Eisen. Daß man sich im bürgerlichen Recht mit diesem hölzernen Eisen begnügt, hängt mit den ganz anderen Aufgaben des bürgerlichen Rechts zusammen. Soweit es im Zivilrecht auf eine eigentliche Schuld nicht ankommt, wird eben eine objektive Haftung bejaht, die auf diesem Rechtsgebiet auch durchaus erträglich ist, nicht aber im Strafrecht. Was nun im Strafrecht der Fahrlässigkeit recht ist, ist dem Vorsatz billig. Es ist nicht konsequent, der Fahrlässigkeit Schuldqualität zuzusprechen, nicht aber dem Vorsatz. Im Strafrecht ist die sogenannte objektive Fahrlässigkeit überhaupt keine Fahrlässigkeit, sondern eine Vorstufe der Fahrlässigkeitsprüfung.

eine Rechtsnorm nicht kennen. Diese Möglichkeit kann nicht bestritten werden. Infolge der Verletzung einer Sorgfaltspflicht kann aber auch jemand eine tatsächliche Situation verkannt haben. Nur der erste Fall interessiert uns hier. Es wird niemand widersinnig vorkommen, wann man sagt, jemand habe fahrlässigerweise nicht das Recht gekannt. Es läßt sich auch nicht leugnen, daß der Vorwurf verschieden ist, je nachdem ob jemand eine Norm willentlich (wissentlich) verletzen wollte oder ob er sie nichtwillentlich (= wissentlich), aber fahrlässig verletzt hat. Es würde als Willkür erscheinen, wenn man das generelle Moment der Fahrlässigkeit, die Verletzung der Sorgfaltspflicht, so stark mißachten würde, daß man der fahrlässigen Rechtsverletzung die Bezeichnung vorsätzliche Rechtsverletzung unterschieben würde, nur weil das Tun ein gewolltes war. Es ist der Fahrlässigkeitsbegriff, der solch eine Unterschiebung als begriffswidrig verbietet. Wir sehen hier noch ganz von der rechtlichen Behandlung dieses Falles ab, die sehr von der positiven Gestaltung des Rechts abhängig ist. Wir bewegen uns hier noch auf einer Ebene, die sich aus begrifflichen Notwendigkeiten ergibt. Daß die Schuld eine verschiedenartige ist, je nachdem ob jemand eine Rechtsnorm bewußt oder unbewußt, d. h. fahrlässig verletzt hat, ist so sinnfällig, daß es einer näheren Begründung nicht bedarf[412]. Die Charakteristik der Schuld ist gar nicht anders möglich, als daß man sie als fahrlässige Rechtsverletzung darstellt. Definiert man aber den Vorsatz nur als Wissen und Wollen der Tat, dann wird damit dem Fahrlässigkeitsbegriff Gewalt angetan. Eine Verhaltensweise, die dem Begriff nach fahrlässig ist, würde damit als vorsätzliche falsch bezeichnet sein. Hieraus scheint mir mit genügender Deutlichkeit zu folgen, daß die Definition des Vorsatzes als Wissen und Wollen der Tat gemäß dem begrifflichen Gesamtzusammenhang begriffswidrig ist. So weit geht aber die Freiheit des Definierens nicht.

Mit einer anderen Überlegung kommen wir zu dem gleichen Ergebnis. Die finale Handlungslehre hat der kausalistischen Handlungs-

[412] Vom Standpunkt seiner Grundzüge (S. 83) ist es ganz folgerichtig, wenn Welzel den Begriff der Rechtsfahrlässigkeit ablehnt, nicht aber vom Standpunkt seiner Schrift „Das neue Bild des Strafrechtssystems" (S. 27). Hier definiert er Fahrlässigkeit zwar unvollständig, aber dem Prinzip nach richtig als Verletzung einer Sorgfaltspflicht. Dies ist aber nur der allgemeine Begriff der Fahrlässigkeit. Die Arten der Fahrlässigkeit ergeben sich aus dem Inhalt der Pflichtverletzung. Sie kann sich auf mangelnde Rechtskenntnis oder auf mangelnde Sachverhaltserkenntnis und mangelhafte Sachbehandlung beziehen.

Wenn Welzel in seinen Grundzügen 1949 (S. 83) meint, die Bestrafung bei Rechtsblindheit (oder Rechtsfeindschaft) nach den Vorschriften des Vorsatzes sei eine Fiktion, dann trifft das nur für die Ansicht zu, die Vorsatz trotz Widerspruchs zu seiner Definition für gegeben hält. Wer aber diesen Fall nur „wie" Vorsatz behandelt, arbeitet keineswegs mit einer Fiktion. Mit der Ansicht, bei rechtsfeindlicher Einstellung müsse wie Vorsatz bestraft werden, wird nicht behauptet, Unkenntnis des Rechts infolge rechtsfeindlicher Einstellung „sei" Vorsatz. Das Recht selbst könnte bestimmen, der rechtsfeindlich eingestellte Täter sei wie ein vorsätzlicher Täter zu bestrafen. Hier wird wohl niemand behaupten, daß das Recht mit einer Fiktion arbeite.

lehre nicht mit Unrecht den Vorwurf gemacht, daß diese von dem wesentlichen Handlungsmoment, der inhaltlichen Willensgestaltung, absieht[413]. Nimmt man den Willen nur als kausales agens, dann bleibt das Wesentliche des Willens außerhalb der Betrachtung. Dadurch wird der Handlungsbegriff völlig zum Verursachungsbegriff im Sinne der condicio sine qua non denaturiert. Dann ist es aber nicht möglich, die Handlung als Handlung zu verstehen. Ein solches mit Recht zu rügendes „Trennungsdenken" hat, wie wir gesehen haben, zum völligen Verkennen des Handlungsbegriffes geführt. Demgegenüber betrachtet die finale Handlungslehre den Willen nicht als bloßes agens, sondern auch inhaltlich als das Kernstück der Handlung. Das ist richtig, aber noch nicht weitgehend genug. Es ist hierbei noch nicht berücksichtigt, daß der „Raum" des Verhaltens, welchen Begriff wir anstelle des Begriffes Handlung zu setzen haben, nicht der „wertfreie" oder „reine Tatsachen"-Raum ist, sondern durchaus zugleich und unabtrennbar der soziale Raum, ja der „Rechtsraum" selbst. Das Verhalten hat eine Bedeutung, eine tatsächliche, soziale, rechtliche. Aber es ist nicht möglich, daß man diese einzelnen Momente voneinander trennen könnte. Bewertet wird das Geschehen als Ganzes, in seiner tatsächlichen, sozialen und rechtlichen Totalität. Die einzelnen Momente lassen sich nicht aneinanderreihen, sondern durchdringen sich in einer Komplexität, die man zwar gliedern kann, indem aber trotzdem ein Moment auf das andere bezogen bleibt, die man aber nicht trennen kann. Und die Komplexität aller Beziehungen ist ja gerade auch die Grundlage der allgemeinen Zurechnungslehre, wie sie hier entwickelt worden ist. In dem Wollen der Tat ist daher zugleich der Rechtsraum, die Einstellung des Wollens im Hinblick auf das Recht, zu berücksichtigen. Diese Einstellung gehört mit zur Schuldrelation, aber als Bewußtseinstatsache gehört sie zugleich auch zum Tatbestand. Erst dies Wollen in seiner Gesamtbeziehung gibt sinnvoll und sinnerfüllt das wieder, was wir im Recht als Vorsatz bezeichnen.

Welzel hat auch daraus, daß das Unrechtsbewußtsein nicht die gleiche Bedeutung wie das Wissen und Wollen der Tat habe, den Schluß ziehen wollen, daß sich schon hieraus ergebe, daß es nicht zum Vorsatz zu rechnen sei[414]. Dieser Schluß ist sehr schwach. Es ist richtig, daß sich das Tatbewußtsein und das Unrechtsbewußtsein unterscheiden. Das Tatbewußtsein ist ein aktuelles, welches als psychische Aktualität festzustellen ist. So verhält es sich nicht mit dem Unrechtsbewußtsein. Es ist eigentlich kein Bewußtsein, sondern ein Wissen. Der Täter, der rechnen kann, weiß auch bei seiner Tat, daß 3 mal 3 gleich 9 ist. Aber er braucht bei der Tat nicht „daran" zu denken. So verhält es sich auch mit dem sogenannten Unrechtsbewußtsein. Der Täter braucht nur zu wissen, daß sein Verhalten Unrecht ist.

---

[413] Welzel, Naturalismus und Wertphilosophie im Strafrecht, S. 77 f.

[414] Welzel, Schuld und Bewußtsein der Rechtswidrigkeit, MDR 1951 S. 65 ff. (66).

Er braucht aber bei der Tat nicht „daran“ zu denken. Es ist aber nach unseren vorangehenden Ausführungen nicht einzusehen, inwiefern dieser Unterschied es begründen soll, daß das Unrechtsbewußtsein nicht zum Begriff des Vorsatzes gehören soll.

Theoretische Schwierigkeiten treten bei dieser Auffassung nicht auf. Selbst der dolus eventualis kann gleich den übrigen Fällen behandelt werden, wenn man es nicht vorzieht, ihn hier weiter zu fassen und ihn schon dann anzunehmen, wenn der Täter mit der Möglichkeit des Unrechttuns gerechnet hat. Aber dieser Frage, die schon in den übrigen Fällen bestritten ist[415], wollen wir hier nicht näher nachgehen. Die Schwierigkeiten, die auftauchen, sind rein positivistischer Natur und hängen mit der Formulierung des § 59 StGB und mit dem Fehlen eines besonderen Begriffes der Rechtsfahrlässigkeit im Rahmen des Strafgesetzbuches zusammen. Wegen der Aktualität dieser Fragen seien sie hier kurz behandelt, obwohl sie unsere mehr theoretischen Überlegungen etwas stören.

Wir haben gesehen, daß es einen Oberbegriff der Fahrlässigkeit gibt, der sich zerlegt in eine Tatfahrlässigkeit und eine Rechtsfahrlässigkeit. Wenn sich auch nicht leugnen läßt, daß zwischen beiden Arten der Fahrlässigkeit Übergänge denkbar sind (man denke an den Fall, daß ein Kraftfahrer ein Verkehrsschild übersieht, welches eine bestimmte Höchstgeschwindigkeit festsetzt), so besteht doch generell gesehen zwischen beiden Arten der Fahrlässigkeit ein sachlicher Unterschied. Dieser beruht darauf, daß die Art des Vorwurfs in beiden Fällen eine andere ist. Und der Vorwurf ist wieder deshalb ein anderer, weil verschiedene Arten von Sorgfaltspflichten verletzt werden. Das Recht kann uns die Pflicht auferlegen, bei bestimmten Situationen sachlich vorsichtig, aufmerksam und sorgfältig zuwege zu gehen. Im Recht ist aber noch eine weitere ganz generelle Sorgfaltspflicht enthalten. Wir können sie bezeichnen als die Rechtsermittlungs- und Rechtsbeachtungspflicht. Dies ist eine ganz abstrakte oder, wie wir auch sagen könnten, eine formale Pflicht, die sich aus dem Forderungscharakter des Rechts unmittelbar ergibt. Das Recht will beachtet werden. Es verlangt von den Rechtsunterworfenen alle Sorgfalt, es zur Kenntnis zu nehmen, und richtig anzuwenden. Wer diese Sorgfaltspflicht gegenüber dem Recht versäumt, macht sich der Rechtsfahrlässigkeit schuldig. Dieser Vorwurf der Rechtsfahrlässigkeit hat nun eine andere Skala als der Vorwurf der Tatfahrlässigkeit. Der Vorwurf der Rechtsfahrlässigkeit geht dahin, daß der Täter sich nicht genügend um das Recht gekümmert habe. Dieser Vorwurf ist im allgemeinen schwerer als der, daß jemand bei einer tatsächlichen Situation nicht genügend aufgepaßt habe. Wer sich nicht genügend um das Recht kümmert, der scheint uns viel

---

[415] Zu diesem Problem vgl. Horst Schröder, Aufbau und Grenzen des Vorsatzbegriffs, Festschrift für Wilhelm Sauer, S. 207 ff. (insbes. S. 224, 246 ff.)

[415a] Über die Rechtsbeachtungspflicht vgl. die lesenswerten Ausführungen Engelmanns in der Festschrift für Traeger (1926) S. 133 ff.

grundlegender eine Gemeinschaftsfunktion nicht zu erfüllen[416] als der, der „einmal" nicht genügend acht gegeben hat. Dies letztere „kann jedem einmal passieren". Die Gesinnung dessen, der sich um das Recht nicht kümmert, erscheint uns als im erheblichen Grade übel. Der Vorwurf steigert sich noch, wenn wir jemand Rechtsblindheit[417] vorwerfen. Er schließt sich von dem Leben der Rechtsgemeinschaft aus, er will mit ihr nichts zu tun haben, er ist rechtsfeindlich eingestellt. Damit liegen die grundlegenden Skalen für Rechtsfahrlässigkeit und Tatfahrlässigkeit verschieden. Daraus folgt, daß es gerechtfertigt sein kann, die beiden Arten der Fahrlässigkeit auch verschieden zu behandeln. Und diese verschiedene Behandlung wird zu einer drückenden Forderung dann, wenn die Tatfahrlässigkeit nur in gewissen Einzelfällen strafbar ist, während der Rahmen der Rechtsfahrlässigkeit viel weiter gespannt ist.

Es ist kein Zufall, daß unser Strafgesetzbuch nicht den Begriff der Rechtsfahrlässigkeit kennt. Die meisten Delikte des Strafgesetzbuches basieren auf dem Dekalog. Sie sind derart, daß „man" sie kennt. Hinzu kommt, daß die moralischen Begriffe in der Zeit der Entstehung des Strafgesetzbuches doch noch fester in der allgemeinen Volksmeinung gegründet waren, als dies heute nach so schlimmen politischen, wirtschaftlichen und sittlichen Erfahrungen der Fall ist. Wer behauptet, er wisse nicht, daß Stehlen, Betrügen, Fälschen, Falsche-Eide-leisten usw. ein Unrecht sei, der ist entweder schwachsinnig oder er hat sich bewußt aus der Rechtsgemeinschaft gelöst. Aber bei der praktischen Behandlung von Irrtumsfällen zeigte es sich doch, daß man auf feinere Differenzierungen nicht verzichten konnte. Die theoretische Begründung der Irrtumslehre durch das Reichsgericht war schwach, ja unzulänglich. Aber das hinderte nicht, daß die praktische Behandlung der Einzelfälle im großen Ganzen zufriedenstellend war. Der Unterschied, den das Reichsgericht zwischen strafrechtlichen und außerstrafrechtlichen Rechtsirrtümern machte, hatte nicht wenig für sich, und zwar deswegen, weil der Irrtum über eine strafrechtliche Norm sich fast immer auf einen Irrtum über grundlegende Gemeinschaftsrechtssätze zurückführen ließ, die jedem eben aus dem Leben in der Gemeinschaft unmittelbar bekannt sind, während der Irrtum über außerstrafrechtliche Sätze in der Regel eine besondere Rechtserfahrung voraussetzte, die nicht unmittelbar aus dem Leben der Rechtsgemeinschaft gewonnen werden konnte. Daß der grundlegende

---

[416] Darin liegt auch die Stärke der Schuld bei rechtsfeindlicher Einstellung begründet, so daß man geneigt ist, diese Schuld vollkommen der vorsätzlichen Schuld gleichzustellen

[417] Mit Recht hat Mezger anstelle seines ursprünglich verwandten Begriffes der Rechtsblindheit den Begriff der Rechtsfeindschaft gesetzt (Moderne Wege der Strafrechtsdogmatik, S. 44). Blindheit wäre ein Mangel, für den man nichts kann, während gerade dem Täter zum Vorwurf gemacht wird, daß er hätte sehen können, wenn er die Augen nicht zugekniffen hätte, d. h. wenn er sie den Werten des Rechts gegenüber geöffnet hätte.

Unterschied aber nicht in der Gegenüberstellung „strafrechtlich" „außerstrafrechtlich" liegen konnte, ergab sich erst relativ spät, als die Strafbestimmungen in den Nebengesetzen anschwollen. Nur derjenige, der die grundlegenden Rechtssätze der Rechtsgemeinschaft nicht kennt, kann sich dem Vorwurf der Rechtsgleichgültigkeit aussetzen. Die Unkenntnis solcher Rechtssätze dagegen, die sich aus besonderen Überlegungen des Gesetzgebers herleiten und die eine besondere Rechtserfahrung voraussetzen, ist mehr gleichzusetzen der Unkenntnis einer Sachlage. In diesem Sinne läßt sich die Irrtumslehre des Reichsgerichts auch heute noch aufrechterhalten[418].

Man wird also unterscheiden können zwischen einem Irrtum über die Sachlage und einem Irrtum über einen Rechtssatz. Dieser Irrtum kann dann wie ein Irrtum über eine Sachlage behandelt werden, wenn der Rechtssatz nicht zu den grundlegenden Normen der Rechtsgemeinschaft gehört. Im übrigen aber fragt es sich, wie der Rechtsirrtum im allgemeinen zu handhaben ist. Da das Gesetz Rechtsfahrlässigkeit nicht kennt, sind drei Möglichkeiten der Entscheidung denkbar: Der Rechtsirrtum schließt den Vorsatz aus. Tatfahrlässigkeit liegt nicht vor. Der Täter ist freizusprechen. Diese naheliegende Lösung ist wohl nirgends vertreten. Ferner: Die Tatfahrlässigkeit wird als „Oberbegriff" genommen und die Rechtsfahrlässigkeit zur Tatfahrlässigkeit geschlagen[419]. Schließlich: Die Rechtsfahrlässigkeit wird anders behandelt als die Tatfahrlässigkeit. Dann ist nur der Weg offen, den Welzel geht[420], nur mit einer anderen Begründung. Die Rechtsfahrlässigkeit „ist" nicht Vorsatz, aber sie wird „wie" Vorsatz behandelt[421], aber mit der Möglichkeit der Strafmilderung. Der Einwand der verbotenen Analogie ist hier ebensowenig statthaft wie bei der Gleichbehandlung der Tuns-Delikte und der Unterlassungsdelikte. Weitere Einzelheiten zur Irrtumslehre können hier, wo es sich um theoretische Grundlegungen handelt, nicht erörtert werden.

Wir kehren nunmehr zu unserem Ausgangspunkt zurück. Wollen wir eine Definition des Vorsatzes geben, dann muß sich aus ihr die komplexe Natur dieses Begriffes ergeben. Vorsatz ist eine

---

[418] Es ist daher kein Wunder, wenn sich immer wieder Stimmen zugunsten der Irrtumslehre des Reichsgerichts erheben. Vgl. Wegner, Über Irrtum, seine Behandlung in Strafrechtsprechung und Strafrechtslehre, Festschrift für Raape 1948 S. 401ff. und Winnefeld, Bewußtsein der Rechtswidrigkeit und Vorsatz, DRZ 1947 S. 365.

[419] Zu diesem Ergebnis müssen alle diejenigen gelangen, die zum Vorsatz das Unrechtsbewußtsein fordern, aber den Begriff der Rechtsfahrlässigkeit nicht kennen oder ihn ablehnen, z. B. Schönke, Strafgesetzbuch (1949) S. 204.

[420] Grundzüge 1949 S. 80ff.

[421] Die hier vertretene Ansicht nähert sich in etwa der R. v. Hippels. In seinem Lehrbuch II (1930) S. 342 unterscheidet er vorsätzlich rechtswidriges, fahrlässig rechtswidriges und schuldlos rechtswidriges Handeln. Nur mehr aus praktischen Gründen rechnet er fahrlässig rechtswidriges Handeln zum Vorsatz (S. 337f., 348). Indem er nur aus praktischen Gründen das Bewußtsein der Rechtswidrigkeit nicht zum Vorsatz rechnet, kommt er alsdann zum unmöglichen Begriff eines vorsätzlich-fahrlässigen Verhaltens.

Schuldart, bei der die Schuld darin besteht, daß der Täter willentlich etwas getan oder unterlassen hat, was Unrecht war, mit dem Wissen, daß es Unrecht sei, obwohl er sich hätte rechtgemäß verhalten können. Von dieser Schuldrelation gehören zum Tatbestand als dessen Bestandteile: Das Wissen und Wollen der Tat und das Unrechtsbewußtsein, während beides und die Fähigkeit, seinen Willen dem Recht gemäß zu bestimmen, die Schuldrelation darstellen, aus der sich das Schuldurteil ergibt. Das Schuldurteil bezieht sich auf das tatsächliche Verhalten. Von diesem wird ausgesagt, daß es schuldhaft sei.

In derselben Weise sind auch die Momente der Fahrlässigkeit daraufhin zu untersuchen, welche von ihnen Bestandteil des Tatbestandes sind und welche zur Schuldrelation gehören. Fahrlässigkeit ist die Verletzung einer Sorgfaltspflicht bei Gegebensein der Fähigkeit, seinen Willen dem Recht gemäß zu bestimmen. Da es zwei Arten der Fahrlässigkeit gibt, wie wir gesehen haben, ist die Untersuchung für beide Arten zu führen. Aber schon aus dem Allgemeinbegriff ergeben sich die generellen Momente. Zum Tatbestand der fahrlässigen Delikte gehören: Eine Rechtspflicht zur Sorgfalt, ein Verhalten, das mit dieser Rechtspflicht verglichen werden kann, und die Verletzung der Sorgfaltspflicht. Schon hier zeigt sich ein gewisser Unterschied zu den Tatbeständen der vorsätzlichen Delikte. Bei diesen ist es möglich, zwischen der Tatbeschreibung und der Rechtswidrigkeit zu unterscheiden. Das ist bei den Tatbeständen der fahrlässigen Delikte aus einem einfachen Grunde nicht möglich[422]. Der Begriff Fahrlässigkeit enthält schon als beschreibenden Bestandteil die Verletzung einer Rechtspflicht, eben der Sorgfaltspflicht. Man kann ein fahrlässiges Verhalten gar nicht anders beschreiben als ein Verhalten, welches eine Sorgfaltspflicht verletzt. Deshalb ist hier die Trennung zwischen einer Tatbeschreibung und der Rechtswidrigkeit nicht möglich. Es zeigt sich aber auch, daß die Abgrenzung zwischen Rechtswidrigkeit und Schuldhaftigkeit problematisch sein muß. Die Sorgfaltsnorm lautet, setze alle deine Fähigkeiten und Kräfte ein, um zu .... Erst bei diesem „um zu“ trennen sich die Wege der beiden Arten von Fahrlässigkeit. Im Grunde kann man nun gar nicht unterscheiden zwischen „objektiven“ und „subjektiven“ Fähigkeiten und Kräften[423]. Wir

[422] Ursprünglich nahm Welzel sogar an, daß bei Fahrlässigkeitsdelikten eine Trennung zwischen Rechtswidrigkeit und Schuld nicht möglich sei (Grundzüge 1949 S. 85). Niese hat dann gezeigt, daß mit Hilfe des objektiven Teils des Fahrlässigkeitsbegriffes diese Trennung doch möglich sei (Finalität, Vorsatz und Fahrlässigkeit, S. 59ff.). Dem ist Welzel beigetreten (Das neue Bild des Strafrechtssystems, S. 27). Daß aber Tatbestand und Rechtswidrigkeit sich bei den Fahrlässigkeitsdelikten nicht trennen lassen, geht aus der Darstellung Welzels deutlich hervor.

[423] Wer alles tut, was in seinen Kräften steht, erfüllt in Wahrheit auch die Rechtspflicht. Eine Rechtspflicht, die mehr verlangt, als in den Kräften des Verpflichteten steht, erscheint immer mehr oder weniger fragwürdig. Nur aus praktischen Gründen halten wir auch hier an der Trennung zwischen Rechtswidrigkeit und Schuld fest.

folgen nur der Tradition und einem gewissen Bedürfnis, zwischen Rechtswidrigkeit und Schuld zu unterscheiden, wenn wir die Trennung so vornehmen, daß wir die konkret-individuelle Fähigkeit dieses Täters, seinen Willen dem Recht gemäß zu bestimmen, d. h. die konkret-individuellen Verstandes- und Willensfähigkeiten zur Sphäre der Schuldhaftigkeit rechnen. Auch die Komplexität des Begriffes der Rechtsverletzung wäre hier noch zu erwähnen. Nehmen wir an, ein Kraftfahrer hätte eine rechtlich angeordnete Geschwindigkeit von 30 km/h fahrlässig überschritten. Hier ist man fälschlich geneigt, die Rechtswidrigkeit in der Tatsache der Abweichung des Verhaltens von der Norm zu sehen. Das mag noch hingehen in solchen Fällen, wo nicht das Verhalten selbst als rechtswidrig oder nichtrechtswidrig zu beurteilen ist. Jedenfalls dort, wo es sich um die Beurteilung eines Verhaltens handelt, ist das Recht nicht ein Maßsystem wie ein mathematisch-physikalisches Maßsystem. Das Recht ist vielmehr ein Maßsystem, das viel gegenbezüglicher zum Gemessenen ist. Es ist kein in sich ruhendes Maßsystem, sondern ein solches, welches sich fordernd an den Rechtsunterworfenen richtet. Für diesen gilt es nur, wenn die Möglichkeit seiner Wahrnehmung und Erfüllung gegeben ist. Eine Rechtswidrigkeit kann daher nicht schon dann festgestellt werden, wenn eine „an sich" gegebene Rechtsnorm und eine „an sich" gegebene Verhaltensweise nicht übereinstimmen, sondern erst dann, wenn wenigstens „objektiv" eine Sorgfaltspflichtverletzung festgestellt werden kann. Das gilt sowohl für die Rechtsfahrlässigkeit als auch für die Tatfahrlässigkeit. Rechtswidrig ist daher das Verhalten weder auf Grund der Tatsache, daß jemand 60 km/h statt der angeordneten Höchstgeschwindigkeit von 30 km/h gefahren ist, sondern erst die Verletzung der Sorgfaltspflicht („objektiv" gesehen), noch auf Grund der Tatsache, daß jemand einen anderen überfahren hat, sondern auf Grund der Verletzung der Sorgfaltspflicht hierbei.

Bei der Rechtsfahrlässigkeit und bei der Tatfahrlässigkeit gehört dann noch zum Tatbestand der nähere Inhalt der Sorgfaltspflicht. Er richtet sich bei der Rechtsfahrlässigkeit auf die Ermittlung und Beachtung der konkreten Rechtsnorm, bei der Tatfahrlässigkeit auf die Vermeidung oder Abwendung eines Erfolges. Schließlich gehört bei der Rechtsfahrlässigkeit noch die Tatsache der Normverletzung, bei der Tatfahrlässigkeit die Herbeiführung oder Nichtabwendung des Erfolges dazu.

Für die Tatfahrlässigkeit ergeben sich noch weiter differenzierte Bestandteile des Tatbestandes, die sich aber aus den genannten ergeben: Die kausale Möglichkeit der Vermeidung oder der Abwendung, die Zumutbarkeit des Einsatzes der kausalen Mittel, die Voraussehbarkeit des Erfolges (objektiv), die Pflicht, den Erfolg zu vermeiden oder abzuwenden. Nur die konkret-individuellen Fähigkeiten des zu Beurteilenden, Verstand und Willen gemäß den Rechtsforderungen zu gebrauchen, rechnen wir nicht zu den Tatbestandsmerkmalen.

Damit haben wir die Bestandsteile des Tatbestandes der vorsätzlichen und fahrlässigen Verhaltensweisen ermittelt. Eine entsprechende Untersuchung muß für die Tatbestände der Tuns- und Unterlassungsdelikte stattfinden.

Bei den Tunsdelikten können wir uns kurz fassen. Bestandteil ihrer Tatbestände ist eine positive Tätigkeit. Sie ergibt sich aus der Tatbeschreibung. Ob im Einzelfall eine positive Tätigkeit oder ein Unterlassen gegeben ist, ist nicht immer frei von Zweifeln und richtet sich nach einer rechtlich-sozialen Beurteilung des Sachverhalts. Nichtgrüßen z. B. kann eine Kundgebung der Mißachtung sein und wäre alsdann als Tätigkeit und nicht als Unterlassen zu behandeln.

Was die Unterlassungsdelikte betrifft, so müssen wir uns von der Meinung frei machen, als ob der Tatbestand der Tunsdelikte mit dem Tatbestand der Unterlassungsdelikte identisch sei[424]. Diese falsche Auffassung hatte viele schiefe Folgen, z. B. beim Handlungsbegriff und bei der Frage der Kausalität. Abgesehen von den schlichten Unterlassungsdelikten und einigen wenigen sonstigen Fällen, in denen der Gesetzgeber den Unterlassungstatbestand selbst formuliert hat, werden auf die Unterlassungsdelikte die Tatbestände der entsprechenden Tunsdelikte angewandt. Dieses Verfahren hat zu der falschen Meinung verführt, als sei der gesetzliche Tatbestand der Tunsdelikte zugleich auch der Tatbestand der Unterlassungsdelikte. Das ist aber nicht der Fall. So gibt es ein Delikt der vorsätzlichen Tötung und ein Delikt der vorsätzlichen Nichtabwendung des Todes. Freilich ist der zuletzt genannte Tatbestand nicht gesetzlich formuliert. Aber es ist nicht daran zu zweifeln, daß nach dem nichtformulierten Tatbestand entschieden wird, obwohl sich der Rechtsanwender im allgemeinen einbildet, er wende in diesen Fällen den Tatbestand der vorsätzlichen Tötung an. Nur deswegen, weil in diesen Fällen die Unterlassung dem Tun gleichzusetzen ist[425], erscheint die geläufigere und weniger umständliche Bezeichnung der

[424] Die Nichtidentität der Tatbestände für die Tunsdelikte und die Unterlassungsdelikte hat Tesar, Überwindung des Naturrechts, S. 172 mit aller Deutlichkeit erkannt. Vgl. auch Nagler, Die Problematik der Begehung durch Unterlassung, GS 111 S. 1ff. (61), der von Gleichstellung der Unterlassungen mit der Aktivität spricht.

[425] Gleichsetzen oder Gleichstellen bedeutet weder Gleichsein, noch analoge Anwendung der Tatbestände der Tunsdelikte auf die Unterlassungsdelikte. Zur Analogie fehlt es an der Einheit eines höheren Rechtsgedankens. Das einzige, was beide Gruppen verbindet, ist die Tatsache der Rechtsverletzung. Aber Vermeidepflicht und Abwendungspflicht sind weder identisch noch auseinander ableitbar. Strafbar sind die Unterlassungen nur, weil der Gesetzgeber aus mangelhafter theoretischer Begründung geglaubt hat, die Unterlassungsdelikte seien durch die entsprechenden Tatbestände der Tunsdelikte mitgeregelt, und weil hieraus der Wille des Gesetzgebers erkennbar ist, auch Unterlassungen zu bestrafen. Dieser Wille ist verbindlich, der theoretische Irrtum dagegen ist für die Wissenschaft nicht bindend.

vorsätzlichen Nichtabwendung des Todes als vorsätzliche Tötung hinlänglich gerechtfertigt.

Die gemeinsamen Bestandteile aller Unterlassungstatbestände, sowohl die der schlichten Unterlassungsdelikte als auch die der erfolgsverbundenen Unterlassungsdelikte, sind folgende: Eine gegebene Rechtspflicht zu einer Tätigkeit, die Möglichkeit der Tätigkeit, die Zumutbarkeit der Rechtspflicht, und schließlich die Verletzung der Rechtspflicht durch Nichterfüllung, d. h. durch ein tatsächliches Verhalten, das wir als Unterlassung bezeichnen. Nur das Moment der Zumutbarkeit der Rechtspflicht bedarf näherer Erläuterung. Wir hatten bereits erwähnt, daß der Begriff der Zumutbarkeit systematisch-dogmatisch verschiedene Bedeutungen haben kann[426]. Bei den Unterlassungsdelikten betrifft er die Rechtspflicht. Ist eine Rechtspflicht nicht zumutbar, dann entfällt sie. Damit entfällt auch die Rechtswidrigkeit der Unterlassung. Wichtig ist die Erkenntnis, daß im Rahmen der Unterlassungsdelikte überhaupt sowohl die Rechtfertigungsgründe als auch die Schuldausschließungsgründe wie z. B. übergesetzlicher und gesetzlicher Notstand zu einfachen Gründen der Unzumutbarkeit werden[427]. Ob gewisse Notsituationen hierbei nur die Schuld ausschließen und die Rechtspflicht bestehen lassen, wäre in einer besonderen Untersuchung zu prüfen. In diesem Fall würde die Unzumutbarkeit auch bei den Unterlassungsdelikten nur die Schuld ausschließen. Es kann sogar sein, daß der gesetzliche Notstand je nach dem Charakter der Rechtspflicht in dem einen Fall die Rechtswidrigkeit, in dem andern Fall aber nur die Schuld ausschließt. Weil sich bei den Unterlassungsdelikten ebenso wie bei den Fahrlässigkeitsdelikten die Grenzen zwischen Tatbeschreibung und Rechtswidrigkeit verlieren, so gibt es bei ihnen auch keine eigentlichen „Rechtfertigungsgründe“[428], sondern sowohl die Rechtfertigungsgründe als auch die Schuldausschließungsgründe lassen die Rechtspflicht und die letzteren, wie gesagt, manchmal auch nur die Schuld entfallen. Alle diese Tatbestandsmerkmale (oder „Bestandteile“ des Tatbestandes) der Unterlassungsdelikte ergeben sich nicht aus gesetzlichen Formulierungen, sondern aus ihrem Sinn heraus. Zu den genannten gemein-

---

[426] Die Reichweite des Begriffes „Zumutbarkeit“ wird in der Literatur ganz überwiegend auf die Schuldlehre beschränkt. Vgl. Mezger, Lehrbuch 1931 S. 370 und die dort in Anm. 1 angeführte Literatur. Über die Frage, wie weit sich dieser Begriff auch auf die Rechtspflicht bezieht und welche Folgerungen daraus zu ziehen sind, findet man nur kurze Notizen. Vgl. Middel, Deutsches Strafrecht, allgemeiner Teil (1948) S. 110, Mittelbach, Deutsches Strafrecht, Leitfaden (1944), S. 55 und Rutkowsky, Die Rechtsprechung des Reichsgerichts zu dem normativen Schuldelement und das unechte Unterlassungsdelikt, DR 1939 S. 1041. Eine klare Beziehung auf die Rechtswidrigkeit findet sich bei den Genannten nur bei Mittelbach.

[427] In der Literatur finde ich hierüber keine näheren Ausführungen.

[428] Hier ist das Entfallen der Rechtspflicht primär. Ob jemand „berechtigt“ ist, etwas zu unterlassen, spielt keine Rolle. Es genügt, daß er nicht verpflichtet ist, etwas zu tun.

samen Bestandteilen aller Unterlassungsdelikte treten noch Besonderheiten bei den schlichten (echten) und bei den erfolgsverbundenen Unterlassungsdelikten. Bei den schlichten Unterlassungsdelikten ist noch zu fordern die Sinnerfüllbarkeit des rechtlichen Gebots. Die rechtlichen Gebote sind keine formalistischen Gebote, die um ihrer selbst willen da sind, sondern sie sind um eines Zieles willen aufgestellt. Wäre dies Ziel nicht mehr durch die gebotene Handlung erreichbar, dann entfällt das Rechtsgebot. Bei § 139 StGB (frühere Fassung) wird dieses Merkmal in den Kommentaren gelegentlich erwähnt[429]. Bei den erfolgsverbundenen (unechten) Unterlassungsdelikten ist der Inhalt der Rechtspflicht das Gebot der Abwendung eines „Erfolges". Aus dem Rechtssinn dieses Inhalts folgt, daß auch diese Tätigkeit ihrem Effekt nach möglich und ihren kausalen Mitteln nach zumutbar sein muß. Bei dieser Gruppe von Unterlassungsdelikten sind daher die generellen Tatbestandsmerkmale, soweit sie den Inhalt der Rechtspflicht betreffen, die Möglichkeit der Erfolgsabwendung und die Zumutbarkeit der Anwendung der kausalen Mittel. Hierbei tritt die Möglichkeit der Erfolgsabwendung bei den Unterlassungsdelikten an die Stelle der Kausalität bei den erfolgsverbundenen Tätigkeitsdelikten.

Vorsatz und Fahrlässigkeit, Tun und Unterlassung stehen nicht im einfachen Verhältnis der Bejahung und Verneinung bestimmter Momente. Man kann auch nicht sagen, die Glieder beider Begriffspaare untereinander seien Gegensätze. Sie sind vielmehr Varianten innerhalb eines Oberbegriffes. Vorsatz und Fahrlässigkeit sind Schuldarten, Tun und Unterlassen sind Verhaltensarten, gesehen am äußeren Bilde des Verhaltens. Bei den Erfolgsdelikten dagegen handelt es sich um einen hinzutretenden Bestandteil, eben den Erfolg. Die Nichterfolgsdelikte sind nur die Verneinung des Bestandteils „Erfolg". Man könnte sie auch schlichte Verhaltensweisen oder schlichte Delikte nennen, schlichte Tätigkeits- und schlichte Unterlassungsdelikte. Der Erfolg ist ein logisch von der Verhaltensweise selbst abtrennbares Geschehen. Der Ausdruck Erfolg ist hierbei etwas schief, so als ob das Geschehen das Ziel des Verhaltens sein müßte. Das ist jedoch nicht damit gemeint, sondern nur ein Geschehnis, welches zuzurechnen ist. Da dieses Geschehen von der Verhaltensweise selbst als gelöst betrachtet wird, so stellt sich hier die Kausalfrage, die bei Tunsdelikten und bei Unterlassungsdelikten verschieden zu behandeln ist. Bestandteil des Tatbestandes der Erfolgsdelikte ist daher entweder die (juristische) Kausalität zwischen Verhalten und Erfolg oder die Möglichkeit der Erfolgsabwendung.

Die drei großen Doppelgruppen der Verhaltensweisen haben uns zu den entsprechenden Doppelgruppen der Tatbestände und diese wieder zu den generellen Tatbestandsmerkmalen oder Bestandteilen der Tatbestände geführt. Diese generellen Tatbestands-

---

[429] Vgl. z. B. Ziegler im Leipziger Kommentar, 6. Aufl. (1944) § 139 Anm. 5.

merkmale sind bisher in der Lehre nicht als solche erkannt worden. Jedoch hat die finale Handlungslehre zu ihrer Erkenntnis insofern einen Beitrag geleistet, als sie den Vorsatz nicht zur Schuld, sondern zur Tatbestandsmäßigkeit gezogen hat und bei der Fahrlässigkeit auf dem Wege dazu ist[430]. Das ist überhaupt das große Verdienst dieser Lehre, daß sie den Anlaß geboten hat, die Grundbegriffe des Strafrechts einer erneuten Revision zu unterziehen. Im Zuge der geschichtlichen Entwicklung der Strafrechtsdogmatik erscheint die finale Handlungslehre als die Antithese auf die These des klassischen Schemas. In meiner Arbeit habe ich nun versucht, zwischen These und Antithese eine neue Synthese zu finden.

Neben den generellen Tatbestandsmerkmalen können die von mir so genannten beschreibenden Tatbestandsmerkmale nicht ihre Bedeutung verlieren. Sie bleiben das, was sie gewesen sind. Aber die Erkenntnis der generellen Merkmale ist wichtig, um die Gestalt des Tatbestandes im ganzen zu erkennen. Wollten wir uns eines Vergleichs bedienen, so können wir sagen: Die beschreibenden Merkmale sind das, was wir beim Menschen die Erkennungsmerkmale nennen können, abstehende Ohren, zurückfliehendes Kinn, flache Stirn, Narbe an der rechten Hand usw. Aber daß der Mensch überhaupt Augen, Nase, Ohren usw. hat, das sind die generellen Merkmale. Beim Menschen setzt man die generellen Merkmale als bekannt voraus. Bei den Tatbeständen aber hat man sie gar nicht gesehen. Das ist um so bedenklicher, wenn es sich darum handelt, die beschreibenden Merkmale in einen inneren Zusammenhang zu bringen. Der Tatbestand ist das Rückgrat unseres Strafrechts. Er kann seine Funktion nicht erfüllen, wenn wesentliche Momente an ihm übersehen werden.

Den Kern der beschreibenden Tatbestandsmerkmale bildet die Subjekt-Prädikat-Objekt-Beziehung. Das Prädikat gibt die Verhaltensweise an. Diese Kernbeziehung des Tatbestandes gibt in der Regel auch den Sinn des Delikts wieder, aber doch nicht immer. Z. B. ist der Sinn des Diebstahls nicht die Wegnahme einer fremden beweglichen Sache, sondern die Zueignung einer Sache durch Bruch fremden Gewahrsams. Da nach dem Willen des Gesetzgebers die Zueignung noch nicht beendigt zu sein braucht, hat der Gesetzgeber die Zueignung in die Form der Absichtsverwirklichung gekleidet. Das ändert nichts an der Tatsache, daß nach wie vor die Zueignung zum Kerngehalt des Diebstahls gehört. Diejenigen Merkmale, die den Sinngehalt des Verbrechens verkörpern, können wir die konstituierenden Tatbestandsmerkmale nennen. Es ist nicht immer leicht, diese Merkmale zu ermitteln. Gerade auch die Absicht spielt hier eine sehr variable Rolle. Manchmal gehört sie zu

---

[430] Obwohl Welzel nach einer vollkommenen Entsprechung von Vorsatz und Fahrlässigkeit sucht, ist es ihm nicht gelungen, sie zu finden, weil dies nur möglich ist, wenn man beide als Schuldarten erkennt. Nach Welzel (Grundzüge 1949 S. 84) soll die Lehre, daß Vorsatz und Fahrlässigkeit Schuldarten seien, überholt sein.

den konstituierenden, manchmal aber auch zu den modifizierenden Merkmalen. Diese modifizierenden Merkmale können sein Qualifizierungen, Privilegierungen und Mindestvoraussetzungen der Strafbarkeit. Die Modifizierungen können auftreten als Eigenschaften von Subjekt oder Objekt oder als adverbiale Zusätze. Die Absicht, die — sofern sie nicht zum Kerngehalt des Delikts gehört — immer adverbialer Zusatz ist, kann z. B. Qualifizierung, ja auch Privilegierung und Mindestvoraussetzung der Strafbarkeit sein. Die Mindestvoraussetzung der Strafbarkeit ist eine Art Qualifizierung, freilich nicht eines Tatbestandes, sondern eines (sonst!) nicht strafbaren Unrechts. So sind manche Tatbestände z. B. dann nicht strafbar, wenn es an einer besonderen Form des Vorsatzes fehlt oder wenn andere Erschwerungen zum Unrecht nicht hinzutreten.

Bei den beschreibenden Tatbestandsmerkmalen zeigt sich wieder die Fragwürdigkeit des klassischen Schemas. Trennt man nämlich zwischen Tatbestandsmäßigkeit, Rechtswidrigkeit und Schuld, dann verkennt man, daß es auch Tatbeschreibungen gibt, die die Rechtswidrigkeit[431] und die Schuld[432] betreffen. Die Beschreibungen der Rechtswidrigkeit sind wohl zu unterscheiden von der Tatbestandsmäßigkeit, die ja selbst als Ganzes ebenfalls Beschreibung („Vertypung") schuldhaften Unrechts ist. Die Beschreibungen der Rechtswidrigkeit werden im allgemeinen als normative Tatbestandsmerkmale bezeichnet. Darunter wollen wir alle diejenigen Merkmale verstehen, die eine nähere Rechtsbeziehung oder -gestaltung zum Ausdruck bringen. Freilich ist der Ausdruck „normativ" nicht gerade glücklich. Im engeren Sinn sind darunter nur solche Merkmale zu verstehen, die auf eine Wertung des sozialen Lebens verweisen, z. B. „grober" „Unfug", „ruhestörender" „Lärm", „in sittenwidriger Weise" usw. Es ist erkennbar, daß sich diese Begriffe von Rechtsbegriffen wie „zuständig", „Behörde", „Urkunde" u. ä. unterscheiden, indem jene auf eine außerrechtliche Wertung verweisen. Alle aber betreffen die Rechtswidrigkeit in einer spezialisierten Form. Man könnte sie vielleicht besser als Rechtswidrigkeitsmerk-

---

[431] Welzel spricht von Rechtspflichtmerkmalen. Vgl. seinen Aufsatz „Der Irrtum über die Zuständigkeit einer Behörde", JZ 1952 S. 133 ff. (135). Er meint, der Irrtum über ein Rechtspflichtmerkmal (die irrtümliche Annahme einer Rechtspflicht) begründe ein strafloses Wahnverbrechen. Dies ist auch richtig. Nicht richtig ist nur die praktische Anwendung. Schwört jemand vor einem vermeintlichen Richter, dann liegt ein Irrtum über eine Rechtspflicht gar nicht vor; denn der Täter weiß ja, daß er die Verpflichtung hat, vor Gericht richtig zu schwören. Er weiß nur nicht, daß die vor ihm stehende Person kein Richter ist. Hier waltet bei Welzel dieselbe Verwechslung ob wie beim Irrtum über eine tatsächliche Voraussetzung eines Rechtfertigungsgrundes.

[432] Auch Lange, Die Schuld des Teilnehmers, insbesondere bei Tötungs- und Wirtschaftsverbrechen, JR 1949 S. 165 ff. (168, 171) spricht von Schulderhöhungs- und Schuldminderungstypen einerseits und Unrechtstypisierung andererseits. Aber weder sind diese Begriffe systematisch in die Tatbestandslehre eingebaut, noch ist der Zusammenhang zwischen Unrechtstypisierung (d. h. nicht etwa das, was wir eben als Rechtswidrigkeitsmerkmale bezeichnet haben, sondern „tatbestandsmäßiges Unrecht") und diesen Schuldtypisierungen hinreichend erkannt.

male bezeichnen. Hierbei wäre aber zu beachten, daß sie nur eine besondere Art von Tatbestandsmerkmalen sind wie auch die Schuldmerkmale (spezifischen Schuldmerkmale). Man kann daher unterscheiden zwischen faktischen Tatbestandsmerkmalen, Rechtswidrigkeitsmerkmalen und spezifischen Schuldmerkmalen. Alle diese Merkmale gehören nun wieder nicht zu den generellen Tatbestandsmerkmalen, sondern zu den spezifisch beschreibenden. Die Rechtswidrigkeitsmerkmale setzen sich zusammen aus Rechtsbegriffen mit entsprechenden Sachverhalten. Das zu erkennen kann wichtig für die Irrtumslehre sein. Die Schuld betreffen solche Beschreibungen, die die innere Einstellung des Täters, seine Motive und seine Gesinnung, näher kennzeichnen.

Man könnte die Tatbestandsmerkmale auch gliedern nach den Einteilungen des Tatbestandes, also etwa in „objektive“ und „subjektive“ oder „äußere“ und „innere“. Aber diese Einteilungen haben nur einen geringen Wert. So gibt es nichts Subjektiveres als die Gesinnung. Und doch ist sie nicht nach der Meinung des Täters („subjektiv“), sondern im Gegenteil „objektiv“ zu beurteilen. Erträglich ist nur die Einteilung zwischen einem inneren und äußeren Tatbestand. Aber auch ihre Bedeutung darf nicht überschätzt werden. Diese Einteilung läßt sich nicht immer auch praktisch vollziehen, weil Äußeres und Inneres eine untrennbare Einheit bilden können. Das gilt nicht nur bei den im eigentlichen Sinn finalen Tathandlungen, sondern auch bei vielen modifizierenden Merkmalen wie Grausamkeit, rohe Mißhandlung u. ä. Ebenso ist eine klare Unterscheidung, ob ein modifizierendes Merkmal das Unrecht oder die Schuld betrifft, in einem bestimmten Sinne grundsätzlich nicht möglich. Je größer die Schuld, im allgemeinen desto größer das Unrecht und umgekehrt. Unrecht und Schuld bestimmen sich wechselseitig, ohne freilich in notwendiger funktioneller Abhängigkeit zu stehen. Das ergibt sich mit großer Deutlichkeit aus den Begriffen „Erfolgsunwert“ und „Aktunwert“, die Welzel mit Recht unterschieden hat[433]. Dies ist nicht im Sinne ausschließender Alternativität zu

[433] Grundzüge 1949 S. 31 ff. Ob Welzel freilich aus dieser Unterscheidung die richtigen Konsequenzen für die Anwendung von § 50 II StGB zieht (Vgl. Zur Systematik der Tötungsdelikte, JZ 1952 S. 72 ff.) ist sehr fraglich und zwar gerade deswegen, weil zwischen personalem Unrechtsgehalt und Schuld durchaus nicht so sonnenklar unterschieden werden kann. Denkt man die von Welzel in dem angeführten Aufsatz vertretene Ansicht bis zum Ende durch, dann kommt man zu Folgen, die nicht mit unserem — allerdings sehr widerspruchsvollen — positiven Strafrecht in Einklang gebracht werden können. Ein Nichtbeamter, der einen Beamten zu einem echten Amtsdelikt anstiftet, müßte mangels einer allgemeinen Strafvorschrift straffrei ausgehen, ebenso bei gewissen Absichtsdelikten, wenn dem Anstifter die Absicht fehlte und das Delikt ohne Vorliegen der Absicht nicht strafbar ist. Auch scheint mir nicht genügend berücksichtigt, daß der Teilnehmer auch dann — sachlich und unabhängig von der gesetzlichen Regel gesehen — am Unrechtsgehalt der Tat des Täters teilnimmt, wenn ihm selbst bestimmte Qualifikationen des Täters fehlen. Es wirkt sich also auch in der Schuld des Anstifters aus, ob er einen Beamten oder einen Nichtbeamten zu einer Unterschlagung anstiftet, ob er an einem Mord teilnimmt und um die gemeinen Beweggründe des Täters weiß oder

verstehen. Man muß Welzel zugeben, daß der Aktunwert der umfassendere ist[434]. Er ist unter allen Umständen gegeben, während der Erfolgsunwert fast ganz zurücktreten, vielleicht sogar fehlen kann. Immerhin darf man das Wort Erfolg hier nicht in der Bedeutung der Wendung Erfolgsdelikte verstehen. Auch ein Meineid kann in diesem Sinne einen Erfolg haben. Es ist ein Unterschied schon im Unrecht, nicht nur in der Schuld, wenn jemand auf Grund eines Meineids zur Zahlung von 20,— DM oder zum Tode verurteilt wird. Interessant ist hier auch das Verhältnis zwischen bewußter und unbewußter Fahrlässigkeit. Bei dieser kann der Aktunwert manchmal auf ein Minimum sinken, während er bei jener bei gleichem Effekt steigt.

Die beschreibenden Merkmale sind Beschreibungen von schuldhaftem Unrecht. Sie haben eine Rechtsbedeutung, und zwar unabhängig davon, ob sie faktische Beschreibungen, Rechtswidrigkeitsbeschreibungen oder Schuldbeschreibungen sind. Deshalb sind auch die Unterscheidungen niemals absolut zu nehmen. Diese Rechtsbedeutung spielt wieder eine erhebliche Rolle in der Irrtumslehre.

Der Unterschied zwischen äußerem und innerem Tatbestand oder äußerer und innerer Tatseite ist insofern von Bedeutung, als beide Seiten in einem bestimmten Verhältnis zueinander stehen müssen. Das gilt nicht nur für die vorsätzlichen, sondern auch für die fahrlässigen Delikte. Bei den vorsätzlichen Delikten müssen sich bis auf geringfügige Ausnahmen äußere und innere Tatseite decken[435]. Bei den fahrlässigen Delikten dürfen sie sich nicht decken[436]. Der systematische Ort für die Behandlung des Tatirrtums ist die innere Tatseite. Zu ihm gehört auch der Irrtum über die tatsächlichen Voraussetzungen eines Rechtfertigungsgrundes, wie bereits ausgeführt.

Da die Tatbeschreibung immer Beschreibung von Unrecht ist, so muß das Moment der Rechtswidrigkeit an irgendeiner Stelle seine Erledigung finden. Diese Stelle zu finden, ist nicht ganz leicht. Schon die Ausführungen über die Unterlassungs- und Fahrlässigkeitsdelikte haben gezeigt, daß die Tatbeschreibung selbst die Rechtswidrigkeit in sich schließt. Da überdies schuldhaftes Unrecht die rechtliche Substanz aller Tatbestände ist, so ließe es sich ohne weiteres rechtfertigen, Unrecht und Schuld bereits vor der Tatbeschrei-

---

nicht. Also auch sachlich und unabhängig von der Gestaltung des Gesetzes bestehen gegen die von Welzel aus dem Begriff des personalen Unrechtsgehalts gezogenen Konsequenzen nicht geringe Zweifel. Abgesehen davon, daß bei dem gegenwärtigen Stand unseres Gesetzes eine widerspruchslose Behandlung aller Fälle unmöglich ist, wäre sie doch nur über die Schuld und nicht über den personalen Unrechtsgehalt erreichbar. § 50 II StGB ist eine vollkommen verunglückte Bestimmung.

434 Vgl. Grundzüge 1949 S. 33.

435 Unter äußerer Tatseite ist auch die Rechtswidrigkeit zu verstehen.

436 Hier kann sich die Deckungsinkongruenz auf den Sachverhalt einerseits und auf die Rechtswidrigkeit andererseits beziehen. Deckt sich die innere Seite nicht mit dem Sachverhalt, dann deckt sie sich auch nicht mit der Rechtswidrigkeit. Aber es gilt nicht das Umgekehrte.

bung zu behandeln. Eine solche systematische Anordnung würde aber doch nicht der Bedeutung der Tatbestände im Strafrecht gerecht werden. Die Strafbarkeit von schuldhaftem Unrecht ist in der Masse allen Rechts durchaus Singularität. Die Singularität des strafbaren Unrechts ist gewissermaßen das erste, was dem Blick im Bereich des Strafrechts in die Augen fällt. Diese Singularität ist geradezu die tragende Grundlage unseres Strafrechts. Deshalb und nur deshalb, weil uns im Strafrecht das strafbare Unrecht in seinen spezifischen Erscheinungsformen, den Tatbeständen, vor Augen tritt, ist es gerechtfertigt, Unrecht und Schuld hinter der Tatbeschreibung zu placieren. Und es muß uns von vornherein klar sein, daß dieser Stellung im System keine logisch notwendige Bedeutung zukommt. Nach der Lehre vom klassischen Schema verhielt es sich anders. Dort war die Reihenfolge durch die Meinung bedingt, daß ein „wertfreier" Tatbestand zweierlei Wertungen unterworfen werde, einer Bewertung im Hinblick auf das Recht und einer Bewertung im Hinblick auf die Schuld.

Die Tatbeschreibung ist Beschreibung schuldhaften Unrechts. Diese Beschreibung wäre unvollständig, wenn nicht die Tatbestandsgruppe angegeben wäre. Der Satz: „Wer einen Menschen tötet. wird bestraft" ist kein Tatbestand, weil er die Tatbestandsgruppe teilweise offen läßt. Aus dem Wort „tötet" ergibt sich, daß es sich um den Tatbestand eines Tuns-Deliktes und eines Erfolgs-Deliktes handelt. Aber es steht nicht fest, ob es sich um den Tatbestand eines vorsätzlichen oder eines fahrlässigen Delikts handelt. Es fehlt also der Zusatz „vorsätzlich" oder „fahrlässig". Man sieht, daß diese beiden Ausdrücke nicht nur Angaben über die Schuldart, sondern auch Bezeichnungen der Tatbestandsgruppe (Tatbestandsform) sind. Die Technik unserer Gesetzessprache ist oft so, daß über dieses Gruppenpaar und zugleich über die Schuldform keine Angaben gemacht werden. Dann fehlen sie nicht etwa, sondern der Gesetzgeber will es in der Regel so verstanden wissen, daß nur die vorsätzliche Begehungsweise gemeint ist. Sicher ist dies freilich nicht in allen Fällen, so vor allem nicht bei Übertretungen. Dann ist der Sinn des Gesetzes durch Auslegung zu ermitteln. Der Zusatz „vorsätzlich" oder „fahrlässig" bedeutet in der Gesetzessprache jedenfalls nicht, daß das Verhalten überhaupt schuldhaft sein müsse. Das versteht sich von selbst. Es versteht sich ebenso von selbst, wie daß das Verhalten rechtswidrig sein müsse. Mit den Worten: „Wer einen Menschen vorsätzlich tötet" ist daher der Tatbestand vollständig beschrieben, weil ja von vornherein feststeht, daß die Beschreibung schuldhaftes Unrecht betrifft. Daß es sich bei der gesetzlichen Tatbeschreibung um schuldhaftes Unrecht handelt, ist leicht daran zu erkennen, daß sich an diese Beschreibung die Strafvorschrift knüpft. Eine Strafandrohung aber käme nicht in Betracht, wenn die Verhaltensweise nicht rechtswidrig (und schuldhaft) wäre. Der besondere Teil des Strafgesetzbuches ist daher so zu lesen, als ob ihm die

Präambel vorgesetzt wäre: Im folgenden werden rechtswidrig-schuldhafte Verhaltensweisen beschrieben. Rechtswidrigkeit und Schuldhaftigkeit aber werden im allgemeinen nicht oder, wenn überhaupt, nur teilweise beschrieben. Die Schuldhaftigkeit kann nach der Schuldart oder nach der Intensität (Größe der Schuld) beschrieben werden. Die Rechtswidrigkeit kann nur durch Rechtsnormen beschrieben werden, die durch das Verhalten verletzt werden. Manchmal nimmt der Gesetzgeber das Wort „rechtswidrig" in den Gesetzestext mit auf[437]. Dieses Wort ist keine Tatbeschreibung, noch viel weniger eine Beschreibung der Rechtswidrigkeit, sondern ein bedeutungsloser Zusatz, weil es sich von selbst versteht, daß alle Tatbeschreibungen nur schuldhaftes Unrecht betreffen. Dasselbe gilt etwa von dem Wort „unbefugt". Es ist insofern eine ganz schwache Beschreibung der Rechtswidrigkeit, als es darauf hindeutet, daß eine Erlaubnis die Rechtswidrigkeit aufheben kann, was ja nicht bei allen Rechtswidrigkeiten möglich ist. Aber die Erlaubnis ist ja nur einer von vielen möglichen Gründen, die eine Rechtswidrigkeit aufheben können. Die Rechtswidrigkeit selbst wird durch solch ein Wort nicht beschrieben. Trotzdem ist der Tatbestand Beschreibung von Unrecht[438], also auch Beschreibung von Rechtswidrigkeit, nur daß diese Beschreibung nicht vollständig ist. Die Beschreibung ist so unvollständig, daß nicht allemal aus der Tatsache, daß eine konkrete Verhaltensweise unter eine Tatbeschreibung fällt, folgt, daß nun auch eine Rechtswidrigkeit und damit auch ein Tatbestand gegeben sei. Die Untersuchung der Rechtswidrigkeit erstreckt sich daher über die Tatbeschreibung hinaus. Die Unrechtsbeschreibung, die im Tatbestand liegt, gibt jedesmal eine typische Rechtswidrigkeit wieder, von der nur nicht alles, was die Rechtswidrigkeit ausmacht, auch beschrieben ist. Die typische Rechtswidrigkeit besagt, daß in den Fällen, die unter den Tatbestand fallen, das Unrecht als ein strafwürdiges anzusehen ist.

Die Technik der Unrechtsbeschreibung ist im großen ganzen die, daß der Tatbestand ein Rechtsgut angibt oder andeutet, welches durch die Strafvorschrift geschützt werden soll. Dies Rechtsgut wird sich in vielen Fällen als eine geschützte Rechtssphäre darstellen, als Eigentum, Vermögen, Besitz, als körperliche Integrität, als soziale Geltungssphäre (Ehre) usw. In diesen Fällen ist der Eingriff eine Rechtswidrigkeit, wenn nicht eine übergeordnete Berechtigung vorliegt. Diese Situation hat zu der Meinung geführt, als ob der Tatbestand die Rechtswidrigkeit „indiziere"[439]. Jedoch ist dieser

[437] Vgl. hierzu auch die Ausführungen Welzels in seinem Aufsatz „Der Irrtum über die Rechtmäßigkeit der Amtsausübung" JZ 1952 S. 19.

[438] Deshalb ist auch die Bezeichnung „Unrechtstatbestand" zutreffend. Da freilich die Unrechtsbeschreibung unvollständig ist, muß jeweils die Rechtswidrigkeit besonders festgestellt werden.

[439] Mezger, Lehrbuch 1931 S. 182ff. (184) erkennt richtig das Schiefe dieser Redeweise. Allerdings kehrt er selbst das richtige Verhältnis zwischen Tatbestand und Rechtswidrigkeit um, wenn er den Tatbestand die Grundlage der Rechtswidrigkeit nennt (§ 32 seines Lehrbuchs).

Ausdruck schon deswegen falsch, weil der Tatbestand die Rechtswidrigkeit nicht indiziert, sondern „i s t". Er ist eben beschriebenes Unrecht. Es hat auch wenig Sinn zu sagen, wenn schon nicht der Tatbestand, so indiziere doch wenigstens die Tatbeschreibung (also nur ein Moment des Tatbestandes). Dieses „Indizieren" begründet nicht die geringste Rechtsfolge, am wenigsten eine Vermutung. Wenn A den B willentlich getötet hat, dann ist noch nichts „indiziert", sondern vielmehr selbständig zu prüfen, ob das Verhalten rechtswidrig ist oder nicht. Daß die Prüfung dieser Frage im Wege eines Regel-Ausnahme-Verfahrens vor sich geht, ist nicht die Wirkung eines „Indizierens", sondern die Folge davon, daß viele Tatbestände (durchaus nicht alle!) die Beschreibung von Eingriffen in geschützte Rechtssphären sind. Es ist einfach so: Weil die Tatbeschreibung Beschreibung von Unrecht ist, so muß festgestellt werden, ob ein Unrecht gegeben ist, auf welches die Beschreibung paßt. Logisch müßte daher die Prüfung der Rechtswidrigkeit vor der Untersuchung der Frage stehen, ob die Verhaltensweise eine Tatbeschreibung erfüllt. Das würde etwa im Falle eines Diebstahls folgendermaßen aussehen: A hat dem B eine dem C gehörige Sache weggenommen und sich zugeeignet. Die Sache gehörte in die Besitzsphäre des B und in die Eigentumssphäre des C. Das Eindringen in beide Sphären war rechtswidrig, weil eine höhere Berechtigung nicht vorliegt. Das Verhalten des A war daher sowohl dem B als auch dem C gegenüber Unrecht. Es fragt sich, ob dieses Unrecht in einem strafrechtlichen Tatbestandes beschrieben worden ist. Das trifft zu in § 242 StGB. Es würde nun die Untersuchung folgen, inwiefern die Verhaltensweise des A die Tatbeschreibung des § 242 erfüllt hat. Bei dieser Untersuchung, die ja nichts anderes als eine Analyse der Verhaltensweise an Hand eines Vorbildes ist, würde also eine gleichlaufende doppelte Analyse des Geschehens stattfinden, die man sich sparen kann, wenn man die Analyse des Geschehens mit der Untersuchung des Tatbestandes und der Rechtswidrigkeit zu einer Einheit verbindet. Dies kann dadurch geschehen, daß man sogleich mit der Untersuchung der Tatbeschreibung beginnt. Logisch ist aber gegen die zuerst genannte Entwicklungsmethode nichts einzuwenden. Sie zeigt mit aller Deutlichkeit, was von dem Ausdruck „indizieren" zu halten ist. Die Tatbeschreibung indiziert nicht die Rechtswidrigkeit, sondern betrifft sie. Eine Nichtrechtswidrigkeit würde durch die Tatbeschreibung gar nicht betroffen werden. Wird also — gleichgültig in welchem Stadium der Untersuchung — festgestellt, daß Rechtswidrigkeit nicht vorliegt, dann fällt der Tatbestand aus.

Das negative Gegenbild zum „Eingriff in eine geschützte Rechtssphäre" sind die Rechtfertigungsgründe. Auf die Unterlassungs- und Fahrlässigkeitsdelikte paßt der Begriff „Rechtfertigungsgründe" gar nicht[440]. Bei diesen handelt es sich vielmehr um Unzumutbarkeitsgründe, die die Rechtspflicht entfallen lassen. Mit der Rechtspflicht entfällt dann auch die Rechtswidrigkeit der Unterlassung. Ist die Rechtswidrigkeit auf Grund eines Rechtfertigungsgrundes ausgeschlossen, dann ist damit festgestellt, daß die Verhaltensweise nicht rechtswidrig ist. In diese Feststellung mit eingeschlossen ist die Feststellung, daß der Tatbestand nicht erfüllt ist. Das Entfallen der Rechtspflicht und das Vorliegen eines Rechtfertigungsgrundes hat daher durchaus dieselbe Bedeutung, nämlich die, daß mangels Rechtswidrigkeit ein Tatbestand nicht erfüllt sein kann. Es verhält sich daher nicht so, als ob mit dem Rechtfertigungsgrund zwar die Rechtswidrigkeit, nicht aber die Tatbestandsmäßigkeit ausgeschlossen sei[441], ein Ergebnis, welches wir nunmehr wohl nicht mehr näher zu begründen brauchen.

Auch die Rede vom „wertfreien" Tatbestand paßt nicht mehr in unseren Zusammenhang. Diese Sprechweise beruhte auf der Annahme, daß der „Tatbestand" noch keine Bewertung darstelle, daß vielmehr die Bewertung erst mit dem Rechtswidrigkeitsurteil vorgenommen werde[442]. Der „wertfreie" Tatbestand ist das Gegenstück zum klassischen Schema. An der Vorstellung eines wertfreien Tatbestandes ist fast alles schief. Zunächst trifft es nicht zu, daß der Tatbestand das Objekt der Bewertung sei. Objekt der Bewertung ist allein die tatsächliche Verhaltensweise. Erfüllt diese einen Tatbestand, dann ist sie zugleich damit bewertet, und zwar als rechtswidrig und schuldhaft. Der Tatbestand ist so wenig wertfrei, daß er im Gegenteil selbst Ausdruck einer Bewertung ist. Mit der Aufstellung eines Tatbestandes sagt nämlich der Gesetzgeber: Ich bewerte die hier beschriebene Verhaltensweise als strafwürdiges Unrecht und erkläre sie deshalb für strafbar. Der Tatbestand ist daher nicht wertfrei, sondern der schärfste Ausdruck einer Wertung, und zwar zunächst einer abstrakten Wertung (im Hinblick auf mögliche Fälle). Die „Prüfung" der Rechtswidrigkeit — und was sollte das sogenannte Rechtswidrigkeitsurteil anderes sein als das Ergebnis einer solchen Prüfung — ist keine Bewertung, weder des Tat-

---

440 Bei den Unterlassungsdelikten handelt es sich um die Frage, ob die Rechtspflicht noch besteht. Bei den Fahrlässigkeitsdelikten entscheidet sich die Frage in der Regel bei der Prüfung der Verletzung der Sorgfaltspflicht.

441 So Welzel in seiner Schrift „Das neue Bild des Strafrechtssystems" S. 51.

442 Mezger (Lehrbuch 1931 S. 176) hat sehr präzise erkannt, daß der Tatbestand „der eigentliche Träger strafrechtlicher Unrechtsbewertung" sei. Man halte diesem richtigen Satz Mezgers den unrichtigen Satz Welzels (Um die finale Handlungslehre, S. 24) gegenüber: „Niemand wird mehr auf den Gedanken kommen, daß die Rechtswidrigkeit ein Tatbestandsmerkmal, also ein Teil der Wertung ist; sie kann es nicht sein, weil sie Bewertung des Tatbestandes ist." Gewiß ist die Rechtswidrigkeit nicht Teil des Tatbestandes, weil sie seine Substanz ist. Deshalb ist sie noch nicht Bewertung des Tatbestandes. Dieser selbst vielmehr ist Bewertung eines beschriebenen Verhaltens (eines Unrechts!) als strafwürdig. Und diese Bewertung wiederum ist der Grund dafür, die beschriebene rechtswidrige Verhaltensweise für strafbar zu erklären.

bestandes noch des Sachverhalts. Der Tatbestand ist selbst ein Wertbild, kann also nicht bewertet werden. Die Feststellung, daß eine Verhaltensweise rechtswidrig ist, beruht auf einem Vergleich zwischen einem „Vorstellungsbilde" und der Wirklichkeit. Daß dieser Vergleich als solcher keine Bewertung ist, erkennt man vielleicht am deutlichsten aus folgendem Beispiel: Man kann heute noch feststellen, ob etwa irgendeine Verhaltensweise bei den alten Römern als strafbares Unrecht anzusehen war. Niemand wird sich einfallen lassen, in einer solchen Feststellung eine Bewertung einer Verhaltensweise zu erblicken. Es handelt sich vielmehr nur um die Feststellung einer Bewertung. Die Feststellung von Unrecht als solche ist selbst dann keine Wertung, wenn sie auf Grund sogenannter normativer[443] Begriffe erfolgt. Auch dem normativen Begriff wird bei der Feststellung ein als gegeben gedachtes Vorstellungsbild zugrundegelegt und dieses mit der Verhaltensweise verglichen. Freilich kann mit der Feststellung zugleich auch eine Wertung verbunden sein, dann nämlich, wenn der Richter sich mit dem Gesetzgeber identifiziert. Dies geschieht aber auf keinen Fall bei der Feststellung des Tatbestandes, sondern erst bei der Strafbemessung. Überhaupt wertet der Jurist im allgemeinen viel weniger als der Laie, der sich über jede beliebige Rechtswidrigkeit empören kann und sie als großes oder kleines Unrecht zu bezeichnen pflegt. Im Strafrecht wird die Verhaltensweise erst gewertet, wenn es sich um die Bestimmung der Strafe handelt. Diese Ausführungen werden wohl hinreichen, um darzutun, was es mit der Behauptung für eine Bewandtnis hat, es gäbe einen wertfreien Tatbestand oder die Rechtswidrigkeit sei die Bewertung des Tatbestandes.

Die Rechtswidrigkeit bezieht sich auf die Verhaltensweise. Bei der Beurteilung eines Sachverhalts gemäß einem Tatbestand ist immer nur zu fragen, ob das Verhalten rechtswidrig ist. Das Verhalten ist aber nur dann rechtswidrig, wenn es eine Bestimmungsnorm des Rechts verletzt hat[444]. In diesem Zusammenhang gibt es keine „objektive" Rechtswidrigkeit in dem Sinne, als ob die Setzung einer Bedingung schon zur Feststellung der Rechtswidrigkeit ausreichte[445]. Zwischen der Rechtswidrigkeit und der Kausa-

[443] Unter solchen Begriffen werden z. B. „wider die guten Sitten", „grober Unfug", „ruhestörender Lärm" u. ä. verstanden.

[444] Das Verhalten ist immer nur dann rechtswidrig, wenn es rechtspflichtwidrig ist. Die Rechtswidrigkeit schon in dem bloßen Setzen einer einen „Erfolg" herbeiführenden Bedingung zu sehen, wie es am genauesten dem klassischen Schema entsprechen würde, ist sinnwidrig. Diese Erkenntnis beginnt sich durchzusetzen. Vgl. Niese, Finalität, Vorsatz und Fahrlässigkeit, S. 59.

[445] Der „objektiven" Rechtswidrigkeit müßte eine ausschließliche subjektive Pflichtwidrigkeit entsprechen. Beispiel: Ein Vorortzug überfährt einen Selbstmörder. Der Fahrer hat eine Bedingung für den Tod des Selbstmörders gesetzt. Das Todverursachen ist „objektiv" rechtswidrig (sofern ein Rechtfertigungsgrund nicht gegeben ist). Der Fahrer hat daher „objektiv" rechtswidrig, aber subjektiv nicht pflichtwidrig gehandelt. Daher ist lediglich die Schuld ausgeschlossen. Diese Konstruktion, die am meisten dem klassischen Schema entsprechen würde, ist ebenso

lität im hier vertretenen Sinne besteht ein enger Zusammenhang derart, daß der Begriff der Verursachung von der Möglichkeit der Rechtswidrigkeit abhängig ist. Verursacht ist ein Geschehnis nur dann, wenn der Eingriff in das Geschehen unter der Kategorie der Möglichkeit der Lenkung des Geschehens stand. Nur ein solches Verursachen kann überhaupt rechtswidrig sein. Der Ausschluß der Möglichkeit der Lenkung des Geschehens schließt mit der Rechtswidrigkeit und der Kausalität auch die Tatbestandsmäßigkeit aus. Aus dem gleichen Grunde schließt der „objektiv" unvermeidliche Irrtum, mag er den Sachverhalt oder das Recht betreffen, die Rechtswidrigkeit und damit auch die Tatbestandsmäßigkeit aus.

Dem äußeren Tatbestand, der die Sachverhalts- und Unrechtsbeschreibung in grundsätzlich untrennbarer Einheit umfaßt, steht der innere Tatbestand, der Unrechtsseite die Schuldseite gegenüber. Aber auch Unrechts- und Schuldseite stehen, wie wir gesehen hatten in einem prinzipiell untrennbaren Zusammenhang, indem nicht nur einmal die spezifisch beschreibenden Schuldmerkmale zugleich auch den personalen Unrechtsgehalt bestimmen, sondern auch die Rechtswidrigkeit von der Schuldmöglichkeit beeinflußt wird. Nur mehr aus traditionellen Gründen und um einer bequemeren Sprechweise willen, die sich vor allem auf die Anwendung eines verminderten Verbrechensbegriffes beim Ausschluß der Zurechnungsfähigkeit bezieht, sparen wir die Momente, die die Zurechnungsfähigkeit und darüber hinaus die konkret-individuelle Leistungsfähigkeit der Einsicht und des Wollens (bei der Beurteilung der Fahrlässigkeit) betreffen, aus der Rechtswidrigkeit ganz aus. Die Gegenbezüglichkeit von Rechtswidrigkeit und Schuld wird namentlich, wie erwähnt, bei dem objektiv unvermeidlichen Irrtum aller Arten deutlich erkennbar. Da sich die Rechtswidrigkeit eines Verhaltens nur aus der Rechtspflichtwidrigkeit ergeben kann, weil der Rechtsvorwurf des rechtswidrigen Verhaltens nicht erhoben werden kann, wenn dem Träger des Verhaltens die Verletzung irgendeiner Rechtspflichtnorm nicht nachgewiesen werden kann, dann kann auch von einer Rechtswidrigkeit des Verhaltens nicht gesprochen werden, es sei denn, daß der Begriff Rechtswidrigkeit jegliche Bestimmbarkeit verliert und sich in einer nebulösen „objektiven" Rechtswidrigkeit verflüchtigt. Daß die Rechtswidrigkeit immer eine objektive Gegebenheit ist, versteht sich von selbst und wird auch nicht durch die Auffassung in Frage gestellt, die die Rechtswidrigkeit eines Ver-

falsch wie dieses selbst. Daß die Pflichtwidrigkeit in Wahrheit nur eine Rechtspflichtwidrigkeit sein kann, haben u. a. Mezger, Die subjektiven Unrechtselemente, GS 89 S. 205 ff. (251 f.) und M. E. Mayer, Glossen zur Schuldlehre, in ZStW 32 S. 492 ff. (497 ff.) betont. Trennt man die „objektive" Rechtswidrigkeit und die „subjektive" Pflichtwidrigkeit und setzt man beide als „objektive" und „subjektive" Rechtswidrigkeit, dann käme man in dem vorher angeführten Beispiel zu folgendem Ergebnis: Der Fahrer hat sich „objektiv" rechtswidrig und „subjektiv" nicht rechtswidrig verhalten, was eine ganz schiefe Vorstellung des Begriffes Rechtswidrigkeit darstellt. In wessen Verhalten nicht ein Fünkchen Rechtspflichtwidrigkeit festgestellt werden kann, der kann sich auch nicht rechtswidrig verhalten haben.

haltens allein in der Rechtspflichtwidrigkeit erblickt; denn selbstverständlich sind auch die Rechtspflichten „objektive". Diese Erkenntnis setzt sich langsam, wenn auch gleichsam nur widerwillig, durch. Während also beim objektiv unvermeidlichen Irrtum die Rechtswidrigkeit ausgeschlossen ist, halten wir die Trennung zwischen Rechtswidrigkeit und Schuld bei dem subjektiv unvermeidlichen Irrtum aufrecht. Dieser schließt daher nur die Schuld aus, obwohl dies bestreitbar wäre.

Die innere Tatseite differenziert sich nach Wollen-Nichtwollen-Möglichkeit des Wollens, (aktuelles) Bewußtsein-Nichtbewußtsein-Möglichkeit des Bewußtseins, Kenntnis-Nichtkenntnis-Möglichkeit der Kenntnis, sowie nach Einstellung (Motivation), Gesinnung, rechtzeitiger Einstellung auf zukünftige Möglichkeiten). Das Wollen-Nichtwollen-Möglichkeit des Wollens bezieht sich auf die Verwirklichung bzw. auf die Vermeidung der Verwirklichung eines Tatbestandes, das Bewußtsein-Nichtbewußtsein-Möglichkeit des Bewußtseins auf tatsächliche Gegebenheiten oder Nichtgegebenheiten, Kenntnis-Nichtkenntnis-Möglichkeit der Kenntnis auf das Recht und seine Bedeutung, sowie die innere Einstellung auf die Haltung gegenüber dem Recht und den Rechtsgütern. Freilich darf man an diese Einteilung nicht allzuhohe Anforderungen stellen.

Bei den vorsätzlichen Delikten muß sich in der Regel (von den Ausnahmefällen wollen wir absehen[446]) die innere Tatseite mit der äußeren decken. Aber es fragt sich doch, wieweit im einzelnen. Die Lehre, die dies im einzelnen untersucht, ist die Irrtumslehre. Sie gehört nicht in ihren Einzelheiten zu den Grundlagen der Zurechnungslehre. Nur deswegen, weil gegenwärtig das Interesse so stark der Irrtumslehre zugewandt ist, soll hier wenigstens ein ganz kurzer Überblick gegeben werden. Da über diese Lehre keine Klarheit zu gewinnen ist, wenn man nicht wenigstens annähernd die Möglichkeiten der Fallgruppen übersieht, beginne ich mit der Aufzählung der möglichen Gruppen von Fällen in der Hoffnung, keine Gruppe übersehen zu haben. Anschließend sollen die einzelnen Gruppen mehr oder weniger kurz erläutert werden.

A. Der Sachverhaltsirrtum.

I. Der faktische Irrtum: Die Nichtübereinstimmung zwischen Wahrnehmung und (faktischer) Wirklichkeit
   1. betreffend die Merkmale der Tatbeschreibung,
   2. betreffend die tatsächlichen Voraussetzungen einer Berechtigung (eines Rechtfertigungsgrundes).

II. Der reale Bedeutungsirrtum: Die Nichtübereinstimmung zwischen Bedeutungserkenntnis realen Seins oder Geschehens und der objektiven (sozialen oder rechtlichen) Bedeutung dieses Seins oder Geschehens

---

[446] Ausnahmen sind die sogenannten objektiven Bedingungen der Strafbarkeit.

1. betreffend Merkmale der Tat- oder Rechtswidrigkeitsbeschreibung,
2. betreffend die tatsächlichen Voraussetzungen einer Berechtigung (eines Rechtfertigungsgrundes).

III. Der reale Rechtsbezugsirrtum: Der Irrtum über die tatsächliche Zugehörigkeit (Nichtzugehörigkeit) von Gegenständen oder Vorgängen unter eine Rechtsbeziehung.

IV. Der Rechtsgeltungsirrtum: Der Irrtum über die Existenz oder Nichtexistenz (über die tatsächliche Geltung) einer Rechtsbeziehung.

B. Der Irrtum über die Bedeutung des Unrechtstatbestandes.

I. Der Irrtum über Begriffe des Unrechtstatbestandes
1. Der zu weite Begriff
a) bei Verwirklichung der Tatbeschreibung,
b) bei Nichtverwirklichung der Tatbeschreibung.
2. Der zu enge Begriff
a) bei Verwirklichung der Tatbeschreibung,
b) bei Nichtverwirklichung der Tatbeschreibung.

II. Unkenntnis von Tatbestandsmerkmalen
1. Die fälschliche Erweiterung des Tatbestandes
a) bei Verwirklichung der Tatbeschreibung,
b) bei Nichtverwirklichung der Tatbeschreibung.
2. Die fälschliche Verengung des Tatbestandes
a) bei Verwirklichung der Tatbeschreibung,
b) bei Nichtverwirklichung der Tatbeschreibung.

III. Der Irrtum über die Bedeutung von normativen Verweisungsbegriffen
1. Die Vorstellung, daß die objektive Wertung strenger sei, als es ihr entspricht
a) bei Verwirklichung der Tatbeschreibung,
b) bei Nichtverwirklichung der Tatbeschreibung.
2. Die Vorstellung, daß die objektive Wertung milder sei
a) bei Verwirklichung der Tatbeschreibung,
b) bei Nichtverwirklichung der Tatbeschreibung.

C. Der Verbotsirrtum

I. Die Unkenntnis einer Verbotsnorm
1. die zu kennen eine besondere Rechtserfahrung erforderlich ist,
2. die sich aus den sittlichen Grenzen ergibt.

II. Die irrtümliche Annahme einer Verbotsnorm
1. wenn sie nicht vorliegt,
2. wenn eine Berechtigung gegeben ist
a) und diese nur objektiv begründet ist
b) oder auch subjektiv begründet ist.

III. Der Irrtum über eine Erlaubnisnorm
   1. Der Irrtum über den Bestand dieser Norm
      a) der Irrtum beruht auf unzulänglicher Rechtserfahrung,
      b) der Irrtum führt zur Überschreitung der sittlichen Grenzen.
   2. Der Irrtum über die Grenzen dieser Norm
      a) der Irrtum beruht auf unzulänglicher Rechtserfahrung,
      b) der Irrtum beruht auf der Überschreitung der sittlichen Grenzen.

Diese verschiedene Irrtumsgruppen sind auf ihre rechtliche Beurteilung und Behandlung zu untersuchen. Alle die genannten Irrtumsarten beziehen sich auf den vermeidbaren Irrtum; denn die rechtliche Wirkung des unvermeidlichen Irrtums, soweit er im Sinne des gesetzlichen Tatbestandes überhaupt wesentlich ist, ist bereits erörtert worden. Die Einschränkung auf die Wesentlichkeit des Irrtums gilt auch für den vermeidbaren Irrtum. Im folgenden wird daher die Wesentlichkeit des Irrtums vorausgesetzt. Erheblich ist ein Irrtum dann, wenn die rechtliche Beurteilung eines Sachverhalts eine andere wäre, sofern die irrtümliche Annahme des sich Verhaltenden zuträfe. Die Reihenfolge unserer nachfolgenden Erörterungen entspricht der gegebenen Übersicht.

A. Der Sachverhaltsirrtum

I. Der faktische Irrtum: Die Nichtübereinstimmung zwischen Wahrnehmung und (faktischer) Wirklichkeit

Von faktischer Wirklichkeit sprechen wir deshalb, weil auch die tatsächliche Bedeutung einer Faktizität als Realität angesehen werden kann. In Klammern haben wir das Wort „faktisch" gesetzt, weil es sich gegenüber dem Begriff „Wahrnehmung" von selbst versteht. Dieser Mann, der da, mit einer Robe bekleidet, in einem Gerichtssaal sitzt, ist kein Richter. Er spielt nur Richter. etwa in einem Filmstück. Hier beschränkt sich die Wahrnehmung auf das, was gesehen, gehört usw. wird. Ein faktischer Irrtum liegt nicht vor, wohl aber ein Irrtum über die faktische Bedeutung. Daß der Mann kein Richter ist, ist streng genommen keine Feststellung einer Realität, sondern die Verneinung einer Realität. Aber wir nehmen diese Feststellungen wie Feststellungen einer Realität.

Faktische Irrtümer sind: Ein Baum wird für einen Menschen gehalten oder umgekehrt, Verwechslung von Personen oder Dingen.

1. Der Irrtum, der tatsächliche Umstände, bezogen auf ein Tatbestandsmerkmal, betrifft.

Bei Nichtkenntnis solcher Umstände ist Vorsatz ausgeschlossen und Tatfahrlässigkeit zu prüfen. Bei fälschlicher Annahme solcher Umstände liegt nach der subjektiven Versuchstheorie untauglicher Versuch vor.

2. Der Irrtum über die tatsächlichen Voraussetzungen einer Berechtigung (eines Rechtfertigungsgrundes).

Welzel behandelt diesen Irrtum als Verbotsirrtum[447]. Nun irrt sich z. B. ein Lehrer, der infolge einer Personenverwechslung einen unschuldigen Schüler züchtigt, nicht über ein Verbot. Er weiß, daß er ohne Züchtigungsrecht nicht züchtigen darf. Der Vorwurf, der ihn trifft, geht nicht dahin, daß der Täter sich über seine Berechtigung hätte informieren sollen, sondern dahin, daß er sachlich nicht mit der erforderlichen Aufmerksamkeit zuwege ging, daß er nicht „genügend aufgepaßt hat". Hat man sich dazu entschlossen, zwischen beiden Vorwürfen einen Unterschied zu machen, dann kann man hier den prinzipiellen Unterschied nicht leugnen. Nur weil die finale Handlungslehre von einem anderen Vorsatzbegriff ausgeht, gelangt sie zu einem anderen Ergebnis. Lehnt man den „wertfreien" Vorsatzbegriff der finalen Handlungslehre ab, dann entfällt der Zwang, hier von Vorsatz zu reden. Es besteht weder ein Grund, Rechtsfahrlässigkeit anzunehmen, wo ein Irrtum über den Sachverhalt vorliegt, noch ein Grund, Verbotsirrtum anzunehmen, wo der Irrtum nicht die Frage der Berechtigung betrifft. Wollte man den Verbotsirrtum so weit ausdehnen, dann würde er auch vorliegen, wenn jemand bei seiner Tat einen Menschen für einen Baum hält; denn auch dieser Täter hätte nicht gewußt, daß er in diesem Fall nicht schießen darf. Das kann aber nicht der Sinn des Begriffes „Verbotsirrtum" sein.

II. Der reale Bedeutungsirrtum: Die Nichtübereinstimmung zwischen der Bedeutungserkenntnis realen Seins oder Geschehens und der objektiven wahren (sozialen oder rechtlichen) Bedeutung.

Diese Fälle tauchen häufig bei der Verwechslung von Spiel und Ernst, bei bewußten Irreführungen durch Dritte, bei sonstigen Irrtümern, die im sich Irrenden ohne äußere Veranlassung entstanden sind, auf. Auch der reale Bedeutungsirrtum kann sich auf die tatsächlichen Voraussetzungen einer Berechtigung beziehen, so z. B., wenn ein verdächtiges Verhalten fälschlich für einen Angriff gehalten wird. Auch hier ist es gleichgültig, ob der Irrtum die tatsächlichen Voraussetzungen einer Berechtigung oder Merkmale des engeren Tatbestandes betrifft. Die letzteren Fälle sind fast noch mehr umstritten als die zuerst genannten[448]. Die Behandlung dieser Fälle ist in der Tat deswegen sehr schwierig, weil sich hier das Irrtumsproblem mit anderen ebenfalls schwierigen Problemen, nämlich dem des untauglichen Versuchs und dem etwas fragwürdigen Begriff der objektiven Bedingung der Strafbarkeit mischt[449]. Verfehlt wäre es nun, die Lösung durch eine Modifizierung der Irrtumslehre zu versuchen. Dadurch würde diese Lehre theoretisch auf keine sichere Grundlage zu stellen sein. Ein realer Bedeutungsirrtum liegt etwa

---

[447] Das neue Bild des Strafrechtssystems S. 51.

[448] Das gilt insbesondere für die Eidesdelikte. Vgl. Welzel, Der Irrtum über die Zuständigkeit einer Behörde, JZ 1952 S. 133ff. (134f.).

[449] Vgl. Niese, Wahnverbrechen oder untauglicher Versuch bei falschen eidesstattlichen Versicherungen vor unzuständigen Behörden?, NJW 1949 S. 812ff.

in folgenden Fällen vor: Jemand schwört vor einem vermeintlichen Richter vorsätzlich einen falschen Eid; jemand leistet einem vermeintlichen Vollstreckungsbeamten bei vermeintlich rechtmäßiger Amtshandlung Widerstand. In diesen Fällen wird zwar die Realität wahrnehmungsmäßig richtig aufgenommen, aber in ihrer realen Bedeutung verkannt. Hierbei ist es gleichgültig, ob das wirkliche Geschehen seine Bedeutung aus der Sphäre des Sozialen oder des Rechts erhält; in jedem Fall wird der gegebene Sachverhalt nicht in seiner realen (objektiven) Bedeutung erkannt, in keinem Fall wird hierbei das Recht verkannt (und die Fälle, in denen das Recht verkannt wird, gehören nicht hierher). Auch hier kann von einem Verbotsirrtum nicht gesprochen werden (wenn er nicht etwa noch nebenher vorliegt; denn es kann durchaus vorkommen, daß mehrere Irrtumsarten nebeneinander gegeben sind. Ehe man zur Entscheidung kommt, müssen dann diese verschiedenen Irrtümer richtig analysiert worden sein). Wer vor einem vermeintlichen Richter vorsätzlich falsch schwört, weiß, daß er vor einem Gericht nicht falsch schwören darf[450]. Wollte man den realen Bedeutungsirrtum nicht als Sachverhaltsirrtum behandeln, dann verwickelt man sich notwendig in die schwierigsten Widersprüche, die die Irrtumslehre unbegreiflich machen müssen. Man endet dann bei einem unübersehbaren Fallrecht. Der reale Bedeutungsirrtum ist wie der sonstige Sachverhaltsirrtum zu behandeln, d. h. bei fälschlicher Annahme einer Bedeutung untauglicher Versuch (vorausgesetzt, daß die subjektive Versuchslehre als richtig angesehen wird), im anderen Fall Ausschluß des Vorsatzes und bloße Tatfahrlässigkeit, wo Fahrlässigkeit überhaupt gegeben. Hat man bei den sich hier ergebenden Lösungen Hemmungen, kann jedenfalls der Fehler nicht bei der Irrtumslehre stecken, vielleicht bei der Versuchslehre, vielleicht bei der Lehre von den objektiven Bedingungen der Strafbarkeit[451].

---

[450] Welzel a. a. O. trennt nicht scharf genug hinsichtlich des Irrtums über die Zuständigkeit und des realen Bedeutungsirrtums, wenn jemand glaubt, vor einem Richter zu stehen (JZ 1952 S. 134 f.).

[451] Welzel verkennt m. E. a. a. O., daß es sich gar nicht um den Irrtum über ein Rechtspflichtmerkmal handelt, wenn jemand glaubt, vor einem Richter zu stehen. Vgl. Anm. 431. Auch wer sich fälschlich für einen Beamten hält, irrt nicht über die besondere Verpflichtung eines Beamten. Seine Ansicht, daß für einen Beamten gesteigerte Verpflichtungen bestehen, ist durchaus berechtigt. Aber er fällt eben nicht unter diese Kategorie. Man kann daher auch nicht mit dem Begriff des Wahnverbrechens arbeiten, wie Welzel will, und hat es bisher auch nicht getan. Aber man hat die Lehre vom untauglichen Versuch eingeschränkt, indem man sich auf den Standpunkt stellte — ob zu Recht oder Unrecht, sei dahingestellt —, daß der besondere Pflichtenkreis auch objektiv gegeben sein müsse, wenn die gesteigerte Verantwortlichkeit eintreten solle. Man hat es also nicht als ausreichend angesehen, daß diese gesteigerte Verantwortlichkeit nur in der Vorstellung des Täters bestand. Das ist eine klare Abweichung von der subjektiven Versuchstheorie, die aber viel für sich hat, zumal diese Theorie ohnehin den Bogen schon erheblich weit spannt. Ähnlich könnte man die Sache auch bei den Eidesdelikten angreifen, indem man verlangt, daß objektiv die besondere Pflichtenlage gegeben ist, also das Stehen vor einer zuständigen Behörde. Darin aber würde keine Modifizierung der Irrtumslehre, sondern der Versuchslehre liegen.

III. Der reale Rechtsbezugsirrtum

Bei ihm wird ein bestimmter Gegenstand oder Vorgang fälschlich unter eine bestimmte Rechtsbeziehung gebracht, z. B.: A glaubt, eine konkrete Sache gehöre dem B, während sie dem C gehört, oder A glaubt, dieser konkrete Beamte gehöre zur Behörde X, während er zur Behörde Y gehört. Dieser Irrtum ist kein Rechtsirrtum, sondern ein Irrtum über die tatsächliche Zugehörigkeit eines Gegenstandes oder Vorganges unter eine Rechtsbeziehung. Das Recht ist bekannt, nur die Beziehung des Gegenstandes oder Vorganges zu einem Rechtsverhältnis wird nicht erkannt. Dieser Irrtum ist ein Sachverhaltsirrtum und als ein solcher zu behandeln.

IV. Der Rechtsgeltungsirrtum

A liest ein Testament, ersieht daraus, daß B der Erbe ist, erkennt aber nicht, daß das Testament wegen eines Formmangels ungültig ist. Von anderen Rechtsgebieten aus gesehen, kann ein solcher Irrtum auch ein Subsumtionsirrtum sein. Strafrechtlich darf dieser Irrtum aber nicht verwechselt werden mit einem Irrtum über einen für ein Tatbestandsmerkmal wesentlichen Begriff. Wer glaubt, daß jemand durch bloßen Kauf ohne Übergabe und ohne Vereinbarung eines Besitzmittlerverhältnisses Eigentümer geworden sei, braucht sich deshalb über den Begriff „Eigentum" und „fremd" nicht unklar zu sein. Strafrechtlich muß aber ein Unterschied gemacht werden zwischen einem Irrtum über den Rechtsbegriff „Eigentum" und einem Irrtum über das Recht hinsichtlich der Frage, wie man Eigentum erwirbt. Ein Rechtsirrtum ist beides. Aber beim Irrtum über den Eigentumsbegriff würde sich jemand über die Bedeutung des Tatbestandes Diebstahl geirrt haben, während er sich bei dem Irrtum über den Erwerb des Eigentums nicht über den Tatbestand, sondern über einen Rechtssachverhalt, wie man sagen könnte, geirrt haben würde. Dieser Irrtum ist wie ein Sachverhaltsirrtum zu behandeln.

Offensichtlich ist es diese Irrtumsgruppe, die dahin drängt, einen Unterschied in den Begriffen „strafrechtlicher" und „außerstrafrechtlicher" Irrtum zu suchen. Und doch kann gerade jenes Beispiel über Begriff des Eigentums und Beurteilung des Erwerbsaktes gut zeigen, daß jene Unterscheidung gar nicht wesentlich sein kann. Beides sind Irrtümer über Rechtsbegriffe des Zivilrechts. Man kann auch nicht den Begriff Eigentum in ein Strafrechtseigentum umdeuten, was ja tatsächlich versucht worden ist (z. B. besonders bei dem Begriff „Urkunde") und die Verwirrung nur vermehrt hat[452]. Und doch ist an der Sache ein richtiger Kern. Wenn ein außerstrafrechtlicher Begriff den Tatbestand konstituiert, dann kann die Verkennung dieses

---

[452] Daß gewisse Begriffe, wie auch der Urkundenbegriff, im Strafrecht spezifische Bedeutungen annehmen kann, soll hiermit nicht bestritten werden. Aber diese Bedeutungen sind nicht geeignet für die Unterscheidung eines strafrechtlichen und außerstrafrechtlichen Irrtums.

Begriffes eine Verkennung der Bedeutung des Tatbestandes sein. Dieser Irrtum aber ist niemals ein Sachverhaltsirrtum.

B. Der Irrtum über die Bedeutung des Unrechtstatbestandes.

Der Satz, daß der Vorsatz alle Merkmale des Tatbestandes — soweit sie überhaupt den Vorsatz berühren — umfassen müsse, ist sehr problematisch wie auch der weitere Satz, daß der Täter einen Tatbestand in seiner Begrifflichkeit nicht zu kennen brauche. Die Tatbestandsmerkmale sind Begriffe. „Im allgemeinen“ mag es richtig sein, daß der Täter sein Verhalten nicht unter Begriffe zu subsumieren braucht. Er braucht weder zu wissen, daß es „so etwas“ wie Straftatbestände gibt, noch, daß sein Verhalten unter einen bestimmten Tatbestand fällt, noch überhaupt, daß sein Verhalten strafbar sei, noch, aus welchen Begriffen ein Tatbestand besteht, nach dem er sich strafbar gemacht hat. Es ist daher ohne Bedeutung, ob der Täter Elektrizität für eine Sache und Gas für keine Sache hält, ob er schon etwas von einem Begriff „Urkunde“ gehört hat und was er sich darunter vorstellt, ob er ein Kennzeichen für eine Urkunde oder „das Loch in der Fahrkarte“ für keine Urkunde hält. Andererseits muß der Täter doch „irgendetwas“ wissen, verstehen. Die Begriffe sind es — im allgemeinen — jedenfalls nicht, ja nicht einmal immer ihre Bedeutung. So braucht der Täter z. B. den Sachbegriff überhaupt nicht zu kennen. Wer unberechtigt Elektrizität entnimmt, braucht nicht zu wissen, daß an den Begriff Sache irgendwelche rechtlichen Folgerungen geknüpft sind. Verhält es sich so im allgemeinen, so kann es im besonderen wieder ganz abweichende Grundsätze geben. Es kann gerade auf die genaue Begriffserkenntnis ankommen. Dem Problem, das hier vorliegt, können wir nur durch Unterscheidungen auf die Spur kommen. Deshalb wollen wir zwei Gruppen bilden, die eine, die wir die allgemeine Rechtssituation nennen können, in der es auf die Kenntnis der Begrifflichkeit nicht ankommt, und die besondere Rechtssituation, in der es gerade auf sie ankommt.

Zur Analyse der allgemeinen Rechtssituation sollen folgende Fragen gestellt werden: Welche Vorstellungen muß jemand haben, um sich nach einem Straftatsbestand verantwortlich zu machen? Wie ist der Fall zu beurteilen, wenn er diese Vorstellungen hat, wie, wenn er sie nicht hat? Wie aber, wenn er sie nach seinen geistigen Fähigkeiten hätte haben können? Genügen ganz unbestimmte Vorstellungen eines Unrechttuns oder bedarf es eines spezifischen Unrechtsbewußtseins? Woraus leiten sich die unbestimmten, woraus die spezifischen Unrechtsvorstellungen ab? Nicht alle diese Fragen sollen auch beantwortet werden.

Bei der Beantwortung dieser Fragen pflegt man sich oft mit recht allgemeinen Andeutungen zu begnügen wie etwa mit dem Hinweis auf die „Parallelwertung in der Laiensphäre“. So richtig dieser Hinweis in vielen Fällen auch sein mag, so treten die wahren Prinzipien doch nicht mit genügender Klarheit hervor. Für die Irrtumslehre sind aber diese Prinzipien eine sehr bedeutsame Grundlage, die nicht im Undeutlichen verdämmern darf, wenn man der Sache um einiges näher kommen will.

Hinsichtlich der allgemeinen Rechtssituation soll zuerst die Frage zu beantworten versucht werden, aus welchen Quellen jene allgemeine und unbestimmte Vorstellung, ein Verhalten sei nicht recht, gespeist wird. Man kann vielleicht drei Quellen für die allgemeine Vorstellung des Unrechten angeben unter einer Grundvoraussetzung: daß das Zusammenleben mit anderen Menschen grundsätzlich bejaht wird. Der Grund dieser Bejahung kann ein rationaler sein: weil es zweckmäßiger ist, zusammen als gegeneinander zu leben, oder ein irrationaler: weil alle Menschen (oder eingeschränkt: zu einer bestimmten Gruppe gehörige Menschen) sich innerlich verbunden, als zu einer größeren Familie gehörig fühlen. Das Zusammenleben dieser Familie kann wieder in zwei Formen gedacht werden, „genossenschaftlich" als „Brudergemeinschaft" oder „hierarchisch" als unter einem Oberhaupt stehend. Aus diesen drei Grundformen des Zusammenlebens entwickeln sich die Vorstellungen von dem, was recht und was unrecht ist, was sein soll und was nicht sein soll. Diese drei Grundformen oder Grundbilder sind die wesentlichen Quellen der Rechts- und Unrechtsvorstellungen: die Gesellschaft, die genossenschaftliche und die hierarchische Gemeinschaft[453]. Für die Gesellschaft gilt der Grundsatz: „Was du nicht willst, daß man dir tu', das füge keinem andern zu." Für die genossenschaftliche Gemeinschaft: „Laßt uns wie Brüder miteinander leben." Für die hierarchische Gemeinschaft gilt der Grundsatz der Pietät oder, ideal gesehen, der Frömmigkeit. Die Grundsätze der genossenschaftlichen Gemeinschaft können weitgehend rationalisiert werden. Bei der hierarchischen Gemeinschaft dagegen werden religiöse (weltanschauliche) Werte, gepflegt in einer lebendigen Tradition, eine erhebliche Rolle spielen. Diesen Werten wird bereits eine gewisse Spezifität innewohnen.

Aus diesen drei Grundbildern, die nicht getrennt zu denken sind, sondern eine Einheit bilden, bei der jeweils das eine oder andere Moment mehr hervortritt, folgt die große Masse jener unbestimmten Vorstellungen des Rechtlichen und Nichtrechtlichen, ohne daß jemand eine konkrete Rechtsvorstellung zu haben braucht. Am engsten an das Gewordene (an die Tradition) gebunden wird das Rechtsbewußtsein bei der hierarchischen Gemeinschaft sein, weswegen man im Fluidum dieser Gemeinschaft aufgewachsen sein muß, um Recht

---

[453] Die große Bedeutung der grundlegenden Strukturformen menschlichen Zusammenlebens, insbesondere die beiden Grundbilder der Gesellschaft und der Gemeinschaft, für das Verständnis des Rechts und gewisser immer wiederkehrender Theorien, sowie für die Auslegung der Gesetze hat mein hochverehrter Lehrer, Herr Professor Tesar in seinen Vorlesungen über die Geschichte des Strafrechts, über Rechtsphilosophie und in zahlreichen Diskussionen in den strafrechtlichen Seminaren immer wieder betont. Meine eigene Doktordissertation „Der materiale Gehalt des Verbrechens", Hamburg 1949 hat diese Fragen in größerer Breite behandelt.

und Unrecht zu kennen. Dagegen hat bei der Gesellschaft der Vorstellungskreis die Tendenz der Ausdehnung. Das liegt daran, daß jeder Mensch als gleich genommen werden kann. Bei der genossenschaftlichen Gemeinschaft ist beides möglich: die Beschränkung auf einen engen Gemeinschaftskreis oder die Ausdehnung auf immer größere Kreise bis zur Menschheit, wenn das hierarchische Prinzip bis zum Weltengott gesteigert wird und dadurch alle Menschen zu Brüdern werden.

Das unbestimmte Unrechtsgefühl wird nun kaum ausreichen, um jemand für ein tatbestandliches Unrecht verantwortlich zu machen. Es wird wohl immer eine Spezifität der Unrechtsvorstellung vorausgesetzt werden. Diese Besonderheit der Unrechtsvorstellung hat zwei Wurzeln, von denen wir die eine bereits kennengelernt haben: Es ist das Unrecht, welches in der Verletzung der sittlichen und religiösen (weltanschaulichen) Werte besteht, wie sie sich vor allem in der hierarchischen Gemeinschaft „organisch" oder „historisch" entwickelt haben. Diese sittlichen Anschauungen, in die der Mensch hineinwächst, erstrecken sich häufig über einen ganzen Kulturkreis, manchmal sogar über mehrere hinweg und spezialisieren sich mehr und mehr in den engeren Gemeinschaften. Der Mensch wächst in solche Wertwelten ganz unmerklich hinein. In ihnen differenziert sich auch das Unrechtsbewußtsein. Es handelt sich in der Regel um solche Delikte, bei denen der Aktunwert den Erfolgsunwert überwiegt. Die zweite Wurzel des spezifischen Unrechtsgefühls ist die Vorstellung der rechten Ordnung. In der Ordnungsvorstellung konkretisiert sich die unbestimmte Unrechtsvorstellung. Zu Vorstellungen dieser Art gehören etwa folgende: Es geht nicht an, daß jeder sein vermeintliches Recht mit Brachialgewalt durchsetzt; man muß sich darauf verlassen können, daß rechtsbedeutsame Erklärungen auch von dem herstammen, der als ihr Urheber in Erscheinung tritt; usw. Die Vorstellung der rechten Ordnung fließt unmittelbar aus der Voraussetzung eines geordneten Zusammenlebens. Bejaht man dies prinzipiell, dann bejaht man auch die rechte Ordnung. Die geistigen Anforderungen bei der Vorstellung der rechten Ordnung sind denkbar gering. Sie sind jedem erwachsenen und nicht ausgesprochen schwachsinnigen Menschen zugänglich. Allerdings sind sie nicht bei jedem Delikt in gleich einfacher Weise nachvollziehbar. Nicht notwendig ist es, daß diese Ordnungsvorstellungen von jemand bei seinem Verhalten analysiert werden. Es genügt, daß sie da sind, daß sie als geistiger Gesamtbesitz da sind, ohne daß bei der Tat das aktuelle Bewußtsein darauf hätte gerichtet sein müssen.

Wie weit man bei den einzelnen Tatbeständen eine Spezifität des Unrechtsbewußtseins fordern soll, wird nur in Einzeluntersuchungen herausgearbeitet werden können. Wir müssen diese Frage auf sich beruhen lassen. Uns mag die Einsicht genügen, daß die Formeln: der Vorsatz müsse alle Tatbestandsmerkmale umfassen, der Täter brauche die Begrifflichkeit der Tatbestandsmerkmale nicht zu kennen, es komme auf die Parallelwertung in der Laiensphäre an, das hier vorliegende schwierige Problem nicht zu bewältigen vermögen.

Hat der Täter die vorausgesetzte Bedeutungserkenntnis nicht, dann wird in aller Regel auch ein unvermeidlicher Irrtum oder eine unvermeidliche Unkenntnis vorliegen, weil wir die Bedeutungserkenntnis in ihren Grundlinien bis auf den Grund der Persönlichkeit zurückverfolgt haben. Die Frage, wie die Fälle zu beurteilen sind, in denen der Täter die erforderliche Bedeutungserkenntnis nicht hatte, aber bei genügender Anspannung seiner geistigen Fähigkeiten hätte haben können, müssen wir ebenfalls auf sich beruhen lassen. Es ist möglich, daß auch hier Unterschiede denkbar sind. Im allgemeinen jedenfalls wird Bedeutungsunkenntnis den Vorsatz ausschließen, während es eine diffizilere Frage ist, ob in allen Fällen auch Rechtsfahrlässigkeit in Betracht kommt.

Die hier gemeinte Unkenntnis der Bedeutung darf nicht mit der realen Bedeutungsunkenntnis verwechselt werden. Wer ein Kennzeichen für eine Urkunde hält, weil er die tatsächlichen Zusammenhänge nicht kennt, befindet sich nicht in einem Irrtum über die Bedeutung des Tatbestandes, sondern über die Bedeutung eines Sachverhalts. Solch ein Bedeutungsirrtum liegt aber vor, wenn jemand glaubt, eine falsche eidesstattliche Versicherung sei lediglich wegen der falschen Beteuerung strafbar, also auch, wenn sie gegenüber einer Privatperson abgegeben werde. Ein anderes Beispiel: Ein Vater habe den Geschlechtsverkehr seiner Tochter mit ihrem Verlobten geduldet in der Meinung, es sei verboten, uneheliche Kinder zu erzeugen, aber in Unwissenheit darüber, daß die Förderung eines solchen Verkehrs durch die Eltern als eine schwere Verfehlung angesehen wird.

Nicht in allen Fällen läßt sich das Unrechtsbewußtsein so unmittelbar auf die drei Grundformen des Zusammenlebens und auf die Vorstellung der rechten Ordnung zurückführen[454]. Damit kommen wir zur besonderen Rechtssituation. Sie besteht darin, daß der Rückschluß von den Grundvorstellungen auf ein Unrecht sich nicht so einfach vollziehen läßt. Das hat seinen Grund darin, daß die rechtliche Ordnung in einer stark differenzierten Kultur oder Zivilisation derart differenziert und spezialisiert ist, daß die unmittelbare Einsicht in den konkreten Ordnungszusammenhang und in den spezifischen Ordnungswillen des Rechts verloren geht. Das gilt heute vor allem für die zahlreichen strafrechtlichen Nebengebiete. Dort wird die Verbotsnorm manchmal identisch sein mit der Strafnorm,

[454] Die Unterscheidung, die hier gemacht wird, ist zwar in der Art der Begründung, aber keineswegs der Sache nach neu. Es ist eine sehr alte Vorstellung, daß es ein „natürliches" Verbrechen und ein nur „positives" Verbrechen gibt. Vgl. z. B. Joh. Samuel Friedrich v. Boehmer, Meditationes in Constitutionem criminalem Carolinam, Halle 1770 Art. 179 § XIII zum Rechtsirrtum. Siehe auch Birnbaum, Bemerkungen über den Begriff des natürlichen Verbrechens, Arch. d. Crim. R. neue Folge 1836 S. 560 ff.

so daß, wer die Strafnorm nicht kennt, auch die Verbotsnorm nicht kennt. Hier wird es auch oft auf die Kenntnis der Begriffe selbst ankommen; denn oft wird sich die Reichweite des Verbotenen erst aus der Erkenntnis der Begriffe ergeben. Bei der besonderen Rechtssituation kann es daher sowohl auf die Kenntnis der Strafbarkeit, als auch auf die Kenntnis der Begriffe ankommen, um überhaupt die Kenntnis der Verbotsnorm nachweisen zu können[455]. In diesen Fällen wird der unvermeidliche Irrtum eine nicht unbeträchtliche Rolle spielen. Dieser besonderen Sachlage kann der Gesetzgeber schon selbst Rechnung tragen, entweder durch besondere Bestimmungen über den Irrtum oder dadurch, daß er den Fahrlässigkeitsbegriff ganz weit nimmt und ihn sowohl die Tatfahrlässigkeit als auch die Rechtsfahrlässigkeit decken läßt.

Man kann daher auch nicht von vornherein sagen, der Irrtum über Begriffe sei ohne jede Bedeutung. Es ist im Gegenteil ganz vorteilhaft, um der größeren Klarheit willen von den Möglichkeiten der begrifflichen Erkenntnis auszugehen und die einzelnen Fälle, so gut es geht, zu unterscheiden. Von dieser Sicht her kann dann vielleicht der Bedeutungsirrtum über den Tatbestand seine nähere Beleuchtung erfahren. Bei der folgenden Betrachtung wollen wir die normativen Verweisungsbegriffe einer besonderen Prüfung unterziehen. Jedoch sollen die folgenden Erörterungen kein erschöpfendes Bild geben. Das würde den Rahmen unserer Arbeit sprengen.

I. Der Irrtum über Begriffe des Unrechtstatbestandes.

1. Der zu weite Begriff.

Jemand hält Elektrizität für eine Sache. Er stiehlt ein Fahrrad. Offensichtlich wäre hier der zu weite Sachbegriff unerheblich. Der zu weite Begriff enthält auch den engeren. Wer ein Fahrrad stiehlt, hält auch dieses zutreffend für eine Sache. Wird also bei einem zu weiten Begriff der Tatbestand verwirklicht, dann ist der zu weite Begriff für das Unrechtsbewußtsein belanglos, gesetzt, der Täter hat überhaupt die Rechtssituation erfaßt.

Entsprechend verhält es sich, wenn bei zu weitem Begriff der Tatbestand nicht erfüllt ist. Hält jemand Elektrizität für eine Sache und entnimmt er unberechtigt elektrischen Strom, dann ist auch

[455] Ein sehr bezeichnendes Beispiel hat Hartung in seinem Aufsatz „Irrtum über ‚negative Tatumstände' ", NJW 1951 S. 209ff. behandelt. Ein Süßwarenfabrikant stellte eine „Schokolade" her, in der er eine Kakaopulver enthaltende Fettglasur verwendete. Nach einer Verordnung darf aber als Schokolade nur ein Erzeugnis bezeichnet werden, daß unter anderem „Kakaobutter" enthält. Der Fabrikant beruft sich darauf, eine ihm erteilte Auskunft dahin verstanden zu haben, daß es lediglich auf den Gehalt an Kakao ankomme. Hier liegt ein Begriffsirrtum vor, indem der Fabrikant nicht gewußt hat, was als Schokolade bezeichnet wird. Ebenso würde ein Begriffsirrtum vorliegen, wenn der Fabrikant zwar das Wort Kakaobutter gelesen hätte, aber darunter ein beliebiges kakaohaltiges Fett verstanden hätte. Spricht man hier schlechthin von einem Irrtum über Tatbestandsmerkmale, dann ist eine richtige Unterscheidung kaum möglich. Der Begriffsirrtum ist kein Irrtum über den Sachverhalt, sondern über die Bedeutung des Tatbestandes. Dieser Irrtum ist ein Verbotsirrtum.

dieser Irrtum unerheblich, d. h. er führt nicht etwa zur Bestrafung wegen untauglichen Versuchs. In bezug auf den Diebstahl würde hier ein strafloses Wahnverbrechen vorliegen. Der Irrtum ist aber auch unerheblich in bezug auf den Tatbestand „Entziehung elektrischer Energie". Auch hier ist der Vorsatz nicht ausgeschlossen, wenn der Täter nur sonst die Rechtssituation erfaßt hat.

2. Der zu enge Begriff.

Jemand hält Gas nicht für eine Sache. Hat er ein Fahrrad gestohlen, dann ist der Irrtum wiederum ohne Bedeutung, wenn er die Rechtsituation erfaßt hat. Hat der Täter aber Gas gestohlen, dann kommt es nicht auf die Begriffserkenntnis, sondern wieder nur auf die Erfassung der Rechtssituation an. Dasselbe gilt, wenn er in diesem Fall unberechtigt Elektrizität entnommen hat.

Ist bei gewissen Tatbeständen die Erkenntnis des Verbotenseins an die Erkenntnis von Begriffen geknüpft, dann bedeutet die zu enge Begriffsfassung, daß der Täter das Verbotensein nicht gekannt hat, wenn der Tatbestand nur vermöge des weiteren Begriffes erfüllt worden ist[456]. Vorsatz ist ausgeschlossen. Es kommt nur eine Bestrafung wegen Rechtsfahrlässigkeit in Betracht, wobei es von der einzelnen gesetzlichen Gestaltung abhängt, ob der Täter wegen Fahrlässigkeit oder wie ein vorsätzlicher zu bestrafen ist.

Bei zu weiter Begriffsfassung kommt es in diesen Fällen darauf an, ob der weitere Begriff den engeren umschließt oder ob das spezifische Unrechtsbewußtsein etwa ausgeschlossen ist.

II. Unkenntnis von Tatbestandsmerkmalen

1. Die fälschliche Erweiterung des Tatbestandes

Sie kann dadurch stattfinden, daß jemand dem Tatbestand erweiternde Merkmale hinzufügt oder einschränkende fortläßt. Hier kann es sich wie bei dem zu weiten Begriff verhalten. Hält der Täter jede eidesstattliche Versicherung, auch die gegenüber einer Privatperson, für strafbar, dann auch jedenfalls die vor einer zuständigen Behörde. Genau wie bei der zu weiten Begriffsfassung ist aber auch hier zu fragen, ob der Täter überhaupt das spezifische Unrechtsbewußtsein hat. Eine vollkommen unbestimmte Vorstellung des Verbotenseins würde nicht ausreichen; denn mindestens muß der Täter die Bedeutung seines Verhaltens erfaßt haben, die ungefähr der Bedeutung des Tatbestandes entspricht. Eine falsche eidesstattliche Versicherung kann von einem Laien deshalb für strafbar angesehen werden, weil sie eine besondere Wahrheitsbeteuerung ist wie etwa eine Wahrheitsbeteuerung unter Anrufung Gottes. Aber ob diese Meinung schon ausreichen würde, um die zutreffende Bedeutungserkenntnis anzunehmen, erscheint doch sehr fraglich. Der Gesetzgeber sieht in einer eidesstattlichen Versicherung eine an eine besondere Form gebundene Beteuerung der Wahrheit, die in bestimmten Verfahren von formeller Bedeutung ist. Die eidesstattliche

---

[456] Vgl. das Beispiel der vorhergehenden Anmerkung.

Versicherung ist daher keineswegs nur eine besondere Beteuerungsform, sondern ein spezifisches Rechtsmittel der Glaubhaftmachung. Wer diese Kenntnis nicht hat, dem wird man schwerlich die Bedeutungserkenntnis beimessen können. Wer also dies nicht weiß, dem würde es am charakteristischen Unrechtsbewußtsein fehlen. Hat der Täter aber dies charakteristische Unrechtsbewußtsein, dann wird man Vorsatz auch dann annehmen können, wenn das Merkmal „zuständig" nicht in den Gesichtskreis des Täters getreten ist[457]. Damit soll noch nicht der Standpunkt vertreten werden, daß das Merkmal „zuständig" objektive Bedingung der Strafbarkeit sei, sondern nur, daß dies spezifische Unrechtsbewußtsein zur Begründung der Strafbarkeit ausreiche. Hieraus würde sich folgender Satz ableiten lassen: Eine Unrechtsvorstellung, die den Tatbestand weiter faßt, als es der Vorstellung des Gesetzgebers entspricht, reicht zur Annahme des Vorsatzes dann aus, wenn das spezifische Unrechtsbewußtsein nachgewiesen werden kann. Freilich ist hierbei das Problem nur verschoben auf die Frage, wann ein spezifisches Unrechtsbewußtsein anzunehmen ist. Die Beantwortung dieser Frage wird sicherlich vom Sinn der einzelnen Tatbestände abhängen. Die Prinzipien hierfür können hier nicht näher entwickelt werden. Man sieht aus dem Beispiel der eidesstattlichen Versicherung, daß zwei Probleme sich kreuzen können: die Frage, wann ein Tatbestandsmerkmal überhaupt nicht vom Vorsatz umfaßt zu sein braucht, und die Frage, wann eine zu weite Vorstellung vom Tatbestande als eine das ausgelassene Merkmal umfassende zu denken ist.

Es sollen noch einige Beispiele behandelt werden, bei denen verschiedenartige Irrtümer zugleich vorliegen. A gibt vor einem vermeintlichen Kriminalbeamten in einem vermeintlichen Ermittlungsverfahren vorsätzlich eine falsche eidesstattliche Versicherung ab, indem er meint, jede falsche eidesstattliche Versicherung vor einer Behörde sei strafbar. Über die Bedeutung einer eidesstattlichen Versicherung soll sich A die Vorstellung gemacht haben, daß sie eine besondere Form der Wahrheitsbeteuerung sei, die in einem solchen Verfahren von besonderer Wirksamkeit sei. Damit hat A keine zutreffende Vorstellung von dem Merkmal „zuständig". Hinsichtlich des Kriminalbeamten und des Ermittlungsverfahrens befindet sich A in einem realen Bedeutungsirrtum. Danach könnte untauglicher Versuch vorliegen. Aber außerdem hat A eine falsche, nämlich zu weite Vorstellung vom Tatbestand. Dieser Fall ist so zu behandeln

---

[457] Welzel will das „Rechtspflichtmerkmal" aus dem Zusammenhang mit § 59 I StGB ganz herausnehmen (JZ 1952 S. 135). So weit geht die hier vertretene Auffassung nicht. Das zeigt sich aber erst bei dem umgekehrten Fall, wenn jemand irrtümlich der Meinung ist, ein bestimmter Beamter sei für die Vornahme einer bestimmten Amtshandlung nicht zuständig. Dieser Irrtum wäre nach der hier gebrauchten Terminologie ein Rechtsgeltungsirrtum, der als Sachverhaltsirrtum zu behandeln ist, während ihn Welzel als Verbotsirrtum beurteilen würde. Daß hier vielleicht der dolus schon bei bloßen Zweifeln anzunehmen wäre, steht auf einem andern Brett.

wie der zu weite Begriff, wenn der Tatbestand objektiv nicht erfüllt ist. Es würde also ein strafloses Wahnverbrechen vorliegen[458].

A hat vor einem vermeintlichen Richter in einem vermeintlichen Armenrechtsverfahren des B eine vorsätzlich falsche eidesstattliche Versicherung zur Glaubhaftmachung eines nicht bestehenden Anspruchs des B abgegeben. Seine Vorstellung über die Bedeutung einer eidesstattlichen Versicherung soll dieselbe sein wie in dem oben genannten Fall. Dann liegt auch hier ein realer Bedeutungsirrtum vor, der untauglichen Versuch begründen könnte. Es fragt sich nur, wie hier die übrigen Vorstellungen zu behandeln sind. Es wird darauf ankommen, welche Bedeutung sie hätten, wenn die Erklärung vor einem wirklichen Richter in einem wirklichen Armenrechtsverfahren abgegeben worden wäre. Würde man die Vorstellungen des A hier für ausreichend erachten, dann wäre es nicht konsequent, sie für einen untauglichen Versuch (sofern weder die Versuchstheorie geändert, noch die Zuständigkeit als objektive Bedingung der Strafbarkeit aufgefaßt wird) nicht als hinreichend anzusehen. Daraus würde sich für die Irrtumslehre folgender Satz ergeben: Reicht eine zwar fehlerhafte, aber den Kern der Rechtssituation erfassende laienhafte Vorstellung aus, um eine Verwirklichung des Tatbestandes anzunehmen, so reicht sie auch aus, um Versuch zu begründen, wenn sonst ein strafbarer untauglicher Versuch vorliegen würde.

Es mag beunruhigend wirken, daß in solchen Fällen untauglicher Versuch angenommen wird. Es soll hier auch nicht für die Richtigkeit dieses Ergebnisses plädiert werden. Jedenfalls aber darf die Korrektur nicht in der Irrtumslehre angebracht werden. Die Irrtumslehre ist in erster Linie theoretisch frei von Widersprüchen zu konstruieren. Gelingt dies nicht, dann gelangt man aus dem Fallrecht nicht heraus und muß schließlich auf ein wissenschaftliches Fundament verzichten. Gerade bei den Delikten, die als Beispiel gewählt worden sind, ist es ersichtlich, daß die Korrektur des Ergebnisses, sofern man sie für erforderlich hält, jedenfalls leichter bei der Beurteilung des Merkmals der Zuständigkeit angesetzt werden kann als an einer anderen Stelle[459]. Besser ist es, hier ein Fallrecht zu haben als in der Irrtumslehre.

2. Die Verengung des Tatbestandes

Sie kann vorliegen, wenn dem Tatbestand fälschlich einschränkende Merkmale hinzugefügt oder erweiternde Merkmale fortgelassen werden. Wer fälschlich der Meinung ist, daß eine strafbare falsche eidesstattliche Versicherung nur vor einem Gericht abgegeben werden kann, ist jedenfalls strafbar, wenn er sie vor Gericht abgibt

---

[458] Anders der Fall, wenn der Täter zwar vom Begriff „zuständig" eine zutreffende Kenntnis hätte, aber aus falscher Rechtskenntnis die Zuständigkeit bejaht hätte. Das wäre der umgekehrte Fall des in Anm. 457 angeführten Rechtsgeltungsirrtums, also untauglicher Versuch möglich, wenn man nicht die subjektive Versuchstheorie einschränken will.

[459] Die Entscheidung ist nicht ganz leicht, ob man lieber die Versuchstheorie einschränken soll oder eine objektive Bedingung der Strafbarkeit annehmen soll.

und im übrigen das spezifische Unrechtsbewußtsein hat. Wer die Erklärung vor einer anderen zuständigen Behörde abgibt und ebenfalls das spezifische Unrechtsbewußtsein hat, ist dann gleichermaßen verantwortlich. Wo das Unrechtsbewußtsein mit der Erkenntnis der Begrifflichkeit zusammenfällt, würde die Unkenntnis der Begriffe zugleich das Unrechtsbewußtsein ausschließen.

III. Der Irrtum über die Bedeutung normativer Verweisungsbegriffe

Unter normativen Verweisungsbegriffen sollen solche Begriffe verstanden werden, die auf eine bestehende außerrechtliche Wertung hinweisen[460]. Hierdurch wird die außerrechtliche Wertung zur Rechtswertung gemacht. Diese außerrechtliche Wertung wird sich auf ethische, ästhetische und religiöse (weltanschauliche) Werte beziehen. Der rein kausale Zweckwert, der auf der Abschätzung eines Mittels im Hinblick auf seine kausale Tauglichkeit für einen bestimmten Zweck beruht, gehört nicht hierher.

Bei diesen Wertbegriffen kommt es nicht auf die Übereinstimmung der gesetzlichen Wertung mit der Eigenwertung des Täters an. Es ist belanglos, ob jemand selbst sein Verhalten als groben Unfug, als ruhestörenden Lärm, als Unzucht, als schamlos, als grausam usw. bewertet. Die Eigenwertung des Täters ist abhängig von seiner persönlichen Wertwelt, von der Feinheit seines sittlichen Gefühls, von seinen individuellen Erfahrungen, von seinem Charakter. Ein egoistischer Mensch wird anders werten als ein altruistischer. Es kann daher nur darauf ankommen, ob dem Täter die „objektive" Wertung bekannt ist, gegebenenfalls, ob er imstande ist, sie zu erkennen.

Die Unkenntnis der „objektiven" Wertung, die der Gesetzgeber seinen Wertbegriffen zugrundezulegen pflegt, kann darin bestehen, daß der Täter (bei sittlichen Werten) einen zu strengen oder zu milden Maßstab anlegt. Der erste Fall steht der Annahme eines zu weiten Begriffes, der zweite Fall der Annahme eines zu engen Begriffes gleich. Im Fall der strengeren Beurteilung werden mehr Einzelfälle unter den Wertbegriff fallen, im anderen Fall weniger.

Hält der Täter den objektiven Wertmaßstab für strenger, dann ist dies für seine Strafbarkeit ohne Bedeutung. Er wird weder entlastet noch belastet. Hält der Täter dagegen den Maßstab für milder, dann kommt es darauf an, ob der Täter die sittliche Situation gekannt hat. Es muß daher dem Gegenstand und den Gründen der Unkenntnis nachgegangen werden. Handelt es sich um Werte der hierarchischen Gemeinschaft (d. h. um Werte, die aus Weltanschauung und Tradition erwachsen sind), dann kann die Unkenntnis darauf beruhen, daß die sittlichen Werte in dem engeren Lebenskreis des Täters unbekannt sind. Ist dies der Fall, dann wird häufig der Irrtum un-

---

[460] Zu den normativen Tatbestandsmerkmalen vgl. Eberhard Schmidt (Liszt-Schmidt), Lehrbuch des deutschen Strafrechts 1. Bd. 26. Aufl. Berlin und Leipzig 1932 S. 182 f. mit der in Anm. 9 verzeichneten Literatur. Diesen Ausführungen ist nichts hinzuzusetzen.

vermeidlich sein. Liegt der Fall so, daß der Täter sich dessen bewußt ist, daß die Wertung seines Kreises von der allgemeinen Wertung abweicht, dann liegt überhaupt nicht der Fall der Unkenntnis, sondern der Fall des Überzeugungstäters vor. Handelt es sich um Wertbegriffe, die sich rational aus den Grundbildern des Zusammenlebens ergeben, dann wird die Unkenntnis entweder auf Schwachsinn oder auf einer feindlichen, egoistischen, rücksichtslosen Gesinnung beruhen. Im letzteren Fall wird die Unkenntnis nicht entschuldigt. Der Vorsatz ist zwar ausgeschlossen, es liegt Rechtsfahrlässigkeit vor. Aber der Täter wird in vollem Umfang wie ein vorsätzlicher Täter behandelt. Diese Unkenntnis ist auch diejenige, die den Vertretern der Ansicht, der strafrechtliche Irrtum sei unbeachtlich, als Leitbild vorschwebt.

C. Der Verbotsirrtum

I. Die Unkenntnis einer Verbotsnorm

Die Verbotsnormen kann man in solche einteilen, die man unmittelbar aus den Grundbildern des menschlichen Zusammenlebens und aus der Vorstellung der rechten Ordnung ableiten kann, und in solche, wo dies nicht möglich ist. Im ersten Fall richtet sich im allgemeinen die Verbotsnorm nach den sittlichen Grenzen. Im zweiten Fall kann die Verbotsnorm selbständig neben einer Strafnorm bestehen oder unmittelbar aus einer Strafnorm abgeleitet werden. Hier wird es auf die Kenntnis der Begriffe der Verbotsnorm, ja sogar auf die Kenntnis der Strafbarkeit ankommen. Ein Auslegungsfehler des Täters kann in diesen Fällen zur Unkenntnis der Verbotsnorm führen. Unkenntnis schließt den Vorsatz aus. Vermeidbare Unkenntnis wird in diesen Fällen regelmäßig zur Bestrafung führen, weil diese Delikte regelmäßig auch fahrlässig begangen werden können. Rechtsfahrlässigkeit und Tatfahrlässigkeit werden hier manchmal zugleich gemeint sein. Wo dies nicht der Fall ist, würde die Tat wie eine vorsätzliche, aber milder zu bestrafen sein.

Ergibt sich die Verbotsnorm aus den sittlichen Grenzen, dann schließt die Unkenntnis gleichfalls Vorsatz aus. Hier wird die Unkenntnis manchmal auf Geistesschwäche zurückführbar und dann unvermeidbar sein. Beruhte die Unkenntnis auf rechtsfeindlicher, egoistischer, rücksichtsloser oder gleichgültiger Gesinnung, dann wird der Täter in aller Regel wie ein vorsätzlicher in vollem Umfang zu behandeln sein, sofern er überhaupt eine spezifische Bedeutungserkenntnis seines Verhaltens hatte. Bei vermeidbarer Unkenntnis wird (sofern der Gesetzgeber nicht den Begriff der Rechtsfahrlässigkeit anerkannt und geregelt hat) eine gemilderte Vorsatzstrafe dann angewandt werden können, wenn der Sinn des Tatbestandes nicht dagegen spricht.

II. Die irrtümliche Annahme einer Verbotsnorm

1. Wenn eine Verbotsnorm nicht gegeben ist, ist die irrtümliche Annahme einer Verbotsnorm unschädlich. Der Täter begeht ein strafloses Wahnverbrechen.

2. Der Fall kann aber auch so liegen, daß der Täter im Einzelfall nicht erkannt hat, daß eine Berechtigung gegeben ist. Hier wird es darauf ankommen, ob die Berechtigung nur objektiv vorzuliegen braucht oder ob sie auch den Willen des Täters voraussetzt, die Berechtigung für sich in Anspruch zu nehmen. Das ist z. B. der Fall bei der Notwehr, die den Verteidigungswillen erfordert. Hat der Täter den Willen nicht, eine solche Berechtigung für sich in Anspruch zu nehmen, dann ist auch die Berechtigung selbst nicht gegeben. Der Täter handelt tatbestandsmäßig. Ob es auch Fälle gibt, in denen es auf den Willen der Wahrnehmung der Berechtigung nicht ankommt, mag zweifelhaft sein. Dieses Problem kann hier nicht weiter erörtert werden. Gibt es aber solche Fälle, dann würde die irrtümliche Annahme der Nichtberechtigung nicht zur Tatbestandsmäßigkeit führen. Der Täter beginge ein strafloses Wahnverbrechen.

III. Der Irrtum über eine Erlaubnisnorm

Man kann unterscheiden den Irrtum über den Bestand und den Irrtum über die Grenzen einer Erlaubnisnorm.

1. Der Irrtum über den Bestand einer Erlaubnisnorm.

a) Der Irrtum beruht auf unzulänglicher Rechtserfahrung.

Die fälschliche Annahme einer Erlaubnisnorm schließt den Vorsatz aus. Vermeidbarkeit dieses Irrtums begründet Rechtsfahrlässigkeit, die wie Vorsatz, aber milder zu bestrafen ist, wenn der Gesetzgeber die Rechtsfahrlässigkeit nicht geregelt hat. Eine Schwierigkeit taucht bei den sogenannten erfolgsqualifizierten Delikten auf. Der Täter ist sich nicht bewußt, Unrecht zu tun. Soll er trotzdem für den schwereren Erfolg haften? Dies möchte ich ablehnen. Die erfolgsqualifizierten Delikte sind gleichsam der letzte, aber berechtigte Rest des versari in re illicita. Wer sich auf unerlaubtes Gebiet begibt, soll auch für schwerere Folgen haften. Aber diese strenge Haftung ist nur dann gerechtfertigt, wenn der Täter auch weiß, daß er die Rechtsgrenzen überschritten hat[461].

An zwei Beispielen kann die Situation gut erkannt werden. Ein Lehrer züchtigt aus berechtigtem Anlaß eine 12jährige Schülerin, indem er sie mit einem dünnen Buch leicht an den Kopf schlägt. Infolge einer nicht von ihm vorausgesehenen Wendung des Kopfes trifft er sie mit der Kante des Buches derart ins Auge, daß die Sehkraft auf diesem Auge verloren geht. Ein Schulgesetz des Landes verbietet das Schlagen an den Kopf. Der Lehrer hat das Schulgesetz nicht gekannt[462]. Das zweite Beispiel: Ein Erwachsener züchtigt ein Kind, das gerade ein Tier roh mißhandelt und trifft es hierbei unglücklicherweise ins Auge, so daß es gleichfalls die Sehkraft verliert. Der Er-

---

[461] Diese Lösung kommt für die finale Handlungslehre nicht in Betracht, weil sie den Vorsatz wertfrei nimmt. Aber gerade hier erkennt man gut die Schwäche dieser Lehre. Man könnte die erfolgsqualifizierten Delikte geradezu als Beweis dafür anführen, daß der Gesetzgeber den Vorsatz als dolus malus versteht. Anderenfalls sind die erfolgsqualifizierten Delikte überhaupt unverständlich.

[462] Vgl. RGSt Bd. 73 S. 257 ff.

wachsene glaubte, in solchen Fällen bestünde ein allgemeines Züchtigungsrecht Erwachsener gegenüber groben Ausschreitungen der Jugend.

Das Reichsgericht würde beide Fälle verschieden behandelt haben[463]. Beim Lehrer hätte es einen außerstrafrechtlichen, beim Erwachsenen einen strafrechtlichen Irrtum angenommen. Gerade an diesen Beispielen erkennt man gut, wie ungerechtfertigt der Unterschied ist. Wenn es überhaupt ein Züchtigungsrecht Erwachsener gegenüber unerzogener Jugend geben sollte, dann könnte es im öffentlichen Recht oder auch im bürgerlichen Recht geregelt sein. Für die Beurteilung, ob ein strafrechtlicher oder ein außerstrafrechtlicher Irrtum gegeben ist, kann es kaum darauf ankommen, wo effektiv eine Regelung getroffen ist, sondern höchstens darauf, wo der Sache nach der Sitz der Materie zu suchen ist[464].

Der Lehrer befand sich in einem Verbotsirrtum insofern, als er das spezielle Verbotsgesetz nicht kannte, welches diese Art der Züchtigung ausschloß; der Erwachsene irrte sich im gleichen Sinn, indem er fälschlich ein Züchtigungsrecht für gegeben hielt. Ein sachlicher Unterschied ist nur in der Hinsicht gegeben, als das Züchtigungsrecht des Lehrers abstrakt gesehen bestand, während es für den Erwachsenen nicht bestand. Es mag auch sein, daß der Ausschluß des letzteren enger mit den Grundsätzen einer besonderen Wertordnung verknüpft ist. Aber gerade diese Wertordnung ist hier nicht zweifelsfrei. Eine entgegengesetzte Wertordnung ist mit guten Gründen denkbar, was ja auch der Grund dafür ist, daß die Auffassungen über ein solches Züchtigungsrecht schwanken. Der sachliche Unterschied der beiden Fälle scheint mir aber nicht derart zu sein, darauf eine verschiedene Behandlung der Fälle zu stützen.

Würden wir in beiden Fällen Verbotsirrtum annehmen, den Täter wie einen vorsätzlichen, aber nur milder bestrafen und den schwereren Erfolg nach § 224 StGB beurteilen, dann gelangen wir zu einem Strafrahmen, der der Sache nicht angemessen erscheint. Beide Täter glaubten, zu ihrem Verhalten berechtigt zu sein. Sie wollten kein Unrecht tun. Es liegt daher nicht die Situation vor, die man nach dem Sinn dieser erfolgsqualifizierten Delikte voraussetzen muß. Danach kann aber die schwerere Folge nur als Fahrlässigkeitsfolge beurteilt werden. Daß in diesem speziellen Fall die ungewollte Folge schwerer wiegt als der rechtsfahrlässig herbeigeführte Erfolg, der wie ein vorsätzlicher zu behandeln ist, kann bei der Strafzumessung ausgeglichen werden.

[463] Das Reichsgericht hat hier den Unterschied zwischen dem Irrtum über Bestand und Grenzen eines Züchtigungsrechts gemacht. Vgl. dazu die eben angeführte Entscheidung (S. 259) in Verbindung mit RGSt Bd. 4 S. 98 ff. Aber diese Unterscheidung wird praktisch doch sehr häufig durchbrochen, wenn z. B. jemand irrtümlich annimmt, ihm sei die Ausübung des Züchtigungsrechts durch die Eltern übertragen. Das wäre wieder ein außerstrafrechtlicher Irrtum. Vgl. RGSt Bd. 76 S. 3 ff.

[464] Der Fall RGSt Bd. 4 S. 98 ff. liegt etwas anders als der hier angenommene. In jenem Fall würde man bei genauem Zusehen heute ohnehin Vorsatz angenommen haben, weil die Berufung auf ein Züchtigungsrecht einfach nicht glaubhaft erscheint.

b) Der Irrtum führt zur Überschreitung der sittlichen Grenzen.

Hier wäre etwa an folgenden Fall zu denken: Jemand hält sich kraft Einwilligung für berechtigt, einen anderen sadistisch zu mißhandeln. Die Ähnlichkeit dieses Falles mit dem Irrtum über normative Verweisungsbegriffe fällt in die Augen. Die Bedeutungskenntnis ist in solchen Fällen gegeben. Der Täter weiß, daß er einen anderen mißhandelt. Er hält sich nur formal für berechtigt. Selbst über die Sittenwidrigkeit wird er sich in ähnlichen Fällen häufig klar sein. Dies reicht aus, um ihn für sein Verhalten verantwortlich zu machen. Ja, selbst wenn er sich aus rechtsfeindlicher, rücksichtsloser oder gleichgültiger Gesinnung der Sittenwidrigkeit nicht bewußt sein sollte, würde er in vollem Umfang wie ein vorsätzlicher Täter zu behandeln sein, in diesem Fall also auch für etwaige schwerere Folgen nach den erfolgsqualifizierten Tatbeständen zu haften haben.

2. Der Irrtum über die Grenzen der Erlaubnisnorm.

Dieser Irrtum ist in jeder Beziehung dem Irrtum über den Bestand einer Erlaubnisnorm gleichzubehandeln[465]. Nur ein ganz bezeichnendes Beispiel soll für den Fall der Überschreitung der sittlichen Grenzen gegeben werden. Jemand nimmt die Berechtigung zur Notwehr an, obwohl sie aus Gründen der Proportionalität ausgeschlossen ist. Während man früher dem Gedanken der Proportionalität bei der Notwehr keine Bedeutung beigemessen hatte, hält man heute die Notwehr bei grober Unverhältnismäßigkeit zwischen dem zu schützenden und dem durch die Notwehr gefährdeten Rechtsgut für ausgeschlossen. Uns interessiert nun hauptsächlich der Zeitpunkt des Wandels der Auffassung, wo man sich noch nicht etwa auf ein Gewohnheitsrecht stützen kann. Es ist der Versuch gemacht worden, den Ausschluß der Notwehr in diesen Fällen auf das Naturrecht zu gründen[466]. So fragwürdig diese Begründung auch sein mag, so enthält sie doch einen richtigen Kern. Es liegt im Wesen der Gemeinschaft begründet, wenn man den tödlichen Schuß auf den zehnjährigen Apfeldieb als sittlich empörend bewertet. Offenbar wäre die Zulassung der Notwehr in solchen Fällen ein Rechtsformalismus, der dem sittlichen Empfinden ins Gesicht schlagen würde. Solange die Rechtsprechung noch auf dem formalen Standpunkt verharrte, stand sie seit jeher im Widerspruch zur lebendigen Rechtsüberzeugung. Dann aber kann sich der Täter nicht darauf berufen, daß die Handhabung des Rechts noch in der letzten Entscheidung vor seinem Fall

---

[465] Die Unterscheidung von Bestand und Grenzen im Sinne einer Verschiedenbehandlung ist sehr fragwürdig, weil sich diese Begriffe mit Leichtigkeit vertauschen lassen. Wenn ein Lehrer glaubt, er sei auch berechtigt, Schüler einer anderen Schule zu züchtigen, so kann niemand sagen, ob das ein Irrtum über die Grenzen oder den Bestand sein soll. Vgl. dazu RGSt Bd. 42 S. 142 ff.

[466] Vgl. dazu die Entscheidung des OLG Stuttgart in DRZ 1949 S. 42 f. mit der interessanten Anmerkung von Gallas. Gallas ist insoweit recht zu geben, als bei der Entscheidung sachlich zweifelhaft ist, ob überhaupt ein Fall der Notwehr vorliegt.

eine andere war, wenn der Umschwung der Rechtspraxis nur als eine Berichtigung des formalen Rechts gemäß der tatsächlichen Rechtsüberzeugung anzusehen ist. Entweder ist ihm selbst die Unangemessenheit seines Verhaltens bewußt gewesen oder er hat sie infolge grober egoistischer Verhärtung nicht eingesehen. Freilich mag es auch Grenzfälle geben, wo man sich über die sittlichen Grenzen streiten mag. Bei ihnen kann das Verschulden als ein minderes angesehen werden. Jedenfalls ist auch dieser Irrtum als Rechtsfahrlässigkeit anzusehen.

Die Ausführungen über den Irrtum mußten notwendig fragmentarisch bleiben. Sie sind nur eingeschaltet worden um der allgemeinen Übersicht willen. Über die aufgestellten Begriffe ist Streit möglich. Wichtiger aber ist es, daß die Problemgruppen als solche gesehen werden.

Man pflegt bei der Einteilung der Irrtumsarten eine Zweiteilung vorzunehmen. Es wird der strafrechtliche dem außerstrafrechtlichen Irrtum[467], der Sachverhaltsirrtum dem Rechtsirrtum[468], der Tatbestandsirrtum dem Verbotsirrtum gegenübergestellt[469]. Es ist zu hoffen, daß die hier angestellten Überlegungen wenigstens die Fragwürdigkeit eines solchen „Entweder-Oder" dargetan haben. Vielleicht ist eine solche Dichotomie möglich. Aber man kann doch Zweifel daran hegen, ob sie sich rein durchführen läßt. Die Unterscheidung zwischen strafrechtlichem und außerstrafrechtlichem Irrtum kann man auf sich beruhen lassen. Sie wird heute kaum noch verfochten. Auch die Unterscheidung zwischen Sachverhaltsirrtum und Rechtsirrtum hat ihre Schattenseiten, wenn man erkannt hat, daß auch gewisse Rechtsirrtümer als Sachverhaltsirrtum zu behandeln sind. Die Unterscheidung zwischen Tatbestands- und Verbotsirrtum muß hier schon deshalb fallen gelassen werden, weil hier unter Tatbestand etwas grundsätzlich anderes verstanden wird als die bloße Beschreibung eines wertfreien Verhaltens. In unserem Zusammenhang würde der Begriff Tatbestandsirrtum geradezu in sein Gegenteil verkehrt werden. Versteht man unter Verbotsirrtum einen Irrtum über das spezifische Verbotensein, dann ist dieser Begriff immer noch der umfassendste und brauchbarste. Da der Irrtum über die Bedeutung des Tatbestandes immer auch ein spezifischer Verbotsirrtum ist, so würden auch wir zu einer Zweiteilung gelangen, indem wir zwischen Sachverhaltsirrtum und Verbotsirrtum unterscheiden. Hierbei scheint aber doch der Hinweis am Platze, daß die Kenntnis der einzelnen Irrtumgruppen wichtiger ist als diese etwas verschwommene Zweiteilung, deren Reichweite man unmittelbar aus den Begriffen nicht erkennen kann.

---

[467] So das Reichsgericht in nie aufgegebener ständiger Rechtsprechung.

[468] So u. a. Hellmuth v. Weber, Grundriß des deutschen Strafrechts, 2. Aufl. (1948) S. 74 ff. (76) und 123 f.

[469] So u. a. und besonders nachdrücklich Welzel.

Übrigens fällt von hier auch wieder ein Licht zurück auf die Begriffe „Tatfahrlässigkeit“ und „Rechtsfahrlässigkeit“. Tatfahrlässigkeit würden wir überall dort annehmen, wo wir von einem Sachverhaltsirrtum sprechen.

Damit können wir die Erörterungen über den Irrtum abschließen und wieder zu unserem Ausgangspunkt zurückkehren, der Unterscheidung der äußeren und der inneren Tatseite. Nur in einem ziemlich grob schematischen Sinn vertritt die äußere Tatseite die Unrechts- und die innere Schuldseite. Da die Tatbeschreibung nicht nur die äußere, sondern auch die innere Tatseite erfaßt, da ferner die Rechtswidrigkeit auch innere Momente enthält, so überschreitet in Wahrheit die innere Tatseite die reine Schuldfrage beträchtlich. Die Schuldfrage ist nur das letzte Ende der inneren Tatseite. Gegenstand der Betrachtung ist und bleibt das Verhalten als Ganzes innerhalb des Normativen. Das Normative betrifft die Frage der Rechtswidrigkeit. Da als Tatbestand nur Unrecht in Betracht kommt, haben auch die Unrechtsausschließungsgründe als negatives Moment im Tatbestand ihren Platz. Man kann die Unrechtsausschließungsgründe auch als negativen Tatbestand[470] bezeichnen, wenn man sich nur bewußt bleibt, daß das Wort Tatbestand dann seinen Sinn geändert hat. Tatbestand im Sinne des Strafrechts ist vertyptes Unrecht. Umgekehrt können bei den Rechtfertigungsgründen auch deren „Tatbestände“ vertypt sein. Im Rahmen der Straftatbestände sind diese Vertypungen negative Teilmomente. Jedenfalls ist es nicht ohne Sinn, von negativen Tatbeständen zu sprechen. Diese negativen Tatbestände entsprechen in vielen Einzelheiten — bloß mit umgekehrtem Vorzeichen — den Straftatbeständen. Sie enthalten auf Tatsachen bezogene äußere und innere Momente. Diese kann man negative Tatbestandsmerkmale nennen. Ihnen entsprechen im Sachverhalt diejenigen „Tatumstände“, die sich begrifflich unter die negativen Tatbestandsmerkmale subsumieren lassen. Im negativen Tatbestand werden alsdann die einzelnen negativen Tatbestandsmerkmale eines Rechtfertigungsgrundes zur begrifflichen Einheit zusammengeschlossen.

Der Rechtfertigungsgrund kann „final“ in der Weise aufgebaut sein, daß der Wille, eine Berechtigung für sich in Anspruch zu nehmen, intentional auf diese Wahrnehmung der Berechtigung gerichtet sein muß. Er kann aber vielleicht auch so beschaffen sein, daß es auf den Willen des Täters nicht ankommt und schon „rein objektiv“ der Rechtswidrigkeitsausschluß stattfindet.

So ist der innere Tatbestand ein sehr komplexes Gebilde, in dem als Abschluß und Krönung die Schuld den letzten Untersuchungsgegenstand bildet.

---

[470] Da die finale Handlungslehre zwar vom Unrechtstatbestand spricht, aber den wertfreien Tatbestand meint, ist es nicht verwunderlich, wenn W e l z e l den Begriff des negativen Tatbestandes ganz ablehnt. Vgl. Das neue Bild des Strafrechtssystems S. 51.

Ebensowenig wie die Rechtswidrigkeit ist auch die Schuld ein Werturteil über ein wertfreies Geschehen. Rechtswidrigkeit und Schuld sind vielmehr immanente Bezüge eines unter dem Gesichtspunkt der Rechtsordnung stehenden Verhaltens. Im Rechtsraum ist das Verhalten immer ein werthaftes, sei es rechtswidrig, nicht rechtswidrig oder rechtmäßig, sei es schuldhaft oder nicht schuldhaft. Die Schuld ist auch nicht nach Analogie eines Dinges zu betrachten, sondern sie ist Relation. Diese besagt, daß der Täter sich normwidrig verhalten hat, obwohl er die Fähigkeit hatte, sich normgemäß zu verhalten. Die Fähigkeit, um die es sich hier handelt, ist nicht eine körperliche, sondern eine geistige. Die körperlich-kausalen Kräfte werden bei der Schuldbeurteilung schon vorausgesetzt. Die Fähigkeit, die wir bei der Schuld prüfen, ist eine solche des Willens und des sich nach Zwecken und Werten richtenden Verstandes. Trotzdem rücken bei den Fahrlässigkeitsdelikten körperliche und geistige Fähigkeiten manchmal so nahe aneinander, daß sie kaum noch zu trennen sind. Man denke an Ermüdungserscheinungen auf körperlicher Grundlage, die sich auf die geistigen Fähigkeiten („Aufmerksamkeit") auswirken. Die Fähigkeit der Willensanspannung ist, wenigstens zum Teil, auch von der körperlichen Verfassung abhängig. Die Einsichtsfähigkeit wiederum hängt ab von der Willensanspannung, mit der man seine Aufmerksamkeit auf die geistigen Zusammenhänge richtet. Die Fahrlässigkeitsdelikte sind daher wieder ein gutes Beispiel für die Tatsache, daß alles mit allem zusammenhängt, woraus sich für uns wieder die Notwendigkeit des „komplexiven Denkens" ergibt.

Weil die Schuld kein Ding, sondern eine Relation ist, hat sie auch keine Bestandteile[471], sei es „normative" sei es „psychologische"[472]. Deshalb ist es auch nicht gerechtfertigt, Vorsatz und Fahrlässigkeit als „Schuldformen" zu bezeichnen. Der Ausdruck

---

[471] Frank, Das deutsche Strafgesetzbuch für das deutsche Reich, 18. Aufl. (1931) S. 138 hat angenommen, daß die Schuld nicht Oberbegriff von Vorsatz und Fahrlässigkeit sei; dann ist die Folgerung natürlich richtig, daß Vorsatz und Fahrlässigkeit keine Schuldarten seien. Frank stützt seine Ansicht darauf, daß das Moment der Freiheit weder im Begriff des Vorsatzes noch in dem der Fahrlässigkeit enthalten sei, wohl aber im Begriff der Schuld. Aber gerade dies ist eine sehr angreifbare Behauptung. In jedem Fall ist Vorsatz willentliche Bestimmung zum Unrecht. Im Begriff „Wille" liegt aber bereits das Axiom der Freiheit begründet. Wessen Wille nicht frei ist, wenigstens potentiell nicht frei ist, der hat überhaupt nichts, was wir sinngemäß unter den vollen Begriff „Wille" fassen können. Wenn Vorsatz dolus malus ist, dann ist damit schon der Wille als potentiell frei genommen. Dasselbe gilt in erhöhtem Maße für die Fahrlässigkeit. Bei ihr wird unverkennbar die Möglichkeit zur normgemäßen Selbstbestimmung vorausgesetzt. Eine Fahrlässigkeit eines Menschen, der seinen Willen nicht frei bestimmen konnte, ist eine contradictio in adjecto. Die sogenannte natürliche Schuld, der natürliche Vorsatz, die natürliche Fahrlässigkeit sind begriffliche Mißbildungen, die nur bildhaft zu verstehen sind. Die Schuldvoraussetzung der Zurechnungsfähigkeit ist zugleich eine Voraussetzung für die Möglichkeit, Vorsatz oder Fahrlässigkeit bejahen zu können.

Übrigens spricht mit voller Klarheit von Schuldarten und nicht von Schuldformen Eberhard Schmidt, Lehrbuch Bd. 1 (1932) S. 232 f.

[472] Vgl. Anm. 407, 408.

„Form" paßt nur dorthin, wo verschiedene „Bestandteile" oder „Elemente" sich zu einer jeweils verschiedenen Gestalt zusammensetzen, mag diese Gestalt körperlicher oder auch nur geistiger Natur sein, wie zum Beispiel der Tatbestand. Bei diesem kann man hinsichtlich der verschiedenen Tatbestandsgruppen auch von Tatbestandsformen sprechen. Schuld dagegen ist der Oberbegriff für die Schuldarten[473]. Vorsätzliche Schuld ist eine andere Schuld als fahrlässige Schuld[474]. Es gibt also zwei Schuldarten, Vorsatz und Fahrlässigkeit, von denen die Fahrlässigkeit wieder Oberbegriff für zwei Arten, nämlich für Rechtsfahrlässigkeit und Tatfahrlässigkeit, ist. Das haben wir alles bereits näher ausgeführt und brauchen daher jetzt nicht mehr darauf zurückzukommen.

Erst in der Schuldlehre vollenden sich die Begriffe Vorsatz und Fahrlässigkeit. Indem die verschiedenen Schuldarten auch verschiedene Tatbestandsformen haben, zeigt sich wieder der innere Zusammenhang, der es nicht gestattet, die Schuld aus der Lehre vom Tatbestand herauszunehmen. Vorsatz und Fahrlässigkeit geben eben nicht nur die Schuldart, sondern auch die Tatbestandsform an. Generelle Unmöglichkeit der Schuld schließt aber auch die Rechtswidrigkeit aus. So schließt sich der Kreis des allseitigen Zusammenhanges.

Man pflegt die Zurechnungsfähigkeit als Schuldvoraussetzung[476] zu bezeichnen. Das könnte schief sein; denn Voraussetzung für die Schuld ist auch das tatsächliche normwidrige Verhalten. Man kann die Momente, die die Relation Schuld ergeben, nicht in Voraussetzungen und Bestandteile zerlegen, nicht nur deswegen nicht, weil die Schuld keine Bestandteile hat, sondern auch deswegen, weil alle Momente, die zusammentreffen müssen, „die" Schuldrelation sind. Wir hatten gesehen, daß das Urteil: „A hat sich schuldhaft verhalten" logisch dem Urteil entspricht: „Diese beiden Häuser sind voneinander 100 m entfernt". Voraussetzung für ein solches Urteil ist, daß es einen Raum gibt, daß es körperliche Dinge gibt, daß es ein Maßsystem gibt und daß konkrete körperliche Dinge da sind, deren räumliche Lage in eine Beziehung gebracht und nach einem Maßsystem beurteilt werden kann. Es ist in einem gewissen Sinne willkürlich, etwa nur den Raum als Voraussetzung eines körperlichen Maßsystems zu bezeichnen. Immerhin hat der Raum oder die Möglichkeit, eine körperliche Lage zu haben, unter den Vor-

[473] Schuld ist das rechtswidrige Verhalten, obwohl man seinen Willen normgemäß hätte bestimmen können. Das kann man nur, wenn der Wille potentiell als frei gedacht wird.

[474] Vorsätzlich ist die willentliche Selbstbestimmung zum Unrechtsverhalten, obwohl man seinen Willen normgemäß hätte bestimmen können; fahrlässig ist das nichtwillentliche Unrechtsverhalten, wenn man seinen Willen hätte normgemäß bestimmen können.

Daß man die Willensfreiheit im Begriff der Zurechnungsfähigkeit vor die Klammer zieht, ändert nichts daran, daß sie Moment (nicht Bestandteil) des Vorsatzes und der Fahrlässigkeit ist.

[475] Vgl. dazu Mezger, Lehrbuch 1931 S. 268 f.,

aussetzungen des Entfernungsurteils eine besondere Bedeutung. Er ist „Grundvoraussetzung" für ein Entfernungsurteil überhaupt. So ähnlich verhält es sich auch mit dem Begriff der Zurechnungsfähigkeit. Sie ist ebenfalls Grundvoraussetzung dafür, sich überhaupt so etwas wie Schuld vorstellen zu können. In diesem Sinne mag die Hervorhebung der Zurechnungsfähigkeit als Schuldvoraussetzung gerechtfertigt sein. Bei der Fahrlässigkeit aber zeigt es ist, daß der generelle Begriff der Zurechnungsfähigkeit noch nicht genügend konkretisiert ist, um die Fähigkeit sich normgemäß zu verhalten, hinreichend darzutun. Beim konkret-generellen Vorliegen von Fahrlässigkeit kann jemand durchaus „zurechnungsfähig" gewesen sein, ohne doch konkret-individuell in der Lage gewesen zu sein, sich normgemäß zu verhalten.

Wenn jemand nicht zurechnungsfähig ist, müssen wir feststellen, daß er im Einzelfall auch keine Schuld hat. Nur deswegen, weil wir im allgemeinen die Zurechnungsfähigkeit als gegeben voraussetzen, sehen wir die Zurechnungsunfähigkeit als Schuldausschließungsgrund an. Bei den Gründen, die die Schuld beeinflussen, sollte man in der Bezeichnung sorgfältiger sein. Es ist ein Unterschied zu machen zwischen Schuldausschließungsgrund, Entschuldigungsgrund, Schuldmilderungsgrund und Schuldqualifizierungsgrund[476]. Auch der Ausdruck „verminderte Zurechnungsfähigkeit"[477] ist sehr unerfreulich, wenngleich nur schwer durch einen besseren zu ersetzen. Jemand kann nur zurechnungsfähig oder nicht zurechnungsfähig sein. Der Begriff „verminderte Zurechnungsfähigkeit" ist sinnwidrig und beruht auf einer völligen Verkennung des Begriffes Zurechnen. Die Willensfreiheit, die die Voraussetzung der Zurechnung ist, kann ihre verschiedenen Grade haben. Ein Mensch kann mehr oder weniger frei sein. Obwohl diese Übergänge undeutlich sind, muß zum Zwecke der Zurechnung noch eine deutliche Grenze gezogen werden. Diese Grenze liegt da, wo der moderne Mensch noch mit gutem Gewissen die Möglichkeit einer freien Entscheidung einräumen kann. Man müßte für den Formalbegriff der Zurechnung einen Materialbegriff finden, der es gestattet, in Steigerungen zu denken. Ein solcher Begriff wäre vielleicht der Begriff der Verantwortung. Die Anforderungen, die man an die Verantwortlichkeit eines Menschen stellt, können verschieden sein. Jemand kann in erster oder in zweiter Linie verantwortlich sein. Jemand kann aber für sein Verhalten aber auch mehr oder weniger verantwortlich sein. Fehlt es an gewissen Fähigkeiten, so kann die Verantwortungsfähigkeit abgeschwächt und der Grund dafür sein, die Schuld als eine geringere zu betrachten. Man könnte daher von voller und eingeschränkter Verantwortungsfähigkeit sprechen. Deshalb wäre es vielleicht vor-

---

476 Eine einheitliche Terminologie hat sich noch nicht durchgesetzt.

477 Mezger spricht deshalb immer von der „sogenannten" verminderten Zurechnungsfähigkeit, mit Recht! Vgl. Lehrbuch 1931 S. 501 f. und die Abhandlung „Zurechnungsfähigkeit" in der Festgabe für Frank I S. 519 ff. (533 ff.).

zuziehen, statt von verminderter Zurechnungsfähigkeit von eingeschränkter Verantwortungsfähigkeit zu sprechen. Aber auch dieser Ausdruck hat leider seine Bedenklichkeiten; denn nicht immer begründet die Einschränkung der Willensfreiheit auch eine eingeschränkte Verantwortlichkeit. Die sogenannte verminderte Zurechnungsfähigkeit ist daher nur ein fakultativer Schuldmilderungsgrund. Diese tatsächliche Situation wird beim Begriff der eingeschränkten Verantwortungsfähigkeit nicht deutlich. Das liegt daran, daß in dem Begriff der eingeschränkten Verantwortlichkeit schon ein Urteil enthalten ist, während wir einen Begriff brauchen, der nur die zugrundeliegenden Tatsachen selbst betrifft. Diese Tatsachen sind die verminderte Fähigkeit, den Willen frei, d. h. unabhängig von augenblicklichen Trieben und Neigungen nach Zweckmäßigkeit und Wert zu bestimmen, und die verminderte Fähigkeit der Einsicht. Da einerseits ein Bedürfnis besteht, diese Tatsachen unter einen gemeinsamen Begriff zu bringen, andererseits aber weder der Begriff der Zurechnungsfähigkeit noch der Begriff der eingeschränkten Verantwortungsfähigkeit als zusammenfassender Begriff paßt, so liegt um so weniger Veranlassung vor, den herkömmlichen Begriff der verminderten Zurechnungsfähigkeit aufzugeben. Daß die verminderte Zurechnungsfähigkeit nur ein fakultativer Schuldmilderungsgrund ist[478], erklärt sich daraus, daß dieser Begriff sich aus zwei Bestandteilen zusammensetzt, die verschieden im Hinblick auf die Schuld zu beurteilen sind. Die Fähigkeit der Einsicht ist eine Naturanlage, für deren Mangelhaftigkeit nicht verantwortlich gemacht werden kann. Aber die Fähigkeit der Einsicht ist zugleich eine Anlage, die entwickelt werden kann. Die Entwicklung dieser Anlage ist Sache der Willensanspannung. Ist dieser Wille anlagemäßig vorhanden, aber nicht genügend eingesetzt, dann wird die verminderte Einsichtsfähigkeit selbst zur Schuld (und zwar zur Lebensführungsschuld). Aber auch die Willensschwäche kann durch Zucht überwunden werden. Soweit dies nach der Beurteilung der Persönlichkeit als möglich erscheint, entschuldigt auch ein schwacher Wille nur bedingt. Hieraus folgt, daß die verminderte Zurechnungsfähigkeit nur ein fakultativer Schuldmilderungsgrund sein kann. Nur nebenbei mag erwähnt werden, daß selbst ein geringeres Verschulden nicht immer auch auf die Strafe zurückwirken muß. Die Strafe ist nicht allein eine Funktion der Schuld[479]. Bei ihr sind auch noch andere Faktoren zu beachten. Die Strafe ist Antwort einer Rechtsgemeinschaft auf ein schuldhaftes Verhalten. Aber diese Antwort blickt nicht allein auf die Schuld, sondern auch auf die Eindrucksfähigkeit des zu Bestrafenden[480]. Selbst wenn daher eine Schuld-

---

[478] Die Gesetzgebungsreformen schwankten zunächst, ob die Strafmilderung wegen verminderter Zurechnungsfähigkeit obligatorisch oder fakultativ eingeführt werden solle. Vgl. Mezger, Lehrbuch 1931 S. 501 f., Festgabe f. Frank I S. 533 f.

[479] Vgl. auch dazu Mezger, Festgabe f. Frank I S. 535 f.

[480] Dies ist der richtige Kern von Feuerbachs Lehre vom psychologischen Zwang.

milderung wegen verminderter Zurechnungsfähigkeit bejaht werden sollte, so ist damit noch nicht notwendig auch eine Milderung der Strafe verknüpft.

Der Unterschied, den wir zwischen einem Schuldausschließungsgrund und einem Entschuldigungsgrund machen wollen, liegt darin, daß beim Schuldausschließungsgrund die Schuldfähigkeit aufgehoben ist, während beim Entschuldigungsgrund die Schuldfähigkeit gegeben, aber die konkrete Schuld verneint oder als so gering betrachtet wird, daß sie rechtlich nicht mehr als strafwürdig empfunden wird[481]. Beim Entschuldigungsgrund liegt eine Einwirkung auf die Willensfreiheit von außen vor. Sie ist nicht als aufgehoben zu denken, sondern als von außen so bedrängt, daß wegen der menschlichen Gebrechlichkeit der Sieg der Widerstandskraft nicht mehr erwartet wird. Hierbei wird jedoch die Rechtsforderung als weiterbestehend gedacht. Andere Zwangs- und Notsituationen entschuldigen nicht ganz, sondern nur teilweise. Sie wirken dann als Schuldmilderungsgründe, seien sie benannt oder nicht benannt. Zwischen dieser Art Schuldmilderungsgründen und dem fakultativen Schuldmilderungsgrund der verminderten Zurechnungsfähigkeit besteht ein leicht ersichtlicher Unterschied, der aber nicht so groß erscheint, eine verschiedene Benennung einzuführen; denn bei geringerer Willensfähigkeit und Einsichtsfähigkeit wirken sich die äußeren Umstände in ganz ähnlicher Weise aus wie bei den Notsituationen. Schuldmilderungsgründe müssen nicht immer auf Notsituationen beruhen. Auch andere Motivationslagen sind denkbar, die als schuldmildernd zu berücksichtigen sein können. Schuldqualifizierungen können auf besonderen Motivationssituationen und auch auf besonderen inneren Einstellungen beruhen.

Die benannten Schuldmilderungs- und Schuldqualifizierungsgründe sind Schuldbeschreibungen, die zur inneren Tatseite gehören. Auch den Schuldbeschreibungen liegt ein „Tatbestand“[482] zugrunde, einschließlich den Entschuldigungsgründen als „negativen Schuldtatbeständen“. Bei ihnen taucht die bestrittene Frage auf, wie sich der Irrtum über die äußeren Voraussetzungen auswirkt[483]. Man sieht, daß selbst bei den Tatbestandsmerkmalen, die die Schuld beschreiben, eine äußere und eine innere Seite unterschieden werden kann[484]. Die Gerichte sind in der Anerkennung der Wirksamkeit des Irrtums über die äußeren Voraussetzungen eines Entschuldi-

---

[481] Der Sache nach macht Eberhard Schmidt, Lehrbuch Bd. 1 1932 S. 283 den gleichen scharfen Schnitt zwischen der Zurechnungsunfähigkeit und den Entschuldigungsgründen.

[482] Vgl. Anm. 432.

[483] Vgl. Eberhard Schmidt, a. a. O. S. 288 f. mit Anm. 13. Mit Recht bemerkt er, daß dieser Irrtum nichts mit dem Irrtum nach § 59 StGB zu tun habe.

[484] Dieser Gedanke tauchte auf, als man die subjektive Seite der Rechtswidrigkeit entdeckt hatte. Vgl. Hegler, Subjektive Rechtswidrigkeitselemente, Festgabe f. Frank I S. 251 ff. (252, 253, 255) mit der in den dortigen Anmerkungen zitierten Literatur.

gungs- oder Schuldmilderungsgrundes sehr vorsichtig[485]. Da es hier aber um die Frage der Schuld geht und bei der Schuld die innere Einstellung maßgeblich ist, sollte man die Wirksamkeit solcher Irrtümer nicht leugnen[486]; denn für die Schuld kann es wohl kaum einen Unterschied ausmachen, ob eine Notsituation beispielsweise tatsächlich vorgelegen hat oder der Täter nur dieser Meinung war[487]. Bei der Schuld wird man hier sogar berücksichtigen können, ob der Täter sich in dem Irrtum „fahrlässig" befunden hat. In diesem Zusammenhang ist das Wort „fahrlässig" nur als ein Bild anzusehen. Von einer echten Fahrlässigkeit kann keine Rede sein. Bei unvermeidlichen Irrtümern kann die Schuld vermindert oder z. B. bei der Annahme einer Notstandssituation nach § 54 StGB als ganz aufgehoben, bei vermeidlichen Irrtümern jedenfalls nur als vermindert angesehen werden[488]. Hiermit soll aber das Problem nur angedeutet sein. In unserem Zusammenhang ist nur von Bedeutung, daß mit solchen Schuldbeschreibungen das Schuldmoment wiederum direkt in die beschreibenden Tatbestandsmerkmale hineinragt. Und selbst bei diesen Merkmalen, die grundsätzlich die innere Tatseite betreffen, ist noch eine innere und eine äußere Seite unterscheidbar. Stärker kann der allseitige Zusammenhang aller Momente des Tat-

---

[485] Beim Putativnotstand hat die Rechtsprechung die entschuldigende Wirkung bejaht, vgl. RGSt Bd. 66 S. 222 ff. (227 f.). Anders verhält es sich dagegen mit der Überschreitung der Notwehrgrenzen aus Bestürzung, Furcht oder Schrecken nach § 53 III StGB bei der Putativnotwehr. Hier kann man in der Tat zweifeln. Vgl. RGSt Bd. 21 S. 189 ff. (191 f.). Das Reichsgericht behandelt diesen Fall unter dem Gesichtspunkt, daß der rechtswidrig Angreifende sich eine solche Überschreitung der Notwehr gefallen lassen müsse. Damit ist § 53 III StGB als ein persönlicher Strafausschließungsgrund aufgefaßt und es käme auf die rein subjektive Verfassung dessen, der sich nur angegriffen glaubt, nicht an. Es fragt sich aber, ob hier nicht doch ein Schuldgesichtspunkt in Betracht kommt. Die Schuld wäre aber dann abhängig von der subjektiven Verfassung. Und diese ist die gleiche, ob ein tatsächlicher oder ein vermeintlicher Angriff gegeben ist.

[486] Hegler, Die Merkmale des Verbrechens, ZStW Bd. 36 S. 216 und Anm. 113; vgl. auch Anm. 112 mit der Kritik der soeben angeführten Entscheidung des Reichsgerichts. Siehe auch Nagler in Leipziger Kommentar 6. Aufl. 1944 § 52 Anm. IV, Mezger, Lehrbuch 1931 S. 322 mit Anm. 36.

[487] Das Gesetz faßt die Notsituationen in der Regel objektiv. Dann tritt die gesetzliche Wirkung nur ein, wenn die objektive Lage gegeben ist. Damit ist aber noch nicht gesagt, wie die Schuld selbst zu beurteilen ist, wenn solche Umstände irrtümlich angenommen werden. Hält der Gesetzgeber die objektive Lage für entschuldigend, dann in der Regel deshalb, weil er den Motivationsvorgang entschuldigen will. Trotz der objektiven Fassung des Gesetzes liegt dann der Schwerpunkt im Subjektiven. Einer analogen Anwendung dieser Gesetze dürfte bei dieser Lage bei der irrtümlichen Annahme einer Notsituation nichts im Wege stehen. Eine weitere Frage ist, wie weit die Schuld als aufgehoben zu betrachten ist. Liegt ein vermeidbarer Irrtum vor, dann ist die Schuld nicht gänzlich aufgehoben. Dann bleibt Vorsatz bestehen. Aber auch hierüber besteht Streit. Vgl. die nächste Anm.

[488] Frank, Kommentar, 18. Aufl. § 54 Anm. I letzter Absatz (S. 166) nimmt in diesen Fällen unter Berufung auf das Reichsgericht Fahrlässigkeit an. Vgl. dazu auch Nagler, Leipz. Komm. 6. Aufl. § 52 Anm. IV und die dort angeführten Entscheidungen des Reichsgerichts. Demgegenüber bemerkt Eb. Schmidt, Lehrbuch 1. Bd. 1932 S. 289 Anm. 13 richtig, daß Frank damit der Situation nicht gerecht werde.

bestandes kaum noch beleuchtet werden. Denken wir demgegenüber an die Einteilung des klassischen Schemas, dann müssen wir deutlich genug seine Unzulänglichkeit bemerken.

Bevor wir unsere Betrachtungen abschließen, sei noch ein kurzer Blick auf den Begriff der Unzumutbarkeit geworfen. Wir hatten gesehen, daß der Begriff der Unzumutbarkeit auf eine Rechtspflicht oder auf die Schuld bezogen werden kann. Auf die Schuld bezogen ist der Begriff ein Oberbegriff zum Notstand wie überhaupt zu allen Notsituationen, soweit sie die freie Willensbestimmung nicht geradezu ausschließen. Bei diesem Begriff der Unzumutbarkeit will man nicht so weit gehen, die Rechtspflicht als aufgehoben zu betrachten. Sie wird noch als bestehend und verletzt angesehen. Aber weil die gegebene Notsituation auf die freie Entschließung so stark eingewirkt hat, daß ein normgemäßes Verhalten normalerweise nicht mehr zu erwarten war, soll davon abgesehen werden, den Schuldvorwurf zu erheben. Man erkennt hieran, wie nahe sich Schuld und Rechtswidrigkeit stehen, wie leicht das Entfallen der Schuld auch als ein Entfallen der Rechtswidrigkeit aufgefaßt werden könnte. So spiegelt sich auch im Begriff der Unzumutbarkeit jene Doppeldeutigkeit wieder, die überhaupt für die Trennung von Rechtswidrigkeit und Schuld bezeichnend ist. Aus dogmatischen Gründen brauchen wir diese Trennung. Aber sachlich ist der Unterschied hauchdünn, wenn nicht etwa gar das eine in das andere übergehen sollte.

Schlußbetrachtung

Überschauen wir das Ergebnis unserer Betrachtungen und fragen wir uns, ob die allgemeine Zurechnungslehre das gehalten hat, was wir uns von ihr versprochen haben, dann glaube ich nicht, daß wir enttäuscht sein müssen. Was im Rechtssinn unter Kausalität zu verstehen ist, läßt sich erst aus einer gut fundierten Zurechnungslehre herausentwickeln. Zugleich zeigt sie die Grenzen, bis zu denen die Anwendung des Begriffes der Kausalität sinnvoll ist und von denen ab der Gebrauch dieses Begriffes nicht mehr der Sachlage entspricht. Damit wird die Abgrenzung einer juristischen Kausalität von der naturwissenschaftlichen mit aller wünschenswerten Klarheit möglich. Auch die Bedingungsformel kann erst von der Warte einer allgemeinen Zurechnungslehre her gebührende Kritik erfahren. Damit ist das Kausaldogma gestürzt und der Kausalbegriff von dem Platz gestoßen, auf den er niemals hingehört hatte. An seine Stelle ist der Begriff der Zurechnung getreten, der dem Recht bei weitem angepaßter ist. Mit der Revision der Kausaltheorie gehen die Einschränkung des Handlungsbegriffes und seine Ersetzung durch den Begriff des Verhaltens Hand in Hand. Mag diese Veränderung auch geringfügig und „rein definitorisch" erscheinen, so glaube ich doch gezeigt zu haben, welche bedeutsamen Unklarheiten und Verschiebungen der Handlungsbegriff zur Folge gehabt hat, so daß dadurch der Aufbau eines sachentsprechenden Systems in nachweisbarer Weise gehindert worden ist.

Der Begriff der Zurechnung setzt dort an, wo die Fäden des Systems zusammenlaufen. Er ist ein Verknüpfungsbegriff, der für das Recht nicht zu entbehren ist. Dadurch wird er zum Keim des strafrechtlichen Systems, in dem alle Einzelmomente des Rechts in ihrer Verknüpfung vorangelegt sind. Dieser Begriff zwingt daher anders als der Kausalbegriff zu einer Ganzheitsbetrachtung, die keine bloße Mystifikation ist und auch kein Verlaufen der Unterschiede bewirkt. Zwar erschwert dieser Begriff die Systembildung, aber nur deswegen, weil auch sachlich alles in allem zu sehen ist. Er ermöglicht es, dem Recht als einem geistigen Phänomen Gerechtigkeit widerfahren zu lassen und es als das zu behandeln, was es ist, als geistigen Zusammenhang und nicht als Verknüpfung von Materie im Sinne der Naturwissenschaften. Das bedeutet nicht, daß es im Recht eine stoffliche Verknüpfung nicht gibt, wohl aber, daß sie für das Recht in demselben Sinne nicht in Betracht kommt wie für die Musikwissenschaft die Erzeugung von physikalischen Schallwellen und die Physiologie der Gehörempfindungen. Dadurch wird die Rechtswissenschaft noch nicht von der Wirklichkeit gelöst; denn das Recht ist selbst Wirklichkeit, wenngleich nicht Wirklichkeit von Materie, sondern von Geist.

Man darf nicht erwarten, daß die in dieser Arbeit angewandte Art des Sehens sich mit einem Schlage durchsetzen wird. Dazu ist das Kausaldogma viel zu verfestigt. Damit soll aber nicht behauptet werden, daß die hier entwickelten Ansichten ganz neuartig und noch nie gehört seien. Nichts weniger als dieses ist der Fall. Im Gegenteil möchte es schwer sein, einen Gedanken herauszufinden, der nicht irgendwann und irgendwo schon einmal vertreten worden wäre. Man würde auch fehl gehen, die Aufgabe der Wissenschaft allein oder auch nur überwiegend in der Entwicklung neuer Ansichten zu erblicken. Im Bereich der Naturwissenschaften mag das Schwergewicht in Neuentdeckungen liegen. Im Bereich des Geistes dürfen wir beträchtlich bescheidener sein. Nur langsam ringt sich hier wahre Erkenntnis durch, immer wieder durch Irrtümer, Widersprüche und Dunkelheiten bedroht. Glaubt man, an einer Stelle es glücklich zu einiger Klarheit gebracht zu haben, dann tun sich schon zahllose andere Abgründe auf. Deshalb bin ich auch nicht der Meinung, daß diese Arbeit frei von Widersprüchen, Dunkelheiten und Irrtümern und das Ende aller Weisheit sei. Sollte diese Arbeit nur als neue Meinung unter anderen angesehen werden, dann wird sie eher Verwirrung als Besinnung wirken. Aber ich glaube, daß sich aus den Gedanken, die hier entwickelt und zusammengefaßt worden sind, bei aller Freiheit im einzelnen mit gewisser Stetigkeit ein System herausarbeiten läßt, das im Laufe der Zeit eine ähnliche Bedeutung gewinnen könnte wie das von mir so genannte klassische Schema. Habe ich dieses auch schonungslos kritisiert, so würde man doch nicht meine Meinung treffen, wenn man glaubte, ich hätte dieses System, das unsere größten Strafrechtswissenschaftler aufgebaut hatten, als vollkommen wertlos verdammen wollen. Mag dieses Schema so unvollkommen wie auch immer gewesen sein, es war nicht nur eine hervorragende Leistung, sondern es hat auch die schönsten Früchte getragen. Es hat die Grundlage für eine Praxis geschaffen, die in ihrer Stetigkeit und Festigkeit ihresgleichen sucht. Wenn das deutsche Reichsgericht das geworden ist, was es gewesen ist, dann hat es dies nicht zuletzt einer praktikablen und für ihre Zeit großartigen Theorie zu verdanken. Der Ruhm des Reichsgerichts gründete sich auch auf den Ruhm der deutschen Wissenschaft. Das Verhältnis zwischen Praxis und Wissenschaft war ein überaus glückliches. Nicht etwa, daß zwischen beiden immer Übereinstimmung bestanden hätte; aber die Festigkeit der Praxis war noch entschieden größer als die der Wissenschaft, so groß, daß sich die Praxis oft gegen die Wissenschaft durchsetzen konnte. Und gerade so soll das Verhältnis zwischen beiden sein, nicht umgekehrt. Wo die Wissenschaft sich versteift und die Praxis experimentiert, da stimmt etwas in einem wesentlichen Punkt nicht. Wo aber die Praxis am bewährten Alten festhält und die Wissenschaft nach neuen Wegen sucht, da kann sich ein Recht in der idealen Art entwickeln, wie es im Zeitraum des Bestehens des Reichsgerichts der Fall gewesen ist. Aber diese ideale Zeit darf uns nicht ungerecht machen gegenüber dem Neuen, was entstanden ist und noch entstehen will. Auch das Neue hat sein Recht. In der Übergangszeit aber geht es alles andere als harmonisch zu. Das liegt in der Natur der Sache. Ist das Alte einmal untergraben, dann läßt es sich nicht mit Gewalt halten. Und das Alte ist untergraben. Das gilt auch für die Fragen, mit denen wir uns beschäftigt haben. Man kann es wohl nicht mehr leugnen, daß die finale Handlungslehre das klassische Schema aufgelöst hat, freilich noch nicht genügend, wie ich behaupte. Die Angriffe der finalen Handlungslehre gegen das klassische Schema sind berechtigt. Dieses Schema mußte mit innerer Notwendigkeit mehr und mehr ausgehöhlt werden. Aber mir scheint die neue Lehre als feste Grundlage für Theorie und Praxis noch nicht hinreichend begründet. Aller Anfang ist schwer. Noch lange wird es dauern, bis die Praxis die überlegene Sicherheit des Reichsgerichts errungen haben wird. Die neue Praxis kann aber nicht ohne neue Theorie auskommen. Sache der Wissenschaft wird es sein, die theoretische Grundlage zu erarbeiten. Aber man darf von der Wissenschaft auch nicht zu viel erwarten. Die Wissenschaft muß experimentieren, sie muß in die Zukunft hineinarbeiten und Unsicherheiten und Widersprüche in Kauf nehmen; sie darf sie nicht verschleiern, noch ehe sie sie bis auf den Grund erkannt hat. Dann mag sie sie auf höhere Ebene zum Ausgleich bringen. So wird auch wieder ein Zeitpunkt kommen, in dem es möglich sein wird, ein relativ geschlossenes und widerspruchfreies System abzurunden. Diese

Arbeit darf die Wissenschaft nicht versäumen. Alle Problematik stellt die Aufgabe, sie zu überwinden und in höherer Einheit aufzulösen. Daß bis dahin die Lage der Praxis schwierig ist, daß es eines vorsichtigen Tastens und Abwägens bedarf, um das Alte allmählich dem Neuen anzupassen, ist unvermeidlich. In dieser Lage kommt viel darauf an, sich nicht durch gewagte zu allgemeine Grundsätze zu exponieren, die vielleicht später nicht zu halten sind, die aber die richtige Erkenntnis mehr hemmen als fördern, wenn sie einmal ausgesprochen sind. War es der Ruhm des Reichsgerichts, an der gewonnenen festen Position aus der überlegenen Sicherheit eines relativ geschlossenen Systems heraus festzuhalten und Stetigkeit zu wahren, so kann dies nicht mehr der Ruhm der neuen Praxis sein. Ihre Aufgabe wird vielmehr darin bestehen, im ausgesprochenen Bewußtsein der Unsicherheit der Lage sich zu bemühen, den konkreten Fall möglichst zur angemessenen Lösung zu bringen unter Verzicht auf umfassende allgemeine Grundsätze und in möglichster Stetigkeit der Rechtsprechung. Bewältigt die neue Praxis diese Aufgabe, dann wird ihr Ruhm nicht geringer sein als der des Reichsgerichts, auch wenn naturgemäß eine solche Festigkeit und Beharrlichkeit, wie sie das Reichsgericht bewiesen hatte, nicht erreicht werden kann.

Kaum ein Rechtsgebiet ist so imstande, zur Bescheidenheit zu erziehen, wie das Strafrecht. Das gilt nicht nur für rein theoretische Erkenntnisse, sondern fast noch mehr für die praktische Handhabung. Was wissen wir Richter von dem Menschen, der da vor uns steht, und von dem, was alles zusammengewirkt hat, um schließlich in einem Verbrechen zur Auswirkung zu kommen. Strafen ist eine menschliche Notlösung, weil wir einstweilen und vielleicht für immer nichts Besseres wissen. Jede verhängte Strafe kann zum Guten wie zum Bösen ausschlagen. Auch menschlich gesehen ist die Situation, die dem Strafrecht zugrundeliegt, so komplexer Natur, daß es ohne höhere Hilfe nicht möglich ist, das Richtige zu finden. Ganzheitsbetrachtung ist nur ein törichtes Schlagwort, wenn sie nicht zur Erkenntnis bringt, daß eben diese Betrachtung in der Hand des Menschen notwendig Stückwerk bleiben muß.

Literaturverzeichnis

Achter, Viktor: Geburt der Strafe, Frankfurt a. M., 1951.

Amira, Karl v.: Grundriß des germanischen Rechts, 3. Aufl., Straßburg, 1913.

derselbe: Das altnordische Vollstreckungsverfahren. Eine rechtsgeschichtliche Abhandlung, München, 1874.

Aristoteles Graece: Ex Recensione Immanuelis Bekkeri Edidit Academia Regia Borussica, Berlin, 1831, Bd. I und II.

Aristoteles: Nikomachische Ethik, übersetzt von Eugen Rolfes, 2. Aufl., Leipzig, 1911.

Beling, Ernst: Die Lehre vom Verbrechen, Tübingen, 1906.

Bernhart, Joseph: Thomas von Aquino, Summe der Theologie, zusammengefaßt, eingeleitet und erläutert, 2. Bd.: Die sittliche Weltordnung, Kröner Verlag, Leipzig, 1935.

Binding, Karl: Die Normen und ihre Übertretung. Eine Untersuchung über die rechtmäßige Handlung und die Arten des Delikts, 1. Bd., 1. Abt., Normen und Strafgesetze, Leipzig, 1872.

Birnbaum, —: Bemerkungen über den Begriff des natürlichen Verbrechens, Arch. d. Crim.R., neue Folge, 1836, S. 560 ff.

Bockelmann, Paul: Zur Schuldlehre des Obersten Gerichtshofs, ZStW 63, S. 13 ff.

Boehmer, Johann Samuel Friedrich v.: Meditationes in Constitutionem criminalem Carolinam, Halle, 1770.

Buri, M. v.: Über Causalität und deren Verantwortung, Leipzig, 1873.

derselbe: Zur Lehre von der Teilnahme an dem Verbrechen und der Begünstigung, Gießen, 1860.

derselbe: Beiträge zur Theorie des Strafrechts und zum Strafgesetzbuche, gesammelte Abhandlungen, Leipzig, 1894.

Dahm, Georg: Deutsches Recht, die geschichtlichen und dogmatischen Grundlagen des geltenden Rechts, Stuttgart und Köln, 1951.

Dohna, Alexander Graf zu: Kritische Bemerkungen zu Edmund Mezger, Strafrecht, ZStW 52, S. 96—117.

derselbe: Der Aufbau der Verbrechenslehre, 3. Aufl., Bonn, 1947.

Ebermayer—Lobe—Rosenberg: Reichsstrafgesetzbuch (Leipziger Kommentar), 6. Aufl., Berlin, 1944.

Eichmann, Eduard: Lehrbuch des Kirchenrechts auf Grund des Codex Juris Canonici, 3. Aufl., Paderborn, 1929/30.

Engelmann, Woldemar: Rechtsbeachtungspflicht und rechtliche Schuld, Festschrift für Ludwig Traeger, überreicht von der juristischen Fakultät der Universität Marburg, Berlin, 1926, S. 133 ff.

Engisch, Karl: Vom Weltbild des Juristen, Abhandlungen der Heidelberger Akademie der Wissenschaften, Philosophisch-historische Klasse, Jahrg. 1950, 2. Abhandlung, Heidelberg, 1950.

derselbe: Der finale Handlungsbegriff, Probleme der Strafrechtserneuerung (Festschrift für Kohlrausch), Berlin, 1944, S. 141 ff.

Ferneck, Hold v.: Die Rechtswidrigkeit. Eine Untersuchung zu den allgemeinen Lehren des Strafrechts, Bd. 1, Jena, 1903.

Feuerbach, Anselm v.: Revision der Grundsätze und Grundbegriffe des positiven peinlichen Rechts, 1. Theil, Erfurt, 1799, 2. Theil, Chemnitz, 1800.

Fischer, Hans Albrecht: Die Rechtswidrigkeit mit besonderer Berücksichtigung des Privatrechts, München, 1911.

Gallas, Wilhelm: Anmerkung zu einer Entscheidung des OLG Stuttgart, in DRZ 1949, S. 42 f.

Geyer, August: Grundriß zu Vorlesungen über gemeines deutsches Strafrecht, 1. Hälfte, München, 1884.

Grollmann, Karl: Über die Begründung des Strafrechts und der Strafgesetzgebung nebst einer Entwicklung der Lehre vom Maasstabe der Strafen und der juridischen Imputation, Gießen, 1799.

Grünhut, Max: Anselm v. Feuerbach und das Problem der strafrechtlichen Zurechnung, Hamburgische Schriften zur gesamten Strafrechtswissenschaft, Heft 3, Hamburg, 1922.

Hälschner, Hugo: System des preußischen Strafrechts. Erster oder allgemeiner Theil des Systems, Bonn, 1858.

derselbe: Das gemeine deutsche Strafrecht systematisch dargestellt, 1. Bd., Bonn, 1881.

Hardwig, Werner: Der materiale Gehalt des Verbrechens. Diss., Hamburg, 1949.

Hartmann, Nicolai: Aufbau der realen Welt. Grundriß der allgemeinen Kategorienlehre, Berlin, 1940.

derselbe: Das Problem des geistigen Seins, Untersuchungen zur Grundlegung der Geschichtsphilosophie und der Geisteswissenschaften, 2. Aufl., Berlin, 1949.

Hartung, Fritz: Irrtum über „negative Tatumstände", NJW 1951, S. 20 ff.

Hegel, Georg Wilhelm Friedrich: Grundlinien des Rechts, sämtliche Werke, herausgegeben von Georg Lasson, Bd. VI, 3. Aufl., Leipzig, 1930.

Hegler, August: Die Merkmale des Verbrechens, ZStW 36, S. 19 ff., 184 ff.

derselbe: Subjektive Rechtswidrigkeitselemente, Festgabe für Reinhard v. Frank, Bd. I, Tübingen, 1930, S. 251 ff.

Hippel, Robert v.: Deutsches Strafrecht, 2. Bd. Das Verbrechen. Allgemeine Lehren, Berlin, 1930.

Kaufmann, Felix: Logik und Rechtswissenschaft. Grundriß eines Systems der reinen Rechtslehre, Tübingen, 1922.

Kelsen, Hans: Hauptprobleme der Staatsrechtslehre, 2. Aufl., Tübingen, 1923 (1. Aufl., 1911).

Kitzinger, Friedrich: Ort und Zeit der Handlung im Strafrecht. Zugleich eine Betrachtung der Erscheinungsformen des Delikts, München, 1902.

Klein, Ernst Ferdinand: Von der Zurechnung der Verbrechen zur Strafe, nach dem gesunden Menschenverstande, Arch. d. Crim.R., Bd. IV (c), S. 7 ff.

derselbe: Über die Befugnis und Fähigkeit des Kriminalrichters, den moralischen Werth oder Unwerth einer Handlung zu erforschen, Arch. d. Crim.R., Bd. V (c), S. 107 ff.

Köstlin, Reinhold: Neue Revision der Grundbegriffe des Criminalrechts, Tübingen, 1845.

Kollmann, Horst: Die Stellung des Handlungsbegriffes im Strafrechtsystem, Strafr. Abhdlgen, Heft 91, Breslau, 1908.

Konopak, Christian Gottlieb: Über Hrn. Feuerbachs Begründung eines Strafrechts für den Staat, Arch. d. Crim.R., Bd. V (c), S. 140 ff.

Krüger, Herbert: Rechtsgedanke und Rechtstechnik im liberalen Strafrecht, ZStW 54, S. 591 ff. und 55, S. 77 ff.

Krug, August Otto: Commentar zu dem Strafgesetzbuche für das Königreich Sachsen vom 11. August 1855, Leipzig, 1855.

Kuttner, Stephan: Kanonische Schuldlehre von Gratian bis auf die Dekretalen Gregors IX. Citta del Vaticano, Biblioteca Apostolica, 1935.

Landsberg, Ernst: Die sogenannten Commissivdelikte durch Unterlassung im deutschen Strafrecht. Ein Versuch, Freiburg, 1890.

Lange, Richard: Die Schuld des Teilnehmers, insbesondere bei Tötungs- und Wirtschaftsverbrechen, JR 1949, S. 165 ff.

Larenz, Karl: Hegels Zurechnungslehre und der Begriff der objektiven Zurechnung, ein Beitrag zur Rechtsphilosophie des kritischen Idealismus und zur Lehre von der „juridischen Kausalität", Leipzig, 1927.

Liszt, Franz v: Das deutsche Reichsstrafrecht auf Grund des Reichsstrafgesetzbuchs und der übrigen strafrechtlichen Reichsgesetze systematisch dargestellt, Berlin und Leipzig, 1881.

Loening, Richard: Grundriß zu Vorlesungen über deutsches Strafrecht, Frankfurt a. M., 1885.

derselbe: Die strafrechtliche Haftung des verantwortlichen Redakteurs, Jena, 1889.

derselbe: Über geschichtliche und ungeschichtliche Behandlung des deutschen Strafrechts, ZStW 3, S. 219 ff.

derselbe: Die Zurechnungslehre des Aristoteles, Jena, 1903.

Luden: Heinrich: Abhandlungen aus dem gemeinen teutschen Strafrechte, 1. Bd. Über den Versuch des Verbrechens nach gemeinem teutschen Rechte, Göttingen, 1836. 2. Bd. Über den Tatbestand des Verbrechens nach gemeinem teutschen Rechte, Göttingen, 1840.

Lundstedt, Vilhelm: Die Unwissenschaftlichkeit der Rechtswissenschaft, 2. Bd., 1. Teil: Strafrecht — Vertragsrecht. Deliktische Haftung. Berlin—Leipzig, 1936.

Maschke, Richard: Die Willenslehre im griechischen Recht. Berlin, 1926.

Maurach, Reinhart: Schuld und Verantwortung. Wolfenbüttel und Hannover, 1948.

Mayer, Max Ernst: Glossen zur Schuldlehre, ZStW 32, S. 492 ff.

Meyer, Hugo: Lehrbuch des deutschen Strafrechts, Erlangen, 1875.

Mezger, Edmund: Strafrecht. Ein Lehrbuch, München und Leipzig, 1931.

derselbe: Die subjektiven Unrechtselemente, GS 89, S. 205 ff.

derselbe: Vom Sinn der strafrechtlichen Tatbestände. Sonderabdruck aus der Festschrift für Ludwig Traeger, Berlin, 1926.

derselbe: Moderne Wege der Strafrechtsdogmatik, Berlin — München, 1950.

derselbe: Strafrecht, 1. allgemeiner Teil (Kurzlehrbuch), München — Berlin, 1951.

Middel, Günter: Deutsches Strafrecht, allgemeiner Teil, Hamburg, 1948.

Mittelbach, Hans: Deutsches Strafrecht, Leitfaden, Berlin — Leipzig — Wien, 1944.

Nagler, Johannes: Die Problematik der Begehung durch Unterlassung, GS 111, S. 1 ff.

Niese, Werner: Finalität, Vorsatz und Fahrlässigkeit, Recht und Staat, Heft 156, 157, Tübingen, 1951.

derselbe: Wahnverbrechen oder untauglicher Versuch bei falschen eidesstattlichen Versicherungen vor unzuständigen Behörden? NJW 1949, S. 812 ff.

Phillips, George: Lehrbuch des Kirchenrechts, 2. Aufl., Regensburg, 1871.

Platon: Sämtliche Werke. Verlag Lambert Schneider, Berlin, o. J., Bd. II, Der Staat (S. 7 ff.).

Pohlenz, Max: Stoa und die Stoiker. Die Gründer Panaitios, Poseidonios.

Pufendorf, Samuel: Elementorum jurisprudentiae universalis libri duo. Cantabriae, 1672.

derselbe: De Jure Naturae et Gentium, Libri Octo. Amsterdami, 1704.

Radbruch, Gustav: Der Handlungsbegriff in seiner Bedeutung für das Strafrechtssystem. Zugleich ein Beitrag zur Lehre von der rechtswissenschaftlichen Systematik, Berlin, 1903.

Rutkowsky, Heinz: Die Rechtsprechung des Reichsgerichts zu dem normativen Schuldelement und das unechte Unterlassungsdelikt, DR 1939, S. 1041.

Sauer, Wilhelm: Grundlagen des Strafrechts nebst Umriß einer Rechts- und Sozialphilosophie, Berlin und Leipzig, 1921.

derselbe: Allgemeine Strafrechtslehre, 2. Aufl. der Grundlagen des Strafrechts, Berlin, 1949.

Schmidt, Eberhard (Liszt — Schmidt): Lehrbuch des deutschen Strafrechts, 1. Bd. Einleitung und Allgemeiner Teil, 26. Aufl., Berlin und Leipzig, 1932.

derselbe: Einführung in die Geschichte der deutschen Strafrechtspflege, 2. Aufl., Göttingen, 1951.

derselbe: Das Strafrechtspraktikum, 2. Aufl., Göttingen, 1947.

derselbe: Die Maximilianische Halsgerichtsordnung für Tirol (1499) und Radolfzell (1506) als Zeugnisse mittelalterlicher Strafrechtslehre. Schloß Bleckede an der Elbe, 1949.

Schönke, Adolf: Strafgesetzbuch. Kommentar, 4. Aufl., München — Berlin, 1949.

Schröder, Horst: Aufbau und Grenzen des Vorsatzbegriffs. Festschrift für Wilhelm Sauer, Berlin, 1949, S. 207 ff.

Sieverts, Rudolf: Beiträge zur Lehre von den subjektiven Unrechtselementen im Strafrecht. Hamburger Rechtsstudien, Heft 19, Hamburg, 1934.

Sturm, August: Die Commissivdelikte durch Unterlassung und die Omissivdelikte, Kassel, 1883.

Tarnowski, Hans: Die systematische Bedeutung der adäquaten Kausalitätstheorie für den Aufbau des Verbrechensbegriffs, Berlin — Leipzig, 1927.

Tesar, Ottokar: Die Überwindung des Naturrechts in der Dogmatik des Strafrechts, ein Beitrag zur Problematik der Strafrechtswissenschaft. Schriften der Königsberger Gelehrten Gesellschaft, Geisteswissenschaftliche Klasse, 5. Jahr, Heft 1, Halle (Saale), 1928.

derselbe: Die symptomatische Bedeutung des verbrecherischen Verhaltens, Abhdlgen d. krim. Sem. a. d. Universität Berlin, n. F., 5. Bd., 3. Heft, Berlin, 1907.

Thomas von Aquin: Sancti Thomae Aquinatis Doctoris Angelici Opera Omnia Jussu Impensaque Leonis XIII P. M. Edita, Romae, Tomus Sextus, 1891 und Tomus Septimus, 1892.

Traeger, Ludwig: Der Kausalbegriff im Straf- und Zivilrecht. 2. Abdruck, Marburg, 1929 (1. Aufl., 1904).

derselbe: Das Problem der Unterlassungsdelikte im Straf- und Zivilrecht. Festgaben für Enneccerus, Marburg, 1913.

Vogt, Alfons: Das Pflichtproblem der kommissiven Unterlassung, ZStW 63, S. 381.

Wachenfeld, Friedrich: Lehrbuch des deutschen Strafrechts, München, 1914.

Wächter, Carl Georg v.: Deutsches Strafrecht. Vorlesungen, herausgegeben von O. v. Wächter, Leipzig, 1881.

Weber, —: Nähere Entwicklung meiner Ansichten über die Zurechnung von Verbrechen und dem obersten Grundsatz und Maßstab peinlicher Strafen. Arch. d. Crim. R., Bd. VII, S. 223 ff.

v. Weber, —: Von der Freiheit des Willens und von der davon abhängigen Zurechnung der Handlungen, besonders der verbrecherischen, Neues Arch. d. Crim. R., Bd. 10, S. 430 ff.

Weber, Hellmuth v.: Grundriß des deutschen Strafrechts, 2. Aufl., Bonn, 1948.

derselbe: Zum Aufbau des Strafrechtssystems, Jena, 1935.

Wegner, Arthur: Über Irrtum, seine Behandlung in Strafrechtsprechung und Strafrechtspflege. Festschrift für Leo Raape, Hamburg, 1948, S. 401 ff.

Welzel, Hans: Die Naturrechtslehre Samuel Pufendorfs. Teildruck seiner Dissertation unter dem Sondertitel: Die Socialitas als oberstes Prinzip der Naturrechtslehre Samuel Pufendorfs, Heidelberg, 1930.

derselbe: Die kulturphilosophischen Grundlagen der Naturrechtslehre Pufendorfs. Vierteljahresschrift für Literaturwissenschaft und Geistesgeschichte, Bd. IX (1931), S. 585 ff.

derselbe: Naturalismus und Wertphilosophie im Strafrecht, Mannheim — Berlin — Leipzig, 1935.

derselbe: Kausalität und Handlung, ZStW 51, S. 703 ff.

derselbe: Studien zum System des Strafrechts, ZStW 58, S. 553 ff.

derselbe: Das Deutsche Strafrecht in seinen Grundzügen. Eine systematische Darstellung, 2. Aufl., Berlin, 1949 (zit: „Grundzüge 1949").

derselbe: Um die finale Handlungslehre, Recht und Staat, Heft 146, Tübingen, 1949.

Welzel, Hans: Das neue Bild des Strafrechtssystems. Göttinger Rechtswissenschaftliche Studien, Heft 1, Göttingen, 1951.

derselbe: Schuld und Bewußtsein der Rechtswidrigkeit, MDR, 1951, S. 65 ff.

derselbe: Der Irrtum über die Rechtmäßigkeit der Amtsausübung, JZ 1952, S. 19 ff.

derselbe: Der Irrtum über die Zuständigkeit einer Behörde, JZ 1952, S. 133 ff.

derselbe: Zur Systematik der Tötungsdelikte, JZ 1952, S. 72 ff.

Wilda, Wilhelm Eduard: Das Strafrecht der Germanen, Halle, 1842.

Winnefeld, H.: Bewußtsein der Rechtswidrigkeit und Vorsatz, DRZ 1947, S. 365.

Wittmann, Max: Stellung und Bedeutung des Voluntarium in der Ethik des hl. Thomas v. Aquin. Festgabe für Clemens Baeumker (Abhandlungen zur Geschichte der Philosophie des Mittelalters, Beiträge zur Geschichte der Philosophie des Mittelalters, Suppl. Bd. 2, Münster, 1923).

Wolf, Erik: Große Rechtsdenker der deutschen Geistesgeschichte, 2. Aufl., Tübingen, 1944.

FSC
www.fsc.org
MIX
Papier | Fördert
gute Waldnutzung
FSC® C083411

Kolibri 360 GmbH
Ferdinand-Jühlke-Straße 7
99095 Erfurt, Deutschland
produktsicherheit@kolibri360.de